广西高校研究生联合培养经费资助

东南亚文化

古小松　主编

中国社会科学出版社

图书在版编目（CIP）数据

东南亚文化／古小松主编 . —北京：中国社会科学出版社，2015.1
（2023.8 重印）
ISBN 978 - 7 - 5161 - 5496 - 0

Ⅰ.①东…　Ⅱ.①古…　Ⅲ.①文化史—东南亚—高等学校—教材
Ⅳ.①K330.03

中国版本图书馆 CIP 数据核字（2015）第 018531 号

出 版 人	赵剑英
责任编辑	陈雅慧
责任校对	李　楠
责任印制	戴　宽

出　　版	中国社会科学出版社
社　　址	北京鼓楼西大街甲 158 号
邮　　编	100720
网　　址	http：//www.csspw.cn
发 行 部	010 - 84083685
门 市 部	010 - 84029450
经　　销	新华书店及其他书店

印　　刷	北京明恒达印务有限公司
装　　订	廊坊市广阳区广增装订厂
版　　次	2015 年 1 月第 1 版
印　　次	2023 年 8 月第 3 次印刷

开　　本	710×1000　1/16
印　　张	27.25
插　　页	2
字　　数	461 千字
定　　价	79.00 元

目　录

前言 ·· (1)

第一篇　东南亚大观

第一章　东南亚要览 ·· (3)
　　一　地理特点 ·· (4)
　　二　历史概要 ·· (7)
　　三　类型多样的政治体制 ··· (36)
　　四　发展不平衡的经济 ·· (40)
第二章　东南亚文化特点 ·· (45)
　　一　族群与居民 ··· (45)
　　二　东南亚文化特色 ··· (51)

第二篇　上座部佛教文化

第三章　上座部佛教与泼水节文化圈 ······································ (61)
　　一　族群众多 ··· (61)
　　二　上座部佛教文化圈与泼水节文化圈在湄公河中下游
　　　　重叠 ··· (64)
　　三　巨石与吴哥文化 ·· (70)
第四章　柬埔寨文化 ·· (76)
　　一　文化基础与传承 ·· (76)
　　二　南传上座部佛教 ·· (77)
　　三　辉煌的吴哥文化 ·· (85)
　　四　语言、文学、艺术 ··· (91)
　　五　传统习俗与节庆 ·· (94)

六　教育、科技、通信 …………………………………（101）

七　中柬文化交流 ………………………………………（102）

第五章　泰国文化 ………………………………………（104）

一　文化基础、背景和传承 ……………………………（104）

二　佛教为国教 …………………………………………（106）

三　语言、文学 …………………………………………（108）

四　传统习俗与节庆 ……………………………………（113）

五　教育与通信 …………………………………………（115）

六　文化特点与特色文化 ………………………………（119）

七　对外文化交流 ………………………………………（127）

第六章　老挝文化 ………………………………………（129）

引子："没关系"——老挝人和老挝文化 ………………（129）

一　文化基础、背景和传承 ……………………………（129）

二　宗教信仰 ……………………………………………（133）

三　语言、文学、艺术 …………………………………（139）

四　传统习俗与节庆 ……………………………………（151）

五　教育与通信 …………………………………………（157）

六　川圹石缸和瓦普神庙 ………………………………（158）

七　文化特色与对外交流 ………………………………（161）

第七章　缅甸文化 ………………………………………（165）

一　文化基础和背景 ……………………………………（165）

二　上座部佛教的中心 …………………………………（166）

三　语言、文学、艺术 …………………………………（172）

四　传统习俗与节庆 ……………………………………（178）

五　教育、科技与通信 …………………………………（181）

六　缅甸文化的特点 ……………………………………（185）

第三篇　儒释道文化

第八章　祖先崇拜与儒释道文化 ………………………（189）

一　祖先崇拜与儒释道 …………………………………（189）

二　以儒释道为主的越南、新加坡文化 ………………（196）

　　三　东南亚华人的祖先崇拜和儒释道文化 …………………（199）

　　四　新越两国及东南亚华人文化与中国之关系 …………（203）

第九章　越南文化 …………………………………………（206）

　　一　文化基础与背景 ……………………………………（206）

　　二　祖先崇拜与儒释道信仰 ……………………………（211）

　　三　民俗节庆 ……………………………………………（229）

　　四　语言、文学、艺术 ……………………………………（235）

　　五　教育与通信 …………………………………………（244）

　　六　越南文化的特点 ……………………………………（247）

第十章　新加坡文化 ………………………………………（250）

　　一　文化基础、背景和传承 ……………………………（250）

　　二　多元和谐 ……………………………………………（252）

　　三　尊崇儒学与东西合璧 ………………………………（258）

　　四　语言、文学、艺术 ……………………………………（262）

　　五　先进的科技、教育、通信 ……………………………（267）

　　六　马来人和印度人文化 ………………………………（273）

　　七　中新文化交流与合作 ………………………………（280）

第四篇　穆斯林文化

第十一章　穆斯林文化 ……………………………………（285）

　　一　同岛同种 ……………………………………………（285）

　　二　同文 …………………………………………………（287）

　　三　同宗教 ………………………………………………（288）

　　四　中印文化 ……………………………………………（291）

第十二章　印度尼西亚文化 ………………………………（294）

　　一　文化基础与背景 ……………………………………（294）

　　二　潘查希拉 ……………………………………………（297）

　　三　宗教信仰 ……………………………………………（299）

　　四　语言、文学、艺术 ……………………………………（305）

　　五　传统习俗与节庆 ……………………………………（313）

　　六　教育、科技、通信 ……………………………………（317）

第十三章　马来西亚文化 ……………………………………（323）

　　一　国情 ………………………………………………………（323）

　　二　历史与外来影响 …………………………………………（328）

　　三　文化政策及语言、科技、教育 …………………………（331）

　　四　穆斯林文化 ………………………………………………（333）

　　五　华人文化 …………………………………………………（335）

　　六　印度人文化 ………………………………………………（338）

　　七　土著文化 …………………………………………………（339）

第十四章　文莱文化 ……………………………………………（342）

　　一　国情 ………………………………………………………（342）

　　二　伊斯兰教 …………………………………………………（345）

　　三　语言与艺术 ………………………………………………（347）

　　四　传统习俗与节庆 …………………………………………（351）

　　五　教育、通信 ………………………………………………（357）

　　六　对外文化交流 ……………………………………………（359）

第五篇　天主教文化

第十五章　天主教文化 …………………………………………（363）

　　一　传教、贸易、殖民地：西方人来到东南亚 ……………（363）

　　二　西方文化对东南亚的影响 ………………………………（365）

　　三　天主教文化 ………………………………………………（370）

第十六章　菲律宾文化 …………………………………………（374）

　　一　文化基础与背景 …………………………………………（374）

　　二　一个东方国家的西化 ……………………………………（376）

　　三　大多数人信奉天主教 ……………………………………（385）

　　四　语言、文学、艺术 ………………………………………（388）

　　五　传统节庆与习俗 …………………………………………（397）

　　六　教育、通信 ………………………………………………（401）

第十七章　东帝汶文化 …………………………………………（405）

　　一　文化背景 …………………………………………………（405）

　　二　以天主教为主的宗教 ……………………………………（411）

三　语言、文学、艺术 ………………………………… （413）

四　传统习俗与节庆 ……………………………………（417）

五　教育、通信 …………………………………………（419）

主要参考文献 ……………………………………………（424）

重印后记 …………………………………………………（427）

前　言

2012 年笔者在广西民族大学讲授一门"东南亚文化"课程。当时手头上没有一本这方面的教材，于是就开始边炒边卖，做起了这方面的功课。

也是恰巧在 2012 年，广西社会科学院要组织一批科研人员进行基础理论的研究，于是就报了"东南亚文化"课题，并获得立项。

文化是人创造的。东南亚地区是一个民族展览馆，有数以百计的族群，他们创造了纷繁复杂的文化。有学者把该地区的文化作为一个统一体来看待。其实，东南亚文化是该区域多种文化的组合，是很难统一的，但有局部的同一性。由于地形、地貌和人文的差异，东南亚文化在局部上可以分为两大区块、四种文化。两大区块，即在地理和族群上，东南亚大陆以佛教为主，海岛以马来人文化为主。四种文化，即按照信仰和相关的文化特征。两大区块还可以进一步细分为中南半岛中西部的缅甸、柬埔寨、泰国、老挝四国为上座部佛教和泼水节文化圈；越南和新加坡两国主要是儒释道文化；马来群岛的印度尼西亚、马来西亚、文莱主要是伊斯兰教文化；菲律宾和东帝汶的基督天主教文化。

本课题的分工如下（按所撰写的章节顺序排列）：

姓名	分工负责
古小松：广西社会科学院研究员、东南亚研究所所长	第一、二、三、八、九、十一、十三、十五章
梁薇：广西社会科学院助理研究员	第四章
蒙翡琦：广西民族大学教师	第五章
陈有金：中国驻老挝使馆官员	第六章
祝湘辉：云南大学副教授	第七章

罗梅：广西社会科学院副研究员、　　　第十章
　　《东南亚纵横》杂志主编
郑一省：广西民族大学教授　　　　　　第十二章
马金案：广西社会科学院副研究员　　　第十四章
黄耀东：广西社会科学院研究员　　　　第十六章
舒全智：广西民族大学研究生　　　　　第十七章
　　该课题得以顺利完成并出版，非常感谢广西社会科学院、广西民族大学、云南大学以及相关单位的同仁。

　　人们常说中华文化博大精深，其实东南亚文化也是丰富多彩的。这里我们仅是对东南亚文化做了一个初步的梳理和介绍，还有很多问题需要进一步的探讨。由于空间、时间、学识等方面的限制，拙作会存在很多谬误，敬请读者不吝批评指正。谢谢！

古小松
2013 年冬于南宁

第一篇

东南亚大观

第一章　东南亚要览

东南亚指亚洲的东南部，中国古代称之为"南洋"，因位于中国南面，远隔重洋而得名。其实，该地区各国在地理、历史、种族、宗教等方面相互之间差异比较大，只是在第二次世界大战期间，蒙巴顿勋爵①设立东南亚指挥部统辖北回归线以南区域②，从此人们开始称该地区为东南亚。

东南亚总共 11 个国家：缅甸、老挝、越南、柬埔寨、泰国、马来西亚、新加坡、文莱、菲律宾、印度尼西亚、东帝汶。其中只有东帝汶尚未加入东盟，其余 10 国均是东盟成员国。东帝汶 1999 年经全民公决从印度尼西亚独立出来，2002 年成立东帝汶民主共和国，是东南亚最年轻的国家。

东南亚各国面积与人口

	面积（万平方公里）	人口（万人）	首都
印度尼西亚	190	23800	雅加达
缅甸	67	5953	内比都
泰国	51	6670	曼谷
马来西亚	33	2831	吉隆坡
越南	32.9	8784（2011 年）	河内
菲律宾	29.9	9798	马尼拉
老挝	23	612	万象
柬埔寨	18	1440	金边
东帝汶	1.5	106	帝力

---

①　蒙巴顿勋爵（Lord Louis Mountbatten）1900 年 6 月 25 日生于英国王室家庭。1943 年 8 月英美首脑在加拿大开会决定组建东南亚盟军司令部，由蒙巴顿出任最高司令。蒙巴顿曾多次指挥战役获得胜利，二战结束他代表盟军在新加坡接受日军投降。1979 年 8 月 27 日遇刺身亡。

②　当时该辖区还包括斯里兰卡。

	面积（万平方公里）	人口（万人）	首　都
文　莱	0.5	41	斯里巴加湾
新加坡	0.07	499	新加坡
合　计	446.87	60534	

注：本表按各国面积大小排列，人口数为 2010 年的统计。

资料来源：许家康、古小松主编：《中国东盟年鉴·2010》，线装书局 2010 年版。以及其他有关官方公布的资料。

一　地理特点

东南亚总面积约 447 万平方公里，不足中国大陆面积的一半，但地理位置重要，特点非常突出。

（一）重要的地理位置

东南亚方位：东经 93°—141.5°，北纬 25°至南纬 10°，跨越赤道，大部分为热带和亚热带地区，只有缅甸西北一小块地区位于北回归线以北。北接中国大陆，南望澳大利亚，东濒太平洋，西临印度洋，并与孟加拉国、印度相毗邻。东南亚地理位置非常重要，连接三大洲（亚洲、非洲、大洋洲）、两大洋（太平洋和印度洋）。马来半岛与苏门答腊岛之间的马六甲海峡是世界上最长的海峡，长约 900 公里，最窄处仅 37 公里，是东北亚经东南亚通往欧洲、非洲的海上最短航线和必经通道，历来为兵家和商贾必争之地。

由于重要的地理位置和丰富的资源，近现代以来世界列强一直都在垂涎和涉足东南亚。从老牌的殖民者葡萄牙、西班牙、荷兰，到英国、法国以及后来的美国都一度侵略、殖民东南亚，冷战时期苏联也使用了越南的金兰湾。

（二）半岛与海岛组合

东南亚由中南半岛和马来群岛组成，11 个国家中有 10 个是海岛或沿海的国家，唯有老挝是内陆国家，既不沿海，也不是海岛。

从地形和地质情况划分，东南亚分为安定和不安定两大区域。中南半岛和加里曼丹岛属于安定区域。其他岛屿大多属于不安定区域。因这里的山岭大都是第三纪喜马拉雅造山运动时形成的，山峰陡峭，面临深海，有很多还在喷发的活火山。印度尼西亚和菲律宾常有火山喷发和地震。马来群岛是世界上火山最多的地区之一，印度尼西亚的巽他群岛是世界上火山最集中的地方。

中南半岛的山脉大多为北南走向。喜马拉雅山脉从西藏向东延伸，到云南和缅甸交界的地区后折向南行。东南亚主要的大江大河也集中在中南半岛，随着山脉走向，它们也大多从北向南流，或呈西北—东南走向，然后入海。重要的河流有湄公河、红河、湄南河、萨尔温江、伊洛瓦底江。湄公河不仅是东南亚最大的河流，也是世界最重要的国际河流之一。它发源于中国青藏高原，流经缅甸、老挝、泰国、柬埔寨，从越南入海，流经国家的数量仅次于欧洲的多瑙河。马来群岛的岛屿上也有众多的河流，但一般比较短，很快就流入了大海。

（三）中南半岛

中南半岛因位于中国以南而得名，约210万平方公里。中南半岛上有缅甸、老挝、越南、柬埔寨、泰国、马来西亚和新加坡7国。其中老挝是东南亚唯一的内陆国家，没有出海口。

半岛横跨太平洋和印度洋。东面是太平洋，沿岸有北部湾、中国南海；西面是印度洋，沿岸有孟加拉湾和安达曼海。半岛的北部是云贵高原与湄公河、湄南河平原和高地之间的山区。半岛东边有长山山脉将越南与老挝和柬埔寨隔开，山之东地势陡峭，有越南中部沿海狭小的平原，山之西地势平缓，有老挝的镇宁、甘蒙、波罗芬高原。半岛的主体是以泰国为中心，向四周延伸。湄公河从西北向东南贯穿而过，老挝和越南大部位于河之东岸，缅甸、泰国、柬埔寨大部位于河之西岸。湄公河入海处是半岛东南部的湄公河三角洲，从越南南部到柬埔寨面积约20万平方公里。半岛的东北部是红河三角洲，面积约2万平方公里。

中南半岛的南端狭长，一直延伸到赤道附近，成为马来半岛。马来西亚的西部分就位于中南半岛南部的马来半岛南部。新加坡原来是一个孤立的海岛，现已建有桥梁与马来西亚相连接。由于有桥梁与马来半岛连接，新加坡就成了亚洲大陆的最南端。

（四）星罗棋布之马来群岛

在中南半岛的东南面、澳大利亚的北面、太平洋与印度洋之间，北起菲律宾的吕宋岛以北，南至帝汶岛以南，东起伊里安（新几内亚），西至苏门答腊岛，散布有2万多个岛屿，人们称为马来群岛，中国称为南洋群岛。该群岛南北纵约3500公里，东西横约6400公里，总面积约230万平方公里，这就是东南亚的岛屿部分。过去这些岛屿属于亚洲大陆的一部分，后来海平面上升，把大陆的较低部分淹没，成为海洋。中南半岛南面的浅海包括暹罗湾、马六甲海峡、巽他海峡、爪哇海等，叫作巽他大陆架，水深一般不超过55米。东南亚完全属于岛国的有：印度尼西亚、菲律宾。文莱位于加里曼丹岛上。东帝汶领土包括帝汶岛东部和西部北海岸的欧库西地区以及邻近的阿陶罗岛等。马来群岛的第一大岛为加里曼丹岛，也叫婆罗洲，是世界第三大岛，面积73万平方公里，该岛分属印度尼西亚、马来西亚和文莱。岛的北部是马来西亚的沙捞越和沙巴两州，两州之间是文莱，南部是印度尼西亚的东、西、中、南加里曼丹四省。

马来群岛中面积最大、人口最多的国家是印度尼西亚，面积190万平方公里，是"万岛之国"，有约18000个岛屿。人口2亿多，是该地区名副其实的大国，是世界人口第四多的国家，仅次于中国、印度和美国。面积最小的是新加坡，一个国家就是一座城市，仅700多平方公里，和中国广西的县级市东兴一般大小，东西南北的宽度、长度只有二三十公里，驾车一天可以跑遍全国。新加坡虽然面积是最小的，但人口却有500万（2010年），比拥有面积近6000平方公里的文莱要多得多。文莱只有40多万人，跟中国一个规模较小的县的人口数量差不多，是该地区人口最少的国家。

目前这些国家的人口密度较大，交通设施比较落后，岛与岛之间的交通联系一般依靠轮船。由于岛屿众多，利于出没和藏匿，所以世界上大部分的海盗事件也常发生在东南亚一带的海域。

马来群岛是世界火山最多的地区之一，火山活动大多是爆发性的，因为这里的岩浆较为酸性，含矽质较多，性较黏，不易流动。印度尼西亚有约500座火山，其中120多座是活火山，有65座被列为最具危险的火山。

（五）气候炎热

东南亚所处的纬度比较低，大部在北回归线以南、赤道的附近，终年炎热，常年气温在 25℃—30℃。最冷月和最热月的温差很小，在赤道附近不足 2℃。一天 24 小时内的日夜温差要比一年的温差大得多。如加里曼丹岛的坤甸，年温差仅为 2℃，但日夜温差却达 7℃。

如果从降雨情况来看，主要分为两种气候类型：热带季风气候和热带雨林气候。中南半岛北部和菲律宾北部地区，属于热带季风气候，年降雨量约 1500 毫米。在赤道附近，即约北纬 5°和南纬 5°左右之间的马来半岛南部和马来群岛的大部分地区属于热带雨林气候，终年有雨，没有干燥的时候，年降水量在 2000 毫米以上。一年最热的月份是 4—5 月，也是一年中雨量较少的季节。中国的电影、画报中常出现的热带雨林、大象、椰子，往往都源自东南亚。由于经常在太阳光照的曝晒之下，东南亚一带的人种肤色都显得比较黑。

除赤道地区外，东南亚不同地区一年的季节变化有所不同。中南半岛北部靠近中国的部分地区类似中国，一年有春、夏、秋、冬四季之分。中南半岛的中南部许多地区则一年分为三季：热季、凉季和雨季。大体上 11 月到翌年的 2 月为凉季，3—5 月为热季，6—10 月为雨季。南半球约南纬 5°以南地区与约北纬 5°以北的地区大体是相反，11 月到翌年的 2 月为雨季，3—5 月同样也是热季，6—10 月则为凉季。东南亚也有地方一年只分为旱季和雨季两个季节，11 月至翌年 5 月为旱季，6—10 月为雨季。

二 历史概要

东南亚是一个多国家、多种族的地区，而各国的经济社会发展进程是相互有区别的。虽然它们都经历三个历史发展阶段：古代、近代和现代，但是，不同的国家其古代史、近代史的长短、起点和终点是不同的。中南半岛与马来群岛的情况很不一样，即便是中南半岛或马来群岛上的国家也是不一样的。

东南亚历史大体上分期是：西方殖民入侵之前为古代，西方殖民统治时期为近代，各国独立之后为现代或当代。

（一）古代

东南亚地区古代曾经建立过很多国家或初步具备国家雏形的部落群体，这里结合今天仍然尚存，或从过去演变而来，或有一定传承关系的有关国家来述说一些主要的东南亚古代国家。

1. 中南半岛主要古代国家

（1）柬埔寨王国：从扶南到真腊

6世纪下半期，扶南开始衰落，到了7世纪后期终于被所属的真腊国所代替。公元630年，真腊国王伊奢那跋摩一世最后击败苟延残喘的扶南，建立柬埔寨历史上第二个大一统的古王国。存在长达9个世纪的真腊可分为早期真腊、吴哥王朝、晚期真腊三个时期。吴哥时期最强盛的时候，其疆域覆盖大半个中南半岛，除了包括今天的越南南部、老挝、泰国、马来半岛一部分外，还有缅甸的部分领土。为了显示帝国的强盛，吴哥王朝建造了至今仍存在的被称为古代东方四大奇迹之一的吴哥，与中国的长城、埃及金字塔、印度尼西亚的婆罗浮屠齐名。吴哥包括吴哥城、吴哥寺和女王宫三部分，始建于公元802年，有600多处建筑，散布在约45平方公里的森林中。吴哥寺的主体部分是5座莲花蓓蕾般的尖塔，建筑在一个石砌的台基上。最高的尖塔达65米，用砂岩石砌成，每一块石头上都有浮雕或刻有玲珑纤细的装饰。吴哥寺回廊上的石刻浮雕是当今世界的艺术瑰宝之一。到18世纪末，柬埔寨的两个强邻——暹罗和越南展开了对柬埔寨的争夺。17—18世纪，越南阮氏王朝逐步侵占了柬埔寨的大片领土，形成了今天越南的南部。

19世纪中叶，法国人踏足印度支那。从1863年开始，柬埔寨沦为法国的保护国达90年，直到1953年才独立。

（2）缅甸：从骠国到雍籍牙王朝

早期缅甸的土地上曾存在过掸国、林阳国、骠国、直通王国等，是由不同的民族建立的国家或初步具备国家雏形的部落群体。而其中影响比较大的是由骠人建立的骠国，约建立于公元1世纪。9世纪骠国灭亡后，骠人已与当地的其他民族相融合。

缅甸古代真正建立起统一王朝是在11世纪以后，首先是1057年阿奴律陀建立的蒲甘王朝，是缅甸历史上由缅族人建立的第一个封建王朝。13世纪中叶蒲干王朝开始衰落并分裂，到16世纪缅族人莽应龙建立了缅甸第二个统一王朝——东吁王朝，取代了曾存在了约5个世纪的蒲干王朝。东吁王朝曾建都于勃固，后迁到阿瓦。18世纪中叶，以孟族人为主体的南方军队首先起来反抗东吁王朝，后来不少缅人、掸人和克伦人也加入反抗的队伍中，1752年阿瓦被攻占，东吁王朝灭亡。孟人在阿瓦的统治尚未巩固，就遭到了上缅甸的一个缅族首领雍籍牙的攻击，并被打败。1753

年雍籍牙定都瑞冒，建立了缅甸的最后一个封建王朝——雍籍牙王朝。雍籍牙王朝鼎盛时期的缅甸疆土西起今印度的阿萨姆、曼尼坡，东到今天的泰缅边境地区，成为当时东南亚幅员最广阔的国家。

在经历了 3 个统一的王朝之后，缅甸的国门逐步被西方人打开。1824—1885 年，英国先后发动了三次对缅甸的战争。1885 年 11 月，英缅第三次战争中英军攻占曼德勒，缅甸最后一个封建王朝灭亡，缅甸沦为欧洲强国英国的殖民地。

（3）老挝：澜沧王国

19 世纪中叶法国人涉足印度支那，1887 年吞并了越南和柬埔寨，之后开始占领老挝的行动。要占领老挝，首先要制服老挝的宗主国泰国。1893 年 10 月 3 日，法国与泰国在曼谷签订了《法暹条约》，泰国同意割让湄公河以东的老挝领土给法国，从此老挝沦为法国的殖民地，法属印度支那联邦也终于形成。

1893—1954 年，老挝处于法国殖民时期，其间 1940—1945 年曾一度被日本占领。1954 年法国离开印度支那，老挝获得独立。

（4）泰国：从素可泰王朝到曼谷王朝

12 世纪以前，孟人曾经在湄南河流域等地建立过林阳、金邻、堕罗钵底国、哈里奔猜国（中国唐朝的《蛮书》称其为女人国）、罗斛国等。

12 世纪以后，泰人在泰国逐渐崛起。1238 年，吴哥国王的女婿、泰族首领坤·邦克郎刀打败了驻扎在素可泰的真腊军队，摆脱柬埔寨吴哥王朝的统治，建立了独立的中央集权的素可泰王国，成为泰国历史上第一个有文字记载的、由泰族建立的国家，中国古籍称素可泰王国为暹国。14 世纪初，泰可素王国达到鼎盛，其版图范围曾覆盖了老挝的琅勃拉邦、马来半岛北部、缅甸的土瓦、勃固、马都八等地。

14 世纪中叶，素可泰王朝衰落，被阿瑜陀耶王朝取代。阿瑜陀耶王朝是泰国历史上历时最长的王朝，达 417 年，曾一度非常强大，17 世纪时，除了控制今泰国大部分领土外，东部的柬埔寨成为其附属国，其势力范围甚至到达马来半岛南段的马六甲。1767 年，缅甸趁阿瑜陀耶王朝国力衰落之机，用兵攻占了阿瑜陀耶城，至此，阿瑜陀耶王朝灭亡。

阿瑜陀耶王朝沦亡后，祖籍中国澄海的郑信揭竿而起，抗击缅甸占领军，于 1767 年 12 月登基为王，建立了泰国历史上仅存在 15 年的短暂的吞武里王朝。

1782年，郑信手下大将披耶却克里处死郑王，自立为王，并把首都迁往曼谷，建立了曼谷王朝，延续至今。

（5）越南：安南与占婆

A. 占婆

越南今天的版图就涵盖了古代曾一度存在于其中南部地区的一个古老国家——占婆。这是中南半岛的一个文明古国，历经1600年而最后融入了越南。

古占婆是占族人历史上所建立的国家。古时候该国存在的地区的北部曾被称为林邑，为汉朝属地。公元192年前后，林邑所属的象林县人区方杀县令自立，为林邑王，建林邑国。林邑国曾称为"环王"、"占城"，后来一般称之为"占婆"。11世纪时占婆国势甚盛，一度攻占西南面的吴哥王朝。14世纪中期后占婆逐步衰落。越南后黎朝攻取占婆大部分领土，占婆成为越南的藩属。1832年越南阮朝把占婆最后仅存的顺城并入平顺省，设宁顺府，占婆最终灭亡。

当年占婆国的疆土范围大致是越南中部至湄公河三角洲以北的地区，北界安南，西邻澜沧王国、西南是扶南（后面是真腊），也就是今天越南从中部的广平、广治一直到南部的潘切一带，相当于越南国土的五分之二左右。占婆一度是中南半岛的一个强大国家，历史上有不少关于占婆出兵侵略周边的安南、扶南等的记载。其实，早在中国的汉唐时期，占婆作为中国的邻国就已与中国有密切的往来，甚至作为一个藩属国向中国进贡。根据占人的遗迹和考古发现，占人接受印度文化影响比较早，可以说中国文化与印度文化最早在中南半岛的交会处就是占婆。越南独立建国后，不断往南扩张，在漫长的岁月里占婆逐渐被越南吞并。中国古籍对占婆的记载到16世纪止，此后很难再找到有关占婆的信息。

B. 安南

唐末宋初，中国中央政府控制能力减弱，安南地区的土豪趁机割据自立。公元968年，丁部领击并"十二使君"，建立丁朝，使安南地区摆脱了中国封建王朝的统治，成为一个独立的国家。不过，此后的越南虽实际上独立，但名义上与中国仍然保持着宗藩关系。973年，经其请求，丁部领被宋太祖册封为交趾郡王。丁朝仅存在了12年（968—980年），便为前黎朝（980—1009年）所取代。此后，越南经历了李朝和陈朝时期、胡朝（1400—1407年）、后黎朝（1428—1788年传17世，共360年）。李朝和陈朝是越南封建社会的鼎盛时期。李朝传 9 世，共 216 年（1009—1225 年），陈朝则延续了 175 年（1225—1400 年）。1771 年，爆发了由阮惠、阮岳、阮侣三兄弟领导的越南历史上规模最大的西山农民起义，1789 年阮岳在归仁称帝，统治从广南到顺化的中央地区。次年，阮惠在顺化称帝，年号光中，建立西山王朝，统治越南北部。阮侣称东定王统治南方。原广南王阮福淳之侄儿阮福映在法国殖民者的帮助下，于 1802 年推翻了西山王朝，建立了阮朝，定都富春①，改国号为"越南"，清廷也封阮福映为越南国王，越南遂由此而得名。

968—1858 年是越南自主封建国家时期。1884 年爆发了中法战争，这场战争中国以镇南关大捷而大败法军，但昏庸无能的清朝政府竟与法国于 1885 年签订了丧权辱国的《天津条约》，承认法国对越南的"宗主权"，结束了中国封建王朝与越南之间的"藩属关系"。至此，越南完全沦为法国的殖民地。

（6）马来西亚：马六甲王国

马来西亚历史上没有形成过今天的西马（马来半岛）与东马（加里曼丹岛部分）统一的国家，也没有在马来半岛形成过统一的国家。不过，马来半岛上公元初年还是出现过羯荼、狼牙修等古国或初步具备国家雏形的部落群体。这些国家一般是马来人所建，规模不太大，以农业和贸易为主，受印度文化的影响。根据周边局势的变化，它们曾北面臣服扶南、暹罗，南面臣服苏门答腊的室利佛逝以及后来的满者伯夷。

不过，到了 15 世纪初至 16 世纪初，马来半岛还是出现了一个强大的古国——马六甲王国。马六甲扼守马六甲海峡的咽喉，地理位置得天独厚，15 世纪以前，这里还是一个小渔村。据传说，1400 年，苏门答腊王子拜里迷苏剌建立的以马六甲为中心的满剌加王国，也叫马六甲王国。由于这里是印度洋与太平洋的交通要道，很快就发展成为亚洲的一个贸易中心，中国人、暹罗人、菲律宾人、印度人、阿拉伯人、波斯人都来此交易纺织品、香料、茶叶等。由于拜里迷苏剌娶了一名苏门答腊的信仰伊斯兰教的王国的公主，他也改信了伊斯兰教。国王信仰伊斯兰教，因而伊斯兰教就成了马六甲王国的国教，国王称为苏丹。由于马六甲是该地区的一个交通贸易中心，所以这里也就成了马来半岛和马来群岛研究和传播伊斯兰教的中心。

---

① 今越南顺化。

后来马来半岛和马来群岛大部由信仰印度教、婆罗门教，改为信仰伊斯兰教，马六甲王国起了传播的中枢作用。交通、贸易、文化的迅速发展使马六甲王国一度成为该地区的重要强国，其鼎盛时期的疆域包括了苏门答腊北部和大半个马来半岛，为现代的马来西亚奠定了基础。

从 1402 年到 1511 年，马六甲王国存在了 109 年。从 16 世纪开始，葡萄牙、荷兰、英国等西方列强染指马来半岛和马来群岛。1511 年，葡萄牙人为了与中东的穆斯林商人争夺东方的香料贸易，出兵攻占了马六甲。16 世纪末，葡萄牙海军力量开始走下坡路，马六甲逐步衰落。1641 年，荷兰人联合当地的柔佛、亚齐军队攻占了马六甲，结束了葡萄牙人长达 130 年的统治。

1824 年，荷兰与英国签订《伦敦协定》，以马六甲海峡为界，北面包括马六甲等地归英国管辖，南面包括苏门答腊岛等岛屿归荷兰管辖。20 世纪初马来西亚完全沦为英国的殖民地。

（7）新加坡：从单马锡到信诃补罗

新加坡古代叫单马锡，或淡马锡。曾先后属印度尼西亚室利佛逝王朝、暹罗、马来西亚柔佛王国的一部分。

据载，单马锡早期隶属于室利佛逝王朝①。13 世纪中叶，淡马锡改称"信诃补罗"。"信诃补罗"是梵语的音译，意为"狮城"。今名"新加坡"是由"信诃补罗"演变而来。信诃补罗是一个繁荣的交通枢纽和商业港口，中国人、印度人、阿拉伯人来此交易纺织品、瓷器、香料等。但是，信诃补罗毕竟很小，北面中南半岛有强大的暹罗，南面爪哇有虎视眈眈的大国满者伯夷，1377 年满者伯夷大规模进攻并占领了信诃补罗。满者伯夷尚立足未稳之时，北方的暹罗挥师南下，赶走了满者伯夷，占领了信诃补罗，信诃补罗成了暹罗的属地。

15 世纪，马六甲王国兴起，新加坡成为马六甲王国的一部分，马六甲繁荣的港口业务取代信诃补罗，成为东南亚新兴的国际贸易港口。

16 世纪初，葡萄牙占领了马六甲，国王苏丹退至柔佛，建立柔佛王国，一直到 19 世纪初新加坡成了柔佛王国的一部分。

1819 年 1 月 29 日，英国东印度公司的莱佛士率领舰队强行登陆新加坡。此后，莱佛士与柔佛国王苏丹签订协议，将新加坡及其周围岛屿割让给英国。从此，新加坡沦为英国的殖民地。

---

① 今印度尼西亚。

2. 马来群岛的古代国家

（1）印度尼西亚：从室利佛逝到满者伯夷

印度尼西亚有 18000 个大小岛屿，古代早期在一些岛屿上曾出现一些国家或初步具备国家雏形的部落群体，如约在 5 世纪，东加里曼丹建立过古戴王国。差不多在同时期，西爪哇建立过多罗磨王国。不过，今天很难找到关于这些古代王国的历史记载。

在印度尼西亚，古代文明的主要发祥地则是苏门答腊和爪哇。7 世纪中叶，印度尼西亚历史上第一个强大的王国室利佛逝（也叫三佛齐）在苏门答腊崛起。室利佛逝地处马六甲海峡南面，是印度、中国等进行贸易来往的必经之地，也是当时印度以外的佛教中心。室利佛逝强盛的时期，其势力一度扩大到邦加、马来亚等地，曾两度入主爪哇。

13 世纪，伊斯兰教传入苏门答腊北部的亚齐，进而向东面的爪哇等岛屿扩散。在改信伊斯兰教之前，爪哇是佛教盛行的重要地区，这里有能与柬埔寨吴哥相媲美的世界最大的佛教遗址之一的婆罗浮屠。婆罗浮屠位于中爪哇日惹市西北 30 公里处，建筑呈金字塔状，雄伟壮观，主佛塔高 42 米，分为 9 层，每层有回廊，周围布满浮雕，构成一部"石头上的史诗"。

14 世纪位于苏门答腊的室利佛逝逐渐衰落，其霸权地位被印度尼西亚历史上另一个古代王国、位于爪哇的满者伯夷所取代。印度尼西亚的爪哇岛曾经建立过加林卡、美当、新柯沙里、满者伯夷（也叫麻喏巴歇）四个王朝。14 世纪中叶，满者伯夷帝国进入全盛时期，其疆域包括爪哇岛以外的苏门答腊岛、加里曼丹岛、苏拉威西岛、伊里安岛、马鲁古群岛以及马来半岛的南端，为现代印度尼西亚的形成和统一奠定了基础。满者伯夷王朝存在了约两百年。随着满者伯夷王朝的衰落，一些伊斯兰教国家在印度尼西亚的主要岛屿逐步崛起。1478 年，满者伯夷王朝灭亡。

满者伯夷亡国后不久，西方殖民者就来到了印度尼西亚诸岛。首先是葡萄牙 1511 年占领了马来半岛的马六甲后，即于 1512 年在印度尼西亚的马鲁古群岛（也叫摩鹿加群岛）的安汶岛设置公司。16 世纪末 17 世纪初，荷兰人入侵印度尼西亚，1602 年荷兰在印度尼西亚设立了具有政府职能的东印度公司。1799 年，东印度公司破产后，1800 年成立荷印殖民政府取而代之。至 1903 年，荷兰征服亚齐，完全占领印度尼西亚。

（2）文莱：渤泥

中国古籍称文莱为渤泥，也译成"婆罗乃"，古王国还有摩拉跋摩等名称。4—9 世纪，文莱国土幅员辽阔。

9 世纪中叶，室利佛逝国力强盛，征服了包括婆罗洲在内的大片岛外地区，文莱臣服室利佛逝约一个半世纪。

10 世纪末，文莱恢复独立，一直到 14 世纪初，达 300 多年。

满者伯夷取代室利佛逝后，14 世纪中叶征服婆罗洲，一度占领文莱约半个世纪。

15 世纪，马六甲王国兴起，文莱转而依附马六甲王国。文莱原来是信奉佛教的国家，后来受马六甲王国的影响，逐步改信伊斯兰教。文莱人把伊斯兰教作为武器，巩固政权，逐步争取独立并获得了真正的独立。15世纪末到 17 世纪初，是文莱的鼎盛时期，疆土曾一度覆盖了整个加里曼丹岛，甚至还派军队一度占领了今菲律宾的马尼拉等地，迫使周边一些小国俯首称臣纳贡。

进入 17 世纪以后，文莱苏丹国日渐衰落，西方列强开始涉足文莱，英国逐步侵占文莱。1888 年文莱沦为英国的保护国。

1941—1945 年，日本短暂占领文莱。二战结束后，英国人卷土重来，恢复对文莱的殖民保护。

（3）菲律宾：麻逸、苏禄

菲律宾是东南亚也是世界上继印度尼西亚之后岛屿第二多的国家，古代也建立了许多的王国，尽管其历史和影响都不能与中南半岛及爪哇岛相比，中国的史书记载的菲律宾早期国家一般都在 10 世纪以后。其中，存在的历史比较长、影响比较大的有麻逸、苏禄等。

麻逸王国，存在于 10—14 世纪。13 世纪在其鼎盛时期，疆域以民都洛为主，还拓展到吕宋西部的仁牙因和马尼拉地区以及附近的一些岛屿。该国的手工业、贸易已有相当的发展，除了在菲律宾各岛之间进行交易往来外，甚至有商船通达中国的广州。

菲律宾历史上存在时间最长的是苏禄王国，从 13 世纪到 19 世纪，其鼎盛时期疆域除了苏禄群岛外，势力范围到达了三宝颜、加里曼丹岛的沙巴等地区。苏禄的珍珠采集、手工业和贸易很发达，是当时的东南亚贸易中心之一，有商船来往于真腊、占婆、中国、爪哇、苏门答腊之间。

15 世纪末 16 世纪初，欧洲强国西班牙开始其在远东的殖民活动。1521 年，麦哲伦奉西班牙朝廷之命率舰队侵犯菲律宾，经过 30 年的多次远征，西班牙殖民者于 1571 年终于侵占了马尼拉，并在那里建立了殖民统治中心。自此，西班牙在菲律宾实行殖民统治达 300 多年。

（二）近代：从殖民地到各国独立

1. 东南亚沦为欧洲殖民地

在古代，早期东方的封建社会发展程度高于西方，但到了近代，西方的资本主义发展却后来居上，尤其是国际贸易、工业革命走在了世界的前列。欧洲人需要原材料和开拓市场，这使他们的视野再也不仅仅局限于欧洲本身，而是瞄向了世界的其他地区。

中国人最早发明了指南针和火药。13 世纪末 14 世纪初，火药由阿拉伯人传入欧洲，14 世纪中叶以后，欧洲人用火药制造大炮和毛瑟枪。枪炮的使用是军事技术的一次革命，从冷兵器时代进入了热兵器时代。也是在 13 世纪，西方人开始使用指南针，并逐步用于航海，使载重上千吨的船只在大洋中长途远航成为可能。有远航的工具，加上手里有枪，欧洲列强就开始进行对外扩张和殖民统治，尤其是对东方包括中国在内侵略扩张。

近代东南亚历史是一部被列强侵略、占领、统治的纷繁错杂的殖民地历史。除泰国之外，其他东南亚国家均被不同的西方帝国侵略和统治过，只是时间的长短和宗主国不同而已。葡萄牙、西班牙、荷兰、英国、法国、美国、日本作为殖民侵略者都在这里留下了痕迹。

（1）殖民侵略进程

15、16 世纪以前，欧洲与东方的贸易不是直接进行的，红海以东掌握在阿拉伯人手里。为了打破阿拉伯人的垄断，获取更多东方的黄金和廉价的商品，欧洲人需要探索通往东方的航线。西班牙、葡萄牙两国在完成了政治统一和中央集权化后，两国好战的贵族即开始远航的冒险，两国的封建主和商人也就成为世界第一批殖民侵略者。

西方列强到东方来殖民的路径是，先开通航路，由贸易公司在航线沿途交通方便的地方建立商站，然后在此建设贸易仓库，逐步扩大地盘，进行强迫性的贸易，甚至把该地点完全据为己有，享受关税优惠，只向地方当局缴纳很少的税费，经营者很快就暴富起来。西方殖民者在推进贸易的同时，也推广宗教传播，了解当地的情况，待站稳脚跟后即开展政治、经济、文化等多方面的侵略和掠夺，甚至动用武力来弹压当地的统治者，并使当地的民众屈服，建立殖民政权，统治比本国面积还大得多的殖民地。

最早进入东南亚开启殖民掠夺的是葡萄牙人。葡萄牙人第一步先探索从非洲至印度的航路，1497 年 7 月 8 日，葡萄牙国王派贵族达·伽马率四艘帆船、约 100 名水手从里斯本出发，向东绕过非洲的好望角，依靠阿拉伯人的领航进入印度洋，于次年的 5 月 20 日到达印度的卡里库特，运回大量香料、丝绸、宝石、象牙等，获纯利竟达航行费用的 60 倍。其实，如果从远航的角度来看，中国人本来是走在世界各国的前面的，早在 1405—1433 年中国郑和的远航船队就已七下西洋，最远到达了非洲的东岸，只是没有到达欧洲，而且远航的目的主要也不是为了贸易，是为了宣扬所谓的"德化"、"怀远"而已。

在开通了向东的航路后，葡萄牙人就开启了对东方的殖民侵略。达·伽马于 1502 年率领配有步兵和大炮的船队向东航行，经过非洲，到达印度，沿途掠劫财物，建立商站和军事要塞。1511 年，葡萄牙人攻占了马来半岛上的马六甲，并在印度尼西亚建立了商站，攫取了多年向往的"香料之国"。葡萄牙人的到来，也开启了东南亚长达 400 多年被西方列强殖民统治的历史。

葡萄牙人在东南亚立足后，继续把手伸向东北亚，1557 年窃据了中国的澳门。

其实，葡萄牙是 1143 年才从西班牙独立出来的一个西欧王国（1581—1640 年曾一度再受西班牙统治），面积仅 9 万平方公里，国力并不是很强大，它占领的部分殖民地被后来的欧洲殖民者所取代。

欧洲同时期的另一个航海强国，甚至可以说是更重要的航海国家是西班牙。西班牙国王 1492 年资助意大利人哥伦布向西远航发现了美洲大陆后，1519 年资助葡萄牙人麦哲伦率领五艘帆船，共 265 名水手，于 9 月 20 日出发，横渡大西洋，再进入浩瀚的太平洋，于 1521 年 3 月到达菲律宾群岛，11 月到达摩鹿加群岛的帝多利岛，装满香料后，经印度洋，绕过非洲，于 1522 年 9 月 7 日回到西班牙。这是人类首次成功环球航行，以实践证明了地圆学说。同时，后来摩鹿加群岛也成了西班牙与葡萄牙在东南亚地区划分殖民势力范围的天然分界。西班牙人于 16 世纪中叶的 1565 年在菲律宾建立了殖民地。

随着葡萄牙与西班牙老牌殖民者的衰落，荷兰、英国、法国也接踵来到东南亚。17 世纪，荷兰殖民者侵占马来群岛的印度尼西亚，英国逐步占领中南半岛的缅甸、马来西亚、加里曼丹岛的北部。晚来的法国最后占领了印度支那的越南、老挝、柬埔寨。

（2）列强瓜分东南亚

到19世纪末20世纪初，除泰国作为缓冲地带而成为半封建半殖民地外，整个东南亚地区都被西方列强瓜分完毕，沦为欧洲人的殖民地。葡萄牙、荷兰、英国、法国等国甚至在东南亚侵占了不止一处殖民地。

葡萄牙是最早来到东南亚的，一度侵占了马六甲和众多的印度尼西亚群岛，但到最后由于自身实力的下降，难以与其他欧洲列强争夺，到19世纪末20世纪初东南亚殖民地格局最后形成时，葡萄牙只剩下了印度尼西亚群岛的东帝汶一隅，面积1.8万平方公里。

西班牙早年占领了菲律宾，后来易手为美国所取代。菲律宾群岛面积达29.9万平方公里。

荷兰也一度占有马六甲，后来在交换中给了英国，几乎独占印度尼西亚群岛，建立荷属东印度，面积最大，达190万平方公里。

英国虽来迟一步，但占的国家最多，包括缅甸、马来西亚、新加坡、文莱，面积共101万平方公里。

法国是最后一个在东南亚建立殖民地的，占领的国家个数仅次于英国，有越南、老挝、柬埔寨，建立了印度支那联邦，面积约74万平方公里。

2. 从葡荷殖民到印度尼西亚之独立

开通了欧洲通往东方的航路之后，1511年葡萄牙侵占了马六甲作为基地，开始逐步占领印度尼西亚，在苏门答腊、爪哇、加里曼丹、苏拉威西和摩鹿加群岛中的安汶岛建立商站和贸易公司，控制当地的香料贸易。从此，阿拉伯商人与印度尼西亚的贸易联系中断，葡萄牙开始垄断与东方的贸易。

在15世纪末16世纪初葡萄牙最早来到亚洲的同时，1521年西班牙的麦哲伦率领的环球航行船队到达摩鹿加群岛的帝多利岛。此后，西班牙殖民者也侵入印度尼西亚，并在帝多利岛建立商站。一段时间内，葡萄牙与西班牙在东方形成了竞争。1529年，葡萄牙与西班牙两国在萨拉哥撒缔结条约，将西班牙势力范围的西界定在摩鹿加群岛以东17°，线东"发现"的土地属于西班牙，线西"发现"的土地属于葡萄牙，这就成了世界殖民地的第一次瓜分。

葡萄牙人从印度尼西亚掠夺了大量的胡椒、丁香、豆蔻、樟脑、白檀木、生姜、大米等。葡萄牙商人把东方的商品运到欧洲销售，其价钱常常是本金的四倍以上。

16世纪末，荷兰人也来到了印度尼西亚。当时的印度尼西亚经济社会发展各地之间很不平衡，爪哇岛发展比较快，已进入封建社会，而苏门答腊岛、加里曼丹岛、苏拉威西岛仍然处于原始社会刚解体、阶级社会在形成的阶段，不同的岛屿存在很多小王国。荷兰人利用葡萄牙与当地土著作战的机会，帮助土著人打击葡萄牙人，获得宝贵的香料运回国获利。1602 年荷兰在印度尼西亚成立东印度公司，管理当地的贸易。后来荷兰又委任总督和五人组成东印度委员会，加强对印度尼西亚的侵略。荷兰以武力逐步侵占印度尼西亚，驱逐葡萄牙和英国的势力。

荷兰的国土面积也不大，仅 4 万平方公里，但在 17 世纪一度是继西班牙之后的世界最大的殖民国家。荷兰征服印度尼西亚经历了一个相当漫长的过程。17 世纪的头 10 年，荷兰先后征服了摩鹿加群岛的多个苏丹小国，控制了安汶等盛产香料的地区。1619 年占领了西爪哇的雅加达①。1666 年攻下了位于苏拉威西岛的王国戈阿的首都望加锡。1679 年年底，攻占了东爪哇的伊斯兰小国马打蓝。1683 年，控制了西爪哇的万丹，1750 年万丹成为荷兰的保护国。1846—1849 年，荷兰三次侵略巴厘岛，迫使当地的小国统治者承认荷兰的殖民统治。1860 年荷兰人镇压加里曼丹岛南部的马辰，并占领了马辰。荷兰侵占印度尼西亚的最后一战是对苏门答腊岛的亚齐，1873 年吞并了亚齐，但亚齐人的抗荷斗争一直到 1913 年才结束。

到 20 世纪初，印度尼西亚群岛几乎全部沦为荷兰的殖民地，只有帝汶岛属于葡萄牙、加里曼丹岛北部的沙捞越和沙巴属于英国、伊里安岛北部和东部属于英国和德国。荷兰统治印度尼西亚前后达 300 多年，同时也奠定了今天印度尼西亚的版图。

荷兰殖民者实行"贸易即战争"的政策。1602 年荷兰在印度尼西亚成立东印度公司，公司拥有至高无上的特权，控制管理当地的贸易。荷兰东印度公司对印度尼西亚居民实行实物定额纳税制和强迫供应制等两种形式的掠夺，以不等价交换来掠夺当地人民。所谓实物定额纳税制就是对公司直接统治的地区的居民按土产收获量征收实物贡赋，而强迫供应制则是通过签订协约，对未完全征服的地区的居民按规定种类和数量，以极低的价格收购土产。荷兰殖民者一方面通过强迫供应制迫使马打蓝、万丹、爪哇等地种养和供应大量廉价的大米、胡椒、蓝靛、棉花、烟草、蔗糖、咖啡、木材、牲畜等（特别是香料、咖啡），另一方面实行垄断贸易，在欧

---

① 1621 年雅加达一度改名为巴达维亚。

洲按垄断的价格销售，获取巨额利润。更令人发指的是，荷兰殖民者在印度尼西亚各岛屿、印度和中国沿海掳掠居民为奴，或转卖到欧洲。

荷兰东印度公司掠夺式的高额利润难以持久，1800 年被迫解散，从此荷兰政府直接统治印度尼西亚。

欧洲列强一度在印度尼西亚展开殖民地的争夺，1811 年英国军队进攻爪哇，迫使荷兰殖民者投降，并短期统治印度尼西亚至 1816 年。英国在亚洲的殖民地重点是印度，非常害怕其他强国染指东南亚特别是马来群岛一带，1814 年英国与荷兰达成协议，荷兰把在印度的商馆、马六甲交给了英国，英国则把苏门答腊岛、勿里洞岛等交给荷兰，荷兰承认英国在新加坡的权力，英国不在新加坡以南扩充实力。

自从荷兰殖民者侵占印度尼西亚之后，当地人民开展了艰苦卓绝的反抗荷兰殖民者压迫剥削的斗争。1825—1830 年，爪哇农民举行起义，打击荷兰殖民者，终因寡不敌众而失败。1873 年荷兰军队在苏门答腊岛的亚齐登陆，遭到亚齐人民的顽强抵抗，当地人民坚持抗战达 30 多年之久，一直到 20 世纪初才结束。太平洋战争爆发后，日本 1942 年 3 月 9 日占领印度尼西亚。1945 年二战结束，8 月 15 日日本宣布无条件投降。苏加诺①抓住这

---

①　苏加诺（Sukarno），印度尼西亚首任总统，1901 年 6 月 6 日出生于印度尼西亚东爪哇勿里达的一个教师家庭，1925 年毕业于万隆工学院土木工程专业，毕业后从事过一段时间的建筑工作。在读书期间，组建印度尼西亚民族党，要求不妥协地从荷兰的统治下取得印度尼西亚的独立。1929 年 12 月被捕，次年在万隆受审，被判处 4 年徒刑，但 1 年后获释。1933 年 8 月再次被拘留，1934 年 2 月与家人一起被流放到佛洛勒斯，1938 年 2 月被转移到苏门答腊的明古鲁。日本占领印度尼西亚期间，曾与日本人合作。在日本投降后的 1945 年 8 月 17 日，苏加诺与穆罕默德·哈达一起宣布印度尼西亚独立。1949 年 12 月印度尼西亚获得完全独立，苏哈托总统也得到确认。1965 年 10 月其政权被政变所推翻，1966 年被迫交出总统职务而处于软禁之中，一直到 1970 年 6 月 21 日死于茂物。梅加瓦蒂·苏加诺（Megawati Sukarnoputri），印度尼西亚开国总统苏加诺之女，2001 年 7 月 21 日继任印度尼西亚总统。1947 年 1 月 23 日出生于日惹市（苏加诺担任总统时的印度尼西亚首都），1967 年就读位于万隆的帕贾贾兰大学农业系，1970 年进入印度尼西亚大学，专修心理学。在两次婚姻破裂后，已经 40 岁的她于 1987 年作为印度尼西亚民主党的代表步入政坛，1993 年 12 月当选党主席，1996 年 6 月被撤职。1998 年 5 月苏哈托倒台后，因为受到前政权的迫害，梅加瓦蒂成了印度尼西亚政治改革的象征。1998 年 6 月，领导的民主斗争党在国会大选中赢得多数席位，1999 年 10 月 21 日被人民协商会议选为印度尼西亚副总统。2001 年 7 月 21 日瓦希德总统下台，梅加瓦蒂继任，成为印度尼西亚历史上首位女总统，任期至 2004 年。2010 年 4 月 8 日，再次当选印度尼西亚民主斗争党主席。在苏加诺 1966 年因政变而失去总统 35 年后的 2001 年，其女梅加瓦蒂担任了印度尼西亚总统，一方面表明苏加诺为印度尼西亚作出的贡献、享有的崇高威望仍然为印度尼西亚人所称颂，特别是他 1945 年 6 月提出的建国五项原则"潘查希拉"对促进和维护印度尼西亚的独立与统一具有重大的历史意义和现实意义；另一方面也表明苏加诺家族是印度尼西亚的一个政治家族，在印度尼西亚仍然具有很大的影响力。

千载难逢的好机遇，于 1945 年 8 月 17 日宣布印度尼西亚独立。统一的印度尼西亚共和国 1950 年 8 月 15 日正式成立，苏加诺就任印度尼西亚第一任总统。

3. 从英属殖民地到马来西亚、新加坡、文莱、缅甸之独立

19 世纪，英国一度统治了全球四分之一的版图，但相对于葡萄牙、西班牙、荷兰在东南亚的殖民侵略，英国可以说是一个迟来者。英国占领的殖民地集中在中南半岛的西部和南部的马来半岛，以及加里曼丹岛北部，后来成为缅甸、马来西亚、新加坡和文莱四国。

（1）马来西亚

在英国人到来之前，葡萄牙和荷兰曾先后占领过马六甲。1511 年葡萄牙占领马六甲。16 世纪末，葡萄牙海军日渐衰落。与此同时，荷兰日益崛起，在侵占了印度尼西亚之后，得陇望蜀，于 1641 年攻占马六甲，结束了葡萄牙人在此 130 年的殖民侵略史。

18 世纪末，为了开辟商品市场，英国人不断拓展在远东的殖民活动。1774 年英国东印度公司设立驻孟加拉总督，总管在印度的一切事务。1786 年，英国海军占领了槟榔屿，夺得了占领马来半岛的第一个桥头堡。槟榔屿开始隶属英驻孟加拉总督，1805 年上升为隶属英驻印度大总督。

为了能更有效地控制马来半岛的贸易，英国 1819 年派当时英属东印度公司驻印度尼西亚明古连的总督莱佛士占领了新加坡。

1824 年英国与荷兰签订条约，作为交换，英国把占领的苏门答腊等地给荷兰，荷兰则把马六甲让给了英国，并不再在马来半岛建立殖民地。

1826 年，英国将槟榔屿、马六甲和新加坡合并成立海峡殖民地，并于 1867 年将海峡殖民地直接置于英国殖民部管辖，从此这些地方成为英国皇家殖民地。

在海峡殖民地的基础上，英国人不断扩展在东南亚的殖民侵略。1874 年通过与当地的土邦首领签订不平等条约，把马来半岛的霹雳置于英国的保护之下。采取同样的手法，英国人于当年，以及 1884 年和 1895 年，又分别将马来半岛的雪兰莪、彭亨、森美兰置于自己的保护之下，并于 1895 年将上述四邦组成马来联邦。

1909 年，通过签订《曼谷条约》，英国从暹罗取得了马来半岛北部玻璃市、吉打、吉兰丹和丁家奴四邦的宗主权，旋即再与这四邦定立保护条约，把这四邦置于自己的殖民统治之下。马来半岛最后一个土邦柔佛王国

也于 1914 年被迫与英国签订被保护条约。英国将上述五邦组成马来属邦，至此，整个马来半岛包括新加坡都成了英国的殖民地。

英国人在占据马来半岛的同时，1839 年逼迫加里曼丹岛北部的文莱苏丹把沙捞越脱离出来独立成为一个邦国，并将其置于自己的统治之下。1877 年，英国人以年金 1.2 万元的低价从文莱苏丹手中获得沙巴（加里曼丹岛北婆罗洲）的统治权。至此，英国人全部获得了今日整个马来西亚的土地，成为今日马来西亚版图的雏形。

第二次世界大战之前，英国一直对上述海峡殖民地、马来联邦和马来属邦，以及沙捞越、沙巴等五个部分进行分而治之的政策。在日本 1942—1945 年短暂占领之后，英国人恢复对各地的统治。

1957 年，马来亚联合邦成立，并从英国的殖民统治下独立出来。

1963 年 9 月 16 日，马来亚联合邦与新加坡、沙捞越、沙巴组成马来西亚联邦。1965 年，新加坡独立出来。

（2）新加坡

英国 1786 年占领了槟榔屿后仍不满足，当时英属东印度公司驻印度尼西亚明古连的总督莱佛士看中了新加坡，认为这是扼守马六甲海峡，从而控制东西方贸易的咽喉所在，所以于 1819 年 1 月 29 日率领一支舰队强行登陆新加坡。当时新加坡属于缪内·柔佛王国管理的一个地区。在炮舰、银元的威逼和利诱下，莱佛士与缪内·柔佛苏丹及管理新加坡的天猛公签订协约，将新加坡及其周边岛屿割让给英国，新加坡沦为英国的殖民地。

英国占领新加坡时，新加坡几乎还是一个荒岛，仅有 150 人。英国殖民者把新加坡开辟为自由港，对大部分进出货物实行免税政策，允许各国商人在新加坡对货物进行加工、重新包装、储藏、买卖和装卸，吸引各国客商到新加坡来做转口贸易，新加坡很快就发展成为东南亚的运输和贸易中心。1836 年，英国将管辖包括槟榔屿、马六甲和新加坡三个马六甲海峡的重要港口城市的海峡殖民地总督府移至新加坡，新加坡在远东的地位日益重要。到 20 世纪 30 年代，英国已在新加坡建成亚洲最大的海、空军基地，并成为英国在远东三军指挥部和军需供应中心。

1942—1945 年新加坡被日本短暂占领后，英国卷土重来，恢复了在新加坡的殖民统治。1946 年，英国发表了《马来亚和新加坡——关于未来的宪法的声明》白皮书和《马来亚政治建议书》蓝皮书，将新加坡从海峡殖民地分出来，成为英国的直属殖民地。1948 年，英国宣布成立

"马来亚联合邦"，新加坡正式成为英国直属殖民地。1963年，新加坡、马来亚联合邦、沙捞越、沙巴四个地区的代表在伦敦签署了《关于成立马来西亚联邦的协定》，新加坡成为马来西亚的一个州。

马来西亚联邦成立后，新加坡各阶层纷纷要求脱离马来西亚。1965年8月7日英国、马来西亚、新加坡三方在伦敦签订协议，确定新加坡退出马来西亚联邦。8月9日，新加坡宣布独立，成立新加坡共和国。

（3）文莱

文莱原来是一个版图很大的国家，17世纪开始衰落，正值西方殖民者在东南亚扩大殖民侵略，葡萄牙、西班牙、荷兰、英国都曾侵略过文莱。17世纪中叶，西班牙以惩罚海盗为名出兵攻打文莱，迫使文莱割让巴拉望给西班牙。现巴拉望属于菲律宾的领土。

英国人17世纪初就来到婆罗洲进行贸易活动，英属东印度公司先从苏禄人手里获得了部分领土和一些沿海的岛屿。1774年，英国与文莱苏丹签订条约，条约规定英国保护文莱不受苏禄人侵扰，文莱给予英国人在文莱建立商馆和独家经营胡椒的垄断权。

沙捞越位于今文莱的西面，过去是文莱的属地，由文莱委派的总督统治。1842年，英国人詹姆士·布鲁克帮助文莱苏丹平息暴乱，文莱苏丹即任命布鲁克为沙捞越总督，布鲁克每年向苏丹进贡2500元，这样文莱苏丹就把沙捞越地区割让给英国人。1846年，英国与文莱苏丹签订协约，文莱把纳闽岛割让给了英国。

沙巴原来是文莱北部的属地，1865年文莱苏丹将沙巴租借给美国人，后来美国人又转卖给奥地利人巴伦·冯·奥弗贝克和英国人艾尔弗雷德·登特。后来奥地利人对这片土地不感兴趣，卖掉了他的租地股份，由英国人独自经营该地区。1881年登特得到英国政府对租地的承认和支持，并许可其在沙巴成立英国北婆罗洲公司。至此，文莱被英国蚕食了大片的领土，只剩下目前的数千平方公里的国土。

1888年，英国与文莱、沙捞越、沙巴会谈，订立保护协定，后加上1906年两国的补充协定，文莱完全沦为英国的殖民地，英国对文莱实行"驻扎官"制度，外交、国防交由英国人处理。沙捞越、沙巴、纳闽岛后来都成了马来西亚的领土。

1941—1945年，文莱被日本短暂占领后，英国卷土重来，恢复对文莱的殖民控制。

经过多年来不断的抗争，一直到 1984 年 1 月 1 日，文莱终于宣布完全独立。

（4）缅甸

相对于对其他国家和地区的侵略扩张，英国人对缅甸动手是比较晚的。19 世纪，英国实现了对印度的统治之后，继续向东扩张。缅甸在印度的东面，自然缅甸就成了英国人进攻的下一个目标。从 19 世纪初开始，利用印缅边境冲突等事件，英国先后三次发动了进攻缅甸的战争，从而占领缅甸为其殖民地。

1824 年，因英属印度与缅甸边境地区发生冲突，英国即对缅甸宣战，战争进行了两年，双方都投入数万计的兵力，英军从海上攻占仰光，然后往北推进到扬达波，1826 年缅甸战败，被迫与英国签订了《扬达波条约》，缅甸被迫割让阿拉干和丹那沙林，赔款，开放港口，英国派遣使臣驻缅甸的首都，从此，英国人开启了对缅甸的侵占殖民进程。

1852 年，英国人借口英国船长在缅甸被扣，发动了第二次侵缅战争。这次英国人是不宣而战，很快就占领了第悦茂以南的整个下缅甸。1862 年，英国人把两次英缅战争中先后占领的阿拉干和丹那沙林、勃固合并成英属印度缅甸省，面积约 23 万平方公里，首府设在仰光。

英国人占领了下缅甸还不满足，1885 年借口"柚木案"缅甸迫害英国商人，英国第三次发动对缅甸的侵略战争。11 月 27 日，英军占领缅甸王朝首都曼德勒，锡袍王走投无路被迫投降，缅甸最后一个王朝雍籍牙王朝战败灭亡，1886 年 1 月 1 日，英驻印度总督宣布缅甸为英国的领地。英国人采取"以印制缅"的政策，甚至把缅甸划成英属印度的一个省来治理。1937 年，缅甸从英属印度分出来，成为英国的直辖殖民地。

1941—1945 年，日本短暂占领了缅甸。二战日本战败，英国人卷土重来，恢复对缅甸的殖民统治。

经过半个多世纪的反对外来侵略殖民统治的斗争，缅甸人民终于在 1948 年获得了独立，吴努任第一任总理。缅甸是第一个从英联邦独立出来的东南亚国家。

4. 从法属印度支那联邦到越南、老挝、柬埔寨之独立

（1）印度支那联邦的兴衰及越南民主共和国的成立

几乎在其他欧洲列强占领印度尼西亚群岛、马来半岛、中南半岛西部的同时，法国也在侵占中南半岛的东部，除了直接抢占殖民地之外，还意

图以此为跳板，从西南方向进入华南，发动对中国的殖民侵略。1866 年，法国人杜达尔·德·拉格利和弗朗西斯·安邺率领探险队溯湄公河而上，考察沿途的情况，发现湄公河险滩多，落差大，难以通航到中国，遂放弃了从西南沿湄公河进攻中国的野心。

从 16 世纪后期起，西方殖民侵略的急先锋——传教士和商人相继进入越南。18 世纪末，法国的传教士对越南抱有十分露骨的侵略野心，扶植阮福映，共同扑灭了西山起义。1858 年，法国借口保护传教士，伙同西班牙，组成法西联合舰队，炮击岘港，发动了对越南的殖民侵略战争。

1862 年，法国殖民者迫使阮朝缔结西贡条约，割让南圻东三省（嘉定、边和、定祥）和昆仑岛给法国。到 1867 年，法国又侵占了南圻西三省，至此南圻全部落入法国殖民者之手。

法国殖民者侵占南圻后，得陇望蜀，于 1873 年末入侵北圻，第一次攻下河内城。当时侵略者遭到了越南军民和中国流寓越南北方的农民军——刘永福黑旗军的联合抗击。黑旗军在河内近郊纸桥击毙法军头目安邺，狠狠打击了侵略者。但是，腐朽无能的阮朝害怕人民，把希望寄托在与侵略军的议和上。1874 年 3 月 15 日，双方签订和约，承认法国对南圻的占领，开放红河和河内、海防、归仁三港口，并承认法国在越南国土上有来往、经商和考察的特权。法国殖民者一时攻不下北部，只好利用阮朝内部两派激烈斗争之机，进攻首都顺化，迫使阮朝进一步屈膝投降。1884 年签订《顺化条约》，越南接受了法国对其的"保护权"。法国殖民者的目的，不仅在侵略越南，而且企图进一步侵略华南。它占领北圻以后，就直接威胁着中国南部的安全，因而 1884 年爆发了中法战争。在这场中国人民反抗法国侵略的战争中，广西将领冯子材曾在谅山大败法军。失败消息传至巴黎，法国茹费理内阁竟因之垮台。但昏庸无能的清朝政府竟与法国和谈，于 1885 年签订了丧权辱国的《天津条约》，承认法国对越南的"宗主权"，结束了中国封建王朝与越南之间的"藩属关系"。至此，越南完全沦为法国的殖民地。

柬埔寨和老挝也于 1863 年和 1893 年相继沦为法的"保护国"。法国殖民者把越南分为"东京"保护地（北圻）、"安南"保护国（中圻）、"交趾支那"殖民地（南圻），禁止越南人自由来往于三圻之间，以便分而治之。1887 年法国人把柬埔寨与东京、安南、交趾支那四地拼凑成法属"印度支那联邦"。1893 年，老挝成为法国的殖民地后也加入了法属印度支那联邦。印支联邦殖民统治的中心设在河内，由法国总督独揽一切军政大权。阮氏封建朝廷仍被保留下来，名义上有权统治中圻，实际上完全是法国殖民统治的工具和傀儡。

日本 1940—1945 年曾一度短暂占领越南。1940 年 6 月，日本将侵略矛头指向印度支那，以种种借口胁迫法国于同年 9 月签订军事协定，迫使法国贝当当局同意日军进入红河以北地区，并将河内、海防、金兰湾让予日本。1945 年 3 月 9 日，驻越日军发动政变，解除了驻越法军武装，建立了以陈重金为首的亲日傀儡政权，从此变越南为日本的殖民地。1945 年 8 月 15 日，日本宣布无条件投降，越南人民举行了八月总起义（即"八月革命"）。8 月 15 日，阮氏皇朝末代皇帝保大被迫宣布退位。9 月 2 日，胡志明在河内巴亭广场向全世界庄严宣告，越南民主共和国正式成立。

（2）柬埔寨之独立

19 世纪法国殖民者在越南南部立足后，就开始把手伸到临近的柬埔寨。法国人最初也是派传教士到柬埔寨来传教，以窥视和了解柬埔寨的情况，为下一步的殖民侵略做准备。①

法国在柬埔寨的殖民侵略过程不同于越南，没有发生过大规模的侵略战争，而是采取武力胁迫的办法来夺取权力。1863 年，法国驻交趾支那总督德·拉·格朗地耶以武力威胁强迫柬埔寨新国王诺罗敦在一份事先拟好的保护条约上签字，条约确定了法国对柬埔寨的保护权。起初柬埔寨国王为了摆脱越南、泰国的控制，幼稚地把希望寄托在法国人的身上，这无疑是引狼入室。就这样，法国人在柬埔寨没有遇到多少抵抗，两国就签订了《法柬条约》，柬埔寨接受法国的保护，开始沦为法国的殖民地。暹罗是柬埔寨的保护国，法国人为了安抚暹罗，1867 年与暹罗签订条约，将柬埔寨的暹粒、马德望、诗梳风三省割让给暹罗，以换取暹罗对《法柬条约》的承认。当年，柬埔寨把首都从安东迁到了金边。

法国人并不满足于 1863 年的《法柬条约》，1884 年又故技重演，法国驻交趾支那总督查尔斯·汤普森用刺刀对着柬埔寨国王诺罗敦的喉咙，逼迫他签订另一个不平等条约。根据该条约，法国获得了几乎全部在柬埔寨的政治权力，柬埔寨完全沦为法国的殖民地。柬埔寨的实际事务由法国

---

① 19 世纪中叶法国主教米希来到金边，得到柬埔寨国王安东的信任而成为国王顾问。

指派的首席殖民官员负责。

法国人侵占柬埔寨是其构建法属印支联邦的一部分，1887 年在已占领的越南分为东京、安南、交趾支那三个区域的基础上，加上柬埔寨共四地拼凑成法属"印度支那联邦"。

1941—1945 年日本短暂占领了柬埔寨。其间，泰国得到日本人的支持，趁法国人顾不上柬埔寨之际，出兵占领了柬埔寨的西部地区。法国人甚至与泰国人在东京签订条约，将柬埔寨的马德望、暹粒两省以及磅同、上丁两省的部分地区割让给泰国。1945 年 8 月 15 日，日本宣布无条件投降，法国伞兵 10 月 5 日占领金边，法国人卷土重来，恢复了对柬埔寨的殖民统治。同时，泰国也宣布自动放弃所占领的柬埔寨领土。

为了稳住柬埔寨，1946 年法国与柬埔寨签订了一项协定，法国承认柬埔寨是法兰西联邦内的一个自治国，但国王所签的一切文件都要经过法国的批准才有效。其实，换汤不换药，柬埔寨跟过去一样依然是法国彻头彻尾的殖民地。

在法国占领和实施殖民统治的岁月里，柬埔寨人就一直开展反抗斗争，争取国家的独立。由于在越南战场的接连败退，再无力支撑下去，法国只好于 1953 年 7 月 3 日宣布给予柬埔寨完全独立，11 月 9 日柬埔寨在金边皇宫举行仪式，法国正式把权力移交给以西哈努克为首的柬埔寨王国。1954 年，根据日内瓦协议，法国最后撤走了驻守在柬埔寨的军队，柬埔寨实现了真正的独立。

（3）老挝之独立

越南和柬埔寨到手后，老挝就成了法国人下一个侵占的目标。与别的东南亚国家沦为欧洲列强殖民地的遭遇不一样，老挝的殖民地地位主要是被法国与当时作为老挝的宗主国暹罗相互之间的争夺和博弈所确定的。

18 世纪，老挝已分裂为琅勃拉邦、万象、占巴塞三个王国。此时，暹罗已崛起为中南半岛的强国，出兵攻打老挝，把琅勃拉邦、万象、占巴塞置于自己管辖之下，作为自己的附属国。

法国要占领老挝，首先要制服暹罗。1886 年，法国与暹罗签订协定，暹罗同意法国在琅勃拉邦设立一个副领事馆，这为法国人进入老挝打开了大门。

1892 年，两名法国商人走私鸦片被暹罗驱逐和一名法国驻琅勃拉邦领事代表自杀身亡。1893 年 4 月，法国人以此为借口，先分兵三路侵入暹罗所属的老挝。7月，法国派遣"安康斯丹号"和"彗星号"两艘军舰沿湄南河而上，开到曼谷附近，将炮口对准暹罗王宫，强迫暹罗王签订了《法暹条约》。条约确定，暹罗割让湄公河以东的老挝给法国。从此，老挝沦为法国的殖民地。

法国人侵占老挝之后，建立了包括越、柬、老三国的法属"印度支那联邦"。印支联邦下属5个部分，除柬埔寨和老挝外，越南分为：交趾支那（南圻）、安南（中圻）和东京（北圻）。联邦最高统治者为法国总督，总督府设在越南河内。

殖民统治期间，法国对老挝实行"以老制老"和"分而治之"手法，形式上保留琅勃拉邦、万象、占巴塞三个王国，依然是君主制，实际上权力掌握在法国驻扎官手里。北部的琅勃拉邦作为王都，国王驻守，代表全国；中部的万象作为行政首都，由副王驻守，管理行政、财政和国防；南部的占巴塞国王则管理社会福利。

1895年，法国将老挝分为上寮和下寮，其行政机构分别设在北部的琅勃拉邦和南部的孔埠，各由一名法国专员管理。1899年，法国再把上寮和下寮合并为一体，撤销两地的行政机构，把行政管理中心设在万象。为了强化对老挝的殖民统治，1911年法国将老挝全国分为省、县、区、乡、村五级行政单位，废除了各地的土王。

1940—1945年，日本短暂占领了老挝。日本战败投降后，法国卷土重来，继续其对老挝的殖民统治。1949年7月9日，法国与老挝在巴黎签订协议，正式确认老挝为法兰西联邦内的一个独立国家，但事实上老挝的国防、外交、财政大权仍掌握在法国人手里，没有改变老挝作为法国殖民地的地位。

法国殖民统治老挝期间，一直遭到老挝人民的反抗，各地多次举行起义斗争。印度支那反抗法国殖民统治的主战场在越南，奠边府战役失败后，法国人不仅放弃了越南，也放弃了柬埔寨和老挝。1954年日内瓦会议后，法国撤出了老挝，结束了对老挝的殖民统治，自此老挝真正成为一个独立的国家。

5. 从美西殖民地到菲律宾之独立

菲律宾曾先后沦为西班牙和美国的殖民地。

与其他西方列强自西向东而来侵占东南亚殖民地不一样，一是无论所谓"发现"菲律宾，还是后来占领菲律宾，西班牙来到东南亚是从东面太平洋彼岸过来的，后来的宗主国美国也是横跨太平洋而来；二是西方传播的天主教在菲律宾生了根，成为当地主要信仰的宗教；三是当地的语言生态也改变了，英语成为了当地的交际通用语言。

1521 年，麦哲伦率领的船队克服千难万阻，意外横跨太平洋，来到了菲律宾的萨马岛。麦哲伦被当地人杀死。此后，西班牙人多次侵入菲律宾。1543 年，侵略军用国王菲律浦二世的名字来命名这些群岛，这就是"菲律宾"称呼的由来。

1565 年西班牙派黎牙实比率领舰队占领了宿务岛，经过一年的战争才建立了在宿务的殖民统治。1571 年，黎牙实比从墨西哥调来大批殖民军队侵占了马尼拉，并把马尼拉建成西班牙对当地进行殖民统治的中心。从此，菲律宾逐步沦为西班牙的殖民地。西班牙采用所谓"以夷制夷"的手法，即让殖民地墨西哥的副王来实施对菲律宾的统治。

从 16 世纪到 19 世纪，菲律宾人民对西班牙的殖民统治一直进行反抗斗争。1898 年 6 月 12 日，菲律宾起义者趁美国与西班牙交战之际，宣告独立，成立菲律宾共和国。

在美西战争中，美国假意帮助菲律宾独立。但是，在美国战胜西班牙之后，美国就继承了西班牙的衣钵，竭力将菲律宾置于自己的殖民统治之下。1898 年 8 月 13 日，美国军队占领了马尼拉，成立军政府。1899 年 12 月 10 日，美国与西班牙在巴黎签订和约，西班牙承认古巴独立，把菲律宾、关岛、波多黎各割让给美国。自此，菲律宾正式成为美国的殖民地。

美国占领菲律宾后，一直遭到菲律宾人民的反抗斗争。第二次世界大战开始时，美国对日本采取忍让态度。太平洋战争爆发后，日本于 1942 年 1 月 3 日占领了马尼拉，结束了美国对菲律宾的殖民统治。随着二战的结束，美国试图取消菲律宾的独立。但是，在菲律宾人民强烈要求之下，美国不得不于 1946 年 7 月 4 日给予菲律宾独立地位。从此，菲律宾结束了长达约四个世纪的西方列强的殖民统治。

6. 英法争夺下之泰国例外

在近代史上，东南亚国家中，唯一没有成为西方列强殖民地的就是泰国，这也是泰国人一直都津津乐道的。不过，事实上泰国在近代历史上还是受到了西方列强的侵略和宰割，成为一个半封建半殖民地的国家。

19 世纪后半期，英国人已占领了中南半岛西部的缅甸和南端马来半岛的马来亚，法国则占领了东部的越南、柬埔寨，西方列强瓜分东南亚已差不多接近尾声，就剩下泰国这块肥肉了。英、法都对泰国虎视眈眈。

对泰国影响大的首推英国。1855 年，英国派驻香港的总督鲍林到泰国，强迫泰国与其签订了不平等的《英暹条约》①。条约规定，英国人在泰国有治外法权，开放通商并享有优惠关税，允许英国军舰进入湄南河口等。这结束了泰国王室对外贸易的垄断，打开了泰国对外开放的门户。第二年，法国人如法炮制，与泰国签订了《法暹条约》，获得了与英国同等权利。同时，美国、丹麦、荷兰、德国、瑞士、比利时、挪威、意大利、俄国等国也与泰国签订了类似的不平等条约。

法国对此并不满足，它希望在泰国获得更多的利益，1893 年 10 月强迫泰国与其签订了《法暹协定》，泰国将湄公河以东的领土即老挝割让给法国。在法国和泰国的双重压迫下，老挝沦为法国的殖民地。

当法国人在泰国日益咄咄逼人的时候，英国感到自己的利益正在受到损害，于是提出了湄南河流域中立化的建议，1896 年 1 月两国签订了《英法公约》，双方保证不把部队开进泰国的中部地区，保证泰国的独立。1904 年双方背着泰国进一步签订协议，以湄南河为界，以西为英国的势力范围，以东为法国的势力范围。

英法在泰国的争夺仍未到此结束。1907 年，法国又强迫泰国签订协定，泰国将原柬埔寨的暹粒和马德望割让给法国，作为交换，法国放弃在泰国的治外法权。1909 年，英国又强迫泰国将玻璃市、吉打、吉兰丹和丁加奴四个属国割让给英国，作为交换，英国放弃在泰国的治外法权。至此，英法在中南半岛的争夺已经结束，也大体划定了日后中南半岛各国的边界。

在弱肉强食的殖民侵略时期，泰国能保持独立确实有其值得探讨之处。

首先是得益于泰国当时国王能做到与时俱进，推行改革开放。拉玛四世蒙固（1851—1968 年在位），尤其是拉玛五世朱拉隆功（1868—1910 年在位）都是推行改革开放的有作为的君主。蒙固国王一度削发为僧，知道民间疾苦，了解亚洲和欧洲情况，上台之后即开始推进改革开放。朱拉隆功在位时间长达 42 年，改革步子更大。经过两代人的努力，泰国废除了奴隶制；效仿西方建立议会内阁制；改革税收，发行统一货币；推行

---

① 　也叫鲍林条约。

西式教育，派遣王族子弟到西方去留学；实行义务兵役，创办军事学校；加强立法，建立司法机关，统一审理案件；发展邮电、铁路等现代交通和基础设施。这使泰国日益发展强盛，并与西方接轨。

其次是由于泰国的地理位置有助于其保持独立。它位于中南半岛的中部，介于英法占领的殖民地之间。虽然英法都想侵占泰国，但两国又都不愿意直接正面接触，希望有一个缓冲的地区。因而双方作出妥协，让泰国在形式上保持独立。当然，这里也有泰国国王的外交手腕起到的作用，使泰国在英法两强之间游刃有余。

7. 日本人短暂占领东南亚

在西方殖民者统治东南亚相当长一段时间后，人类社会进入了 20 世纪，世界先后爆发了两次世界大战。第一次世界大战几乎没有对东南亚造成大的影响，但第二次世界大战东南亚已不能置身事外。尤其是到 20 世纪 40 年代初，日本侵华战争进入僵持阶段，已不可能速战速决，日本人为了切断中国人来自南面的援助，同时也是为了获取更多的外部资源，支撑其占领的中国主战场，把魔爪伸向了东南亚，掠夺东南亚的资源，并从南面进攻中国。

为了占领东南亚，日本人打着两大旗号，一是建立大东亚共荣圈①，二是帮助东南亚国家从西方殖民者手中独立出来。

东南亚离中国腹地最近，最容易进入中国的就是越南。日本最早是于 1940 年 9 月就派出部队占领越南北部，控制滇越铁路，防止东南亚的援华物资流入中国。

泰国位于中南半岛中部，占领了泰国，就控制了整个中南半岛。日本 1941 年年初占领了泰国。此时的泰国披汶政府大泰主义膨胀，希望夺回曾一度占有的在老挝、柬埔寨、马来亚的失地。日本登陆泰国后，1941 年 12 月 21 日，日泰签订了同盟条约，日本许诺帮助泰国实现其目标，泰国公开站在日本一方，1942 年 1 月 25 日向英美宣战。得到日泰同盟条约的保护，泰国没有成为日本的殖民地，形式上保持独立。但是，二战日本战败，泰国同样遭受了巨大的损失。

---

① “所谓‘大东亚共荣圈’不仅包括已被侵占的朝鲜和正遭侵略的中国，而且囊括了整个东南亚，把印度、澳大利亚、新西兰和西太平洋上的诸海岛也纳入其中。”（见梁志明《东南亚历史文化与现代化》，香港社会科学出版社有限公司 2003 年版）

1941年12月7日，日本偷袭美国珍珠港，摧毁了美国的太平洋舰队，太平洋战争全面爆发。

菲律宾是日本下南洋的必经之路。日本偷袭珍珠港数个小时后，其空军即从台湾起飞，摧毁了美国在菲律宾的海空军事基地。很快，日军在吕宋岛北部登陆。1942年1月3日，日军占领了马尼拉，整个菲律宾沦陷。

在太平洋战争爆发之前，日本有预谋首先占领泰国，目的是以此为基地和跳板进攻缅甸和马来亚。太平洋战争爆发后的第二天，即12月8日，日军登陆泰国南部的北大年、宋卡和马来西亚的哥打巴鲁。日军当时仅约5万人，而英军有约10万人，但未能抵挡住日军的步伐。1942年1月30日，马来半岛沦陷。2月15日，日军占领新加坡，马来亚全境沦陷。日本人将新加坡改名为"昭南岛"，由日军直接实行军事独裁殖民统治。

缅甸战略地位重要，往北可攻中国，往西可攻印度，往东可控制中南半岛，而且缅甸有丰富的大米、矿产等资源。1942年1月，日军进攻缅甸，3月8日占领仰光，3月30占领东吁，5月1日占领曼德勒后很快就占领了整个缅甸。其实，当时的日军仅约为95000人，包括英缅军队和中国军队的盟军方面总共10多万人，但由于没有统一有力指挥，盟军未能遏制日军。英缅军队为了全力保护印度而节节败退，结果盟军方面死亡达27454人，日军仅死伤2413人。

1942年2月28日，日本入侵印度尼西亚，登陆苏门答腊岛和爪哇岛。3月12日，荷兰总督向日本占领军投降，旋即日本占领整个印度尼西亚。

日本在亚洲的侵略战争是第二次世界大战中法西斯扩张的一部分。随着德国的节节败退，日本在亚洲的侵略行动也成了强弩之末。从1940年下半年到1945年中，日本占领东南亚的5年时间里，遭到了东南亚各国人民的强烈反抗。尤其是东南亚的华侨华人，一方面组织起来，就地与当地各国人民一道打击日本侵略者，同时还筹集了大量的战争物资援助中国的抗日战争。日本的侵略给东南亚地区的人民生命财产造成了巨大的损失，拒不完全统计，仅菲律宾、印度尼西亚、越南三国的死亡人数就达700万，仅新加坡和马来亚遭屠杀的华侨华人就达15万。[1]

---

① 梁志明：《东南亚历史文化与现代化》，香港社会科学出版社有限公司2003年版，第147页。

1945 年日本战败，8 月 15 日宣布投降。英国、法国卷土重来，短暂恢复了对部分东南亚部分国家的殖民统治。但是，大多数东南亚国家则利用这千载难逢的机遇，揭竿而起，掀起民族独立、国家解放的运动。

印度尼西亚于 1945 年 8 月 17 日宣布独立。

越南人民举行了八月总起义。1945 年 8 月 15 日，阮氏皇朝末代皇帝保大被迫宣布退位。9 月 2 日，胡志明①在河内巴亭广场宣告越南民主共和国正式成立。

1946 年 7 月 4 日美国给予菲律宾独立。

缅甸于 1948 年独立。

虽然有些国家后来还经历西方殖民者卷土重来的曲折过程，但他们最终都获得了独立。马来西亚 1957 年摆脱英国的殖民统治而独立。新加坡 1965 年脱离马来西亚而独立。1984 年文莱也最后摆脱了英国的殖民统治而独立。

泰国是唯一一个在战争中一度站在日本一边的国家。日本战败宣布投降的第二天，泰国公布和平宣言，宣布过去对英美作战无效，放弃二战期间占领的柬埔寨、老挝、马来亚的领土，赔偿英国在泰国的公民战时遭到的损失。

（三）当代：印度支那战争和东帝汶独立

1. 第一次印度支那战争

1945 年 9 月 23 日，就在越南民主共和国成立后 20 天，法军在美、英帝国主义的支持下卷土重来，重新占领了西贡，接着控制了北纬 16°线以

---

①　胡志明（Ho Chi Minh），1890 年 5 月 19 日出生于越南义安省南檀县的一个汉学世家的农民家庭。1919 年前往法国，参加了法国共产党。十月革命爆发后，胡志明到了俄国。胡志明是越南共产党的缔造者和领导者。1930 年 2 月 3 日以国际共产代表的身份在中国香港主持召开了印度支那共产党、安南共产党和印度支那共产主义联盟三个组织代表参加的会议，会议一致同意三个共产主义组织合一成立越南共产党。他是越南人民军的创立者。1944 年 12 月 22 日，胡志明指导成立了"越南解放军宣传队"。他是越南社会主义共和国的缔造者。1945 年领导越南人民发动起义，取得了八月革命的伟大胜利。1945 年 9 月 2 日在河内的巴亭广场，他代表越南临时政府宣读了历史性的《独立宣言》，宣布成立越南民主共和国。胡志明是一个革命家、政治家、思想家，也是一个文学家，一生留下了很多脍炙人口的文学作品，《狱中日记》是胡志明的一部中文诗集。胡志明一生无私无畏，为越南人民的独立解放和社会主义建设奋斗到生命的最后一刻，赢得了越南人民最崇高的敬意和无限的爱戴，给越南人民留下了一个完美无瑕和高大无比的光辉形象。

南地区，并侵占了越北莱州等地。1946 年 3 月 6 日，法军在海防强行登陆，胁迫越南签订了《初步协定》，规定越南为法兰西联邦的一部分，允许法军开进越南，法国承认越南的自治权。9 月 14 日，越法双方又签订了《临时协定》，以保障法国在越南的经济和文化权益，但法国侵略者并不以此为满足，终于在 1946 年 11 月对越南发动了全面战争。12 月 19 日，越南人民在越南劳动党的领导下展开全面抗战。这场战争历史上也称为第一次印度支那战争。经过 8 年英勇斗争，在中国政府和中国人民的大力援助下，越南人民军于 1954 年 5 月赢得了奠边府大捷，迫使法国于同年 7 月在日内瓦会议上承认越南的独立，签订了关于恢复印度支那和平的协议。

日内瓦协议也明确了柬埔寨和老挝的独立地位。至此，法国建立的印度支那联邦也就灰飞烟灭了，一个世纪来的法国在印度支那的殖民统治结束了，法国人黯然离开。

2. 第二次印度支那战争与越南的统一

第一次印度支那战争结束，日内瓦会议确定印度支那恢复和平，法国人离开了殖民近一个世纪的印度支那。本来印度支那地区从此应是铸剑为犁，重建家园了，但是，第二次印度支那战争又打响了。战争主要是在越南境内展开，所以第二次印支战争也叫越南战争。

《日内瓦协议》规定的以北纬 17°线为界的临时军事分界线，将越南分为北、南两部分，从而形成了长达 20 年的越南南北分治状态。由于得到美国支持的以吴庭艳为首的南方反动势力破坏和平，17°线实际上变成了一条国界线，越南被分割开为北部的越南民主共和国和南部的越南共和国。

在南方，法国殖民者刚刚撤走，美国人就接踵而至。1954 年 6 月，在美国的策划和支持下，组成了以吴庭艳为总理的南越政权。1955 年 10 月，南方通过所谓"公民投票"废除了保大，成立"越南共和国"，吴庭艳登上"总统"宝座，还兼任"总理"和"国防部部长"。经过多次政变更迭，最终确立了阮文绍的统治地位。吴庭艳在 1963 年的政变中死于非命，阮文绍则在西贡解放前夕逃往国外。

《日内瓦协议》签订后一个月，美国就向南越派去大量军事人员，并将其驻印度支那地区军事顾问团改为驻南越军事援助顾问团。1964 年 8 月 5 日，美国制造了"北部湾事件"，开始轰炸越南北方。1965 年 3 月 8

日，美国海军陆战队在岘港登陆，并不断增兵南越，在越南发动了一场长达8年的大规模"局部战争"。

越南战争使美国耗费了大量人力、物力和财力，到1968年，在越南美军达到51万人以上。在严酷的现实面前，又由于美国人民反对越战风起云涌，美国统治集团不得不决定逐步从印度支那"脱身"。1968年3月，美国政府宣布部分停止对越南北方的轰炸。5月13日，越美开始在巴黎会谈。1973年1月27日，越美双方[①]在巴黎签订了《关于在越南结束战争、恢复和平的协定》。巴黎协定签订后，美军撤出越南，1975年3月，越南人民军发动"西原战役"，解放了中部地区，接着又发动了"胡志明战役"，于4月30日解放了西贡和整个越南南方。

1976年4月25日，越南举行了统一的全国国会代表选举。6月24日至7月3日在河内举行了统一国会会议，决定将国名改为"越南社会主义共和国"，并正式宣布从1976年7月2日起，越南南北方实现统一。

3. 东帝汶之独立

东帝汶的独立道路不同于其他的东南亚国家。

16世纪前，帝汶岛曾先后由以苏门答腊为中心的室利佛逝王国和以爪哇为中心的麻喏巴歇（满者伯夷）王国统治。16世纪初，葡萄牙殖民者入侵帝汶岛。1613年，荷兰势力侵入，于1618年在西帝汶建立基地，排挤葡势力至东部地区。18世纪，英国殖民者曾短暂控制西帝汶。1816年，荷兰恢复对帝汶岛的殖民统治。1859年，葡、荷签订条约，重新瓜分帝汶岛。帝汶岛东部及欧库西归葡，西部并入荷属东印度（即今印度尼西亚）。1942年日本占领东帝汶。第二次世界大战后澳大利亚曾一度负责管理东帝汶，不久后葡萄牙恢复对东帝汶的殖民统治，1951年将东帝汶改为葡海外省。1960年，第15届联合国大会通过1542号决议，宣布东帝汶岛及附属地为"非自治领土"，由葡萄牙管理。

1974年4月25日葡萄牙爆发"武装部队运动"，推翻了独裁政权，葡开始民主化和非殖民化进程。1975年葡政府允许东帝汶举行公民投票，实行民族自决。主张独立的东帝汶独立革命阵线（简称革阵）、主张同葡维持关系的民主联盟（简称民盟）、主张同印度尼西亚合并的帝汶人民民主协会（简称民协）三方之间因政见不同引发内战。革阵于1975年11

---

① 越南方面北越的越南民主共和国、南方的越南共和国以及南方民族解放阵线。

月28日单方面宣布东帝汶独立，成立东帝汶民主共和国。同年12月，印度尼西亚出兵东帝汶，1976年宣布东帝汶为其第27个省。1975年12月联合国大会通过决议，要求印度尼西亚撤军，呼吁各国尊重东帝汶的领土完整和人民自决权利。此后联合国大会多次审议东帝汶问题。1982年联大表决通过支持东帝汶人民自决的决议。1983—1998年，在联合国秘书长斡旋下，葡萄牙与印度尼西亚政府就东帝汶问题进行了10多轮谈判。

1997年亚洲金融危机爆发，1998年印度尼西亚苏哈托政权垮台。1999年1月，印度尼西亚总统哈比比同意东帝汶通过全民公决选择自治或脱离印度尼西亚。5月5日，印度尼西亚、葡萄牙和联合国三方就东帝汶举行全民公决签署协议。6月11日，联合国安理会通过决议成立联合国驻东帝汶特派团（UNAMET），于8月30日主持东帝汶全民公决。东帝汶45万登记选民中，约44万人参加了投票，其中78.5%赞成独立。哈比比总统当日表示接受投票结果。投票后东帝汶亲印度尼西亚派与独立派发生流血冲突，东帝汶局势恶化，联合国特派团被迫撤出，20多万难民逃至西帝汶。9月，哈比比总统宣布同意多国部队进驻东帝汶。安理会通过决议授权成立以澳大利亚为首、约8000人组成的多国部队，于9月20日正式进驻东帝汶，与印度尼西亚驻军进行权力移交。10月，印度尼西亚人民协商会议通过决议正式批准东帝汶脱离印度尼西亚。同月，安理会通过第1272号决议，决定成立联合国东帝汶过渡行政当局（UNTAET，简称联东当局），全面接管东帝汶内外事务。

1999年11月，东帝汶成立具有准内阁、准立法机构性质的全国协商委员会（NCC），2000年7月成立首届过渡内阁，2001年8月举行制宪议会选举，9月15日成立制宪议会和第二届过渡内阁，2002年4月举行总统选举，东帝汶独立运动领袖夏纳纳·古斯芒（Xanana Gusmao）当选。2002年5月20日，东帝汶民主共和国正式成立。东帝汶成为东南亚地区的第11个国家。[①]

西方列强殖民东南亚前后约4个世纪，其侵略、统治的过程是非常残酷的，尽管其客观上给东南亚地区带来了一些先进的东西，在某些方面对当地的经济社会发展起到了一定的促进作用，但说一千道一万，它给东南亚地区的人民造成的痛苦事实是存在的，各国人民并不愿意接受殖民侵略

---

① 本部分来源于中华人民共和国驻东帝汶大使馆网站资料。

和统治，他们的意志就是独立。"己所不欲，勿施于人。"印度尼西亚宪法开宗明义的第一句话就是："独立是各民族固有的权利。殖民统治不符合人道和公正，所以必须从地球上给以铲除。"①

东南亚国家独立时间表

国家	独立时间	独立前的宗主国
印度尼西亚	1945. 8. 17	荷兰
越南	1945. 9. 2	法国
老挝	1945. 10. 12	法国
菲律宾	1946. 7. 4	西班牙、美国
缅甸	1948. 1. 4	英国
柬埔寨	1953. 11. 9	法国
马来西亚	1957. 8. 31	英国
新加坡	1965. 8. 9	英国
文莱	1984. 1. 1	英国
东帝汶	2002. 5. 20	葡萄牙、印度尼西亚

注：在西方列强殖民东南亚时期，东南亚国家中，泰国是唯一保持形式上独立的国家。

三　类型多样的政治体制

东南亚国家的政治体制是多种多样的，既有社会主义国家，也有资本主义国家，当今世界的基本政治体制类型都可以在东南亚找到。如果分得细一些，则主要有如下四种类型。

（一）人民代表制国家：越南、老挝

在东南亚 11 个国家中，有 9 个资本主义国家，另两个是社会主义国家：越南和老挝。两国都实行人民代表制度和共产党一党领导。越南、老挝的政治体制与中国等共产党领导的社会主义国家体制基本相同。目前，世界上还存在中国、越南、老挝、朝鲜、古巴 5 个社会主义国家。

越南 1945 年宣布独立，1946 年颁布了第一部宪法。越南最近一部宪

---

①   汪慕恒主编：《当代印度尼西亚》，四川人民出版社 1997 年版，第 247 页。

法是 1992 年颁布的。宪法规定，越南是社会主义国家，是以工人、农民、知识分子联盟为基础的人民民主国家。经济方面是实行社会主义定向的市场经济，以公有制经济成分为主导，各种经济成分共同发展。国家实行人民代表制度，一切权力属于人民。国会是人民行使权力的最高权力机关，它集中了立法等权力。政府负责行政管理工作，最高人民法院负责审判工作，最高人民检察院负责检查法律的执行工作。国会选举国家主席。国家主席作为国家的代表，不向任何机关负责。宪法还规定，越南共产党是越南国家和社会的领导力量。目前，越南实行共产党一党执政制。虽然越南允许其他政党的存在，历史上越南也曾存在过一些政党，但近年来已先后消亡，最后仅剩越南共产党一党。越南共产党成立于 1930 年，到 2010 年已成立 80 周年。越共总书记兼任越南中央军事委员会主席，是越南最有实权者。

近年来，越南在进行经济改革的同时，也在逐步推进政治体制的改革，加上越南一直以来与外部世界有着较为广泛的联系，可以说越南的政治民主化进程是比较快的。

老挝的政治体制与越南类似。老挝的执政党为老挝人民革命党。

(二) 议会共和制国家：新加坡、东帝汶

新加坡共和国是东南亚两个实行议会共和制国家之一，1965 年才从马来西亚联邦独立出来，同年 12 月颁布了新加坡宪法。宪法规定，总统为国家元首，由国会选举产生。新加坡的国会是一院制。新加坡实行立法、行政、司法三权分立。立法机构由议会和总统组成。内阁是新加坡行政权力的执行机构，由总理、副总理、各部部长组成，总统委任国会中多数党领袖做总理。根据总理提名，总统任命内阁部长、最高法院院长、法官、总检察长。总理、部长都必须是国会议员。新加坡是一个城市国家，没有地方政府。新加坡虽然是一个多党制国家，但一直都是人民行动党一党独大，建国后该党一直是新加坡的执政党。该党主张从严吸收工商界、高级知识分子等各界优秀人士为党员。

新加坡是一个权力较为集中的国家，但由于实行较严格的法治，加上领导层聚集一批能洁身自好的社会精英，所以新加坡 30 多年来既能保持较高的经济增长，又能有效地惩治腐败，真正做到廉洁高效。

东帝汶 2002 年 3 月 22 日颁布的《东帝汶民主共和国宪法》规定，东

帝汶总统、国民议会、政府和法院组成国家权力机关。总统通过直接选举产生，是国家元首和武装力量最高统帅，任期 5 年，只可连任一届；国民议会由 52—65 名议员组成，由选民直接选举产生，任期 5 年，代表全体公民行使立法、监督、政治决策权；政府是国家最高行政机关，由总理、各部部长和国务秘书组成。总理作为政府首脑，由议会选举中得票最多的政党或占议会多数的政党联盟指定，由总统任命；法院代表人民行使司法管辖权，职权独立。最高法院院长由总统任命。

（三）总统共和制国家：印度尼西亚、菲律宾、缅甸

东南亚 11 国中，有印度尼西亚、菲律宾、缅甸 3 个国家实行总统共和制。

印度尼西亚独立以来虽然先后颁布了 3 部宪法，但目前它们使用的仍然是 1945 年宣布独立时制定的宪法。该宪法确定了印度尼西亚的建国五项原则（潘查希拉）：第一，至高无上的神道；第二，公正文明的人道；第三，印度尼西亚的统一；第四，协商和代表制指导下的民主；第五，社会公正。印度尼西亚的国家机构包括：人民协商会议、总统、人民代表会议（国会）、最高评议院、最高法院、国家审计署等。印度尼西亚代议制度的特色是同时实行人民协商会议制度和人民代表会议制度。人民协商会议是印度尼西亚的最高权力机构，由 700 人组成，其中 500 名为国会议员，另 200 名由总统指定的 135 名地方代表和 65 名社会和群众组织代表组成。人民协商会议的主要任务是：制定和修改宪法，制定国家的基本方针政策。总统既是国家元首，又是政府首脑，并兼武装部队最高统帅。总统及其领导下的内阁向人民协商会议负责，不向国会负责。人民代表会议是印度尼西亚的立法机关，负责日常的立法工作，实际上与国会差不多。

菲律宾也是总统共和制国家，总统由全国选民选举产生，任期 6 年，不能连选连任。菲律宾的立法机构是国会，由参、众两院组成。两院均有立法权，而众议院的权力更大一些，有关拨款、税收等重要法案均由众议院提出。

1948 年缅甸独立后，曾一度实行议会制。1962 年，副总理兼国防部部长奈温发动军事政变，成立了以奈温为首的革命委员会，解散议会，终止执行宪法。1988 年奈温辞职，以缅甸国防军总参谋长苏貌为主席，组成国家恢复法律和秩序委员会接管了全国政权。1997 年，丹瑞把国家恢

复法律和秩序委员会改为国家和平与发展委员会，丹瑞大将任主席。2011
年，缅甸改革政治体制，实行民主选举，登盛当选为总统。

（四）君主制国家：泰国、柬埔寨、马来西亚和文莱

东南亚11国中，有4个国家实行君主制。其中文莱是绝对君主制。
泰国、柬埔寨和马来西亚是君主立宪制。

1. 君主立宪制国家：泰国、柬埔寨、马来西亚

1932年泰国国民党发动政变，使泰国君主制发生了重大变化。此前
是实行君主专制，此后则建立了英国式君主立宪制。经过多次修改的宪法
规定，国王是国家元首，兼武装部队统帅和宗教最高护卫者。国王根据国
会提名任命内阁总理，根据总理提名任命各部部长。国会由上、下议院组
成，是国家的立法机构。国家的行政机构是内阁，内阁总理享有实权，对
国会负责。泰国的法院代表国王行使司法权，但受政府的司法部和司法委
员会管辖、监督，不过其业务是独立的。最高法院的判决是最终判决，如
果被告不服，可向国王上书恳求减免刑罚。虽然泰国国王没有实权，但由
于泰国的传统、宗教以及国王自身的奉献精神，使得国王在社会生活中具
有突出的地位和作用，其地位和威望往往在泰国政治生活关键的时候发挥
作用。

1970年朗诺政变前，柬埔寨一直是个君主制国家。政变后实行总统
共和制。民主柬埔寨时期，搞了一段"极左的社会主义"。1993年大选
后，柬埔寨又恢复成为一个君主立宪制国家，人们称之为"柬埔寨第二
王朝"，西哈努克再次成为柬埔寨的国王。

马来西亚也是一个君主立宪制国家，但与泰国和柬埔寨不同，马来西
亚是联邦制国家，由9个苏丹国和4个州组成，因此象征国家最高权力的
马来西亚国家元首是在9个世袭苏丹中轮流选举产生。最高国家元首拥有
最高的立法、行政、司法权，兼联邦武装部队总司令，根据议会提名任命
总理等。联邦议会、内阁和最高法院分别是马来西亚的最高立法、行政、
司法机构。

2. 绝对君主制国家：文莱

与东南亚其他3个君主制国家不同的是，文莱是一个马来穆斯林的绝
对君主制国家。最大的特点就是，君主拥有绝对的权力。文莱宪法规定，
世袭的苏丹为国家元首，拥有立法、行政、司法全部权力。苏丹本人兼任

首相和国防大臣。拥有实权的财政大臣、外交大臣均由亲王担任。

四　发展不平衡的经济

20 世纪末 21 世纪初以来，东南亚经济总体发展快于世界平均速度，年均达 5%—6%。2011 年人均国民生产总值约为 3441 美元。

（一）资源与产业

1. 农作物尤其是热带农作物丰富

世界三大谷仓：暹罗（泰国）、仰光（缅甸）、西贡（越南）是世界生产稻米最多的地方。2010 年，泰国大米产量达 2026 万吨，出口 1000 万吨，曾多年居世界第一；越南的产量达 2580 万吨，出口大米 640 万吨，居世界第二；缅甸产量为 1075 万吨，出口 70 万吨；印度尼西亚产量 3690 万吨，也是世界重要的稻米生产国之一。

棕榈油、橡胶、咖啡、椰子等都在世界上有着重要甚至处于垄断地位：印度尼西亚是世界最大的棕榈油生产国，种植面积约 200 万公顷，2011 年产量达 2200 万吨。其次是马来西亚，年产量 1890 万吨，分别占了当年世界总产量的 45.3% 和 38.9%；泰国是世界最大的橡胶生产国，种植面积约 200 万公顷，2010 年产量约为 325 万吨，大部分用于出口。其次是印度尼西亚，产量为 273 万吨。还有马来西亚的产量 94 万吨，越南 75 万吨。2012 年，越南咖啡种植面积 62 万公顷，产量达 129 万吨，仅次于巴西，居世界第二位。椰子王国菲律宾，产量世界之最，2004 年达 1368 万吨。

印度尼西亚拥有的热带雨林位居世界第二，仅次于巴西，是世界最大的胶合板和藤条出口国。同时，印度尼西亚还是世界上仅次于巴西的第二大热带作物生产国，其木棉、胡椒、金鸡纳霜产量位居世界第一。

2. 渔业发展潜力大

虽然东南亚各国拥有漫长的海岸线和广阔的海域，但多数国家的渔业尤其是海产养殖正处在一个起步发展的阶段。2002 年，印度尼西亚海洋捕捞产量为 500 万吨。1995 年，泰国鱼产量为 359 万吨。2012 年，越南水产品产量达到 573 万吨，出口额 61.5 亿美元。2002 年，马来西亚鱼产量为 136 万吨。

3. 石油、锡矿等矿产资源丰富

东南亚一带的石油储藏量很大。印度尼西亚石油蕴藏量估计为 500 亿桶，天然气储量为 73 万亿立方米，石油年产量约 7000 万吨，是东南亚最大的石油生产国和世界最大的天然气出口国，1997 年出口天然气 2902 万吨。虽然文莱是东南亚人口数量最少的国家，但却是东南亚第二大产油国，日产量在 20 万桶左右。文莱 1995 年已探明的石油蕴藏量为 14 亿桶、天然气 3200 亿立方米。马来西亚已探明的石油储量为 32 亿桶，天然气储量 1.5 亿立方米，石油年产量约为 3000 万吨。此外，马来西亚还是世界最大的锡产国，产量约占全世界总产量的一半。近年，越南的石油开采大体稳定，2011 年石油产量达到 1518 万吨，已成为东南亚的主要产油国之一。

4. 工业化进程

东南亚部分国家已是新兴的工业化国家，部分国家则处于工业化的前期，它们在世界上拥有重要地位的工业产业不多。除上述石油天然气外，近些年新加坡、马来西亚等国的电子、办公设备产业发展较快。近年接受日本、韩国、中国台湾等国家和地区的产业转移，泰国、马来西亚等国的彩电、冰箱、空调、洗衣机等白色家电产业也有很大的发展。

5. 旅游业比较发达

东南亚各国旅游资源丰富，拥有众多的著名风景名胜，如泰国的芭提雅海滩、柬埔寨的吴哥古迹、越南的下龙湾、印度尼西亚的巴厘岛等，还有多种多样的民族民俗风情。泰国、马来西亚、新加坡的旅游业在国际上颇负盛名。旅游业也已成为这些国家的重要经济产业。

（二）经济发展的 3 个层次

东南亚 11 国的经济发展不平衡，这里大体上把它们分为如下 3 种情况：

1. 人均 GDP 一万美元以上的发达国家新加坡和石油富国文莱

东南亚 11 国中，就自然资源来说最贫乏的是新加坡，除空气和阳光之外，什么都要进口。但是在李光耀等一批精英的治理下，把发达国家的法制体系与东方的优秀传统结合起来，开发仅有的资源——人力资源，经过 30 多年来的不懈努力，终于从发展中国家中脱颖而出，成为东南亚人均收入最高、在亚洲与日本差不多的富裕国家。2010 年国民生产总值达到 2266 亿美元，人均为 43867 美元，出口额达到 3512 亿美元，大大高出当年的国民生产总值。

大自然最优待文莱，其人均拥有的石油、天然气等资源是最多的。该国靠开采石油和天然气成为东南亚的另一个富国。2010 年，文莱的国民生产总值达到 126 亿美元，人均约 30000 美元。同年的出口额达到 82 亿美元。

2. 人均 GDP1000—10000 美元的向新兴工业化国家迈进的马来西亚、泰国、印度尼西亚、菲律宾、越南、老挝

东南亚第二层次的国家中发展得最好的是马来西亚，它既拥有丰富的石油等矿产资源以及橡胶、棕榈等热带作物资源，又拥有较高素质的人力资源，华人占总人口的三分之一左右。20 世纪 70 年代以来，马来西亚的经济持续高速增长。1971—1975 年、1976—1980 年、1981—1985 年、1986—1990 年、1991—1995 年等 5 个 5 年计划的经济增长速度分别达到 7.1%、8.6%、5.1%、6.8%、8.7%，1996 年为 8.2%，1997 年为 8%。其经济增长在金融危机期间受到一定的影响，但恢复比较快。2010 年，马来西亚的国民生产总值达到 2478 亿美元，人均为 8628 美元，同年出口额达到 2070 亿美元。

泰国的经济发展道路很值得发展中国家关注。它的矿产资源不是很丰富，但它能在发展的初期充分利用丰富的热带作物等农业资源，加工农产品，走农业工业化的道路，然后逐步引进外资，接受外国技术、设备的转移，采用国外的原材料生产家用电器等高价值的生活必需工业品，如电视机、冰箱、洗衣机、空调等，成为日本、韩国、中国台湾等国家和地区的海外家电重要生产基地之一，再加上发挥旅游资源优势，大力发展旅游业，泰国经济快速发展，人民生活水平迅速提高。2010 年，泰国国民生产总值达到 3184 亿美元，人均为 4526 美元，同年出口额为 1953 亿美元。

印度尼西亚是一个大国，稳定是关键。只有保持稳定，经济才能实现快速发展。苏哈托独裁统治印度尼西亚 33 年（1965—1998 年）之久，压抑了民主，但经济获得了较快的发展。1969—1994 年印度尼西亚第一个 25 年发展规划期间，经济年均增长率达到 6.8%。不过，政治过于长期高度集中，毕竟会形成民主运动的火山，一旦爆发就难以收拾，苏哈托终于在 1998 年垮台。同时，政治民主发展长期滞后，也反过来抑制经济的增长，甚至造成社会的不稳定。1997 年东南亚金融危机给印度尼西亚经济、政治和社会带来巨大冲击，但近年恢复发展比较快，已多年保持 6% 以上的经济

增长速度。2011 年，印度尼西亚的 GDP 达 8200 亿美元，约占东南亚 1.9 万亿美元的 43%，成为世界第十六大经济体。人均 GDP 达 3543 美元，商品出口 2036 亿美元。有专家预测，全球经济版图正由西方转移至东方，在 2020 年，印度尼西亚将以 3.2 万亿美元的毛产值居世界第十位。而渣打银行（Standard Chartered Bank）预测，到 2030 年，印度尼西亚将成为全球第六大经济体，超过德国，位居中国、美国、印度、巴西和日本之后。

菲律宾经济在 20 世纪 50—60 年代曾经辉煌一时，是东南亚工业化的排头兵，整个 50 年代加工制造业产值年均增长率达 10%，国民生产总值年均增长达到 6%，无论是工业化程度还是经济发展速度、水平都是东南亚各国中最高的，在东亚仅次于日本。1965—1980 年，菲律宾工业增长率达到 7%，农业增长接近 5%，也是东南亚发展较快的国家之一。80 年代初，世界银行已把菲律宾列为中等收入国家。近年来，由于政治动荡，社会不稳定，在经济成长方面，菲律宾已逐步让位给了本地区的新加坡、马来西亚、泰国。2010 年，菲律宾国民生产总值为 1891 亿美元，人均 2011 美元。同年，菲律宾的出口额为 322 亿美元。此外，菲律宾经济有一个特色就是劳务输出量很大，每年劳务输出获得大量的外汇收入。中国港台地区和东南亚一些国家的女佣不少来自菲律宾。

越南作为一个社会主义国家，其经济模式与其他东南亚国家差异较大，更多的是与中国近似。尽管越南资源丰富，发展经济条件很好，但由于长期的内外战争，过"左"的经济政策，经济基础很薄弱，甚至曾在较长时间陷于经济社会严重危机之中。只是到了 80 年代的后期，调整了内外政策，推行了以市场经济为取向的经济改革和对外开放政策，才逐步从危机中走出来。通过改革土地制度、改革国有企业、引进外资、扩大出口等一系列的改革措施，90 年代越南经济年均增长率达到 7.1%。1997 年的亚洲金融危机，尤其是 2008 年的华尔街金融海啸给越南发展带来负面影响。据统计，越南 2012 年经济增长率降至 13 年来的最低点，为 5.03%，国民生产总值约为 1290 亿美元，人均约 1500 美元，出口额达到 1146 亿美元。越南是国穷民富，老百姓的生活已接近菲律宾、印度尼西亚的水平。

从对外交往的角度来看，自然环境最受制约的是老挝，位于内陆，没有出海口，交通不便，商品出口和引进外资都不大容易。老挝的周边国家都是发展中国家。如果老挝能与中国携起手来，增加交流，加强合作，也许会发展得快一些。虽然自然条件等方面的限制，但随着改革开放，近年老挝发展成效显著。2010 年，老挝的国民生产总值为 65 亿美元，人均 1087 美元。同年，老挝的外贸出口额为 12 亿美元。

3. 发展中的柬埔寨、缅甸、东帝汶

柬、缅和东帝汶是东南亚各国经济发展程度最低的 3 个国家。这 3 个国家中比较被看好的是柬埔寨，它的发展条件比较好，不仅资源丰富，国际上也比较受关注，外援比较多，外资投入也在增加。2010 年，国民生产总值为 114 亿美元，人均为 792 美元。同年外贸出口为 43 亿美元。

缅甸的条件比较好，作为东南亚面积第二大和中南半岛最大国家，石油、宝石等矿产资源丰富，有漫长的海岸线和广袤的平原，人口密度小，人均占有资源多，但由于多年实行军事管制，闭关锁国，偌大一个国家，2010 年外贸出口额仅 70 亿美元，所以经济一直没能得到快速的发展。据统计，2010 年缅甸的国民生产总值为 363 亿美元，人均 648 美元。

东帝汶 1999 年才脱离印度尼西亚独立出来，是世界最落后的国家之一，目前主要依靠外国援助和联合国驻当地机构的消费需求来维持经济的运转。但东帝汶自然资源非常丰富，尤其是石油天然气，据报道，位于东帝汶和澳大利亚北部之间的帝汶海是世界第二十三大油田，估计储量达 50 亿桶。东帝汶一旦把石油开采出来，将很快成为一个富裕国家。

2011 年东南亚经济基本情况

国家	GDP 总量（亿美元）	GDP 增长率（%）	人均 GDP（美元）
文　莱	163.6	2.2	39900
柬埔寨	129.4	6.9	909
菲律宾	2131	7.6	2223
印度尼西亚	8457	6.5	3559
老　挝	77.4	8.3	1203
马来西亚	2320.5	5.1	7962
缅　甸	529.6	6.0	877
新加坡	2381	4.9	50123
泰　国	3456	0.1	5112
越　南	1217	5.9	1398
东帝汶	5.52	10.06	520
合　计	20868.02	—	3441

资料来源：《东南亚：历史、现状、前瞻》，世界图书出版公司 2013 年版。

第二章 东南亚文化特点

一 族群与居民

据考，中国南方和东南亚地区包括大陆及海岛，很早以前生活在这里的是黑色人种，人类学家把他们称为"小黑人"。后来，蒙古人种来到中国，尤其是中国南方，与当地黑色人种融合，形成了南方蒙古人种。再后来，南方蒙古人种不断南迁到中南半岛和马来群岛，与当地的黑色种群融合，以及更多的后来者与先来的迁徙者在不同时期、不同地区的融合，就形成了今天东南亚各地的主要的乃至大多数的民族。现在为数已极少的"小黑人"仍存留在马来半岛的泰国与马来西亚边境地区的森林深处、印度尼西亚的苏门答腊岛和加里曼丹岛的沼泽地带，以及菲律宾吕宋、内格罗斯、巴拉望和棉兰老岛的偏僻山区。

民族的划分通常是看是否有独特的原始宗教或图腾崇拜，是否有自己的语言文字，是否有独特的民俗、服饰或生活习惯等。东南亚大体上都是黄种人，包括有属于汉藏语系、印地语系、南亚语系、南岛语系的众多民族。其中人口较多的有爪哇族、京族（越族）、泰族、缅族、老族、高棉族、比萨扬族等。东南亚华侨华人在 3000 万以上①，是世界华侨华人最集中、人数最多的地区之一。新加坡的华人比例占 70% 以上，其次是马来西亚，占 25% 左右。东南亚人口分布不均匀，主要集中于沿海平原、大河两岸平原、河口三角洲地区。岛屿的雨林地带则人口稀少。

（一）中南半岛主要族群与居民

中南半岛五国民族众多，不同的国家有其不同的主体民族，如柬埔寨

---

① 这是一个大约数，很难找到准确的数据。

的高棉族、缅甸的缅族、越南的京族，泰国主体民族泰族与老挝的主体民族老龙族是亲缘民族，语言和生活习惯很接近。

以广西的壮族、云南的傣族、海南的黎族为主的中国多个民族与中南半岛多个国家的多个民族有着亲缘关系。如布依族、侗族、水族、仡佬族、毛南族，与泰国的主体民族泰族，老挝的主体民族老龙族和泰族，缅甸的掸族，越南的岱依族、侬族、泰族、高栏族，甚至印度的阿洪人是同根生的民族，他们共同的祖宗是古代百越中居住在今广西一带的西瓯人、骆越人。约在公元前 2 世纪以前，秦始皇平定岭南，西瓯人和骆越人逐渐往西、南迁徙，在今广西的西南部，云南的南部，越南的西北，老挝、泰国、缅甸的东北部，印度的阿萨姆邦等连成一片的，有 100 多万平方公里的广大地区定居和繁衍，现有人口已接近 1 个亿。他们的生活习俗相同或相近，相互之间日常用语几乎可以听得懂。现在广西的壮族与越南的侬族、岱依族交往密切，将来随着中国与东南亚政治、经济、文化交流的增加，这一民族群体相互之间的交往一定会大大增加。民间和文化交往会促进中国与东南亚友好关系的发展。

（二）马来群岛马来人

中南半岛的南面和东面，在太平洋和印度洋之间，北南长约 3500 公里，东西约 6400 公里，散布着两万多个大小岛屿，这些岛屿组成了马来群岛。马来半岛南部和马来群岛 6 国中，除新加坡外，其他 5 国主要的和大多数的民族为在当地已长久居住的民族，泛称"马来人"。这种广义的马来人属蒙古人种马来类型，如印度尼西亚的爪哇人、巽他人、马来人，马来西亚的马来人，文莱的马来人，以及菲律宾的比萨扬人、他加禄人，尽管有些民族没有直接称为马来人。广义的马来人约有 3 亿，占了当地总人口的 80%，占了东南亚总人口的三分之二。由于该地区族群以广义的马来人为主，所以他们当地的语言也是以印度尼西亚语或马来语为主。印度尼西亚语和马来语是近似的语言，相互之间可以沟通，语法大体一样，多数词汇也一样。

马来人的来源被认为是历史上不断地有南方蒙古人种南迁，与当地的黑色人种结合而形成。南方蒙古人种在不同时期与不同地区的当地黑色人种结合，以及先来的种群与后来的种群混合，就形成了多种多样的马来人。

上述可见，马来人或与马来人相关的特点有三个，一是在他们分布在东南亚的海岛地区（包括马来半岛），二是其母语都是广义的马来语，三是在宗教上除了菲律宾人是信仰天主教外，其余大多数人信奉伊斯兰教。其实这两种宗教都是后来才从外部输入的，早期他们信的是万物有灵，后来一度接受印度文化的影响，曾经信仰过婆罗门教和佛教。

以马来人为主的国家有：印度尼西亚、菲律宾、马来西亚、文莱和东帝汶。

（三）华人分布广泛

中国与东南亚各国或山水相连，或隔海相望，自古以来就有密切的关系，人员往来不断。中国南方广东、福建等省人多地少，历史上不少人要到外面去谋生，其中就有不少人到了南洋，即现代的包括中南半岛和马来群岛各国的东南亚地区，后来有部分返回中国，也有很多人留在那里安居乐业，为当地的经济社会发展作出了巨大的贡献。

据测算，东南亚有华侨华人3000多万人。新加坡是一个以华人为主的国家，马来西亚的华人也占了较大的比例。泰国和越南的华人与当地的主体民族融合度很高，很难就华人的数量作一个精准的统计。印度尼西亚虽然有1000万数量的华人，但该国有2亿多人口，所以华人也就只占4%。据调查研究，菲律宾有华人血统的约1000万人，占总人口的15%，而纯华人血统的则为150万人。

该地区的华人一般都保持原有的语言文化和宗教信仰。很多华人日常使用的是家乡方言，尤其是从广东、福建去的华人，在家里及与邻里交往通常是使用祖籍地方言。随着中国的日益崛起，国际地位提高和影响扩大，普通话在该地区的使用日益广泛。东南亚的华人华侨作为炎黄子孙，依然保留中国的传统文化，普遍祭祀祖宗，恪守儒家的传统思想行为。

该地区的华人在经济上是佼佼者，不仅以华人为主的新加坡是以华人经济为主，马来西亚华人经济也占大头，即使在印度尼西亚、菲律宾等国，华人占的比例不大，但他们的经济实力也相当大。他们在居住国的经济领域中，拥有不少大型的企业，特别是在工业、金融、贸易、运输等行业，华人企业往往占有举足轻重的地位。不过，除新加坡外，该地区各国的华人政治地位与其所拥有的经济地位并不相称。由于许多客观原因，他们大多只关心经济方面的生意情况，而很少热心于政治方面的参与。

（四）东南亚人口增长快

1. 东南亚人口增长速度高于世界人口平均增长速度

由于生活水平的提升和医疗卫生条件的改善，近代以来，世界人口增长速度在加快，世界人口从 1750 年的 7.28 亿增加至 1900 年的 16 亿，数量翻一番用了 150 年。而从 1950 年到 1987 年，世界人口从 25 亿增加到了 50 亿，仅仅用了 37 年。

尽管近年东南亚人口增长速度有所放缓，但仍高于世界平均速度。1800 年东南亚人口估计为 1000 万左右，到 1954 年增至约 1.7 亿，相当于当时中国人口的 28%[①]。1975 年东南亚人口为 3.25 亿，占世界总人口的 8.1%，1998 年增至 5.03 亿，占世界总人口的比例上升至 8.53%。到 2010 年东南亚人口约为 6.01 亿，已相当于中国的 45%[②]。东南亚人口 50 多年增长了 2 倍多，200 年来翻了将近 6 番。以前，东南亚人口密度小于中国，1954 年每平方公里仅 38 人，现在已赶上中国，2010 年达到了每平方公里 135 人，中国为 138 人。按照目前的增长速度，预计东南亚人口密度很快就将超过中国。欧盟面积 397 万平方公里，人口 5.01 亿（2010 年），人口密度每平方公里仅为 126 人。东盟的经济发展水平远不及欧盟，但其人口密度已超过欧盟。新加坡是世界人口密度最大的国家之一，每平方公里达 6000 多人。老挝是东南亚人口密度最小的国家，每平方公里不足 30 人。

2. 增长最快的是印度尼西亚、菲律宾、马来西亚、文莱

马来西亚是为数不多的鼓励人口快速增长的国家之一，政府制定了到 21 世纪末人口达到 8000 万的目标。人口最多，增长也快的国家是印度尼西亚、菲律宾、越南，1954 年该三国人口分别是 8100 万、2100 万、2300 万，2010 年已分别达到 2.38 亿、9798 万、8800 万。

原来菲律宾人口少于越南，近来菲律宾的人口已超过越南，很快将突破 1 亿，比世界银行预测的时间要大大提前。菲律宾目前人口增长率为 2.04%，为东盟成员国中最高的，也是全球人口增长最快的国家之一。菲

---

① 任美锷：《东南亚地理》，中国青年出版社 1954 年版。

② 2010 年中国人口为 13.4 亿（未含台港澳的人口）。据新华社 2012 年 7 月 9 日报道，中国 2011 年末人口总数为 13.47 亿。

律宾人口委员会预测，以目前的人口增长速度，菲律宾的人口到 2040 年将翻番，超过 1.84 亿，进入世界人口十大国家的行列。[①]

3. 影响人口增长的主要因素

东南亚人口增长和结构改变的情况和影响的主要因素有：一是经济发展和卫生条件的改善。20 世纪 30 年代以前，各国人口增长很慢，主要是因为经济发展水平低，疾病流行，缺医少药，死亡率比较高，所以各国人口难以快速增长；二是 20 世纪 30—40 年代，西方殖民者大力开发东南亚的殖民经济，需要大量的劳动力，周边各国来东南亚的移民大量增加，所以东南亚该时期人口增长有所加快；三是各国独立后外来移民日益减少，但由于社会逐步趋于稳定，经济日益发展，卫生环境和医疗水平提高，加上当地各国优惠主体民族，东南亚各国人口进入了快速增长期，尤其是各国的主体民族。

以文莱为例，1911 年仅 21718 人，1931 年达到 30135 人，年均增长 1.7%；1931—1947 年为人口的中度增长期，16 年人口共增长了 55%，人口增长率有所提高，主要是石油开发吸引了一批外来移民；1948 年后人口进入快速增长期，1960 年达到 10 万。1981 年文莱人口达到 20 万，其中马来人占 40%，华人占 26.7%；1992 年文莱人口增加到 26.5 万，马来人人口比例上升到 69%，华人所占的比例下降为 18%[②]。

（五）跨境民族

东南亚地区总共有 300 多个民族或族群，除了每一个国家有其主体民族外，还有很多少数民族，尤其是缅甸、印度尼西亚、菲律宾、越南的少数民族都在 50 个以上。不少民族也包括一些少数民族居住生活在边境地区，其中不少是在东南亚国家之间或东南亚国家与周边国家之间跨境而居的民族。不少边境地区尤其是少数民族居住的边境地区一般经济发展缓慢，文化差异比较大。东南亚跨民族居住的边境地区值得注意的地方主要有缅甸、老挝、泰国之间的金三角地区，泰国与马来西亚的边境地区以及菲律宾与印度尼西亚、马来西亚的三角地区。除了东南亚各国之间的边境地区的民族问题外，东南亚一些国家与周边的非东南亚国家之间也存在民

① 据 2012 年 1 月 5 日新加坡《联合早报》。
② 马宁：《文莱》，广西人民出版社 1995 年版。

族宗教问题，如缅甸与孟加拉国之间。

1. 中越、中老和中缅边境地区

中国与越南、老挝、缅甸三国的边境地区有许多少数民族跨境而居。中越边境地区的中国方面主要是壮族，越南方面的亲缘民族是岱依族、侬族。此外，中国广西的东兴市有 1 万多的京族人，与越南的主体民族京族同属一个民族。中越、中老、中缅边境地区的少数民族大体上和睦相处，来往非常密切，是本区域最和平，同时经济社会文化发展也比较快的边境地区之一。

2. 缅、老、泰金三角地区

缅甸、老挝、泰国之间的金三角地区及其扩大的区域，包括附近的中国云南边境地区。这里有缅甸东北部的克钦族、佤族等。金三角地区地理位置重要，是湄公河流经的地区，经济社会发展落后，毒品泛滥，虽然近年毒品替代种植有所发展，但社会治安仍然很不稳定。

2011 年 10 月 5 日在金三角湄公河上发生了 13 名中国船员被杀害的惨案。这主要是缅甸毒贩儒康勾结泰国边防部队军人索取保护费未遂，而杀害了中国船员。2012 年 4 月，老挝方面已抓获首犯儒康，并移送给中国方面。事后，中国与缅甸、老挝、泰国建立了四国联合巡逻制度，以保护湄公河航行的安全。

3. 泰国南部

泰国、马来西亚边境地区的少数民族问题主要集中在泰国一侧的北大年、也拉、那拉提瓦、沙敦四府。泰国南部四府是 1909 年被并入泰版图的。这里居住有 300 万信仰伊斯兰教的马来人，约占四府总人口的 70%。"长期以来这一地区受武装分离活动的折腾，民生不得安宁。"①

4. 菲律宾南部

菲律宾南部的棉兰老岛的少数民族有摩洛人，分布在棉兰老岛的西部和西南部、苏禄群岛和巴拉望岛。这一地区位于菲律宾与印度尼西亚、马来西亚的三角地区。"摩洛"意为信仰伊斯兰教的摩尔人，他们由 14—16 世纪接受伊斯兰教的当地居民与来自印度尼西亚、马来西亚的马来人混合而成。摩洛人 20 世纪 70 年代成立了"摩洛民族解放阵线"，开展反政府武装斗争，目标是建立"摩洛"民族共和国。多年来，该地区很不稳定，

---

① 2011 年 10 月 27 日《人民日报》。

经常会发生一些反政府的武装冲突，很不利于当地经济社会的发展。

5. 缅孟边境

缅甸约 6000 万人口中，有 4% 的人口是不被缅甸政府承认的伊斯兰教罗兴亚族、印度族、华族和孟加拉族，他们都被视为"外来移民"。缅甸与孟加拉国有共同边界长约 200 公里。大部分缅甸伊斯兰教徒住在与孟加拉国有共同边界的若开邦。估计缅甸若开邦有约 80 万名罗兴亚族人，另有 100 多万人流亡其他国家。大多数罗兴亚族没有国籍，也不为缅甸或孟加拉国政府承认。缅甸政府和一般缅甸人把罗兴亚族视为外来的"孟加拉族"，不将他们当作缅甸的少数民族。孟加拉国境内目前约有 30 万名罗兴亚族回教徒，其中十分之一住在两个官办难民营。联合国把罗兴亚族列为世界上备受伤害的少数族群之一。

缅甸西部若开邦首府实兑地区在 2012 年 6 月发生了伊斯兰教徒与佛教徒的宗教流血冲突，造成了 25 人死亡及 41 人受伤，并至少有 500 栋房屋与 19 间商店被烧毁，导致超过 12000 人无家可归。这次流血冲突持续导致若开邦许多罗兴亚族伊斯兰教徒难民越过边界逃往孟加拉国。孟加拉国边防部队一连多天已经驱走 11 艘载着 400 多名罗兴亚族伊斯兰教徒难民的船只。孟加拉国警方称，一共阻止了约 1500 名罗兴亚族伊斯兰教徒难民入境。孟加拉国外长迪普莫妮 2012 年 6 月 12 日在首都达卡的记者会上说，孟加拉国由于贫穷及各项资源有限，因此无力接纳这些难民。[①]

二　东南亚文化特点

文化是人类社会发展进步的成果，是人类精神思想的结晶，也是人类文明传承的载体和交流的工具。东南亚文化体现了当地居民社会的发展变迁，体现了所在地区的地域特点，由于历史原因，也反映了中国文化、印度文化、阿拉伯文化和西方文化的交流与融合。有没有一个东南亚文化呢？实际上东南亚文化是多样性的，很难把它梳理成一个统一的整体。

东南亚文化有哪些特点？影响东南亚文化的形成与传承有哪些因素？东南亚文化多样多彩，要对其进行一些理性的分析和归类，确实不太容易。

---

① 2012 年 6 月 13 日新加坡"联合早报"网文章：《缅宗教冲突已 25 人死亡》。

（一）多样性：整体的不统一与局部的同一

作为一个区域，东南亚有没有一个统一性的、整体性的文化？或者说有没有一个类似汉文化圈那样的区域文化？这恐怕连东南亚国家本身的专家学者都难以回答。如果从狭义的文化概念，即思想、宗教、学术、文学、艺术等方面来说，当代的东南亚地区应该说是没有一个整体性、统一性的文化的。

虽然东南亚文化没有统一性和整体性，让人认知到的更多的是多样性和差异性，但是由于地理和族群之间的差异，东南亚文化在局部上可以分为两大区块、四种文化。

两大区块：在地理和族群上，大陆是以佛教为主的文化，海岛是以马来人的伊斯兰教和天主教为主的文化。

两大区块还可以进一步细分为四种文化：中南半岛的中西部为上座部佛教和泼水节文化圈，越南新加坡儒佛文化，印度尼西亚、马来西亚和文莱的伊斯兰教文化，以及菲律宾和东帝汶的天主教文化。

1. 地理上：大陆以佛教为主，海岛以伊斯兰教和天主教为主

地理位置和地形是影响文化形成和传承的重要因素之一。东南亚地区大体可分为中南半岛大陆和马来群岛岛屿两大部分。由于这两大部分的地理环境、居住的族群居民有区别，因而其文化也是很不一样的。东南亚大陆以佛教为主，海岛和马来半岛则以伊斯兰教和天主教为主。

中南半岛西面是印度，北面是中国。印度是佛教的发源地，中国则是信仰大乘佛教的国家。中南半岛是一个以信仰佛教为主的地区。佛教主要是从印度和中国传入的。

诚然，即使是中南半岛大陆，由于地理原因，交通往来不便，其形成的文化也是有差异的。以长山山脉为分界，西面的老挝、柬埔寨、泰国、缅甸靠近南亚的印度，其宗教信仰多年来是以上座部佛教为主。该地区的上座部佛教主要是从印度、斯里兰卡传入的。而长山山脉东面的越南则是一个以儒家文化为主的国家，即使有不少人信仰佛教，但所信仰的佛教却是大乘佛教。越南的大乘佛教是承传自中国的。

2. 在居民构成方面，马来族群以伊斯兰教和天主教为主，其他以佛教为主

文化是由人创造的。文化的区别与人种、族群的区别关系也很大。

居住在东南亚海岛和马来半岛的居民主要是马来族群。该地区一度受印度文化的影响，后来被伊斯兰教文化取代。近代西方列强的殖民统治后，菲律宾和东帝汶已以信仰天主教为主。不过，从地域和人口数量来看，该地区还是以马来人为主，新加坡除外，他们的宗教也仍然是以伊斯兰教为主。

在中南半岛（马来半岛除外），作为一块整体的大陆，族群主要有京族、高棉族、泰—老族、缅族等。京族属于汉文化圈，他们主要受儒家传统文化影响和以信仰大乘佛教为多数。半岛的其他族群主要信仰上座部佛教。

上座部佛教的地域范围与泼水节的地域范围重叠，泰国、老挝、柬埔寨和缅甸都信仰上座部佛教，也都过既是佛历新年又是泼水节的习俗。这与当地的佛历新年习俗和水文化有关。佛历新年即泼水节的时间都是每年的 4 月 13—15 日。节日期间，人们浴佛和相互泼水，辞旧迎新，洗去灾难，喜迎吉祥。

3. 不同国家的文化差异

虽然东南亚可以区分为两大板块、四种文化，但在 11 个国家中，其文化的差异也是比较明显的。即使中南半岛上的泰国、老挝、缅甸和柬埔寨都信仰上座部佛教，都过佛历新年，但柬埔寨的佛历新年主要是浴佛，而没有相互泼水的联欢，而泰国、老挝、缅甸则像狂欢节一样地泼水。从语言来看，泰国和老挝语言基本上可以相通，缅甸则主要是缅甸语，柬埔寨则主要是讲柬埔寨语，相互之间是需要翻译的；从政治体制来看，泰国和柬埔寨都是君主制国家，越南和老挝则是一党执政的国家，缅甸是实行多党制的国家。

在海岛国家中，从语言上，印度尼西亚、马来西亚和文莱居民的本地语言基本上差不多，相互沟通障碍不大，但印度尼西亚语与马来语还是有差别的。菲律宾、新加坡官方则主要使用英语。在宗教上，印度尼西亚、马来西亚、文莱以信仰伊斯兰教为主，菲律宾、东帝汶以信仰天主教为主，新加坡以儒家文化为主。在政治体制方面，马来西亚、文莱是君主制，印度尼西亚、菲律宾是总统制，新加坡和东帝汶则是议会内阁制。

（二）多源性：深受世界四大文化的影响

东南亚文化，无论作为一个区域整体来看，还是就单一的国家而言，其文化的形成都是在本地族群、本地区特有的文化的基础上，经过不同时期的对外交流，与外来文化不断交融、结合而形成的。外来文化主要包括中国文化、印度文化、阿拉伯文化和西方文化。

　　如果从宗教信仰方面来看，东南亚本地的原始宗教信仰基本上是万物有灵，多神信仰，包括自然崇拜、动植物崇拜和祖宗崇拜等。后来一次又一次的外来文化的侵入，增加了佛教、伊斯兰教、基督教和儒家文化等。由于外来的宗教文化进入东南亚时，往往是伴随着政治、经济、军事的力量，加上这些宗教有教义、经典的系统性，相较本地的原始宗教更具有书面传播和传承的优势，所以外来的宗教文化影响在东南亚越来越彰显。当然，本地的原始宗教信仰由于根深蒂固，并没有完全被外来宗教取代，特别是在广大的乡村依然盛行。

　　东南亚文化没有扩张性，更多的是吸收外来的文化，结合本身的文化基础，不断地融合与发展。

　　由于东南亚处于从东北亚到南亚、中东、非洲、欧洲的航路上，历史上族群迁移、贸易往来、欧洲的对外扩张都对东南亚的经济社会和文化造成了巨大的影响。

　　地球上各地的历史发展进程不一样，有些地区文明进化早一些，有些地区晚一些。在东南亚历史发展进程中，由于历史的原因，世界上的四大文明包括中国文明、印度文明、阿拉伯文明和西方文明都对东南亚地区产生了影响。东南亚本地早期文明是一个基础，在后来与中国文明、印度文明、阿拉伯文明、西方文明的交流中，相互碰撞和融合。在漫长的岁月里，中国文化、印度文化、阿拉伯文化、西方文化的很多元素已被东南亚所吸收，甚至成为了东南亚文化的一部分。

（三）传承的非连贯性

　　东南亚位于两洋（太平洋和印度洋）和两大洲（非洲和大洋洲）的十字路口，属于热带地区，历史发展和社会变迁有很大的不确定和不稳定性。从文化角度看，既容易受外来文化的影响，也不容易保存和传承已有的文化。除属于汉文化圈的越南外，东南亚古代历史几乎没有留下什么典籍记录。其中很明显的一个例子就是曾经一度灿烂的吴哥文明，由于历史的变故而长年淹没在热带雨林之中。今人将它重新发掘出来，但已无人能够知晓其内涵和奥秘。现在柬埔寨的吴哥文明，尤其是当时柬埔寨的社会情况，只能通过中国的古代典籍中留下来相关记录，才能对其有一鳞半爪的了解。印度尼西亚在 13 世纪以前是受佛教影响很大的区域，一度建造了婆罗浮屠，但后来当地接受了伊斯兰教，现在人们已很难考究婆罗浮屠历史的来龙去脉。

可见，不能说古代东南亚地区没有形成过较高程度的文明文化，只是因为历史变故、自然环境变迁等多种原因使得当地的文化文明没能传承下来。如本地区的战争、外来的侵略、自然灾害等，尤其是炎热潮湿的气候影响，当地文明和文化没能通过文字载体不断加以积淀，传承、升华、发展，也就很难留下文字性的历史记录。

自然气候对区域文化的形成和发展具有决定性的影响。从全世界来看，温带区域文化比较发达，传承下来的东西很多。寒带，靠近北极和南极的地方，连人都难以居住，其文化更难形成和发展。

而热带地区则不同，人类及其他生物都容易繁殖和生长，人类生存很容易获得生活资料，各种水果、食物唾手可得。热带地区终年如夏，没有季节性，人们没有相对较长的闲暇时间去思考，去做计划。正如印度尼西亚前旅游部部长 Drs. H. Marzuki Usman 所说："由于印尼先天的自然环境太过优越，常年如夏，没有季节之分，纵使以树皮为生也可常年无忧，因而造成印度尼西亚的先祖们直到如今的后代们，总是生活在无计划之中。反之，生活在有季节之分的那些民族，则总是生活在计划之中，凡事都必须未雨绸缪。由于自然环境的优越，印度尼西亚民族总是以得过且过或临时抱佛脚的方式生活着。"[1] 印度尼西亚情况如此，其他东南亚国家也和印度尼西亚差不多。

由于热带气候炎热，高温多雨，空气潮湿，形成的物质文明成果也容易发霉腐烂，变质损坏，很难保存和传承下去。古代东南亚地区还没有纸张的时候，主要是使用棕榈叶、贝多罗树叶等来记事，书写文史作品。一千多年前，缅甸人把佛教经典书写在贝多罗树叶上，人们称之为"贝叶经"。我国唐代诗人李商隐写下了"忆奉莲花座，兼闻贝叶经"的千古传唱。但是由于东南亚地区处于热带地区，高温潮湿，各种昆虫繁殖很快，大量的典籍尽管没有毁于战火，但却成了这些昆虫的美食。因而很多东南

---

① ［印尼］H. Max Mulyadi Supangkat（潘仲元）:《印度尼西亚瑰宝》，古华民、温北炎等译，暨南大学出版社 2007 年版，第 9—10 页。

亚典籍记载的文明因气候环境的缘故而遭到毁坏，没能传承下来。

不过，随着现代文明的发展和经济社会的进步，热带地区用上了冷气，人们在工作场所和家里装上了空调。也就是说，今天的热带地区的文明文化的形成与传承在气候环境方面已没有什么障碍了。

（四）东南亚文化的地域特色

俗话说，一方水土养一方人。不同的区域，其地理环境不同，气候温度差异很大，千百年来形成具有一定地域特色的人文文化。在东南亚，耕种稻作，广植椰子、棕榈、槟榔等，穿筒裙，住干栏式建筑等，这些不仅是生活的需要，也是人们文化生活的重要组成部分。

水文化。水是人类生活的重要资源，人类文明不少都与河流、海洋关系密切。人们利用水创造了与水有关的人文、科学等方面的物质与精神财产，形成了水文化。东南亚地区高温多雨，水量充沛，河流众多，加上四周都是海洋，所以东南亚的文化与水关系密切。沿海沿江，人们捕鱼养鱼，耕海闹海；中南半岛中西部的柬埔寨、泰国、老挝、缅甸一年一度举行泼水节，街上狂欢，庙内浴佛。越南有水木偶戏，表演节目；湄公河、湄南河、槟榔屿、文莱湾等有水上市场、水村，人们购物，居住在水上；人们还利用河海，行舟船之便，运输与远行。

稻作。由于地理气候的缘故，东南亚各地一般都种植水稻、棕榈树、槟榔、椰子等，东南亚国家一般都是种植水稻，主食以大米为主。湄公河三角洲、湄南河平原、仰光地区是世界三大谷仓，盛产大米，不仅自给，还有大量的出口。

2010 年大米产量　　　　　单位：万吨

	产量	占比（%）	出口	进口
世界	45020			
中国	13700	30.4		60
印度	9450	20.9	240	
印度尼西亚	3690	8.2		175
孟加拉国	3290	7.3		145
越南	2580	5.7	640	50
泰国	2026	4.5	1000	

续表

	产量	占比（％）	出口	进口
缅甸	1075	2.4	70	
菲律宾	1055	2.3		120
巴西	935	2.1	65	40
日本	772	1.7	20	70
美国	755	1.6	352	55
柬埔寨	520	1.2	120	

注：本表为笔者根据各方面公布的资料整理而成。

槟榔。东南亚各地有悠久的种植和食用槟榔的历史，很多居民的住家周围往往种有挺拔的槟榔树，不少人嚼食槟榔。槟榔不仅是平日礼宾待客的上品，还是民间庆典、庙会活动和婚丧事中不可或缺之物。槟榔嚼块最基本的元素是槟榔子、老藤叶与石灰。东南亚各地域从语言上、器物上、史籍中都可以找到槟榔的踪影。不少国家有关于槟榔的神话故事。在越南的传说中，一对感情很好的双胞胎兄弟同时爱上了一位女子，为了成全对方，兄弟俩不约而同地投河自杀，哥哥死后变成了石灰岩，弟弟在岩石旁长成了槟榔树，而那位女子受此感动化为攀附在槟榔树上的蒌藤。人们得知此事后就采了石灰、槟榔、蒌叶回来，用蒌叶包裹槟榔、石灰放在嘴中嚼食，由此嚼槟榔就成为越南人的习俗。在柬埔寨，槟榔也是男女相敬如宾的忠实标志。在泰国，槟榔则常常被人们用作祈雨、祭祀的献品，用于驱除邪灵，帮助死者安息。

第二篇

上座部佛教文化

第三章　上座部佛教与泼水节文化圈

东南亚由中南半岛大陆和马来群岛海岛地区两大部分组成。中南半岛因位于中国以南而得名，约210万平方公里。如果从地理单元和地域文化来观察，不包括南部延伸的马来半岛，中南半岛可以划分为差异比较大的中西部地区与东部地区。我国的横断山脉无量山往南沿老越边界一直到柬越边界，形成长山山脉①，构成老越、柬越边界的天然分界线。长山山脉以东为中南半岛的东部，其河流如红河等是向东流入南海。长山山脉以西为中南半岛的中西部，其主要河流有湄公河、湄南河、伊洛瓦底江和萨尔温江等，分别注入南海、暹罗湾、印度洋等。长期以来，长山山脉以西的老挝、柬埔寨、泰国、缅甸受到中国与印度文化的影响。而长山山脉以东的唯一国家是越南，无论是居民，还是文化都主要是与中国有密切的关系。

一　族群众多

（一）数以百计的族群

中南半岛民族众多，数以百计，包括有早期的尼格利陀人（也称为"小黑人"，主要在泰国南部与马来西亚交界地区）②、南岛语系民族（如越南和柬埔寨的占族）、南亚语系民族（如孟高棉人）和汉藏语系民族（缅、泰老族群等）。

南亚语系中，高棉人属于孟高棉语族。据专家研究，古代孟高棉语族的祖先从北方沿湄公河南下，到达中下游地区，与当地土著部落融合成了今天的高棉人。高棉人主要集中居住在洞里萨湖周围的广大地区。由于版

---

① 长山山脉也称"安南山脉"，老挝称为"富良山脉"，全长1000多公里。
② 属于澳大利亚—美拉尼西亚人。

图的变迁，一部分高棉人现在生活在越南南部湄公河三角洲地区。高棉人创造了灿烂的吴哥文化。

孟人在中南半岛也一度辉煌，甚至建立过一些古代国家。他们主要是在今泰国和缅甸地区。今日孟族主要居住在缅甸。

地理上，缅甸位于中南半岛的西部，地处东亚与南亚的交会处，北面是中国，西面是印度。缅甸居民主要是由早年从中国大陆迁移而来的缅族、孟族、掸族三大族系构成。在缅甸的 135 个民族中，缅族占了缅甸总人口的约四分之三。缅甸人称汉人为"胞波"①，可见缅汉族缘的亲密。

（二）同根生的泰、老、掸人

据研究，较早居住在中南半岛中南部的主要是孟高棉语族人。后来壮泰老语系民族从中国南部迁徙来到本地区，并逐步成了这里的主体族群。

泰、老、壮、傣、掸、侬一家亲。约在公元前 2 世纪以前，秦始皇平定岭南。居住在岭南地区的西瓯人和骆越人逐渐往西、南迁徙，在今广西的西南部，云南的南部，越南的西北，老挝、泰国、缅甸的东北部，印度的阿萨姆邦等连成一片，有约 100 万平方公里的广大地区定居和繁衍，现有人口已接近 1 个亿。除泰国的主体民族泰族、老挝的主体民族老族外，该族群共同体还有缅甸的掸族、越南的岱族②、侬族、泰族，甚至印度的阿洪人等。他们的生活习俗相同或相近，相互之间日常用语几乎可以听得懂。

中国广西、云南的许多民族与泰老族群有着亲缘关系，主要有广西的壮族、云南傣族等。根据民族学家的研究，上述泰、老、壮、傣等族群共同的祖宗就是古代百越中居住在中国南方（主要是广西）的西瓯人、骆越人。

在中南半岛的国家中，无论是种族，还是语言、宗教，位于半岛中部的泰国与老挝的文化是最接近的。在湄公河的中游地区，河的两岸是泰国和老挝。这两个国家的主体民族是泰族和老族。其实这两个民族是同根生的民族，在语言和生活习惯方面相同或很接近。如果再扩大一点，在泰国和老挝的西面（缅甸）、北面（中国）、东面（越南），甚至远至印度的

---

① 缅语"胞波"即兄弟的意思。

② 越南岱族与中国傣族族称的发音差不多。中文用"岱族"来称越南的岱族，主要是为了有别于中国的傣族。

阿萨姆邦，还居住着与泰老族群有着亲缘关系的诸多民族。

泰国的国民以泰语族和汉语族为主，其中泰语族人口占总人口的约80%。在泰老壮傣掸侬这个庞大的族群体系中，泰人占了一半以上。据历史记载，泰族人最早建立的是素可泰王朝，时间是1238—1350年。

从大的范围看，老挝的主体民族属于汉藏语系，如果从稍小一些的范围看，老挝主体民族属于壮傣泰老掸侬族群，如果从更小的范围来看，则是泰老族群。有学者甚至把泰国东北部的泰人与老挝的主体民族视为同一民族，只是隔湄公河居住在江的两岸。居住在泰国东北的泰老人约有两千万，而居住在老挝的泰老人却只有两三百万。① 由于种族和地理因素，老挝文化与泰国文化很接近。

（三）居民包容与淡然

在历史长河中，上座部佛教国家在原始部落文化的基础上，在与外部的接触和交流中，不断地吸收本土各部族文化和周边部族的文化，尤其是中国、印度和西方文化的影响，形成了该地区的民族性格。他们最重要的特点就是包容与淡然。

缅甸的山、缅甸的水、缅甸的文化养育了淡定、刚毅的缅甸人。昂山素季②是一位典型的缅甸女性，1990年领导民盟大选获胜，但被军政府监禁多年，而不能上台执政。数十年如一日，始终泰然处之。22年后的2012年终当选为国会议员，其领导的民盟也大获国会议员补选选举的胜利。

老挝人从容、淡然、不争不抢，过着不紧不慢的悠闲生活，幸福感很强。他们一般不打骂孩子，不高声吵闹，社会和谐与安详。这与老挝长期

---

① Pham Duc Duong, "Ngon Ngu Va Van Hua lao Trong Boi Canh Dong Nam A", trang 368, Hanoi, nha xuat ban Chinh Tri Quoc Gia Vietnam xuat ban nam 1997（范德阳：《东南亚背景下老挝语言和文化》，越语，河内，越南国家政治出版社1997年版，第368页）。

② 昂山素季，1945年6月19日出生。父亲昂山将军，1945年率领缅甸民众取得抗击日本侵略军的胜利，但是1947年7月19日与临时政府的6位部长在办公室惨遭暴徒杀害。昂山素季1960年随担任缅甸驻印度大使的母亲在印度一所女子学校读书，1964年进入英国牛津大学学习。1969年到联合国秘书处工作。1972年元旦，与牛津大学教授迈克·阿里斯结婚，婚后育有两个男孩。1988年9月27日组建缅甸"全国民主联盟"，任总书记。1990年5月，缅甸大选，全国民主联盟赢得议会495个议席中的392席，但缅甸军政府不予承认，甚至继续软禁昂山素季。1991年，昂山素季获得诺贝尔和平奖。1999年3月，其丈夫阿里斯在伦敦去世。2012年4月1日赢得议会补选，5月2宣誓就任议员。

自给自足的经济有关，也与其文化的形成有关。在人类社会过度开发、地球资源日益透支、自然环境不断破坏的今天，对于老挝来说，与其快速推进工业化、城市化，经济高速增长，而环境遭到破坏、污染，不如兼顾经济发展与环境保护，人与自然和谐相处，居民喝干净水，吸新鲜空气，吃绿色食品，住宜居城镇，过幸福生活。其实，这就是人们进入后工业化时代的追求。

二　上座部佛教文化圈与泼水节文化圈　在湄公河中下游重叠

中南半岛横跨太平洋和印度洋。东面是太平洋，沿岸有北部湾、中国南海；西面是印度洋，沿岸有孟加拉湾和安达曼海。半岛的北部是云贵高原与湄公河、湄南河平原和高地之间的山区。半岛东边有长山山脉将越南与老挝和柬埔寨隔开，山之东地势陡峭，有越南中部沿海狭小的平原，山之西地势平缓，有老挝的镇宁、甘蒙、波罗芬高原。半岛的主体是以泰国为中心，向四周延伸。湄公河从西北向东南贯穿而过，老挝和越南大部位于河之东岸，缅甸、泰国、柬埔寨大部位于河之西岸。湄公河入海处是半岛东南部的湄公河三角洲，这里也是越南的南部地区。中南半岛的南端狭长，一直延伸到赤道附近，成为马来半岛。

中南半岛的山脉大多为北南走向。喜马拉雅山脉从西藏向东延伸，到云南和缅甸交界的地区后折向南行。东南亚主要的大江大河也集中在中南半岛，随着山脉走向，它们也大多从北向南流，或呈西北—东南走向，然后入海。湄公河不仅是东南亚最大的河流，也是世界最重要的国际河流之一。它发源于中国青藏高原，流经缅甸、老挝、泰国、柬埔寨，从越南入海。

湄公河的上游为澜沧江，位于中国的境内，从中国云南西双版纳出境后，称为湄公河。如果不包括出海口的三角洲地区（越南部分），湄公河的中下游从我国的西双版纳，经缅甸、老挝、泰国到柬埔寨，该地区有一些共同的重要文化特征，就是共同尊崇上座部佛教、泼水节文化等。如果说有一个上座部佛教文化圈和一个泼水节文化圈，那么上座部佛教文化圈的地域范围与泼水节文化圈的地域范围在湄公河的中下游地区重叠。泰国、老挝、柬埔寨、缅甸以及中国云南的南部都信仰上座部佛教，也都有既是佛历新年，又是泼水节的习俗。

（一）印度文化的影响与上座部佛教圈

1. 印度文化之影响

中南半岛处于中国南方丝绸之路往西去印度的关节点上，是中印文化交会的地区。他们在公元元年后受到印度文化影响很大，包括宗教信仰、文学艺术等多方面。

在与外来文化的交流过程中，中南半岛中西部较早接受了印度婆罗门教的影响。婆罗门教后来发展为印度教。至今，柬埔寨的宫廷仪式还是婆罗门教的，缅甸仍然有不到 1% 的人信仰印度教。印度教以及《摩奴法典》[①] 对缅甸的历法、典章制度、药典、建筑艺术、星象占卜术等有所影响。

缅甸、泰国、柬埔寨等国家的绘画、雕刻和建筑艺术受到古印度文化的较大影响。蒲甘时期的寺庙、石窟壁画是缅甸的艺术宝库，在墙壁、立柱、拱门上绘画的内容多以佛教《本生经》故事为主。在缅甸的各类建筑中，佛塔艺术占有重要地位。

2. 上座部佛教

从文化层面来说，宗教是对一个国家或地区的政治、社会、经济活动、居民日常生活影响最大的，是一个族群或国家文化的核心。

佛教与基督教、伊斯兰教并列为世界三大宗教，相传为约 2500 年前由古印度迦毗罗卫国（今尼泊尔境内）王子释迦牟尼创立。佛教因其反对婆罗门教的种姓制度，提倡众生平等的思想而很快得以流行。佛教的基本教理有"四谛"、"八正道"、十二因缘等，主张依经、律、论三藏，修持戒、定、慧三学，达到消除烦恼而成佛的最终目的。佛教分为北传的大乘佛教和南传的上座部佛教。上座部佛教是其自称，有的地方称其为小乘佛教。北传佛教主要是在东北亚的中国、日本、朝鲜以及南亚的尼泊尔和中南半岛东部的越南流行，这些国家也大体连成一片。北传佛教又分为流传于中国、日本、朝鲜、越南的汉语经典系和流传于中国的藏族、蒙族地

---

① 古代印度有关宗教、哲学、法律的汇编之一，约形成于公元前 2 世纪到公元 2 世纪期间。法典确认不平等的种姓制度，把"婆罗门"列为最高种姓，把"首陀罗"列为最低种姓，低级种姓要服从高级种姓的统治和奴役。据传由"人类始祖"摩奴制定，故名。

区的藏语经典系。南传上座部佛教是流传于斯里兰卡、缅甸、泰国、老挝、柬埔寨和中国的傣族地区的巴利语经典系。上座部佛教只供奉释迦牟尼这位佛教创始人，修行者穿黄色上衣。在教义和修行上，大乘佛教把佛当做神，主张以成佛为目的，希望普度众生，信徒通过修行来成为佛或仅次于佛的菩萨；而上座部佛教则认为佛不是神，而是一位教师，注重自我解脱，过简单平等的生活，以修成阿罗汉为正果。在佛教的语文上，大乘佛教的经典用的是梵文，而上座部佛教用的是巴利文。如果仅从僧侣的日常活动来看，上座部佛教不同于大乘佛教的是，上座部佛教的僧侣日常会到外面去化缘，而大乘佛教的僧侣则主要是在寺庙内活动。

中南半岛中西部的 4 个国家：缅甸、老挝、泰国、柬埔寨，以及中国的云南南部在地理上连成一片，总面积大约有 160 万平方公里。① 由于地域上的便利，中南半岛邻近印度，与斯里兰卡隔海相望，佛教很早就已从印度、斯里兰卡传入了中南半岛。缅甸、泰国、老挝、柬埔寨等国的上座部佛教化大约是在 11 世纪，一直到 13—15 世纪才完成这一进程。如果说世界上存在一个上座部佛教文化圈的话，那么最集中的就是中南半岛的中西部，包括缅甸、老挝、泰国、柬埔寨以及中国的云南南部等国家和地区。

上座部佛教传入中南半岛后，对该地区的缅甸、泰国、老挝、柬埔寨等国的政治、哲学、文学艺术、民间习俗等都产生了巨大的影响。

佛教很早就已传入泰国，早年从印度、柬埔寨传入的是大乘佛教，还有印度教。后来不少华人来到泰国，他们带来的也是大乘佛教。10 世纪前后，泰人逐步在中南半岛地区的中北部崛起。13 世纪，泰人的素可泰王国和兰那王国几乎同时期建立。兰那王国位于今泰国北部的清迈地区，邻近缅甸，远离吴哥王朝的中心地区。兰那的僧侣前往蒲甘和斯里兰卡学佛取经，因而兰那兴盛的是上座部佛教。素可泰王国建立后，1292 年从斯里兰卡请来三藏经，逐步废弃了过去使用梵文的佛经。从此，上座部佛教在泰国占了主导地位。尽管泰国确立上座部佛教的主导地位要比缅甸晚，但泰国是人口最多的信仰上座部佛教的国家，也是唯一把上座部佛教明确定为国教的国家。泰国国旗由红、白、蓝三色组成，其中白色代表佛

---

① 其中缅甸、泰国、老挝、柬埔寨的国土面积分别为 67 万平方公里、51 万平方公里、23 万平方公里、18 万平方公里。

教。宪法明确规定，泰国国王一定要是佛教徒。泰王拉玛四世曾出家做和尚长达 27 年，是出家修行时间最长的国王。从国王到百姓，从城市到乡下，佛教信仰无处不在。村村有佛庙，家家有佛坛，人人戴佛像。

泰国有玉佛寺，老挝也有玉佛寺，据传两者有所因缘。玉佛寺，顾名思义就是供奉玉佛的。玉佛是稀世之宝，最初供奉在清迈。泰国玉佛寺位于大王宫内，由曼谷王朝拉玛一世建于 1782 年。寺内供奉的玉佛高 66 厘米，宽 48 厘米，由整块碧玉雕刻而成，玲珑剔透，晶莹无瑕。玉佛是佛教徒心中的神圣之佛，传说是 1434 年首先现身于泰国北部的清莱府，后来老挝国王也收藏过。老挝玉佛寺位于万象总理府附近，建于 1560 年，时间几乎与塔銮同一时期。1547 年，澜沧王国国王赛塔提腊统治势力扩大至清迈，就把玉佛请到了琅勃拉邦，后又转移到万象。供奉了 200 多年后的 1778 年，玉佛就被请到泰国曼谷的玉佛寺了。万象玉佛寺一度毁于战火，1936 年老挝王国进行了重建。1987 年老挝人民民主共和国把玉佛寺确定为国家文物博物馆。

3. 上座部佛教的重镇

来自印度文化的影响，最大的还是佛教。缅甸是世界最重要的佛教国家之一，除了信佛的人口占了总人口的大多数外，缅甸被称为万塔佛国，既有著名的仰光大金塔，更有遍及全国各地的各式大小佛塔。缅甸是面积最大的上座部佛教国家，也是东南亚上座部佛教主导时间最长的国家。

据缅甸传说，公元前缅甸孟族商人德蒲娑和巴利伽兄弟到印度经商，受佛法感化，皈依佛门。他们带回佛祖赐给的 8 根圣发，修建了一座佛塔来供奉。佛塔初建时只有 20 米高，后经历代加高修缮，就成了现在有 112 米高、塔基面积 1150 平方米、周长 433 米的仰光大金塔。塔身金碧辉煌，贴有 20516 张纯金箔，重约 7 吨。塔顶端镶有 4350 颗钻石、604 颗红宝石、551 颗翡翠和 1600 颗美玉，其中最大一颗钻石达 76 克拉。今日的仰光大金塔既是佛教圣地，也是缅甸的标志性建筑。缅甸国内甚至国外的大量佛教徒，不辞辛劳，来到大金塔顶礼膜拜。

11 世纪，缅甸阿奴律陀王统一全国，建立缅甸第一个封建王朝，定都蒲甘，独尊上座部佛教，确立了上座部佛教在缅甸的主导地位。从此，缅甸各地大兴土木，广建佛塔和寺庙。据统计，缅甸有 30 余万名僧侣和 2 万余名尼姑，约每 1000 人中就有 7 名僧人。现有大小寺庙 51554 座，约平均每1000人就有1座。佛塔10万座左右，约平均每500人和6平方公里就有1座佛塔。尤其是最早的王朝所在地蒲干，是缅甸也是世界佛塔最多、最密集的地方。蒲干城市规模不大，但一度佛塔多达约5000座，现仍存2217座①。因此，蒲干是缅甸最著名的佛教圣地。相对于泰国等其他上座部佛教国家，缅甸的佛教建筑以其佛塔量多之优势而具有其特色。佛塔，在缅甸已成为佛教的载体之一，也是佛教的重要象征。缅甸专门设有拜塔节，时间在缅历12月。

曼德勒也是缅甸的主要佛教圣地之一，有大的佛塔和寺庙231座，小寺庙1011座，成年和尚6412人，沙弥2916人②。曼德勒市附近的曼德勒山是东南亚地区佛教胜迹最为集中的地区之一。缅甸和尚以能到曼德勒念经为荣。

上座部佛教在缅甸长盛不衰，成为世界上座部佛教的活动中心。19世纪，尽管当时缅甸是在英国人的铁蹄之下，但他们仍然全力弘扬佛法。1871年，缅甸邀请多国高僧2400人，举办了第五次佛经结集，通过对多种版本佛经的校勘，校订出一套完整的《大藏经》，然后用5年时间将其镌刻在729块石碑上。这部石经在曼德勒至今保存完好，被誉为世界上最大的石书。1948年，缅甸独立后，成立专门的机构，弘扬佛法。1954—1956年，缅甸举办了第六次佛经结集，有印度、巴基斯坦、斯里兰卡、尼泊尔、泰国、老挝、柬埔寨等国的2600名僧侣参加，根据多种版本，对巴利文《大藏经》又进行了一次严密的校勘，完成了目前最完善的巴利文版本的《大藏经》。

1961年缅甸一度立法把佛教定为国教。1962年缅甸政府颁布文件，规定人民有信仰各种宗教的自由，取消了立佛教为国教的规定。不管如何，佛教在缅甸已经深入千家万户，家家供有佛龛；深入几乎每一个人的心里，男孩一辈子一定要出家为僧一次，无论时间长短，这才算是长大成人。不仅一般人会出家当和尚，即使一些地位很高的人也会出家修行。据报道，2011年吴丁昂敏乌刚当选为缅甸副总统不久就出家当和尚去了③。

---

①　余定邦等：《缅甸》，广西人民出版社1994年版，第241页；贺圣达：《当代缅甸》，四川人民出版社1993年版，第71页。

②　余定邦等：《缅甸》，广西人民出版社1994年版，第241页。

③　据中国新闻网2012年5月18日的报道。吴丁昂敏乌1950年5月出生，1970年加入军队，2009年晋升上将，在2011年2月当选为缅甸副总统。

(二) 共同的泼水节习俗

中南半岛位于北回归线以南的热带地区。该区域的国家和地区拥有一些共同的经济、文化形态和习俗，如这些国家和地区的居民以种植水稻为主，主食以大米为主，居住干栏式的房屋，过泼水节等。

泼水节是该地区一年中最重要和最隆重的节日。节日与当地信仰上座部佛教有关，作为佛历新年。同时，也与当地的文化习俗有关。佛历新年即泼水节的时间都是每年的 4 月 13—15 日。节日期间，人们浴佛和相互泼水，辞旧迎新，洗去灾难，喜迎吉祥。中南半岛的中西部地区盛行泼水节，可见该地区水资源丰富，日常的经济社会和文化生活与水密切相关，人们的性情受到水的熏陶。

除泼水节外，该区域各国和地区还有一些相同或相近的节日。

相关国家和地区民间节日

节日	时间	内容	国家和地区	备注
佛历新年或泼水节	4 月 13—15 日	礼佛、祝福、团圆、斋僧、敬老、放生等	缅甸、泰国、老挝、柬埔寨、斯里兰卡、中国云南傣族地区	缅甸、泰国、老挝也称为"泼水节"，泰国、老挝还称为"宋干节"
浴榕节	5 月	给榕树浇水，纪念释迦牟尼诞生、涅槃之日	缅甸、老挝、柬埔寨、斯里兰卡	缅甸也叫"浴佛节"，老挝、斯里兰卡称为"维莎迦节"，柬埔寨则称为"维莎迦布萨节"
安居节	7 月、10 月	迎送湄公河水上涨和退落	缅甸、泰国、老挝、柬埔寨	泰国和老挝称为"守夏节"，柬埔寨则称为"入雨节"
点灯节	10 月	点灯迎接释迦牟尼	缅甸、泰国、老挝、柬埔寨	老挝、柬埔寨分别称为"奥瓦沙节"和"出雨节"
功德衣节	佛历 11 月	向僧侣送袈裟	缅甸、老挝、柬埔寨	老挝、柬埔寨分别称为"伽廷节"、"加顶节"
拜塔节	11 月	祭拜佛塔	缅甸、老挝	老挝称为"塔銮节"
开耕节	5 月	举行播种仪式，祈求保佑丰收	缅甸、泰国、柬埔寨	柬埔寨称为"御耕节"

由上表可见，缅甸、泰国、老挝、柬埔寨、斯里兰卡 5 国同属上座部佛教文化圈，文化接近，有些节日相同或相似。前面泼水节、浴榕节、安居节、点灯节、功德衣节、拜塔节等 6 个节日主要是与佛教礼仪有关，而后面的开耕节则主要是与季节、农事等有关。

三　巨石与吴哥文化

（一）湄公河古文明：巨石文化？

古代文明通常是依托于河流而形成。华夏文明依托于黄河，印度文明依托于印度河与恒河，古埃及文明依托于尼罗河，两河流域文明依托于底格里斯河与幼发拉底河。那么湄公河作为一条重要的国际河流，古代有没有形成过自己的古老文明呢？

人们常常把吴哥古迹群与中国的长城、印度尼西亚的婆罗浮屠和埃及金字塔并称为古代东方的四大文明古迹，是古代柬埔寨人创造的东南亚地区的一座文化巅峰，也是人类文化艺术的瑰宝。从河流与文明之关系看，吴哥是国际河流湄公河所孕育而结成的文明之果。湄公河下游地区平原千里，土地肥沃，水利成网，鱼米之乡，有着发展农业的优越条件。同时，它濒临南海，邻近国际航道，可以发展对外贸易和文化交流。可见，该地区有培育和形成人类优秀文明文化的良好条件和环境。其实，吴哥就是湄公河古文明的重要标志之一。

而且，在吴哥之前就已有位于湄公河中游地区的瓦普神庙。再从瓦普神庙逆湄公河而上在川圹高原有数百口巨大的石缸。这些建筑或器物都是用巨石造成，构成了该地区古代特色的巨石文化。

（二）吴哥文化

吴哥古迹群，作为古代柬埔寨吴哥王朝的都城，始建于 802 年，完成于 1201 年，历时 400 年而陆续建成，至今已有 1200 多年的历史。古迹群位于柬埔寨西北部的暹粒市。"暹"字是前泰国的简称，"暹粒"的意思为战胜暹人。而历史却开了大的玩笑，1431 年暹罗军队大举入侵柬埔寨，洗劫了吴哥，吴哥王朝被迫迁移至离暹粒约 320 公里的今日之金边。从此，吴哥建筑群一度沉睡在热带雨林达 4 个多世纪，直到 19 世纪才被重新发现。对于吴哥很有趣的是，由于战乱和东南亚的高温多雨，它没有留在柬埔寨的历史文献的记载里，但它却成了当年中国元代使者周达观[①]出访柬埔寨后写下的《真腊风土记》

---

① 周达观，自号草庭逸民，浙江温州永嘉县人。元成宗元贞年间的 1296 年，奉命随元使"诏谕"真腊（今柬埔寨），次年抵达，一年多后返回，将所见所闻写下弥足珍贵的《真腊风土记》。

的主要内容。后来，《真腊风土记》于1819年被法国汉学家雷米查译成法文，流传到西方。法国探险家亨利·穆奥读到该书，然后按图索骥，1858年找到了湮没多年的吴哥，揭开其神秘的面纱。

古迹群有600多座雕刻着精美的石刻浮雕建筑物和宝塔，散落在柬埔寨洞里萨湖北面45平方公里的区域内。其中，最重要的是吴哥窟、吴哥王城、巴戎寺、空中宫殿、女王宫等。

吴哥窟也叫吴哥寺，周达观的著作中称之为"鲁班墓"。国王苏利耶跋摩二世（1113—1150年）时期开始建设，历时八九十年才完成。寺的主体是在一石砌的三层台基上的五座尖塔，最上层中央的塔最高，离地面有65米，分布在第二层台阶四角的4座较小。这些塔象征着印度教和佛教神话中宇宙中心和诸神之家的茂璓山。吴哥寺周围有壕沟环绕，壕沟宽190米，周长约5公里。苏利耶跋摩建该寺的目的是作为自己死后的陵墓。

吴哥王城，也称大吴哥，为阇耶跋摩七世（1181—1215年）所建造。吴哥城呈正方形，周围长约12公里，每边约3公里。城墙高约7米多，厚3.8米，全为石头砌成，十分坚固，利于防守。城有5座城门，其中东面有2座。城门也用石头砌成，石头城门上是面向四方的菩萨头像。正门通道两侧前端是柬埔寨所特有的七头蛇石雕。吴哥城外有护城河环绕，河宽约100米。城内的主要建筑有巴戎寺、空中宫殿等。

巴戎寺位于王城的中心，是一座佛教寺庙，建在一石砌的二层的台基上。寺的核心部分是塔群，16座较大的塔相互连在一起，中央塔高约45米，直径25米。加上四周的小塔，共有54座。远远望去，似一座座的山峰。每座石塔上四面都雕刻有高达1.75—2.4米的巨型佛面，人称"四面佛"，佛面脸露安详的微笑，这就是著名的柬埔寨"吴哥微笑"。

空中宫殿建设的时间比较早，为11世纪苏利耶跋摩一世所建，是王城的圣庙，供奉柬埔寨传说的开国蛇神那迦。庙建在一高达12米的高台上，给人以"空中宫殿"的感觉。

女王宫，在柬埔寨语中即"女人城"的意思。传说，该庙由当时的女性所建，庙里雕刻有众多的仙女，所以人们称之为"女王宫"。寺庙位于吴哥城东北约26公里处，靠近暹粒河。庙的四周有两道围墙，外围墙长宽42和38米，内围墙为正方形，每边长24米。寺庙供奉的是"西华"神。

通过吴哥古迹，我们可以对当时的吴哥文化有一个粗浅的了解，包括反映了当时柬埔寨的政治、经济、社会和文化的情况，当时吸收印度文化影响的情况，特别是古迹所反映的当时高超的建筑技术和雕刻艺术。

吴哥在当时的东南亚地区无论是规模和水平都是最高超的，都市人口达 100 多万，在世界上也是最先进之一。能够建成如此规模和水平的都市，反映了当时柬埔寨的国力强盛，国家机器强大，能够组织建设和管理这么大规模的城市；经济发展和农业生产达到较高水平，有实力来建设和支撑这样的城市和建筑。吴哥寺是用一块块的巨石砌成，石料来自 50 公里外的荔枝山。石块总重量约达 30 亿吨，最大的约有 8 吨之重，运输难度很大。建筑物没有梁柱和钉子连接，没有灰浆，而是靠石块相互之间吻合而结合在一起，堪称人类建筑的奇迹。

通过建筑的风格造型和刻画内容，今人可以了解到当时柬埔寨人的思想文化。结合本土的文化基础，当时柬埔寨人主要是引进了印度的文化，特别是婆罗门教和佛教。现存的吴哥古迹几乎都是古代柬埔寨国王们为自己建造的婆罗门教和佛教的庙宇，他们死后都要被当作神来供奉。阇耶跋摩二世认为自己是毗湿奴下凡的化身，死后要回到茂璐山，恢复毗湿奴的原身。吴哥寺一层回廊的石刻浮雕内容是关于印度史诗《罗摩衍那》和《摩诃婆罗多》中的神话故事。回廊东墙是"乳海翻腾"的传说，讲印度教的万物之主毗湿奴的故事。北墙和西墙也是毗湿奴与妖魔作战的故事。12 世纪后半期 13 世纪初，大乘佛教在柬埔寨占了主导地位。阇耶跋摩七世建造的巴戎寺是一座佛教庙宇。寺庙最高的佛塔内原有一尊高 4 米的佛像，据说就是阇耶跋摩七世自己的形象，他把自己当作释迦牟尼的转世。

吴哥古迹的石刻浮雕还反映了柬埔寨的内政外交、社会活动和民间生活的场景。吴哥时期的柬埔寨尽管国运昌盛，但也遭到了邻居占族人的入侵。当时柬埔寨人与入侵者战争的情景在吴哥建筑石刻浮雕中也有所记录。吴哥寺一层回廊的石刻浮雕除了东墙、北墙和西墙是关于印度古代神话故事外，南墙则是反应古代柬埔寨人抗击占婆人入侵的战斗场面。巴戎寺台基回廊石刻浮雕的内容，除了主要是关于印度教传说和佛祖释迦牟尼的生活外，还有反映当时柬埔寨人民日常生产生活的题材，如有耕作、狩猎、捕鱼、建造房子等的生产劳动的图景，有集市、欢宴、斗鸡斗猪图，有一幅杂耍图，不仅有演员，还有观众，人们坐在大伞下观看表演。

人们惊叹无比的还是吴哥的建筑石刻浮雕，那是吴哥艺术的精华。石刻浮雕最集中的是吴哥寺，有 18000 多种雕像，石砌回廊、殿柱、门楼等都有精美的石刻浮雕。其中，以最低一层"浮雕回廊"最为精彩。回廊长达 800 米，高 2 米多，墙壁布满浮雕。许多雕像以组雕出现，一组雕像就是一个故事。故事中有神灵、有国王，也有庶民百姓，人物形象栩栩如生，配上的花卉图案也精美绝伦，讲述的故事情景也震撼人心。仙女戴瓦达和阿普萨拉作为完美女性的形象，体态高雅，表情端庄，举止自然，呼之欲出。吴哥艺术赋予了坚硬的石头生命的意义。吴哥的石刻浮雕表现出柬埔寨人的艺术天才，凝聚了柬埔寨人的聪明智慧，创造了人类建筑石刻浮雕艺术的一个巅峰。

吴哥文化"失而复得"，对于柬埔寨人来说既高兴又骄傲。面对失落数个世纪再找回来的古文化，柬埔寨人似曾相识，但又陌生而难以辨认。在进入了 21 世纪的今天，如何发掘和解读这珍贵的历史文化遗产，如何发扬光大，甚至使之复兴、升华，以促进柬埔寨文化的发展繁荣，乃至促进区域和世界的文化交流和繁荣，这是今日柬埔寨人甚至是世界公民任重道远的使命。

（三）神秘的瓦普神庙

瓦普神庙位于占巴塞，这里是老挝最南部紧靠柬埔寨的一个省。老挝人将之与柬埔寨的吴哥相提并论，它们被认为是印度支那的两大古迹名胜。"瓦普神庙建筑群，是一处完好保存了 1000 多年的人类文化杰作。它完美地表达了古代印度文明中天人合一的文化理念，集中体现了公元 5 世纪到 15 世纪以高棉帝国为代表的老挝文化的发展概况。"[①] 瓦普神庙何时何人所建还难以确定，有研究认为建于公元 5—8 世纪。不管哪一种说法，瓦普神庙肯定是老挝独立建国前的宗教建筑。10 世纪前后，中南半岛上泰老族群在崛起，而高棉人建立的吴哥王朝在走向衰落。虽然今日神庙举目都是残垣断壁，但有一神殿至今仍大体保存原来的面貌。神殿内供奉有佛像。神殿的墙壁是用石头砌成的。石头墙上雕刻有很多神话故事。瓦普神庙的建筑风格有些类似柬埔寨的吴哥窟，很可能最初是印度教的建筑物，后来才转为供奉佛教的。

---

① 这是世界文化遗产委员会的评价。

（四）石缸之谜

老挝有很多的历史文化之谜没有解开，除了以上所谈到的瓦普神庙还几乎没能解读之外，在老挝的中北部川圹高原有约 600 口石缸。这些石缸有大有小，有高有矮，有的是有盖的，有的内空是圆的，有的内空则是方的。究竟这些石缸是怎么来的？是什么年代做成的？做来有什么用的？至今没人能解答。

中南半岛高温多雨，当地族群创造的文化很难长久保存下来，唯有石头难以烂掉。老挝川圹的石缸与老挝南部的瓦普神庙有什么联系吗？甚至还可以联想到，石缸、瓦普神庙与柬埔寨的吴哥有什么文化联系吗？澜沧江—湄公河流经中南半岛中部和东南部的老挝、泰国、柬埔寨，历史上该流域是人类文明的创造地区之一。古代孟高棉语族的祖先从北方沿湄公河南下，在中游的今日老挝地区停留、居住、繁衍，然后其中一部分继续沿湄公河向东南移动，与当地土著部落融合成了今天的柬埔寨高棉人。柬埔寨的吴哥文化在失落之后，近年人们在找寻和解读，逐步已有所了解，但离之不远的瓦普神庙，以及北面的川圹石缸仍然是一个谜。

此外，该地区还有一些区域特色的文化，如大象崇拜，在中南半岛中西部地区仍然生存有很多大象，尤其是在泰国，人们非常崇拜大象。

中国人在门口两侧常常摆放石狮子，而泰国人则摆放的是大象。泰国人喜爱和尊崇大象，尤其是白象。泰国人认为象是瑞兽，会给人带来好运。白象是国运昌盛的象征。古代泰王曾下诏书，凡捕到白象必须要进贡给王室。大象在泰国，古代会参与战争，今天在很多地方还是日常重要的生产力，在一些地方会表演节目。泰国的考艾山国家公园养有 8000 头大象。每年的 11 月 17—18 日，泰国许多地方都举行一年一度的大象节。历史上，泰国还把大象作为友好的使者赠送给中国。中国《明史》记载："三十二年遣使贡白象及方物，象死于途，使者以珠宝饰其牙，盛以金盘，并尾束献，帝嘉其意，厚遣之。"[1]

中南半岛中西部地区各国有许多的民俗节日和音乐舞蹈。在一些民俗节日人们载歌载舞。在音乐舞蹈方面，该地区各国有相似的"洛坤"和

---

[1] 《明史》卷 324 暹罗条。

南旺舞等。该地区往往把舞蹈叫作"洛坤"，泰国、柬埔寨等国的叫法差不多，但具体形式可能有所差异。泰国用"洛坤"仅指古典舞蹈而已。柬埔寨"洛坤"分为古典舞蹈和民间舞蹈。古典舞蹈也叫王家芭蕾舞，历史悠久，吴哥时期已在宫中演出，把现代柬埔寨古典舞蹈的舞姿与吴哥古迹石刻浮雕上的古代舞蹈动作相比，两者几乎是一模一样的。

缅、泰、老、柬等国有多种多样的民间舞蹈，流传最广的是南旺舞。"南"意为舞，"旺"意为圆圈。跳南旺舞表达团结合作的意思。

第四章　柬埔寨文化

一　文化基础与传承

　　柬埔寨王国，简称柬埔寨。它位于中南半岛东南部，国土面积 18.1 万平方公里，地处东经 102°18′—107°37′，北纬 10°20′—14°32′，其东部、东南部与越南接壤，东北部与老挝相邻，西北部与泰国交界，西南濒临暹罗湾。发源于中国青藏高原唐古拉山脉的湄公河是柬埔寨国内最长的河流，该河流长约 500 公里，流域面积 15 万平方公里，是柬埔寨的母亲河。自然资源丰富的柬埔寨是一个多民族的国家，全国共有 20 多个民族和部族，除主体民族高棉族外，还有占族、普农族、老族、泰族、华族、京族、缅族、马来族、斯丁族等。2012 年，柬埔寨全国总人口约 1440 万，高棉族占全国总人口的 80%①，高棉语和高棉文是高棉族的语言和文字，同时也是柬埔寨全国通用的语言和文字。近几年，湄公河沿岸地区越南人人数逐渐增多，他们多数从事渔业，有自己的圈子，基本不与当地人混居和通婚。

　　柬埔寨是一个历史悠久的文明古国。公元 1 世纪，柬埔寨就建立了东南亚历史上最早的国家——扶南王国。"扶南在当时确实是印度统治和影响的最重要的中心。……在五百年中，它是印度支那半岛的统治强国，也是非常重要的东南亚印度化国家。"② 扶南一词来源于高棉语"Phnom"的音译，即"山"的意思，故有的中国史籍也将扶南称为"山王国"。柬埔寨与中国的交往历史悠久。据《后汉书》记载："肃宗元和元年③，日

---

① 中华人民共和国驻柬埔寨王国大使馆网站，http://kh.china-embassy.org/chn/ljjpz/jpzgk/t694040.htm。

② B. 哈利逊、桂光华：《十六世纪前东南亚的印度化国家》，《南洋资料译丛》1983 年第 1 期。

③ 即公元 84 年。——笔者注

南蛮夷宄不事人邑豪献生犀白雉。"[1] 可见柬埔寨在扶南时期就已与古代的中国有所往来。10—13 世纪，柬埔寨人民创造了举世闻名的吴哥文明，柬埔寨进入鼎盛时期，成为东南亚强国之一。但从 13 世纪末开始，柬埔寨不断遭到强大邻国的入侵，大片领土被蚕食。进入近代后，又曾先后遭到法国和日本的入侵，特别是法国殖民者长达 90 年的殖民统治使得柬埔寨国势衰微。被法国殖民的 90 年间，柬埔寨的各个方面都烙上了深刻的法式烙印。1953 年 11 月 9 日，柬埔寨人民终于摆脱了殖民统治宣布国家独立。但好景不长，至 20 世纪 70 年代，柬埔寨又经历了朗诺—施里玛达集团的政变、民柬政府的极"左"政策、越南军队侵占首都金边等长期战乱，其中，在亲河内的韩桑林政府统治柬埔寨的 10 多年间，越南文化也被强行推入柬埔寨，很多那个时代的青年人都有过被强迫学习越南语或到越南学习的经历。后来，经过柬埔寨人民的长期奋斗和国际社会的帮助，1991 年 10 月 23 日，在巴黎举行柬埔寨问题国际会议，与会各方签署了《柬埔寨冲突全面政治解决协定》，随后至 1993 年 5 月，柬埔寨成功举行了大选，自此进入和平重建的历史新时期。

柬埔寨是君主立宪制王国，实行民主多党制和自由市场经济体制。王国实行立法、行政、司法三权分立。柬埔寨实行对外开放政策和自由市场经济。作为一个传统的农业国，农业在柬埔寨国民经济中占有重要地位，该国农业人口约占全国总人口的 80%，农业产值占全国生产总值的 30%以上。此外，纺织业和旅游业也是柬埔寨的支柱性产业。

可爱的柬埔寨人民勤劳善良、不矫揉造作、热爱生活，在他们的民族性格中很好地融入了印度的随性、法国的优雅浪漫和中国的勤劳简朴，这些特点是在数千年来特定的文化氛围中熏陶出来的，正是这样独特的文化造就了一个多彩多姿的柬埔寨。

二　南传上座部佛教

佛教产生于公元前 6 世纪的印度，公元 2 世纪分裂为大乘与小乘两

---

① 陈显泗、许肇琳、赵和曼、詹方瑶、张万生：《中国古籍中的柬埔寨史料》，河南人民出版社 1985 年版，第 1 页。

大派①。自 14 世纪以来，南传上座部佛教在柬埔寨就一直被奉为国教，地位从未被动摇。现如今，"佛教是柬埔寨国教"已被载入《柬埔寨王国宪法》第四十三条，柬埔寨佛教徒人数占其总人口数的 93% 以上②，其国内随处可见用心装饰过的庙宇和沿街化缘的僧人。在柬埔寨，除了佛教外，还有婆罗门教、伊斯兰教、天主教、基督教和一些原始宗教。在这里，笔者将按照时间顺序对这些宗教在柬埔寨的情况进行梳理，并将笔墨着重于现今仍对整个高棉民族有巨大影响的上座部佛教上。

一般来讲，柬埔寨的历史可以分为如下五个时期：扶南时期、真腊时期、柬埔寨时期、近代殖民统治时期以及独立后时期。故笔者对以上宗教情况的论述也将按此时间顺序进行。

（一）扶南时期

扶南王国自公元 1 世纪建国，至 7 世纪初叶（公元 627 年）被真腊吞并，立国 6 个世纪，为东南亚一大强国，也是最先和最重要的一个印度化的国家。公元 1 世纪前后，婆罗门教与佛教大致同时从印度传入柬埔寨，在相当长的历史时期内，婆罗门教占据着柬埔寨的主要宗教地位。当时社会上的"印度风"吹得很盛，"印度化的诸因素支配着扶南王国的社会结构和社会生活及宗教生活。国王是婆罗门教徒。印度婆罗门成为一个拥有显赫地位和巨大权利的集团，高踞于社会之上，是一个特殊的阶层。他们掌握着宗教权力，也干预政治生活，许多显要的官职为他们所占据。一些有学问的婆罗门成了国王的教师，向国王灌输印度教义，培育他的宗教意识"③。到了 5—6 世纪，在婆罗门教盛行的同时，大乘佛教也很兴盛。④

（二）真腊时期

7—16 世纪，是真腊王国时期。真腊原为扶南的北方属国，位于今柬

①　一些佛教徒本身认为佛教就是统一的佛教，并不认可将佛教分为大乘与小乘两派的说法。在这里，虽然笔者还是参照目前大多数的资料和意见将佛教分为大乘和小乘两派来进行讨论，但却没有任何对佛教不尊的意思。——笔者注

②　中华人民共和国驻柬埔寨王国大使馆网站，http：//kh. china-embassy. org/chn/ljjpz/jpzgk/t694040. htm。

③　陈显泗：《柬埔寨两千年史》，中州古籍出版社 1990 年版，第 311 页。

④　李晨阳、瞿健文、卢光盛、韦德星：《列国志：柬埔寨》，社会科学文献出版社 2005 年版，第 43 页。

埔寨上丁省至老挝占巴色省一带。真腊人与扶南人同属一族，都是孟高棉人，其语言、宗教信仰和风俗习惯基本相同。6 世纪中叶，真腊日渐强大。公元 550 年前后，真腊王拔婆跋摩开始发动兼并扶南的战争。双方对峙一段时间后，伊奢那跋摩一世于公元 630 年挥师南下，最终吞并扶南，从而开始了柬埔寨历史上的真腊王朝。在这段近千年的时间里，它经历了早期真腊（7 世纪初至 8 世纪末）、吴哥王朝（9 世纪初至 15 世纪初）和晚期真腊（15 世纪中叶至 16 世纪末）这三个时期，分别代表了这个王国的兴起、强盛和衰亡。[①]

1. 早期真腊时期

这是一个与扶南王朝一脉相承的王朝，它保留了扶南王朝的政治、社会和宗教制度。"因为真腊人与扶南人同属一族，因而在语言、文化和宗教等方面有许多共同之处。至于宗教，也表现出受印度影响和真腊承袭扶南的特征。"[②] 扶南时期，婆罗门教处于统治地位，但佛教亦广为流传。因此，在早期的真腊时期，佛教的发展还是受限于婆罗门教的。

2. 吴哥王朝时期

这是柬埔寨历史上一个极其强盛的王朝，其早期统治者将精力放在发展生产力方面，为极盛时期的出现奠定了经济基础。此时婆罗门教依然盛行，尤以祭湿婆神[③]为多；佛法亦盛行，但为大乘；此外亦有祖先精灵等祭拜。[④] 1113—1150 年，苏利耶跋摩二世在位，他是吴哥王朝最著名的国王之一，他在位期间，修建了举世闻名的吴哥窟[⑤]。从建筑风格或内容来看，吴哥窟都是一座以婆罗门教风格为主的建筑。

苏利耶跋摩二世死后，国家发生动乱。不久，王位由其兄弟继承，名为达朗因陀罗跋摩二世（Dharanindravarman Ⅱ，1150—1160 年）。或因他的信仰，民间佛教盛行。他的妻子珠陀摩尼（Chudamani）公主，公开倾向于大乘佛教。该王首先转变了王室的宗教信仰。[⑥] 1181—1215 年，阇耶跋摩七世在位，这是真腊历史上又一位著名的国王，他率领军队向北扩张

---

① 傅岩松、胡伟庆：《柬埔寨研究》，军事谊文出版社 2004 年版，第 64 页。
② 陈显泗：《柬埔寨两千年史》，中州古籍出版社 1990 年版，第 179 页。
③ 婆罗门教的主神之一。包括：梵天（创造神）、毗湿奴（护持神）和湿婆神（破坏神）。——笔者注
④ 傅岩松、胡伟庆：《柬埔寨研究》，军事谊文出版社 2004 年版，第 269 页。
⑤ 又叫吴哥寺或小吴哥，是一个祭祀的场所。——笔者注
⑥ 转引自净海《南传佛教史》，宗教文化出版社 2002 年版，第 276 页。

至老挝万象附近，向西再次统治湄南河流域和马来半岛北部，从而建立起当时中南半岛地区版图最大、实力最强的"吉蔑帝国"。在国内，他动用巨大的人力、物力和财力，重建著名的吴哥通王城。①② 王城内的巴戎寺虽被婆罗门教的建筑风格所影响，但仍是一座著名的大乘佛教的标志性建筑。阇耶跋摩七世在死后谥号"最伟大的佛教徒"。③ 大乘佛教在吴哥时期受到重视的情况，还可以在元朝人周达观的《真腊风土记》中看出。周达观在吴哥大约停留了十一个月④，"大德丁酉六月"⑤ 返回中国。"僧亦用金银轿杠伞柄者，国王有大政亦资访之。"⑥ 也就是说，当时的和尚也用金银轿杠、金银伞柄，如果国王有国家大事也去咨询拜访他们。

3. 晚期真腊时期

14 世纪后，大乘佛教与婆罗门教一并衰落，上座部佛教最终取得了在柬埔寨的主导地位。⑦

真腊后期，与暹罗⑧战事不断，曾多次迁都。1434 年，迁都金边后不久，国王庞哈·亚特便要求在边婆婆寺⑨的旧址上兴建新的佛寺。可是，没过多久，又有 6 座寺庙应该君主的要求拔地而起。从这里我们可以看出不管这位国王是否为虔诚的佛教徒，但柬埔寨民间对于佛教的需要却是如此的强烈。可以想象，在 14 世纪以后，随着泰国的不断入侵，吴哥王朝走向衰亡，人民生活每况愈下，社会动荡不堪，缺乏安全感的人们开始转为接受崇尚简朴的上座部佛教，因为相较于重在普度众生的大乘佛教而言，上座部佛教侧重于自身的修身养性，其宣传的"生死轮回"、"自我解脱"更符合当时饱受战乱及生活之苦的人们内心的需要。

值得一提的是，虽然婆罗门教自此淡出了柬埔寨的历史舞台，但它所留下的影响仍然存在于柬埔寨人民的生活中，特别是王室的重大庆典活

---

① "通"为柬文"大"字的译音，故又叫大吴哥，是一座城池。——笔者注

② 傅岩松、胡伟庆：《柬埔寨研究》，军事谊文出版社 2004 年版，第 66 页。

③ 净海：《南传佛教史》，宗教文化出版社 2002 年版，第 277 页。

④ 陈正祥：《真腊风土记研究》，香港中文大学出版社 1975 年版，第 38 页。

⑤ 大德为成宗的第二个年号，大德丁酉即大德元年，亦即公元 1297 年。——笔者注

⑥ 陈正祥：《真腊风土记研究》，香港中文大学出版 1975 年版，第 48 页。

⑦ 李晨阳、瞿健文、卢光盛、韦德星：《列国志：柬埔寨》，社会科学文献出版社 2005 年版，第 43 页。

⑧ 今泰国。——笔者注

⑨ 今塔仔山。——笔者注

动，例如国王登基、王子剃度、王室成员结婚或者丧葬、大臣向国王宣誓效忠等，都要由婆罗门教的祭司来主持庆典仪式。国王的王冕、金履、掌扇、罗伞、宝剑是传国之宝，这些重要物品由国师[1]保管。婆罗门教主神湿婆仍受到人们的崇拜。

（三）柬埔寨时期

16 世纪末，真腊改称柬埔寨，自此进入柬埔寨时期。这时的柬埔寨不断遭遇暹罗和越南的控制和争夺，国家战事不断。在这种大环境下，上座部佛教的"因果"、"轮回"等观念越来越被老百姓所信奉，很多民众相信"今生积善，来世享福"，上座部佛教让他们的心灵得到慰藉，故此时的南传上座部佛教已经在柬埔寨这片土地上根深蒂固、枝繁叶茂了。

17 世纪前后，天主教由欧洲传教士传入柬埔寨，而伊斯兰教也随着被越南灭国后流亡到柬埔寨的占婆遗民和一些阿拉伯商人后裔传入柬埔寨。

1660 年，一个由 400 名葡萄牙传教士后裔和其他外侨组成的天主教传教使团来到柬埔寨。由于高棉人笃信上座部佛教，这些西方传教士的传教活动进展非常有限。[2]

17 世纪前后，位于现越南南部的占婆王国被越南灭国，由于与柬埔寨接壤，不少信奉伊斯兰教的占族人和阿拉伯商人的后裔流亡到柬埔寨。柬埔寨大部分的伊斯兰教教徒为占族移民和马来亚移民。

（四）近代殖民统治时期

19 世纪中叶，法国殖民者已经出现在印度支那，并在越南南方建立起据点，开始觊觎柬埔寨这片肥沃的土地。1863 年 8 月 11 日，《法柬条约》的签署，标志着柬埔寨自此沦为法国的保护国。此后至 1953 年 11 月 9 日的 90 年间，柬埔寨进入了法国殖民统治时期。在二战期间，柬埔寨人民还同时遭受着来自日本的压迫。殖民期间，佛教自然得不到提倡，但佛教文化是柬埔寨人民的传统信仰，已经深入民心，人们需要它，于是以

---

[1]　即婆罗门教高僧。——笔者注

[2]　李晨阳、瞿健文、卢光盛、韦德星：《列国志：柬埔寨》，社会科学文献出版社 2005 年版，第 47 页。

寺庙当学堂，僧人任教师的教育模式出现了。随后，又出现了由佛寺主办学校、僧人兼任教师的新模式。"公元 1914 年，在首都百囊奔①创立了'高级巴利文学校'，给予青年出家人四年教育，并传授现代一般知识。后来这所学校改制为学院。1933 年成立初级巴利语学校，三年制课程。"②

在佛教被压制的法国殖民统治时期，殖民当局对天主教采取保护政策，由法国的"外方传教会"、"法国耶稣会"等组织从事天主教的传教活动，成立了各种教友会，在柬埔寨的越南侨民中发展了许多天主教教徒。有关资料表明，柬埔寨独立前的 1953 年，全国的天主教会会员共有 12 万人，教徒总数超过伊斯兰教，一度成为柬埔寨的第二大宗教。

而柬埔寨的穆斯林则是到了 19 世纪末在穆普特等 4 位伊斯兰领袖的领导下才得到了统一。③

此外，柬埔寨的基督教是 1923 年由美国传入的，传教活动集中在北部和东北部的一些少数民族部落，主要是山区占人。④

（五）独立后时期

1954 年 7 月，根据《日内瓦协议》，法国从柬埔寨撤走全部军队，柬埔寨取得完全独立，成为一个真正的主权国家。此时的南传上座部佛教发展得到复兴。"1955 年，国内建立以国王名字命名的'苏拉马里特佛教中学'，普及培养佛教初级人才。这时国内僧侣已上升到 64035 人。1957年，柬埔寨佛教活动达到鼎盛时期，5 月 12 日国内隆重举行历时 7 天的纪念佛陀涅槃 2500 周年纪念大典。为了这次大典，全国朝野做了精心准备，专门派人到斯里兰卡迎回佛舍利供国内人民瞻拜⑤，还邀请了 10 多个国家的代表团观光同庆。……佛教在柬埔寨掀起新的崇拜高潮，僧侣人数激增，达 82000 人，佛寺也上升到 2860 所。1959 年西哈努克佛教大学正式落成。该校为柬埔寨佛教高等学府，学生来自僧界，考入此校学习 3年者可获一般毕业文凭；再学 4 年者，经考试合格可获学士学位；已获学

① 今译作"金边"。——笔者注

② 转引自净海《南传佛教史》，宗教文化出版社 2002 年版，第 292 页。

③ 李晨阳、瞿健文、卢光盛、韦德星：《列国志：柬埔寨》，社会科学文献出版社 2005 年版，第 46、47 页。

④ 傅岩松、胡伟庆：《柬埔寨研究》，军事谊文出版社 2004 年版，第 52 页。

⑤ 该舍利原放在金边火车站前的一座佛塔里，后来 2006 年转到位于乌东新落成的佛寺里。——笔者注

士学位者经继续深造，通过答辩可获博士学位。至此，僧人教育形成了多层次的立体教育体系。"① 1961 年 11 月，世界佛教联合会第六届大会在金边召开，这是第一次在柬埔寨召开国际佛教会议，西哈努克亲王主持了大会开幕式。这是继 1957 年庆祝佛陀涅槃大典后的又一高潮。

1970 年 3 月，在美国支持下的朗诺—施里玛达集团发动军事政变，此时的佛教开始和政治绞在一起，反动集团一方面想镇压佛教的势力，另一方面又想将这部分势力为自己所用。这场政变持续了五年。1975 年 4 月 17 日，柬埔寨共产党解放金边，"民主柬埔寨"时期来临。但由波尔布特领导的民主柬埔寨政府被胜利冲昏了头脑，推行一系列极"左"的错误政策，造成 200 多万人死于非命。② 寺庙遭到严重的破坏，僧侣遭到致命的打击。

1979 年 1 月 7 日，红色高棉政府被越南军击败，退出金边，越南扶持拼凑了以韩桑林为首的政府，称"柬埔寨人民共和国"，至 1992 年，该时期又称"金边政权时期"。此时的佛教发展受到国家严格的控制，国内的一切发展都打上了"越南化"的烙印。"金边政权时期"的柬埔寨内战不断，最终，民主柬埔寨政府成立的以乔森潘任临时主席的"柬埔寨爱国、民主、民族大团结阵线"、宋双任主席的"高棉人民民族解放阵线"以及西哈努克成立的"争取柬埔寨独立、中立、和平与合作民族团结阵线"组成了三方力量联合抗越，在柬埔寨人民积极不懈的努力下，1989 年 9 月 26 日，最后一批越军撤离柬埔寨。

1991 年 10 月 23 日，随着全面解决柬埔寨问题的《巴黎和平协议》的签署，1992 年联合国驻柬临时权力机构（简称 UNTAC）的成立，以及 1993 年 5 月 23 日，柬埔寨在该机构监督下首次大选的举行，战火熄灭后的柬埔寨开始焕发新的生机，当地人民的生活逐渐恢复了往日的平静。在这段漫长的岁月里，佛教也伴随着柬埔寨人民走过战火纷飞的年代，迎来和平发展的曙光。

柬埔寨国父西哈努克亲王曾这样评论："柬埔寨好像一辆马车，由两

---

① 杨曾文：《当代佛教》，东方出版社 1993 年版，第 154 页。

② 傅岩松、胡伟庆：《柬埔寨研究》，军事谊文出版社 2004 年版，第 237 页。英国广播公司网站 2013 年 6 月 7 日文章《柬立法禁止否认红色高棉罪行》："红色高棉在 1975 年至 1979 年统治柬埔寨期间，造成约 170 万人、即该国三分之一的人口被杀或因过度疲劳、饥饿与酷刑折磨而死亡。"

个车辆支撑。此二轮一个是国家，另一个是佛教。前者象征驱动力，后者为宗教道德。马车前进两轮须同时运转，这个道理同样适用于柬埔寨在和平与精进的道路上稳步向前。"西哈努克的"二轮理论"形象地指明新国家的宗教道路，成为国家制定宗教政策和治国方针的根据，同时也反映了佛教国家的传统和特点。①

2003 年 5 月 22 日，第十二届全国佛教徒大会在金边举行，至此，柬埔寨全国共有寺院 3907 座，僧侣 55755 名。柬埔寨上座部佛教分为两派：一派是摩哈尼加派，又称大群派；另一派是塔玛育特派，又称追随教规派。两派都设有全国佛教会。国家元首是两派佛教会的最高领袖，但其职权只是保卫宗教。在传道方面，两派有自己宗教上的领袖僧王。僧王由国王任命。两派僧王彼此独立，分管自己属下的僧众。南传上座部佛教影响着柬埔寨的方方面面，上至国王的遴选，下至人民的生活。在负责推选国王工作的王位委员会的成员中，佛教力量占到了 28.5%，"柬埔寨王国王位最高委员会，其职能主要解决王族内部问题、王位继承问题并对政府政策起咨询作用。由王室家庭会议主席、内阁首相、国民议会议长、王国议会议长、高级僧侣二人和最高法院院长组成"②。柬埔寨男性佛教徒，上至国王，下至平民，一生中都要出家剃度当和尚，一次少则数日，多可终生为僧。社会将出家当和尚当作一件大喜事。剃度是判断人品的重要标准，剃度当过和尚的人，还俗之后求婚就业等都有优越性。在社会上，以佛陀故事为主题的塑像随处可见，在为佛陀悟道时遮风挡雨的五头蛇或七头蛇的形象成了柬埔寨吉祥的标志。在许多单位门口的两边，都会摆上两尊这样的石刻，以起到门神的作用。在金边的首饰店里，也常看到以这个内容为主题，用象牙或珍贵木材所雕刻出来的挂件或摆设。可以说南传上座部佛教已经成为柬埔寨人民生活中不可或缺的一部分。

相较于南传上座部佛教，伊斯兰教现在虽然是柬埔寨的第二大宗教，而且得到许多国际救援组织的帮助，但穆斯林居民们的生活依然十分艰苦。柬埔寨的伊斯兰教属于逊尼派。目前，柬埔寨穆斯林可分为两大派：一派是1993 年后从国外陆续回国的穆斯林，虽人数较少，但财力雄厚，组织健全，国际联系广泛，在政治上支持人民党；另一派是柬埔寨国内土

---

① 杨曾文：《当代佛教》，东方出版社 1993 年版，第 153 页。
② 《东南亚历史词典》，上海辞书出版社 1992 年版，第 308 页。

著穆斯林，在政治上亲王室及奉辛比克党。截至 2002 年年底，柬埔寨共有伊斯兰教信徒 27 万人，清真寺 210 所，穆斯林学校 147 所。[①] 在柬埔寨的清真寺中，以金边附近的克罗昌格瓦清真寺最为著名。每年都有一些占族人专程到马来西亚去学习《古兰经》，但柬埔寨的穆斯林更向往能亲自到麦加朝圣。只有那些到过麦加的穆斯林，才能戴圆筒形的穆斯林帽子，围穆斯林头巾，这在占族人中是非常荣耀的。[②]

除了佛教和伊斯兰教外，目前柬埔寨的宗教还有天主教、基督教和一些原始宗教。1976 年，民主柬埔寨政府执政期间，天主教和基督教的外国传教士全部被驱逐出境，教会学校、修道院、慈善机构一律被取消。80 年代以后，恢复宗教信仰自由，天主教和基督教才得以恢复发展。如今，信奉天主教的教徒主要是越南人、华人、法国人以及当年葡萄牙传教士的后裔，主要分布在柬埔寨南部及各大城市，其中半数在金边。截至 2002 年年底，柬埔寨共有天主教徒 7000 余人，教堂 25 座，学校 6 所；基督教教徒 3.7 万人，教堂 145 座，学校 99 所。柬埔寨的原始宗教从古至今一直存在着，主要在其北部和东北部山区，那里生活着十多万山地部落人，大多数山地部落集团都有着自己崇拜的各种神祇，他们把鬼神与大米、土壤、水、火、石头、道路等紧紧地联系在一起。一旦遇到灾难，他们就认为是触怒了这些精灵鬼神，这时他们就要举行各种仪式，以求平安。如果此法不灵，他们就放弃房屋和土地。[③]

三　辉煌的吴哥文化

吴哥文化，是吴哥时期古代高棉人用智慧和汗水在柬埔寨历史文化的长卷中写下的最具浓墨重彩的一页。

802—1432 年是柬埔寨的吴哥王朝时期。在 600 多年的时间里，这个王朝共出现过 42 位君主，其中最值得提及的有：阇耶跋摩二世、因陀罗跋摩一世、阇耶跋摩五世、苏利耶跋摩一世、苏利耶跋摩二世、阇耶跋摩七世。笔者将按照时间顺序对这些君主的功绩进行论述，希望能借此将柬

---

①　傅岩松、胡伟庆：《柬埔寨研究》，军事谊文出版社 2004 年版，第 52 页。
②　李晨阳、瞿健文、卢光盛、韦德星：《列国志：柬埔寨》，社会科学文献出版社 2005 年版，第 46 页。
③　傅岩松、胡伟庆：《柬埔寨研究》，军事谊文出版社 2004 年版，第 53 页。

埔寨辉煌的吴哥文化向大家展示一二。

　　1. 阇耶跋摩二世：802—850 年在位。他是吴哥王朝的开创者、国家的统一者；他创立了天王教，宣扬神王合一，倡导林迦崇拜；此外，他还是吴哥时期各种金字塔式神庙建筑模式的奠基人。

　　8 世纪末，爪哇的夏连特拉王国支持海盗进攻水真腊，水真腊国国王被杀，国都被毁。作为水真腊的王室成员之一，阇耶跋摩二世当时也与家人一道被俘，随后他们一起作为人质被遣送到爪哇。9 世纪初，这位被俘虏的王子逃回真腊，并被旧臣们拥立为王，称为阇耶跋摩二世。这位新即位的君主不仅爱国，且有勇有谋，他得到了一批志同道合且骁勇善战的将领们的支持，在后来数十年的征战中战果硕硕，他先统一了水真腊，最后又在他去世的前一年（849 年）结束了水、陆真腊的分裂。在阇耶跋摩二世为了完成国家统一不断征战的几十年里，他频繁迁都，最终将都城定在了距今天吴哥地区约 30 公里的荔枝山上。他曾招请一个名 Hiranyadama 的婆罗门主持宗教仪式，以解除所受爪哇王朝的精神约束。在 Kulen① 山顶上建造神殿，供奉陵伽②，以象征王权。③ 阇耶跋摩二世创立了天王教，这是一个以湿婆为崇拜偶像的宗教，他把自己神化为湿婆的真身，向人民宣扬神王合一的信仰。湿婆崇拜，也就是林迦崇拜。林迦，是一种男性生殖器的形象，用石头刻成，它被作为湿婆神的象征，崇拜林迦也就是崇拜湿婆神。阇耶跋摩二世推崇林迦崇拜，就是对提婆罗阇（天神王）的崇拜，这是湿婆教的一种形式，其中心仍然是崇拜一个象征国王神性的林迦，仍然是崇拜国王。于是，他命人制作了象征自己的林迦，并供奉在神庙里。那时真腊人的意识里，有着这样的观念：国家的繁荣昌盛与林迦的平安密切相关，要使国家昌盛首先就要使林迦安全。④ 笔者认为，柬埔寨人天生喜欢热闹的生活，而且为抵御外敌入侵的他们也需要更多的人口来壮大自己的御敌队伍。但连年征战导致人口减少对于当时的真腊人来说是一个切实存在的问题，他们迫切需要提升人口数量，以对内建设国家，对外抵敌入侵。在丛林法则盛行的年代，他们会认为崇拜生殖器能让自己的家族人丁兴旺，进而实现国家的繁荣富强。这个林迦崇拜也许跟中国的拜

---

① 即荔枝山。——笔者注
② 即林迦。——笔者注
③ 陈正祥：《真腊风土记研究》，香港中文大学出版社 1975 年版，第 25 页。
④ 陈显泗：《柬埔寨两千年史》，中州古籍出版社 1990 年版，第 236 页。

送子观音类似，多子多孙多福气一向是中国的传统观念，因为恶劣的生存环境下靠单兵作战取胜是不现实的，只有拥有人海战的实力才能最终取得各种战争的胜利。于是，在这样的环境下，阇耶跋摩二世所推崇的林迦崇拜很快便得到了人们的认可，而神王合一的信仰也使得他的统治更为巩固。从阇耶跋摩二世开始，他的继承者们都是在世的时候为自己修一座金字塔式的神庙，庙里供奉着象征他的林迦，死后那座庙又成为他的陵墓。这也是今天我们在柬埔寨吴哥地区看到有许多供奉了各式林迦的金字塔式寺庙的原因。

2. 因陀罗跋摩一世：877—889 年在位。这位国王是他前任的堂弟①，也是一位有作为的国王。他在吴哥周围建造了一个庞大的水利灌溉系统，极大地促进了稻作农业的发展，可以说为吴哥后来的兴盛积累了丰厚的人力、物力。② 在社会稳定上升、国力增强后，因陀罗跋摩一世开始建造一批寺庙建筑群。这些庙宇表现出的技巧和所达到的艺术水平体现了这个时期的文化。早期的吴哥文化在阇耶跋摩二世时便开始了。他在首都修建的一些建筑工程，是吴哥文化的萌芽。作为早期吴哥文化的代表而存留至今的有罗鲁豪斯③建筑群，它之所以能够完好地保留下来，是因为它们都是以砖为主的砖石结构建筑。这种结构的建筑是由因陀罗跋摩一世开始的。这个建筑群主要由三座庙宇组成，即巴孔庙、波列科寺和洛利寺。④⑤ 它们标志着以砖石结构为主体的高棉古典建筑艺术的开端，而后来的吴哥建筑就是在此基础上发展起来的。这三座寺庙拥有相同的建筑原料、建筑特征和建筑方法，它们的装饰风格独特，有一些艺术历史学家说，罗鲁豪斯建筑群过梁上的装饰是"所有柬埔寨艺术中最美丽的"。巴孔寺是这个建筑群中规模最大且最重要的寺庙，它曾经是城市中心的大型庙宇，也是须弥山⑥的象征。而现在吴哥古迹中著名景点之一的女王宫的建筑风格便是在神牛寺的基础上继承和发展起来的。罗莱寺建在高棉历史上第一个人工池中央的一个小岛上，寺内供奉着湿婆林迦，但现水池已干涸。此外，因

---

① 也有学者认为其是前任的表兄。但因缺乏原始资料，笔者无从考证。

② 李晨阳、瞿健文、卢光盛、韦德星：《列国志：柬埔寨》，社会科学文献出版社 2005 年版，第 71 页。

③ 即 Roluos，是柬埔寨地名。——笔者注

④ 即巴孔寺、神牛寺和罗莱寺。——笔者注

⑤ 陈显泗：《柬埔寨两千年史》，中州古籍出版社 1990 年版，第 243 页。

⑥ 即古印度神话中位于世界中心的山。——笔者注

陀罗跋摩一世在位时还划分了王室内部的等级，建立起王室体制，规定了在这个体制内各等级成员相互间的关系和各自的地位、权利、义务及待遇。国王给予王族种种特权，同时，也给王族们规定了要遵守的纪律，必须履行的某些义务。王族们要绝对效忠于国王，服从国王的意志，没征得国王的同意，不得妄自行动。特别是对于王室婚姻，更有严格的规定。王室成员只能与同室近亲联姻。如果王室成员违背了这个原则或没遵守其他的纪律、不履行对国王的义务，就将受到惩罚，直至把他逐出王室。由因陀罗跋摩一世建立的这种王室体制为后来各个王朝的国王所沿袭，一直到19 世纪中叶基本没有重大的改变。即使在法国人占领后，也在一定程度上保持了这种体制。①

3. 阇耶跋摩五世：968—1001 年在位。这是一位重视学术建设的国王。他允许各种宗派和学派各抒己见，对于异己观点不予以排斥。对学术的积极倡导，为他赢得了许多尊敬和赞扬。他的碑铭中有这样的话："从各个方面，以智慧驰名的……掌握吠檀多的精华的……忠于职守的……对吠陀经典和吠檀造诣极深的婆罗门……向国王致敬……"② 他甚至给有才华的妇女施展才能的机会。在朝廷的高级职务中，有她们的席位，比如类似今天机要秘书长的职务便是一名叫帕罗那的妇女担任。阇耶跋摩五世的妹妹因陀罗拉什弥也是一位有影响的妇女，在碑铭中备受称赞。③ 在阇耶跋摩五世在位期间，现吴哥古迹群中著名的景点之一的女王宫建成。它的建造者 Yajnavaraha，是一个婆罗门，权倾一时。婆罗门与王室打成一片，是和宗教祭祀及通婚有密切联系；他们是知识分子，为王室的顾问人员。即使在今日泰国和柬埔寨的王廷，仍有此类人物存在。④ 女王宫以小巧而精美著称，有"吴哥古迹明珠"和"吴哥艺术之钻"的美誉。与大部分吴哥古迹所使用的青砂岩不同，女王宫是用红色砂岩为材料建造而成，这种砂岩可以被像木头一样雕刻。因此，它的建造者采用了浮雕的手法第一次将神话故事雕刻在寺庙的墙壁、立柱及门楣上。当阳光洒在这座精致的雕刻艺术品上时，它所散发出的是有别于其他寺庙的色彩艳丽的光芒。

---

① 陈显泗：《柬埔寨两千年史》，中州古籍出版社 1990 年版，第 246 页。
② ［英］D. G. E. 霍尔：《东南亚史》上册，商务印书馆 1982 年版，第 148 页。
③ 陈显泗：《柬埔寨两千年史》，中州古籍出版社 1990 年版，第 254 页。
④ 陈正祥：《真腊风土记研究》，香港中文大学出版社 1975 年版，第 27 页。

4. 苏利耶跋摩一世：1002—1049 年在位。阇耶跋摩五世去世后不久，他的国家就发生了王位争夺战，内战陆续打了约十年的时间，最后，一位善战的王位争夺者结束了这种局面，他就是苏利耶跋摩一世。在苏利耶跋摩一世取得王位后，他便开始了扩张国土的各种征战。经过艰苦的战争，他将孟族的堕罗钵底王国和马来族的单马令王国纳入了自己的版图内，此外，他还在湄南河流域扩张，甚至在整个湄公河流域及琅勃拉邦地区建立起宗主权。对外积极开拓疆域并取得丰硕成果的苏利耶跋摩一世在国内的建设上也颇有建树。他在位期间修复和兴建了一些寺庙和宫殿，例如，"空中宫殿"便是 11 世纪初苏利耶跋摩一世在上世纪中叶已经开始创建的基础上重建的。它坐落在吴哥通王城中心偏北的地方。这是一座全部为石结构的建筑，它的出现标志着吴哥文化的发展进入了一个新的时期。而世界闻名的吴哥寺的回廊建筑也正是在这个建筑物的设计基础上发展的必然结果。[①]

5. 苏利耶跋摩二世：1113—1150 年在位。他是极盛时期的吴哥王朝的统治者。苏利耶跋摩二世自称"太阳护卫神"，骁勇善战的他率军东征西讨数年，终于使得吴哥王朝成为当时东南亚最强盛的国家。苏利耶跋摩二世和阇耶跋摩七世可以说是吴哥王朝最负盛名的两位君王。苏利耶跋摩二世在位时，真腊的国土扩大到东抵南海、南至加罗希（今泰国斜仔）、北接蒲甘（今缅甸北港）的广大领域。[②] 这位蜚声在外的君王不仅善于开疆拓土，他也同他的前任们一样，喜欢在国内修建宗教建筑。苏利耶跋摩二世所修建的对后世影响最为深远的建筑物当属吴哥寺，它由苏利耶跋摩二世开始修建，巨大的工程量使得这座寺庙在 1201 年方才完工。吴哥寺又称吴哥窟和小吴哥，是世界上最大的宗教建筑物，它那宏伟的建筑和细致的浮雕总能引起今天游人们的种种惊叹，整座吴哥寺以大石一块块砌成，完全凭借石头自身的重量和石头间天然可契合的凹凸纹路来搭建，没用石灰水泥，更没用钉子梁柱，充分展示出高棉人民高超的建筑技巧，现在柬埔寨的国旗上所绘着的就是吴哥寺三个塔尖的图案。可惜这个王朝积淀了很久才形成的盛世在苏利耶跋摩二世死后便开始呈现出国势衰微的迹象。

---

① 陈显泗：《吴哥文化》，商务印书馆 1980 年版，第 12 页。

② 傅岩松、胡伟庆：《柬埔寨研究》，军事谊文出版社 2004 年版，第 66 页。

6. 阇耶跋摩七世：1181—1215 年在位。在苏利耶跋摩二世去世后的 30 年里，他的国家开始暴露出他领导期间积累下来的一些问题，例如与占婆的战争和国内的农民起义。30 年的时间，吴哥王朝又经历了 3 位君主，他们都忙于与占婆之间的战争和恢复国内生产力。但在 1167 年，占婆挑起战事，并于 1177 年攻占吴哥城，国王特里蒲婆那帝耶跋摩被击毙，自此，吴哥沦为占婆属国。当国家陷入水火之中时，身为王族并且曾有机会继承王位的阇耶跋摩七世不再沉默，他四处活动组织群众，迅速地拉起了一支颇具战斗力的军队，这支军队不负众望，取得一系列对占婆战争的胜利。与此同时，他还组建了一支水师，正是这支水师，在最终对占婆的决定性战役中大败敌军，令高棉人民取得了彻底的胜利。这一年是 1181 年。而这次高棉水军大败占婆水军的决定性战役也被高棉人民当成光荣的历史事件刻在了巴戎寺的回廊石壁上。阇耶跋摩七世领导人民在光复国家的解放战役中所表现出来的勇敢和才干让他迅速取得了人民的尊重和信赖，解放吴哥的同年，阇耶跋摩七世也顺利登基。登基后的阇耶跋摩七世为巩固战果继续率军出征。他在统治期间建立了一个空前强大的帝国——吴哥帝国，它的疆域甚至比苏利耶跋摩二世统治时还要大。除了真腊本土外，占婆及今老挝、泰国、马来半岛的一部分（直到卡拉地峡）和缅甸的一部分（萨尔温江与伊洛瓦底江之间的地带）也在帝国的疆域内，至少说是它的势力范围。[①]

在国内建设方面，阇耶跋摩七世最主要的功绩就是修建吴哥通王城。吴哥通又叫大吴哥，"通"是柬语"大"的音译，它以巴戎寺为中心，占地约 145.8 公顷，将历代国王所建造的多座皇宫、寺庙、祭台和塔都围在其中。吴哥通内的"四面佛"雕刻举世闻名，它被大家称为"高棉的微笑"。借重"众神轮回"的观念，这些四面佛都是以阇耶跋摩七世为原型进行雕刻的。阇耶跋摩七世是一位佛教徒，他巧妙地将佛教崇拜和帝王崇拜联系起来，以他的原型来雕刻的"四面佛"神化了他在人民心目中的形象，也巩固了他的统治地位。巴戎寺的回廊墙壁上雕刻了很多题材的内容，除了传统的神话故事外，还有反映战争的、人民日常生活及生产劳动的。这些都是巧夺天工的雕刻艺术珍品，虽然它们现在有很多都残缺不全，除了抱怨战争的残酷和入侵者的野蛮外，工匠们的高超技艺将永世为

---

① 陈显泗：《柬埔寨两千年史》，中州古籍出版社 1990 年版，第 280 页。

大家所称赞。吴哥寺和吴哥通王城体现了柬埔寨一个时代的文化，这种文化，在柬埔寨历史上是灿烂辉煌的，在人类文明史上也是闪闪发光的。周恩来总理 1956 年第一次访问柬埔寨时，参观了吴哥文化的遗迹，称赞说，它"体现出柬埔寨人民自古以来的创造天才和智慧"①。

四　语言、文学、艺术

（一）语言

柬埔寨语又称高棉语，属南亚语系孟高棉语族，是在古高棉语的基础上演变和发展而来的。由于古高棉文是在印度文明传播到中南半岛后才产生的，所以柬埔寨的文字受到印度南部文字的影响。高棉语、英语和法语同为柬埔寨官方语言。柬埔寨语词汇可以分为三个部分：高棉语基本词、借词和新词。

1. 高棉语基本词

柬埔寨分为三大方言区，即以金边为中心的中部方言区、以马德望省为中心的西部方言区，以及邻近越南南方的东部方言区，现柬埔寨以金边音为标准音。柬埔寨语有 33 个辅音、27 个元音和 12 个独立元音。辅音分为高辅音和低辅音；元音也有高元音和低元音之分，但元音的高低是由其所跟随的辅音的高低而定。元音在书写时可放在辅音的上下左右。辅音可以单独构成音节和单词，两个辅音也可以构成音节和单词。复合辅音用上下重叠的形式来表示。柬埔寨语音节无声调变化。

2. 借词

借词是柬埔寨人民在长期与外族或外国人民密切交往的过程中将外面的语言逐渐引入本民族语言中的词汇。借词的读音和词义大多与原词非常相像。柬埔寨语中的借词主要分为巴、梵语借词，中国的潮汕方言、闽南语和邻国语借词，还有西方语借词。巴、梵语借词主要出现在宗教经典和古典文学作品中。中国的潮汕方言和闽南语借词一般出现在日常生活用语中。邻国语借词常与宫廷用语或宗教用语有关，来自越南语的借词相对较少。西方语借词中以法语和英语最多，因为柬埔寨曾被法国殖民统治过 90 年的时间，且其国内很多学者和上层都有过留法的经历，在这些借词

---

① 陈显泗：《吴哥文化》，商务印书馆 1980 年版，第 30 页。

中，以西方现代科学技术、药物名称、医疗器械等方面的为多。

3. 新词

柬埔寨语新词的构成方法有派生、转化、复合、缩略、重复等。派生构词法，是把词缀加到词根前、后来构成新词。转化构词法，即改变一个词的词类，例如，将动词变成名词、形容词变成动词等。复合构词法，是由两个或两个以上独立的单词合成一个词。缩略构词法，有音节缩写和字母缩写，如 ASEAN（东南亚国家联盟），柬语也照此发音拼写单词。重复构词法，就是将几个单词或单词中的一个或几个音节重复构成新词的方法。例如，将形容词重复变成名词或副词；某个数词重复变成副词。

（二）文学

按柬埔寨文学的发展可分为三个时期：古代文学时期（公元 1 世纪至 19 世纪中叶）；近代文学时期（1863—1953 年柬埔寨沦为法国殖民地时期）；现代文学时期（1953 年柬埔寨独立后时期）。

古代文学时期即在柬埔寨的扶南时期、真腊时期和柬埔寨时期，只有物质文明繁荣发达的年代才会涌现出大量的文学艺术作品，而这三个时期中，以真腊的吴哥王朝时期最为繁盛，故其文学作品的质量也较高。柬埔寨古代文学又称"兽皮文学"、"贝叶文学"、"碑铭文学"，因当时的文学作品是写在兽皮上，或雕刻在贝叶、石碑上而得名。"兽皮文学"由于柬埔寨的气候炎热潮湿，很难保存下来；同样地，贝叶上刻的宗教经典也是由于制作工艺和保存条件的限制大多损毁，所流传下来的大多残缺不全了；而这个时期能较为完整地流传下来的作品只有雕刻在石头上的"碑铭文学"了，它们大多用梵文书写，内容为赞美国王、歌颂神灵、预测未来，以及反映百姓们日常生产生活及为大家所喜欢的神话传说和民间故事，例如，在吴哥古迹群中就有很多以《罗摩衍那》、《林给的故事》为内容来进行雕刻的浮雕，从这些形象饱满、栩栩如生的人物形象和故事情节中可以看出这些故事在那个时代的大众普及程度。源于婆罗门教的等级差异，活跃在那个时期的作家通常都是皇宫贵胄，他们所创作的形式多为诗歌，文字以梵文为主。在 1433 年迁都金边后，上座部佛教兴起，梵文也逐渐被巴利文和高棉文取代，这个时期开始涌现出一些优秀民间文学作品，有小说，也有寓言故事。《兔子判官》就是一个家喻户晓的寓言小故事集，它通过描述一只勇敢机智的小兔子见义勇为的系列小故事来歌颂劳动人民的正义精神。

1863 年，柬埔寨沦为法国殖民地后民族文学遭到极大摧残。殖民当局积极传播西方文化，禁止本土反映爱国抗法斗争的作品出版发行，加强新闻出版管制。随着西方文化的渗入，柬埔寨文学出现了使用白话文和反映现实生活的现代小说。这个时期还是留下了一些有影响的作品，如纽·泰姆的《珠山玫瑰》、林根的《索帕特》、金哈的《洞里萨湖泪》、努·冈的《告别吴哥》，还有柬埔寨著名的反映男女主人公忠贞爱情和反抗封建黑暗势力的叙事诗《东姆和狄欧》等。

1953 年柬埔寨独立后，民族文学得到迅速发展。小说、诗歌数量增多，戏剧、报告文学、文艺理论等作品不断涌现。该时期较有影响的作品有：林根的《孤女》、《望月》，奥波的《金箭》、《乡村女教师》，海索帕的《蒙面大盗》、《父亲的心》，等等。在 20 世纪 70 年代，还出现了一批反映人民抗美救国的作品，如《妈妈的牺牲》、《达姆彭的红心》等。1975 年，红色高棉夺权后，推行极"左"的政策路线，将柬埔寨一大批优秀的古典文学和民族文化付之一炬，柬埔寨文化领域霎时黯淡起来。

90 年代以来，随着柬埔寨作家协会的重新成立，柬埔寨文学也在政治趋向安定的大环境下开始复苏。1994 年，柬埔寨作家协会设立了"西哈努克文学奖"，以推动柬埔寨的文学创作。1996 年 11 月 26 日，柬埔寨作家协会派代表参加了在东京举行的"亚太地区作家会议"，开展同其他国家作家的交流。柬埔寨停战以来出现的比较有影响的作品有：长篇小说《艺术之家》、《死亡爱情》、《生命之疮》、《爱情命运》等，短篇小说《刽子手》、《女人质》、《双胞胎姐妹》、《难以忘却的爱情》等。

（三）艺术

柬埔寨人喜好音乐，许多正式或非正式的会议都会请来一些民族乐团为大家表演一段民族歌舞作为开场和结尾，若是有宴会或聚餐，饭后多数也会以宾主互动性很强的集体舞来收尾。柬埔寨民族音乐主要有三种形式：交响乐、宾柏乐和高棉乐。交响乐没有和声，通常用于戏剧伴奏。宾柏乐曲调缓慢，用在为古典舞伴奏或祈祷仪式上演奏。高棉乐是一种欢快的音乐，通常在婚礼等喜庆场合演奏，曲调欢快。一个比较完备的管弦乐团的配置为：两排木条或金属条的木琴、单弦琴或多弦琴、木质长笛、双簧管和大小各异的鼓等。

柬埔寨舞蹈可以分为古典舞和民间舞。古典舞又称王家芭蕾舞，多数是宗教题材的剧目，以前这种舞蹈只有皇室和社会上有身份地位的人才有资格欣赏，表演多在皇宫和寺庙中进行。古典舞的舞蹈演员在前台表演时，歌唱演员和乐队在幕后伴唱、伴奏，舞蹈表演者用柔软、优美的舞姿来表述这个舞蹈的内容，整个表演过程以手臂动作为主，每个动作都有一定的含义，据说这个舞种来源于印度的舞蹈。由于这个舞种对表演者的身体柔软度要求较高，很多舞蹈家都是在 4 岁的时候就被父母送到舞蹈学校去练习身体的柔软度，学习过程比较痛苦，由于此类舞蹈注重手部动作，所以评价一个舞者是否优秀的标准之一就是让其手掌向后扳，看她的手指向手背方向的弯曲度能达到多少，已故国父西哈努克的爱女帕花黛薇公主就是一个著名的古典舞艺术家，她的手指向手背方向的弯曲度能达到直角90 度，其舞姿曼妙，深受西哈努克的宠爱。古典舞的剧本主要取材于《罗摩衍那》，比较著名的剧目有长篇神话剧《林给的故事》、祝福舞、天仙舞等。相较于古典舞那精致的造型、讲究的服装和头饰、对舞蹈演员苛刻的要求，民间舞蹈服装道具简单，乐曲轻快活泼，深受大众喜爱。比较流行的互动性较强的舞蹈有 "南旺舞"，这类舞蹈对参与者的要求不高，只要踩对节拍再加上简单的手部动作即可，这些都是互动性很强的舞蹈，观众参与度很高，大家围成一个圆圈又唱又跳，常能增加场内的热闹气氛，引起阵阵高潮。此外，还有 "孔雀舞"、"竹竿舞"、"恰亚舞" 等，都是老百姓所喜闻乐见的舞蹈。

五　传统习俗与节庆

（一）传统习俗

柬埔寨传统习俗作为该国文化的重要组成部分，是与其特有的自然环境、经济方式、社会结构、政治制度等因素密切相关的。笔者将从服饰、饮食、婚丧、社会交往和禁忌等方面对柬埔寨的传统习俗进行描述。

1. 服饰

柬埔寨气候炎热，所着服装自是以凉爽、透气、吸汗为主。日常民族服饰的男款上衣为直领多扣短袖或长袖，女款上衣是圆领对襟短袖或长袖，男女款的下装穿着方法相同，都是穿 "纱笼" 或 "桑博"。"纱笼"是由数尺印有各种美丽图案的布两边缝合，围系腰间，有点像西款的直筒裙。"桑博"是用没有任何缝合的长条布，从腰中往下缠绕至小腿，再从胯下穿过，在背后紧束于腰部，剩余部分伸出如鱼尾。腰带的选择则很随意，可戴可不戴，腰带有各种款式和颜色，起点缀作用。柬埔寨的日常服装款式大致如此，所区别的就是使用的布料不同，普通人家一般是用棉布制作，而有钱人家则用丝绸制衣，档次高些的丝绸上还有手工刺绣，甚至还镶有真正的金丝、银线和珍珠，用高档丝所做出的衣服自然是华丽非常，但棉质衣料穿着也很舒适。在 2012 年 11 月 19 日柬埔寨首相洪森为东亚峰会与会领导人举行的欢迎宴会上，参会领导人们所穿着的色彩艳丽的上衣款式就是柬埔寨的民族服饰；柬埔寨首相洪森的夫人在出席很多场合所穿着的就是典型的民族服装。而皇家所穿着的衣服款式也大致如此，所不同的就是颜色和材料，皇家服饰大多采用黄色的衣料来制作，男装就是在领口、袖口等衣服的边角处做一些细节处理，例如用丝线绣些吉祥的纹样等；而女装的制作则花样多些，光是服装上绣的纹样就有很多种，再加上衣服材料的考究，一件女装的制作过程往往需要好几个月的时间。此外，皇宫里的衣着颜色每天都不相同，星期一穿嫩黄色，星期二穿紫色，星期三是绿色，星期四选灰色或浅蓝色，星期五为青色，星期六为黑色，星期天则是红色。

除了长短袖衫、"纱笼"和"桑博"，"格罗马"也是柬埔寨人民所喜爱的一种用途多样的形似围巾的布。"格罗马"多数用棉纱织成，也有用丝绸做的，但棉纱材料的更为实用些。它可以盘在头顶、围在颈部、披在肩上、系在腰间、盖在身上，还可以遮阳挡雨、防尘、擦汗、当成摇篮、用作临时采购袋等，此外，它还可以作为纪念品馈赠亲友，总而言之，亲民、结实、耐用、便宜、用途广是它最大的特点。

现在，柬埔寨的都市年轻人大多穿 T 恤、牛仔裤，只有在家或参加宴会才会穿传统服装，但中老年人还是喜欢选择传统服饰。

2. 饮食

柬埔寨是一个农业国，主要粮食作物有大米、玉米、豆类、薯类等。柬埔寨有丰富的渔业资源，暹罗湾、洞里萨湖、湄公河及其支流都孕育着多种水产生物，其中，洞里萨湖的鱼、虾、蟹产量占其渔业总产量的 50% 以上。柬埔寨的主要家禽有鸡、鸭、鹅，家畜有黄牛、水牛、猪、马、山羊、绵羊等；主要经济作物有橡胶、棉花、胡椒、烟草、咖啡、花生、芝麻、豆蔻等；主要蔬菜有生菜、豆角、茄瓜、南瓜、西红柿等，水果有山竹、榴莲、椰子、香蕉、芒果、菠萝、木瓜、红毛丹等。

　　柬埔寨人民的主要食品是大米和鱼虾。当地人喜欢把新鲜的鱼虾制成干鱼、咸鱼、熏鱼或鱼露。一碗白米饭、一小碟咸鱼或煎鱼干、鱼露，外加一些洗干净的生蔬菜，就是普通柬埔寨人的一餐。新鲜蔬菜蘸鱼露的饮食也许很多人都不能接受，鱼露的气味很不好闻，但吃起来却十分香甜，柬埔寨人民习惯于这种简单、爽口的饮食方式。有时他们也会做酸鱼汤，汤里放辣椒、菠萝、香茅、豆蔻、鱼虾、西红柿等食材，口味酸、甜、辣皆备，令人食欲大增。饭后再吃一些水果也是大家所喜欢的。多数高棉人的饮食习惯是少吃多餐，炎热的气候让他们喜好吃或清爽或刺激口味的食物来促进食欲。一家人席地而坐、用右手抓饭的传统饮食习惯在农村还很常见，但城市的一些家庭里已开始流行使用刀叉或筷子在桌上就餐了。午饭后的两三个小时他们喜欢吃一些甜点，红豆、绿豆、莲子、椰子等制成的甜品都可以成为他们的下午茶。

　　柬埔寨的皇家菜也相当简朴，现任国王诺罗敦·西哈莫尼是一个虔诚的佛教徒，常年茹素。

　　3. 婚丧

　　结婚是柬埔寨人生活中的一项大事。由于柬埔寨是农业国家，雨季是农忙季节，旱季时人们的空闲较多，而婚礼从筹备到举行的各项工作都很烦琐，因此，柬埔寨人的婚礼多习惯选择在旱季时进行，但逢佛教斋日和单数的月份也不能进行。

　　柬埔寨实行一夫一妻制，男女双方在自由恋爱准备结婚后双方父母就开始帮忙筹备了。首先是男方请来媒人，带上礼物到女方家去说亲，女方家长同意后，双方就会请人帮忙合两人的八字，合过八字后，各项传统仪式才正式开始，光是媒人在双方家里的往返就要好几次，关于聘礼的多少、嫁妆的多少、婚礼的日期等信息都是由媒人传递的。柬埔寨是"男嫁女"，男方婚后会到女方家去生活。高棉人的传统婚礼十分隆重，在农村会连续办上 3 天，但现在城市里已经简化成 1 天。婚礼仪式有"睡米"、"凿齿"、"牵衣角"、"收草席"、"缠红绳"等，其中"牵衣角"是从龙女的传说中延伸过来的。传说龙女跟混填结了婚，但混填无法进入龙女生活的龙宫，他最后是拉着龙女的尾巴才深入水下世界。现在演变成新郎牵着新娘的衣角，预示着新郎将融入新娘的家庭，双方会幸福和睦地生活在一起。

　　柬埔寨人对婚姻的态度很传统，一旦结了婚，基本不会离婚，尤其是农村，离了婚的女子在村里会有抬不起头的感觉。所以，在柬文报刊上常会看到有妇女为了不离婚而做出一些过激的违法行为。

　　办丧事同样也是柬埔寨人生活中的一项大事。柬埔寨信仰上座部佛教，他们相信生命的轮回。当病人临终之前，家人要请和尚来念经，为即将离世之人赎罪和祈祷。人死后，要在床头点一对蜡烛，并把一枚银币或戒指放入死者口中，还要在家门外插一面白色的三角旗。柬埔寨佛教徒死后实行火葬，火葬前用香水将尸体洗净，穿上白色寿衣，用白布或白绸包裹后再用5条白绳把尸体绑紧，才能放入棺材。家里的孝子孝孙须剃光头发，身着白色孝服，女性亲属披一条白布并穿孝服。火葬一般在午夜进行，地点在寺院的焚尸阁。出殡时由一位年老的和尚领头，旗幡鼓乐开道，孝女随后，沿途抛撒炒米。尸体抬到寺院后，把灵柩安放在火葬坛上，死者的头部要朝西方。先由和尚在灵前诵经，用法水冲洗遗体，然后用五香木点火焚尸，与此同时，举行孝子剃度仪式。孝子手捧袈裟站在火葬坛前，跟着老和尚念经。老和尚把袈裟上的腰带套在孝子颈项上，孝子披上袈裟就成为一名僧人。按照习俗，在葬礼上当和尚是孝子为了报答父母养育之恩。[①] 柬埔寨已故太皇西哈努克的葬礼就是按照高棉传统风俗来操办的，在太皇的灵柩出殡时，沿途有无数柬埔寨人民等候送别表达哀思。

　　4. 社会交往

　　柬埔寨人注重礼节，尊老爱幼，与人交往谦逊和睦。"合十礼"是柬埔寨人见面时相互问候的礼仪。行"合十礼"时双手行礼的位置要根据对方的年龄、地位有所不同。老百姓见到王室成员或高僧时，应下跪或蹲下行"合十礼"；晚辈向长辈、学生向老师行礼时，双手合十举至眉目之间；百姓向官员行礼，双手要举至鼻尖；同为政府官员，级别低者向级别高者行礼时，双手举至口部；普通百姓和同级别官员间行礼时，双手在胸前合十即可。在城市里，除了用"合十礼"行礼外，握手礼也是流行的，但多数男女间行礼还是喜欢用"合十礼"。

　　在称呼上，柬埔寨人喜欢唤对方的名以显得亲近。如一位老师叫

---

① 李晨阳、瞿健文、卢光盛、韦德星：《列国志：柬埔寨》，社会科学文献出版社2005年版，第50页。

"文来",学生们都会亲切地称他"来老师";一个大姐叫"媞达",晚辈们就会叫她"达姐姐",等等。

5. 禁忌

柬埔寨人为人随和,生活随意,对于不满意的东西很少当面表达情绪,但禁忌还是有的。例如,与人行"合十礼"时身体不能左右摇摆,双手要按对方的年龄、身份来行礼,只能往高级别行礼;如果是握手礼,一定要用右手,因为他们认为左手是不干净的。长幼有序的柬埔寨人在吃饭和同室居住时也很注意,例如吃饭要长辈先吃;晚辈的床不能高于长辈;不能把裤子挂在别人的上方,等等。在去庙里烧香时,对入寺者的穿着言行也有要求,如穿着暴露的女性是坚决不能进入的;此外,着短裤、无袖、透明衣服的人也不宜入寺。入寺必须脱鞋赤脚,轻声或不语;入寺不能拍照,除非经过庙里同意。进入皇宫各殿的要求也跟进入寺庙大致相同,只是现在柬埔寨皇宫对国外游人开放,很多旅游者尤其是西方游客在穿着上都不太符合柬埔寨的风俗禁忌,这使柬埔寨人尤其是老一辈高棉人的心里很是不快。

(二) 节庆

在柬埔寨待过或对柬埔寨有一些了解的人都知道,柬埔寨节假日很多,而且柬埔寨人也很热衷于各种休假,他们不爱加班,哪怕是有加班费也不太能引起他们的兴趣。这也许跟炎热的气候、热爱自由的天性有很大关系。根据柬埔寨劳工部 2012 年 11 月 12 日颁发的柬埔寨王国政府 2013 年节假日休假通告,2013 年柬埔寨共 19 个法定节假日,其中取消了 10 月 31 日的国父华诞,新增了悼念西哈努克国父日和巴黎和平协定日。具体如下:1 月 1 日,元旦;1 月 7 日,胜利纪念日;2 月 25 日,麦加宝蕉节;3 月 8 日,国际妇女节;4 月 14 日、15 日、16 日,柬埔寨新年;5 月 1 日,国际劳动节;5 月 13 日、14 日、15 日,国王华诞;5 月 24 日,比萨宝蕉节(佛诞节);5 月 28 日,御耕节;6 月 1 日,国际儿童节;6 月 18 日,国母华诞;9 月 24 日,立宪节;10 月 3 日、4 日、5 日,亡人节;10 月 15 日,悼念西哈努克国父日;10 月 23 日,巴黎和平协定日;10 月 29 日,国王登基日;11 月 9 日,独立节;11 月 16 日、17 日、18 日,送水节;12 月 10 日,国际人权节。其中最重要的传统节日有:柬埔寨新年、御耕节、亡人节和送水节。

1. 柬埔寨新年

柬埔寨新年按佛历来计算，是佛历的 1 月 1 日，所以从公历上看每年的日期都不太相同。新年的第一天为守岁，当天下午进行迎接新年仪式，晚上家家户户张灯结彩，请僧侣诵经祈福。第二天为辞岁，这天的上午进行各种祝贺仪式，下午请僧侣念经，进行沐浴，向亲朋好友赠送礼物。第三天为新岁，在金边，官员和各国使节们都穿上礼服，进宫向国王拜年。新年期间，所有的寺庙都要挂上佛教的五色旗和鳄鱼旗，大家换上节日的盛装，结伴到寺庙里去礼佛并参加堆沙塔仪式。堆沙塔在柬埔寨的一些重要节日仪式中都会出现，沙塔的数量不同，祈祷内容的寓意也不同。新年期间，一般会堆 5 个或 7 个沙塔，在沙塔上插上五颜六色的纸花，现在人们生活水平提高了，也有插鲜花的，还有插三角形的红旗，等沙塔堆好后，大家洒上用茉莉花泡成的香水，把香和蜡烛插在沙塔上，以求新年的好运气和期望来年五谷丰登。现在由于到寺庙参加堆沙塔的人数众多，很多寺庙都是提前堆好沙塔，等信众来了之后只是象征性地往堆好的沙塔上撒一把沙，各自再进行上香、洒香水的仪式。新年里还有一个浴佛仪式在第三天进行，人民用加了鲜花瓣和香水的水从佛像身上倒下去，下面用盆接着，大人会把浴佛的水带回家洒在孩子头上或给孩子洗脸，以求平安健康。

2. 御耕节

御耕节通常在佛历 6 月下弦初四举行，这个时间也是每年雨季的开始，它是一个象征性的耕种仪式，用以祈求风调雨顺、五谷丰登。御耕节由农业部组织，除国王亲临现场观礼外，还会邀请各国驻柬使节和文武官员们参加。1963—1970 年的朗诺政变前的每年的御耕节都是国父诺罗敦·西哈努克亲自扶犁，后来御耕节因故被停止了一段时间，在 1994 年才恢复起来，但此后国王都不亲自参加仪式了，只是每年都会选一位皇室成员或大臣代表国王，而他们的女眷则代表王后来进行各项仪式。仪式在特定的圣田里举行，圣田周围设有 5 座亭子，每个亭子里有一尊佛像；圣田前还设有一个礼坛，礼坛上放有 7 个大银盘，分别装着稻谷、青豆、玉米、芝麻、青草、水和酒。国王代表率众到西北角供奉湿婆神像的亭子里祭拜后吹起海螺，表示耕种开始。国王代表亲自扶犁，带领耕种队伍到东边供奉毗湿奴的亭子前，将身披五彩衣的"神牛"解开，将"神水"洒在它身上，然后开始在圣田里耕作。皇后代表和一些宫女紧随其后，将五谷种子播撒在圣田里，象征播种。最后，把"神牛"领到礼坛前，让它自由进食。如果它选择稻谷、玉米，则预示着当年的粮食将会丰收；若吃青豆或芝麻，则是水果丰收的预兆；神牛吃鲜草，预兆谷米歉收，甚至发生饥荒；如果它喝水则预兆发生水灾；它喝酒就预兆发生战争，匪盗横行。

3. 亡人节

柬埔寨人认为亡人节是全年唯一一个可以和去世的亲人相聚的节日，祭祀祖先还可以得到祖先的保佑。在亡人节，如果要上班没空亲自去寺庙布施，就一定要请其他亲戚代劳，然后给予相应的财物作为答谢，因为他们相信，如果没有相应的谢礼，会得不到祖先的保佑，第二年难以顺利。因此，每年的亡人节期间人们仍不辞舟车劳顿地回乡过节，每天上寺庙布施、听和尚念经。每年的这个时候，金边异常冷清，几乎所有的本地店面都停止营业，仅剩一些外国超市的灯在孤独地亮着，还有寥寥无几的一些家在金边的买卖人，和因放假而无所事事的外国打工族。

亡人节每天的祭祀活动大致分为两个部分，即凌晨的抛饭团祭祖仪式和上午的超度仪式，活动在中午 12 点前结束。对于亡人节的祭祀活动，柬埔寨全国如是，各地的佛寺几乎天天爆满。到了佛历下弦十五日，是亡人节的最后一天。这一天的凌晨已经不举行抛饭团祭祖仪式了，除了以往的在佛寺中诵经和布施外，晚上人们还在家中增加了简单的祭拜仪式。因为第二天是佛历十一月上弦一日，根据传统，这是将先人们送回阴间的日子。第二天早上天不亮，人们就摸黑走到河边，在用香蕉树叶编成的小船上放上饭、菜、糕点、水果、盐、米、五谷等，再把小船放到河面上，让它随波漂走，亡人节所有仪式结束。

4. 送水节

送水节通常在雨季结束旱季开始的时候举行，这是柬埔寨人民对水表示感谢的一个重要节日。送水节庆祝活动共有三天，第一天举行龙舟赛开幕式和初赛；第二天白天继续比赛，晚上举行拜月仪式和吃扁米（把糯米炒熟后舂扁做成的一种食品）；第三天最热闹，白天举行龙舟赛决赛和发奖仪式，晚上大家一起在河边放水灯。送水节时全国各地的人纷纷涌入金边，赶到皇宫前参加拜月仪式和观看龙舟表演。届时，湄公河和洞里萨湖及其两岸分别搭起许多浮宫和观礼台，明月高升，吉时一到，湄公河畔的礼炮声不绝于耳。国王、王室成员、政府官员、应邀使节、普通民众分别在浮宫和观礼台上进行拜月仪式。在最后一天将各自的水灯放入水中，预示着流水将冲走一切病魔与灾难，把安康和幸福带给人间。每当赛龙舟开始时，节日气氛达到高潮。每个节日的夜晚，大家成群结队地去逛街、赏月，欢声笑语，直到深夜。在此期间，整个金边都热闹非常。

六 教育、科技、通信

近年来，教育得到柬埔寨政府的重视，文教经费获得提高，一大批学校也得以兴建。现行教育体制规定：儿童满 6 岁开始上学，小学学制 5 年，中学学制 6 年，大学学制 4 年。柬埔寨最高等学府是金边皇家大学。这是一所综合性大学，始建于 20 世纪 60 年代，民柬时期停办，1980 年复课。拥有学生 2000 多人，教师 400 多人，外国留学生近百人。此外，柬埔寨的华文教育也恢复得较快，华校主要集中在金边，其中潮州会馆兴办的端华学校规模最大。

柬埔寨有报刊 132 家，其中柬文 97 家，中、英、法、日文 35 家，比较有影响的报刊有《柬埔寨之光》（柬文、日报），《柬埔寨日报》（柬文、英文），《和平岛报》（柬文、日报），《人民报》（柬文、日报、人民党党报），《华商日报》（中文、日报），《柬埔寨星洲日报》（中文、日报），等等。柬埔寨的超短波电台中 FM103 属国家台，全天播音 18 个小时。柬埔寨有国家电视台（官方台）、首都第 3 台（官方台）、仙女 11 台（私人台）、巴戎台（私人台）等 6 家电视台。此外，还有 3 家有线电视台，即柬埔寨有线电视公司、金边有线电视公司、微波无线电视公司。另外，成立于 1980 年的柬新社（AKP）是柬埔寨唯一官方通讯社。

近两年来，柬埔寨电信业发展迅猛。在 2011 年 3 月发布的柬埔寨邮电部上一年年度总结报告上指出，柬埔寨电信业上年收入达到 3000 万美元，远超年前预定的 1797 万美元的计划，增长率达到 53.19%。至 2010年年底，柬埔寨全国已拥有 10896379 部电话，平均每 100 人有 76.18 部。其中移动电话 1053629 部，平均每百人有 73.67 部；有线电话 358750 部，平均每百人 2.51 部；公共电话 288 部。在柬埔寨人民生活水平日益提升的今天，移动电话的普及率越来越高，尤其是金边，电话拥有率居全国之首。柬埔寨现有 9 家移动电话公司，用户量排名前三位的电话公司为：（1）越南 Viettel 公司（097），拥有客户 452 万户； （2）Mobitel 公司

（012），拥有客户271万户；（3）Mfone公司（011），拥有客户110万户。随着柬埔寨市场的日益被重视，电信行业间的竞争异常激烈，在各种价格战中，普通消费者总是能得到不少实惠。

七　中柬文化交流

对于柬埔寨的文化而言，所接受到的最重要的影响莫过于来自印度、中国和法国。从地理上来说，柬埔寨位于间隔印度和中国的横断山脉的末端，这个位置让它在接受东亚和南亚的文明上创造了条件；而从19世纪开始，法国殖民者长达90年的侵占又给柬埔寨的文化刻上了西方的印迹。在这里，笔者将简单介绍柬埔寨文化中来自中国的元素。

柬埔寨接受印度和中国文化的影响，创造本民族的文化，主要是在扶南和真腊时期。那个时期柬埔寨接受来自印度的影响主要是政治制度、文字、服饰、宗教等方面。扶南与印度正式建交大约在公元3世纪，而与中国友好往来则是在扶南早期就已开始。《后汉书》记载了公元84年扶南使者来中国的情况。在此后历代的中国古籍中总有关于柬埔寨的记载出现。而元朝温州人周达观更是根据自己到柬埔寨出访时的见闻写下了《真腊风土记》一书，这部著作是我国古籍中唯一全面介绍真腊情况且保存完整的一本书。中国古籍中对于柬埔寨的相关记载，是柬埔寨历史研究的重要资料，尤其是《真腊风土记》，法国人凭借里面地理位置的记录寻找到了淹没在丛林中的吴哥古迹，而这本书早就被译为柬文在柬埔寨出售，就连在柬埔寨街边的小书摊都能轻易发现它的身影。

那时的中柬交流主要有两条线：官方的和民间的。官方以互遣使团和扶南、真腊向我国朝贡这样的形式为主，但这些交流在16世纪，即真腊末期，由于真腊国势衰微被外族侵略而中断。民间交流形式多样，就如细水般长流于中柬两国之间。在扶南和真腊时期，商船成为两国交流的民间使者，商船所带来的中国商品总是能成为柬埔寨人民手中的香饽饽，瓷器、丝绸、茶叶、物种等都备受青睐。当时的商船主要从广州、交州、泉州等地出发，很多随船而至的中国人留在的柬埔寨，这些中国移民与当地人很好地生活在一起，他们是两国交往的民间使者和桥梁。随着交流的深入，来自中国的一些生产技艺、生活习惯、民间风俗等也渐渐融入柬埔寨。进入21世纪以来，中柬两国的交往向更深广的领域迈进，所取得的成果不胜枚举。

从古至今，勤劳聪明的柬埔寨人民在自己的文化创造史上不断地吸收着外来的有益因素，但同时又保持了自己的特色，所创造出的高棉文化，尤其是吴哥文化，成为世界文化史上光彩夺目的一颗明珠。

第五章　泰国文化

一　文化基础、背景和传承

（一）地理

泰王国位于东南亚的中心，是通往印度、缅甸和中国南部的天然门户。从地形上划分为四个自然区域：北部山区丛林、中部平原的广阔稻田、东北部高原的半干旱农田，以及南部半岛的热带岛屿和较长的海岸线。国境大部分为低缓的山地和高原。地形多变，可分为西、中、东、南四个部分。

东北部是呵叻高原，这里夏季极干旱，雨季非常泥泞，不宜耕作。中部是昭披那河（即湄南河）平原。由曼谷向北，地势逐步缓升，湄南河沿岸土地丰饶，是泰国主要农产地。曼谷以南为暹罗湾红树林地域，涨潮时没入水中，退潮后成为红树林沼泽地。泰国南部是西部山脉的延续，山脉再向南形成马来半岛，最狭处称为克拉地峡。

气候方面，泰国属于热带季风气候。常年温度较高，年均气温在20℃左右，平均年降水量约1000毫米。11月至次年2月受较凉的东北季候风影响比较干燥，3月到5月气温最高，可达40℃—42℃，7月至9月受西南季候风影响，是雨季。10月至12月偶有热带气旋从太平洋经过中南半岛吹袭泰国东部。泰国在世界上素有"大象之国"、"佛教之国"、"微笑之国"等称誉。

（二）民族情况

泰国全国人口有6000多万，其中主体族群是泰老人，约占总人口的75%，非主体民族占25%左右，主要包括华人、印度人、马来人等。佛教为泰国国教，全国约90%的人信仰佛教，其余信仰伊斯兰教、基督教、印度教或原始宗教等。泰国是一个多民族的国家，全国有 30 多个民族，其中泰族约占 40%，老族占 35%，华人占 14%，马来族占 3.5%，高棉族占 2%，此外还有苗族、瑶族、桂族、汶族、克伦族、掸族等山地民族，主要居住在泰国的北部、东北部边境，不少也移居至泰国中部的城市。

(三) 历史

据泰国历史记载，泰国主要经历了四个重要的历史时期，即素可泰王朝时期（1238—1378 年）、大城王朝时期（1350—1767 年）、吞武里王朝时期（1767—1772 年）、曼谷王朝时期（1782 年至今）。泰国原名暹罗，自第一个王朝即素可泰王朝至今已有 700 多年的历史。1949 年 5 月 11 日，泰国人根据本国民族的名称把原国名"暹罗"更名为"泰国"。泰国的文字可以追溯到素可泰王朝兰甘亨王时期，兰甘亨王在梵语、巴利语的基础上创建了泰国文字。

(四) 政治

泰国宪法规定，泰国是以国王为国家元首的君主立宪制国家。目前泰国所奉行的宪法是 2007 年 8 月经泰国全民公决后颁行的自 1932 年民主革命以来的第 18 部宪法。泰王国宪法规定，泰王国是以国王为国家元首的民主体制国家，现任国王为拉玛九世普密蓬·阿杜德。泰国国家政府由一名总理和不超过 35 位部长组成。泰国的国会分参议院与众议院两院。参议院共有议席 270 个，由总理选任议员，需呈请国王任命，任期为 6 年，每 2 年更换 1/3 席位。众议院共有议席 360 个，由民选直接产生（年满 20 岁的泰国公民有投票权），任期为 4 年。泰国的主要政党有为泰党、民主党、泰国党、大众党、皇家人民党等。泰国的一级行政区为府，相当于中国的省。泰国共有 76 个府（包括曼谷），首都是曼谷。

(五) 经济

泰国的经济以农业为主，是世界上著名的大米生产国和出口国，橡胶产量名列世界前茅。泰国的农产品主要有大米、木薯、甘蔗、玉米、橡胶、椰子等，农产品出口是外汇收入的主要来源之一。泰国实行资本主义自由经济政策。属外向型经济，之前较依赖美、日、欧等外部市场。中国—东盟自由贸易区建成后，泰国的经济依赖趋向于向东亚和东南亚转移，主要依赖东盟及中国等市场。20世纪80年代，泰国制造业发展迅速，经济持续高速增长。到1996年的时候就被列为中等收入国家。但经济过快发展的后面隐藏着巨大的危机。1997年泰国深陷金融危机的泥潭，经济衰退。但由于泰国及整个国际社会的努力，1999年泰国经济开始复苏。经济复苏后，泰国积极应对国际金融危机，推动经济发展，主要依靠泰国的农产品和电子类产品作为出口的重要商品，扶持支柱产业旅游业的发展。近年来，中泰经贸关系日益密切，据2010年12月28日泰国《星暹日报》报道，中国同泰国的双边贸易额已超过日、美，成为泰国第一大贸易伙伴国。

二　佛教为国教

泰国是一个以信奉佛教为主的国家，素有"千佛之国"和"黄袍佛国"之称。佛教是泰国的国教，在泰国的传播有着悠久的历史，对泰国的政治、经济、文化、社会生活及社会性格有着极其深远的影响。

1. 泰国佛教的传入及兴起

据南传佛教史料及孔雀王朝相关历史了解到，公元前3世纪，在阿育王继位后的第17年，为了净化僧团，弘扬佛教，号召举行了第三次大规模的佛教高僧的集会，汇编出比较完整的经律，派遣传教士到今斯里兰卡、缅甸、泰国等地弘扬佛教。另外，据《大史》等古籍记载，在公元前3世纪前后，印度华氏城举行了第三次佛教结集（南传说法）时，曾派一批僧人到印度周边各地去弘扬佛教，其中有两位高僧去到金地（今中南半岛）传教，缅甸、泰国等都将此视为本国佛教传入的开始。从考古学的角度来看，在近百年来的历史中，考古学家在泰国南部发现并出土了一批早期刻有巴利文的石质法轮和公元初期的古铜佛像。这表明佛教传入泰国的时间很早。印度孔雀王朝之后的笈多王朝（约公元320—540年）时期，社会经济文化繁荣，婆罗门教再度兴起，但已渐向印度教转变，并向中南半岛缅甸、泰国和柬埔寨传播。此时期的佛教也已拥有众多的信徒，并远传缅甸、斯里兰卡、泰国等地。

据中国史书记载，从南北朝至唐代，泰国各民族曾在当今泰国南部和中部建立过几个国家，并与中国建立了良好的关系，其中主要有赤土国、盘盘国和堕罗钵底国等。据《旧唐书》记载："盘盘国，在林邑西南海曲中，北与林邑隔小海，……与狼牙修国为邻，人皆学婆罗门书，甚敬佛法。"据《隋书》载，赤上国"其王氏姓瞿昙氏，居僧低城，有门三重，相去各百许步。每门图画飞仙、仙人、菩萨之像，……其浴敬佛，尤重婆罗门"。

堕罗钵底国是孟族人建立的国家之一，"南与盘盘，北与迦罗舍佛，东与真腊接，西邻大海"，他们多信仰上座部佛教。义净的《南海寄归内法传》提到该国"吸尊三宝，多有持戒之人，乞食杜多，是其国法"。

2. 泰国佛教现状

泰国以前的国旗是象旗，目前的三色国旗是曼谷王朝拉玛六世时期（1910—1925 年）制定的。泰国国旗由蓝色、红色和白色三种颜色组成，在最中间的是蓝色，代表王室，稍外面的是白色，代表宗教，最外面的是红色，代表各族人民。当今泰国的纪年法也不是世界通用的纪年法，而是采用佛教中佛教创始人释迦牟尼涅槃之年为始的佛教纪年法，即佛历，如2013 年在佛历中就是 2556 年。公历纪年法与佛历相差 543 年。"1995 年，全国人口 6235 万人，僧侣和沙弥数为 63.8 万余人，约占全国人口的1.02%，佛教徒则占 93.88%。"① 据泰国 2011 年统计，泰国的佛寺一共有 26463 座。

泰国宪法规定，国王必须是佛教徒，每个泰国男子成年后均须剃度出家 1 次，时间至少 7 天，多数为 3 个月，剃度出家修行后他们才算成熟。在泰国，出家是一件大喜事，标志着一个男子即将成熟。在泰国佛教僧侣有严格戒令，违戒严重者将强令还俗，但僧侣们也享有崇高地位及优越待遇。因此，在出家送行之日，出家者的亲属朋友结队相随，敲锣打鼓，将出家者送入庙中，甚是隆重。

泰国的佛教属于上座部佛教，十分兴盛，人们的生活受佛教影响深远。泰国宪法规定佛教是泰国国教。泰国佛教起源于公元前 3 世纪，在泰国佛统府地区首先兴起，约为公元前 267—前 227 年，孔雀王朝时期由阿育王遣派僧侣到东南亚弘扬教义，其中一批到达当今的佛统府地区后，以佛统府作为佛教传教基地。泰国佛教的教义被公认为泰国社会道德礼仪的

---

① 孙广勇：《泰国公交的起源及其现状》，《解放军外国语学院学报》1998 年 5 月第 21 卷第 2 期，第 77 页。

行为准则，这对推动泰国社会艺术的发展和维系社会和谐方面有着重要的作用。

"佛教在泰国具有悠久的历史。早在公元前后的几个世纪里，从印度传入的大乘佛教就在当时泰国境内诸多小邦国开始流行。就在大乘佛教传入的同时，印度婆罗门教也传播到了这一地区，三四世纪以后逐渐兴盛起来。十世纪前后，中部泰国信奉来自吉蔑的大乘佛教，北部泰国信奉来自缅甸蒲甘的上座部佛教。从十三世纪开始，由锡兰（今斯里兰卡）传入的上座部佛教在泰国逐渐占据主导地位，由于融合了婆罗门教、精灵崇拜和祖先崇拜，以及明清以后泰国华人中流行的汉传佛教，从而形成了独具特色的泰国上座部佛教。"①

关于泰国寺庙的建筑，绝大多数是重叠式的屋檐，看起来端庄、气势恢宏，给人以深沉、高贵的感觉。自古代以来，泰国寺庙除了是佛教僧人修行和做法事的地方外，还是教育、医疗的中心。因此寺庙在泰国历史上都具有较高的地位，而且在当今社会，寺庙的社会地位也丝毫没有受到削减，反而得到了很好的提升。总之，尽管在社会日益发展，社会服务机构进一步健全的情况下，寺庙作为教育、医疗中心的地位有所降低，但是它始终保持着多元化的社会功能。

三　语言、文学

（一）泰国的语言特点

泰语是泰国的官方语言，旧称为暹罗语。按泰国的区域来分，泰语总共可以分为四个大的语言区，即泰北、泰东北、泰中和泰南四个大方言区，其语音语调大同小异。曼谷泰语被认为是标准语。泰语具备它本身的特点，要认识泰语或是使用泰语达到相应的目的，就需要切实地了解泰语的特点，否则就不能恰当地选择单词或句子来表达相应的意思。首先，从语言学上来看，泰语属于壮侗语系侗台语族。"侗台语族过去有人叫黔台语族，之后叫壮侗语族、侗台语族或侗傣语族。侗台语族诸语言分布东起我国的海南岛，西达印度的阿萨姆邦，中间有越南、老挝、泰国、缅甸，

---

① 桑吉：《中泰两个的佛教文化交流》，《佛教文史》2003 年第 1 期，第 18 页。

在我国境内的有广东、广西、贵州、湖南、云南等省区。"①"本语族诸语言的音节均由声母、韵母和依附于整个音节的声调三部分组成。三者相互制约，形成各语言的语音结构体系。"②

素可泰时期的兰甘亨王在孟文和高棉文的基础上创造了泰语。泰语有自己的文字，共有44个辅音（但有两个现已不太用，按42个计）、32个元音和5个音调（4个调号）构成。兰甘亨王创造的泰语以单音节词为主，很少有双音节词，没有多音节词，自左向右书写，没有标点符号。随着社会的不断发展，当今的泰语中融入了大量的外来词，主要包括梵语、巴利语、高棉语、华语、英语等语言。其中巴利语和梵语主要是随着印度婆罗门教和佛教的传入而传播。在当今泰语中存在大量原版的梵语和巴利语词汇，它们与纯泰语的区别在于，它们具有尾音，是多音节词，不少在单词末尾还有不发音符号。由于在社会的发展中，在天灾、战乱、疾病等条件的影响下，很早之前就有大批的华人南迁至当今泰国的版图中，这也为泰语添加了新的词汇，如粿条、面条、酱油、饺子等词汇。此外，泰语中还有大量的英语外来词，如网络、计算机、网站、办公室等，这些新时代社会发明的事物在古代是没有的。由此可见，泰语既有自己本身传统的纯正语言，又吸收了外来语言的词汇，丰富了泰语的表达内容。

（二）泰国文学

泰国的文字是素可泰王朝时期创造的，因此可见，泰国的文学发展历程时间不长，只有几百年时间。经历过多次战事的洗礼，能够保留下来的泰国古代文学并不多。由于社会历史条件的限制，古代的泰国文学可以说基本上是宫廷文学和宗教文学，生活在社会底层的阶级很难有机会学习，更无文学可言。泰国文学按照朝代分，可分为素可泰王朝文学、大城王朝文学、吞武里王朝文学、曼谷王朝文学；按照文学发展时期分，可分为古代文学、近代文学和现代文学，以下主要按照后者来展开叙述。

1. 古代文学（素可泰王朝至曼谷王朝四世王，1257—1868年）

（1）素可泰时期的文学（1257—1377年）

由于泰国古代很多文献是写在兽皮或是不易保存的材料上，加上经历

① 倪大白：《侗台语概论》，中央民族学院出版社1990年版，第11页。

② 梁敏、张均如：《侗台语族概论》，中国社会科学出版社1996年版，第50页。

不少战争，所以保存下来的文学作品相对比较少，已被发现流传下来的素可泰时期作品约有五部：兰甘亨石碑（散文）、巴玛寺石碑（散文）、帕郎格言（诗）、帕朗三界（散文），综观素可泰王国自创立到被阿育陀耶王国（又称暹罗，即暹国与罗斛国合并后的统称）合并，约两百年的历史。尽管它在文学创作方面，只有近于口头语的散文体，但它在经济、政治、宗教、社会意识等方面都为后来文学的发展奠定了基础。

（2）大城王朝时期的文学（1350—1767 年）

大城时期的文学和艺术，除了继承素可泰王朝的遗产外，还吸收了具有古老传统的高棉文化和印度文化，文学作品中出现了格律严谨的"克龙"、"禅"、"嘎普"、"格仑"等诗体。这时期文学主要可分为三个阶段，即前期、中期和后期。

大城王朝前期的文学。这个时期始于拉玛蒂波里一世到拉玛蒂波里二世，历时约 179 年。这一时期大城王朝对外战事不断，内战连绵，国家动荡不已，所以可发现的遗留下来的文学作品不多，只有四部：《大世赋》（《玛哈察堪奕》）、《水咒赋》（《立律翁干称南》）、《阮败赋》（《立律阮败》）和《帕罗赋》（《立律帕罗》）。

关于大城王朝中期的文学，不少文学专家对这个文学时期的划分观点莫衷一是，但相对主流的观点是，大城王朝文学发展中期应处于纳莱王（1656—1688 年在位）时期。这个时期的泰国文学有了新的发展，产生了不少在泰国文学史上比较著名的文学作品。宫廷文学方面的主要作品有《十车王教拉玛王诗》、《吻察沙越诗》、《帕里教弟诗》、《纳莱王颈诗》和《抚象诗》等。

大城王朝后期的文学主要是 1732—1767 年泰国的文学。这时期社会生产力有了进一步的发展，社会相对比较安定，王宫贵族也比较喜欢从事文学创作。波隆摩谷王本人就是一个诗歌爱好者，曾著有名为《队佛迁移诗》（《差洛帕普他赛亚特》）的叙事诗。由于王宫贵族对文学发展的大力支持，这一时期的文学算是古代文学的一个发展高峰期。

（3）吞武里王朝时期的文学（1767—1782 年）

吞武里王朝时期，郑信王在消除内忧外患后，便着手整理泰国文学遗产，并亲自创作了用于演出的《拉玛坚》剧本。据说《拉玛坚》是印度史诗《罗摩衍那》的泰文译本。此外，著名的作家昭帕耶帕康著有《王冠明珠》（《立律碧蒙谷》）、《伊瑠堪禅》；乃宣玛哈勒（侍官乃宣）著有

《吞武里王颂》，这部叙事诗主要描绘了吞武里王朝时期繁荣昌盛的景象；帕耶玛哈努帕著有《广东游记》（或称《中国行》）。此外，著名诗人帕耶叻素帕和英和尚合著的《吉沙那教妹堪禅》也是较有代表性的诗篇之一。

（4）曼谷王朝前期（1782—1868 年）

诗歌是阿育陀耶王朝至曼谷王朝前期这段时期泰国文学作品的主要形式。曼谷王朝拉玛二世时期，泰国的诗歌达到了鼎盛。此外，文学的另一种形式是白话散文体，它在拉玛一世时便已出现，拉玛五世时兴盛，到拉玛六世末期几乎代替了诗歌。拉玛一世至拉玛四世时期出现的文学作品大多是对阿育陀耶时期文学名著进行的再创作，如剧本《温那鲁特》、《拉玛坚》、《伊瑙》和《达朗》等。拉玛一世著有《与缅军在堪合楞之战诗》，此外还下诏组织力量翻译中国古典文学名著《西汉演义》、《三国演义》等。帕耶探玛比差奉诏编写了《三界经》注释，名为《三界析》。拉玛二世时期（1809—1824 年），泰国的文学有了进一步的发展，拉玛二世著有《伊瑙》、《桑通》、《蔡亚彻》、《金螺》、《玛尼披差》、《盖乐通》、《卡威》、《桑信差》等，此外还涌现出了一批宫廷文学家，如恭摩孟泽沙达波莘王子、帕波拉玛努契特威诺洛亲王、顺通蒲、乃纳擎提贝（英）以及帕耶当卡蒲咪班等。他们的作品内容丰富、形式多样。这个阶段较具代表性的作品有《黑公主教妹》、《诗词格律解》、《莎帕西特堪禅》、《沙姆柯堪禅》、《拉玛二世颂》等。

2. 近代文学（1868—1928 年）

拉玛三世的后期，西方殖民者对泰国的影响也逐渐扩大。拉玛四世蒙固王时，他就开始带领泰国逐步向西方国家学习。拉玛五世朱拉隆功王从小便学习英语，接受西方的教育。他继承王位后，便按照西方的社会发展思路对泰国进行了一系列的改革，兴办现代教育，派遣大量的泰国留学生到欧洲学习。1874 年第一份泰国自己开办的报纸《达鲁诺瓦》诞生，这标志着泰国文学的一个崭新的时代的到来。这个时期西方的文学作品也不断地涌入泰国，对泰国的文学家产生了较大的影响，如不少作家的作品与欧洲相关，或是对欧洲的文学作品进行翻译，再创作。这时期的著名作家和作品有拉玛五世的《思乡》、《十二个月的皇家典礼》、《香睡者的觉醒》等。拉玛六世是个著名的文学家，代表作有长诗《白暖堪奕》、《玛陀纳帕他》、《战士的心》、《帕变》、《海洋的婚礼》等，被公认为泰国现代话剧的创始人。他的主要译作有《威尼斯商人》、《罗密欧与朱丽叶》等。丹隆亲王也是著名的文学家，写了不少著名的散文集。纳拉贴巴攀蓬亲王被奉为泰国现代歌剧的创始者，作品有《帕罗》和《妙令克乐发》等。这时期产生了许多著名的诗人和作家，如帕耶阿努曼拉察吞、诺·摩·披招帕耶探玛萨孟迪、帕沙拉巴塞等。

3. 现代文学（1930 年至今）

西方文学在泰国的发展，使不少泰国人受到了西方思想的影响。这是泰国文学发展历程的一个里程碑。西方文学在泰国兴起，佛教文学和宫廷文学相对衰落。1932 年，资产阶级维新政变前夕，泰国文坛便出现了一批倾向现实主义和浪漫主义的青年作家。在西方文学的影响下，泰国不少文学家冲破思想束缚，开始由以描写神话故事和王公贵族生活为主的传统文学题材转向直接反映泰国社会现实生活的题材。在这批作家中，古腊·赛巴立是杰出的代表人物之一，他的笔名为西布拉帕，1932 年写了《生活的战争》这部小说。该小说对当时社会上的不平等现象进行了尖锐的批判，对受压迫剥削的穷苦人民表示深切的同情，宣扬了"平等"、"博爱"的思想，在泰国文坛中影响深远。

泰国现代文学作品大体可以分为三类。第一类作品的主要观点是愤世嫉俗，揭露贪官污吏对百姓的欺压，为受苦受难的人们鸣不平。主要代表作有西拉·沙塔巴纳瓦的《星光尚未消逝》、《这块土地属于谁?》，社尼·绍瓦蓬的《失败者的胜利》，奥·乌拉功的《这一辈子》，依沙拉·阿曼达恭的《慈善家—罪人》等。

第二类是以西布拉帕的小说为代表的进步文学作品。这些作品主要揭露社会的黑暗面，要求自由民主，反对独裁政治，谋求劳动人民的解放。西布拉帕各个时期的作品充分反映了这条文学道路的发展历程。

第三类作品大多反映新旧思想之间的矛盾冲突，揭露资产阶级上层社会的黑暗。此外，也有不少是关于男女之间的爱情故事的作品，如社尼·绍瓦蓬的《东京没有消息》，阿甲丹庚亲王的《人生的戏剧》、《黄种人和白种人》、《幻灭》，西布拉帕的《男子汉》，克立·巴莫的《四朝代》等。

在 20 世纪 40 年代末 50 年代初，尽管泰国的政局动荡，但泰国文坛在进步势力的推动下仍出现了"百家争鸣"的新气象，出现了大量的文学成果，如著名文学家西布拉帕 1949—1951 年间写了《回音》、《那种人》、《离群的羊》、《从邯郸来的慈善家》、《劳驾，劳驾》等作品，充满了反封建的精神，影响巨大。此外，还有著名诗人乃工的诗歌《东北》、乌切妮的进步诗篇等。50 年代中期，泰国文坛上出现了一颗璀璨的明星——年轻诗人集·蒲密萨。他的作品寓意深刻、针砭时弊，还著有《泰国封建社会面目》等历史专著。到 60 年代中期以后，泰国文坛上又相继出现了一批新人和文学作品，如拉披蓬的《同一个国土》，诗人昂康·甘拉亚纳蓬的诗《曼谷悲歌》，女作家素婉妮·素坤塔。80 年代至今，泰国著名的文人及作品有素吉·翁贴纪念曼谷王朝二百周年的长诗，阿玛拉·詹荣的《爱吧，假如你心想爱》等。

四　传统习俗与节庆

（一）王室文化

泰国是个君主立宪制国家，等级制度至今仍是十分森严。泰国宪法规定，国王既是国家元首，也是宗教的最高护卫者。在泰国，凡遇盛大集会、宴会等活动时，演出前都需先演奏或播放赞颂国王的"颂圣歌"，全场肃立，停止一切正在进行的活动，行人驻足站立，以示尊敬。对国王的任何不敬，均可能被视为不尊重王室而触犯法律。在泰国的大街小巷，普密蓬国王的头像随处可见。不仅如此，很多汽车的车主都喜欢在车里贴上国王的头像以表尊敬。普密蓬国王在泰国是王室文化传承的象征，是国家威严的象征。尽管泰国是一个君主立宪制的国家，但是泰国的国王对政府首脑的任免具有决定权，由此可见国王在泰国的地位。普密蓬·阿杜德国王在位 60 多年，经历了 20 次政变，历次军事政变的领导人均需觐见国王，经国王同意才使政变具有钦定合法性。人民对王室成员都很尊敬和爱戴，尤其是对国王，如泰国的电视台和电台，每天早上七点和晚上七点都会准时播放国歌来表达对国王的敬意；在电影院看电影时，银幕上出现普密蓬国王或是王后、太子、公主等王室成员的画像时也要起立致敬。

（二）饮食文化

"受巴利文影响及穿筒裙和裙的民族和地区，主食糯米，由于糯稻产量低，糯米不够吃，就以玉米、种植的或野生的薯类补充。近几十年来，他们种植产量高的大米，吃大米的分量逐年增加……过去，他们的高栏住宅附近没有菜园，只在干栏房的晒台上用凿空的木头填些泥土或用盆装上泥土种一些辣椒、葱、姜和其他调味料，或在高栏住宅附近有一块种调味料的地。吃的是野菜。"① 泰国菜是世界上最好、最健康的菜系之一，在口味和制作方式上也是亚洲最具独特创新风格的菜系之一。著名的泰国菜有冬阴功、咖喱蟹、酸辣木瓜丝等，它们均以口味纯正颇受外国游客的青睐。

当今，泰式烹饪实质上是传统的为主，吸收和融入了东西方烹饪的特点，东方由以粤菜的特点为重，形成了独特的泰国饮食。泰国烹饪可根据厨师、就餐人、场合等情况而定，以满足宾客的胃口。泰国菜主要具有以下特点：第一，泰国菜给人的总体印象是以酸辣为主，香煎油炸食品也颇受泰国人喜欢。尽管泰国天气炎热，但泰国人民对辣椒的钟爱。在泰国全国上下，各地区的泰国人都喜欢吃酸的或辣味的菜。笔者不解他们为何天气炎热还吃非常辣的食物？一些泰国友人给的答案是正因为天气炎热，因此需要用辣椒来开胃，才会增进食欲。第二，饮食文化中融入了西方的用餐文化。在泰国传统用餐文化中，用餐时是不用刀叉的，而是直接用手。泰国的主体民族泰人在古代吃饭时也是直接用手抓着吃，他们喜欢吃糯米饭。由于糯米饭有黏性，如果在吃饭前手脏的话，他们也不会因此而去用水洗手，而是拿一小坨糯米饭在手中搓一下，把手上的尘土粘走后就把它扔掉，直接用手抓着饭菜吃了。用刀叉进食的方式是在泰国人民吸收了西方的文化后才出现的。第三，由于泰国的气候原因，泰国人在用餐前喜欢喝加冰块的冷水或饮料，因此，冰块对他们来说是用餐不可或缺的。在炎热的气候条件下进食火辣的食物和添加冰块的冷饮，真可谓冰火两重天。

在享用泰国餐时，一般不单独点汤或是全点辣味的菜肴，不然会使吃不了辣味的宾客不适应。咖喱也是泰国菜的一大特色。泰国的咖喱辣味强烈，持续时间短，味道较好。此外，遵照口味调和的习惯，和其他东南亚国家，如老挝、缅甸、柬埔寨等国家一样，泰国人在用餐时还喜欢吃生的蔬菜，如生西红柿、青菜或野菜叶等作为拌菜。

（三）服饰文化

泰国是一个很具民俗礼仪风范的国家，衣着也比较讲究。泰国人的服

---

① 范宏贵：《同根生的民族》，民族出版社 2007 年版，第 262 页。

装，总的来说比较朴素，在乡村或小城市多以民族服装为主。在大城市，尽管受外来服饰文化的影响，但是泰国人也还是喜欢穿民族服装，尤其在一些正式或重大的国内活动或仪式中，他们都会自觉地穿上民族服装参加。泰族男子的民族传统服装叫纱笼，有"绊尾幔"纱笼和"帕农"纱笼两种。"绊尾幔"纱笼是用一块长约 3 米的布包缠双腿，再把布的两端卷在一起，穿过两腿之间，然后塞到腰背处，类似灯笼裤。"帕农"纱笼则是一种用布缠裹腰和双腿的服装。因为纱笼下端较宽，舒适凉爽，较受泰国人民喜爱，是泰国平民中流传时间最长的男子传统服装之一。女筒裙是泰国女子下装，开始流行于曼谷王朝拉玛六世时期（1910—1925 年），穿着与纱笼相似。

　　随着社会的发展和外来文化的影响，当前泰国人的着装也发生了很大变化。不少中小城市或农村的青年人受国际社会的影响，在工作中穿西裤和衬衣的现象已相当普遍，平时工作之余他们也会穿一些国际社会上休闲风格的服装。在大城市中，由于工作或参加活动的需要，很多泰国人都会把西装、衬衣和领带直接挂在小车后排，待工作或是需要参加会议、正式活动时他们便会换上，活动结束后又换下挂在车上。泰国当今现代化的职业女性参加重要活动时，如果不需要表演，她们基本上穿的是西服裙或称套装，与国际社会接轨。但也有不少泰国妇女在参加重要活动时还是身着泰国的传统服饰，以传承泰国的服饰文化。

　　此外，佛教是泰国代代相承的传统宗教，对僧侣和佛像的尊重深入人心。因此，在进入寺庙时，女子的着装不能露肩，露腿，即衣服上要盖过肩膀，裤子下要没过膝盖。这样才能被批准进入寺庙，以示对佛祖的尊敬。

五　教育与通信

（一）泰国的教育

1. 泰国教育发展的历史

　　泰国的教育发展变革是随着泰国的经济、政治和社会发展的变化而变化的。它是以生产力的发展为重要导向，以经济和政治作为基础而发展的。泰国教育的发展主要可以分为三个阶段，即 1868 年前的教育，1868 年到 1932 年间的教育，1932 年以后的教育。

1868 年前泰国的教育事业类似于中世纪欧洲的以寺院和教堂为学校的教育，宗教色彩浓厚。佛教寺庙教育占据着泰国教育的统治地位。由此可见，寺庙既是人们遵从信仰的活动中心，又是泰国的教育中心。寺庙住持不仅是人民信仰的膜拜者，也是教育界的教育家。这种以寺庙为教育中心的教育形式从素可泰时期一直持续到曼谷王朝的初期，约有 6 个世纪。

19 世纪的泰国处于封建君主专制的统治下，拉玛四世蒙固王时期，他开始对泰国的社会各个方面进行改革，其中也包括了教育业。蒙固王主张学习西方思想，聘请外国人作为王宫贵族子弟的老师，并制造了一台泰国印刷机，有力地推动了泰国教育事业的发展。蒙固王改革的思想深深地影响了拉玛五世朱拉隆功王，为后来朱拉隆功王的改革奠定了基础。

拉玛五世朱拉隆功国王在位期间颁布了一道有名的谕旨，即允许国民的宗教信仰自由，同时在国民自身经济情况允许的情况下，其子女可进入教会学校学习。在那里，学生在学习到本国语言的同时，还可以选择学习英语和法语。于是教会学校在泰国流行开来。拉玛五世坚持男女平等的信仰，他创办了第一所女子学校素可泰学校。其在位期间，成立了教育厅（后改名为教育部），使泰国的教育制度由传统形式转为现代形式。拉玛五世去世后，他的继承人继续在此基础上制定了相关立法，即实行强迫初级教育立法，规定所有年至 7 岁的孩童必须入学接受教育至 14 岁。

从 1932 年泰国成为君主立宪制国家后至 1959 年，泰国实行 4 年小学、6 年中学、2 年大学预科、4 年学士学位的教育制度。到 1960 年时教育体制改为小学 7 年、中学 5 年、大学 4 年。这一改革使中学成为了综合性的学习阶段，拓宽了学习面，为不能进入高等院校继续深造学习的学生提供了一个广阔的学习平台，符合社会发展的需要。根据 1999 年国王颁布，2002 年增订的法令，泰国的基础教育体制是 6—3—3 体制，即小学 6 年，初中 3 年，高中 3 年。这是属于基础教育的体制。之后就可以考高等院校了。这使泰国教育事业不断地为社会培养出适应社会发展需要的人才。

2. 泰国教育发展的现状

教育形式改革后，经过近百年的发展，泰国的教育事业已取得了长足进步。泰国现今的教育阶段大概可以分为三个阶段：强制性义务教育六年初等教育阶段，非强制性义务教育中等教育阶段（一类是普通中学，另一类是职业技术学校），以及高等教育阶段。

泰国的学校基本上由校董会、校友会和家长会三方共同管理，学校较重大的政策都由三方共同协商决定。泰国私立学校数量众多，但其学费都不算太贵，收费标准则根据其办学规模和办学环境而定。公立学校的学费更便宜，每个城镇至少有一所公立学校，为家庭经济不富裕的学生提供接受教育的保障。在泰国，由于从小学到大学都有公立学校作为保障，加上泰国社会一些慈善机构的捐资助学，因此几乎没有因为经济困难而失学的学生。同时，无论泰国公立还是私立的学校，一般的教学设施都配备齐全，为学生能接受良好的教育而奠定基础。

在泰国，学校注重培养学生的知识、能力、品格等"人文素养"。同时也十分注重学生的爱国情操和民族精神的培养，因而在每天早上八点钟及每天傍晚国歌的播放时间，即使无人监督，泰国人也都会伫立聆听。因受学校爱国教育的影响，爱国民族精神已潜移默化、深入人心了。泰国的学校同时也会教授学生传统礼仪，行礼、坐、行、拜尊长等。因此在泰国的任何地方，仍保留这些传统礼仪。泰国人提倡快乐学习和鼓励教育为主，所以泰国学生的压力不似中国学生那么大，学生与老师的关系也极为融洽，愉快的氛围中使学生爱上学习。在泰国的学校中，老师会尽力支持孩子的兴趣爱好，发掘孩子的潜力。

泰国的高等教育虽然于20世纪30年代才真正驶上正轨，但经过几十年的发展，已经形成了不同层次、不同学科、分部基本完善的高等教育体系。泰国的高等教育分为大学及专科院校，以公立大学为高校主体，而私立大学发展十分迅速。

3. 泰国教育的发展前景

二战以后，泰国的教育虽然取得很大的进步，但依然存在许多问题。针对本国的问题，泰国制定了"泰国教育计划2002—2016"普及教育，使所有国人能接受教育，从而使整个社会的知识水平得到提升。因此，当下泰国教育事业发展的重要任务之一是提高教育普及率。在提升普及率的同时，泰国也意识到了教育的质量问题，因而也在《国家教育法案》中提出相应的措施，大力提升教育质量。

在泰国教育事业发展过程中，教育结构失调已是由来已久的问题了。高等教育中文理科及理论学科与应用学科的失调，中等教育与高等教育的失调，本科生数量脱离实际产业的发展而远多于专科生，教育资源水平在不同地区的发展不平衡，都在一定程度上影响泰国教育事业的发展。因此，当下不断调整政策、促进教育事业的均衡发展将是泰国教育事业发展的重要任务。

泰国教育重视与国际化接轨，重视学生老师出国留学与继续深造，但在此过程中也凸显出来其弊端。泰国学校结构管理盲目照搬西方模式，高等人才的培养不适应本国经济发展需要，致使教育发展与社会经济发展脱轨，从而引发高等教育人才就业率低等问题。因此，泰国未来的教育事业发展中的一个重大的课题，是如何使教育事业适应泰国经济发展、市场的需求。

（二）泰国的通信

泰国的电话包括移动电话和固定电话。目前泰国提供 GSM 数字网络服务的移动电话服务供应商主要有三个，即 AIS（Advanced Info Services）公司、DTAC 公司和 TRUE 公司。泰国市场上流通的手机电话卡套餐种类很多，这也许是和供应商之间的竞争激烈程度有关。在泰国大街小巷的便利店中，无须证件进行注册，都可以买到移动电话卡。只要经过激活就可以使用。不过不经过注册的电话卡如果弄丢了之后补办就很麻烦了。另外一种开通电话卡的方式就是到固定的移动电话服务提供商网点去办理开通业务，这就需要身份证或是护照，这样开通的电话卡遗失后补办也比较容易。泰国的移动电话费用不贵，由于套餐不同，所需费用也各异，但是总体上来说通话也就是约 1 泰铢每分钟，单向收费，在泰国全国无漫游费。

此外，泰国还有许多固定电话用户。泰国电子通信服务已达国际标准，特别是在曼谷市区，固定电话的安装、使用都很方便。曼谷地区固定电话运营商主要有私营企业 TRUE 公司和国有企业泰国电话机构（TOT）两家。固定电话拨打市内电话计费都是按次数来计，每次通话费用约为 3 泰铢。曼谷以外地区由私营企业的泰国电话电信公司（TT&T）和泰国电话机构（TOT）提供服务。此外，有关固定电话的国际通信业务由泰国通信公司（CAT）提供相关服务。

尽管在当前物流业比较发达的时期，泰国的邮政也始终发挥着重要的作用。邮政经营的主要业务范围有函件、包裹、特快、金融、租用信箱以及代办业务等。"目前泰国全国邮政局所共有 1194 个，委代办点有 3421 个，已实现联网。邮政局所外设有邮筒，一天开箱两次，时间分别为上午10 时和下午 4 时。全国共有邮政信箱 38776 个。泰国国内普通邮局的营业时间为：周一到周五 8 时—17 时，周六、日为 8 时—12 时，节假日休息，各局的营业时间根据实际情况略有不同。商场内邮局营业时间为：每日 9 时—20 时。对于不同的业务，其营业时间也有所不同。泰国邮政局所根据规模的不同其开办的业务种类也有所不同。信件/包裹有 6 种邮寄方式，包括普通信件、EMS 快递、挂号信、Messenger Post 和 Direct Post。"①

互联网也是泰国的重要通信工具之一。泰国拥有许多互联网服务商，如 TOT 公司、CAT 公司、TRUE 公司等。用户可根据这些互联网服务供应商所推出的互联网服务方式进行自由选择。当今的宽带互联网比以前传统的窄带网更能满足用户需求，因而备受欢迎。由于在互联网信息高速传播的时代，互联网在泰国的发展更是迅猛。目前在泰国的各大高校内，基本都实现了无线网络全校区覆盖，很多学校的无线网络也是免费使用的。只要身处校园范围内，都可以自由使用互联网，这对教学起到了很大的促进作用。与此同时，宽带网络的速度也不断地发展，从速率 3Mbps 以下的网络转向更快的 4—5Mbps 网络。在校园之外的商业区许多地方也都可以接收到无线网络信号（Wi-Fi），除部分地方还需要交费外，不少大的公共场合几乎都是免费的。

六　文化特点与特色文化

（一）泰国文化的特点

泰国是一个佛教国家，泰国的文化受佛教文化影响深远，这是泰国文化的一个总体特征。"总体来说，泰国文化根据行政地域来分可分为当地城市的文化和当地农村的文化 2 种。"② 此外，还有另外一种观点是根据泰国区域来分，具体也可以分为北部文化、东北部文化、中部文化和南部文化 4 种。以下按照第一种行政区域大小来分，主要阐述城市文化和农村文化。从城市社会来看，城市中的人口增长率提高迅速，这使人们的生活及工作比起以前有很大的变化。甚至使其文化也扩大为"城市当地文化"。尽管如此，不少人还是保留了传统风俗习惯的文化。从当地农村的

---

① http：//www.kasikornbank.com/.

② 维盟·吉罗蓬：《泰国文化与艺术》，曼谷：星光有限责任公司 2005 年版，第 29 页。（泰文）

文化来看，尽管当今农村人的生活条件已有很大的提高，比起以前有了很大的好转，但是很大一部分农村人口的生活仍然与农业密切相关。

根据以上的对泰国文化的划分，结合泰国社会当地的文化多样性，泰国社会文化的特点主要有：

1. 佛教文化因子丰富

几百年来，佛教对泰国的经济、政治、社会等各方面有着重要的影响。泰国宪法规定，国王必须是佛教信仰者，又是佛教的守护人。凡是泰国的男子，上至国王，下至平民男子，一生均需剃度出家一次。出家时间一般为一个月，最少的也有七天。泰国人做生意也是基本上从佛教的思想出发，相信因果报应。因此，泰国人的产品和服务质量都是较好的。在人们的生活环境中，大街小巷中寺庙林立，佛教气息浓厚。笔者的很多泰国朋友周末放假要做的事就是到寺庙中去拜祭菩萨，这也是他们生活的一部分。在泰国的艺术文化中，也融合了很多佛教的因素，如舞蹈、绘画、歌曲等。佛教僧侣在泰国享有崇高的地位。

2. 等级观念强

泰国是一个君主立宪制的国家，国王在整个国家有很高的威望。泰国人民也非常爱戴国王。在泰国社会，等级观念很强，另外也反映出他们是一个比较重视礼仪的国度。泰国人从小就会受到非常严格的礼仪教育，例如，见到长辈、老师要双手合十，指尖放到眉心拜对方；不能摸别人的头；走路时不能从正在交谈的人之间通过，如确实没办法，要颔首躬身走过并致歉；说话时要轻声细语；如果去拜见师长，在室内师长可坐凳子，而自己则只能跪坐在地上；当今如果在室内拜见王室成员，官员也只能跪坐在地上。而在古代，无论室内室外，与皇室成员见面交谈时均需跪坐在地上；不能用脚来指人等。这些观念的教育贯穿于泰国儿童的整个成长过程，包括学前教育、小学教育、中学教育、大学教育等，这对树立和强化权威崇拜有着深远的影响。

（二）大象崇拜

泰国素有"大象之邦"的美誉。大象在泰国人的心中是吉祥的象征，是备受尊敬的动物。从地图上看，泰国的疆域好比大象的头部，北部貌似"象首"，东北部貌似"象耳"，暹罗湾及两旁的区域貌似"象口"，而泰南的狭长地域则貌似"象鼻"。泰国人都非常尊敬和崇拜大象。在泰国，可随处见到各种大象形象的雕塑、绘画、图标和工艺品，甚至还有三个头的大象雕像，这一切会让你沉浸在"大象文化"之中。即使是在繁华的曼谷大街小巷中，也可以经常看到在养象人的带领下走街串巷的大象。为了大象及路人的安全，养象人还在大象的尾巴上绑上一闪一闪的小灯，以便提醒后边的车子和行人。

大象是生活在陆地上体型最庞大的哺乳动物，也是泰国人民亲密的朋友。大象主要以树叶、果实、树枝、竹子甚至农作物等植物作为主食。大象不但力气很大，而且也具有较高的智商，会使用独特的声音互相交流沟通。象牙既是大象获取食物的工具，也是战斗时的武器。此外，大象的嗅觉非常灵敏。它的鼻子非常灵活，可以卷起细小的东西。经过驯象师的训练，大象可以完成许多高难度且让人难以想象的动作，如后腿直立、跳舞、垒木头、踢足球、帮人"按摩"等。非常有趣的是大象还会用毛笔"绘画"。经训练后，它们能在很短的时间内就画出一幅栩栩如生的作品，让人惊叹不已。

在大象的种类中，由于白象较为罕见，泰国人认为白象最为珍贵。古时泰国人也以白象作为国运昌盛的吉祥之物。据说目前泰国总共有9头白象，驯养在泰国皇宫中。尽管对此笔者没有亲眼目睹，但在一些书籍或关于泰国旅游的宣传册上也确有听说。所谓白象多数为白色，但也有一说法是，凡是金黄、银白、嫩绿、淡红等肤色的大象也都被称为白象。虽然泰国大象的数量已经从20世纪的10多万只，锐减为如今的5000多只，但泰国大象仍是游客们最喜爱的动物。尽管大象看似庞大和笨拙，但其实它是一种善解人意、勤劳能干、充满灵性的动物。大象既是廉价的劳动力，又是受人喜爱的旅游宠物。经驯化的大象除帮助人们开荒、筑路、伐木、搬运重物外，还曾是泰国历史上转战沙场、身经百战的功臣，如同冲锋陷阵的战马一样。泰国古代战将以大象为坐骑，君主以白象作为御座以增皇威。泰国历史上许多战役也与大象有着密不可分的关系。一位泰国历史学家曾说：如果没有大象，泰国的历史可能要重写。

在泰国历史上与缅甸的一次著名象战中，泰王子纳黎萱与缅王王储帕玛哈乌拔拉参加了战斗。缅军败落后撤退。但泰王所乘之象正处于发情期。因穷追缅王的坐象而令泰王陷入敌阵。最终泰王之象勇斗群敌获胜。这次象战使泰王纳黎萱威震四方，对泰国历史产生重大的影响。从那以后的150年间无人再敢侵犯泰国。因在象战中立功的泰王坐象（昭帕耶猜耶势拍）也与泰王一起名垂青史。大象文化对泰国的经济、政治、历史、文化、宗教等方面有着极其重要的影响，与泰国人民的生活密切相关。无论是泰国国王还是普通老百姓，几乎所有泰国人都喜爱大象，对大象怀有深厚的感情。

泰国素攀府每年都会举行规模盛大的大象节，因为据说在这个府大象最多。大象节是泰国人民的传统节日。据说，泰国每年举行大象节是为了感谢大象，因为它们的祖先曾在战争中献出生命来抵御外敌，保卫国家。在泰国人民的生活中，大象也是重要的劳动力之一，对农业、林业、旅游业，甚至工业有着重要的作用。在泰国境内生存着许多野生大象，它们受到了泰国人民和政府的保护。在泰国部分乡村，至今还保留着用大象耕地的传统。大象也是力量与优雅的象征，更是泰国人民的骄傲。

（三）泰拳

泰拳，即泰国拳术，具有极强的杀伤力。泰拳是一门传奇的格斗技艺，是一项以力量与敏捷著称的健身运动，主要运用人体的拳、腿、膝、肘、四肢，利用八种武器进行攻击，出拳发腿，使用膝肘发力流畅顺达，其力量展现极为充沛。现在人们口中所说的泰拳一般指现代泰拳，而并非古时所称的旧时泰拳。

具有五百多年悠久历史的泰拳是泰国民族宝贵的文化遗产，其发展可追溯至 16 世纪 90 年代的纳黎萱统治时期。早期的泰拳并无当代的这么丰富，主要是手搏，当时是泰拳的萌芽期。随着时代变迁，泰拳也得到了不断的发展，渐渐出现了膝顶、臀垫、摔跤等形式，并成为当地居民的一种娱乐方式。到了 18 世纪，即缠麻时期，当时也是缠麻式的鼎盛时期。这一时期，手搏改为双拳缠麻式格斗，这就是现代泰拳的早期形式。拳师们用粗麻布裹住拳头，裹到手腕或肘弯部位，力度极强，同时加强了泰拳的杀伤力。强劲的力道使得比赛危险系数加大，比赛中也常常因为这个而给参赛选手带来身体上的巨大损伤，这就是为什么人们称当时的泰拳为一项十分残酷的体育运动，当时有些极为毒辣的泰拳招式也是不被允许的。而到了 20 世纪初，随着西洋拳的介入，泰拳的形式和相关的比赛规则等都有较大的改变。为了安全起见，泰拳采用了西洋拳的手套制度，代替了当时比较残酷危险的缠麻制度，并且采用五回合制度，减少了参赛队员的死亡率，加强了泰拳比赛的安全。到了 20 世纪中期，泰国政府颁布了关于泰拳的比赛规则，由此制定了比赛的相关制度和形式，并且从此开始直至今天，泰拳成为了泰国的一项国家竞技运动。

从萌芽到成熟，泰拳的发展可以分为以下几个时期：起初16世纪的徒手时期，这一时期是其萌芽的最初阶段，形式相对来讲比较单一；接着就是18世纪被认为极为残酷的缠麻时期，这一时期参赛人员受伤死亡率较高；再者就是20世纪初，受西洋拳所影响的着拳套时期，这一时期比赛规则、制度等都相对完善；最后就是今天为世人所知的现代泰拳，在各方面都比泰拳前几个阶段要更加完善，从制度、规则、安全性方面来考虑，当今泰拳都可称得上一项相对丰富、有趣的国技竞赛。

在泰国人民心中，泰拳具有不可替代的位置，几百年的历史并没有使泰拳随着时间而慢慢流逝，反而得到了更好的发展和传承，深深地扎根在泰国人的心中。从最初阶段直至现如今，泰拳每一时期都有不同的特点，正是由于有这些不断更新的特点，才使得这么一项比赛得到国民的喜爱，由此传承下来。

每一位泰拳的本土参赛人员，由于浓厚的宗教信仰，他们凡事都能保持头脑冷静，遇事不骄不躁，静心静神。这样在面临一些突发事件时不至于慌了手脚，不会造成对手还没赢自己就已经乱成一团的糟糕局面。再者就是比赛选手一心相信他们必胜的心态使得他们置生死于不顾，进入一种无我的境界，泰拳的这一特点也是很多外来人士所不能理解的。然而泰拳的主要技击特点是以肘膝见长的技术方法，这一特点为拳击今后成为一项高水准的技击比赛奠定了一定的基础，并且其后期越来越注重参赛人员的安全保护措施，使得泰国人也越来越喜欢这么一项激烈而又愉快的比赛项目。同时，对于参赛选手来讲，由于长期的训练养成腹式呼吸，增强了腹肌高抗击能力，增强了参赛人员的体能并且降低了参赛的危险系数。泰拳强攻硬取极其独特的练功方法，是其他竞技比赛无法模仿的。泰拳的这些别具一格的特点使得其在泰国人心中生根发芽，至今不被遗忘，并被越来越多的外人接受。

在泰国人民的心中，泰拳是一项具有不可替代地位的体育运动。泰拳是神的象征，是顽强生命力的象征，特别是穷人家的孩子，从小打拳成为家庭的生活经济支柱的现象很普遍。泰拳的职业性和实战性迫使拳手们不惜伤残的代价跻身顶级行列。在泰国，一流泰拳手被奉作"神明"，是泰国民族独有的瑰宝。同时，有修炼素养的泰拳拳手在生活上也循规蹈矩，尊敬师长。基本上每天电视台都会有大大小小的职业拳赛转播，泰国最大的和最著名的两个泰拳赛场伦批尼和呒乃隆，更是每个职业泰拳拳手心目中的圣地，能在这两个拳场比赛是泰拳拳手的荣誉。

（四）人妖

泰国是一个族群众多的国家，从数千年前由中国内地少数民族地区移居泰国的"泰人"，到几个世纪以来陆续移入泰国的汉人、寮国人、高棉人，还有 18 世纪前经由航海通商时从中东、波斯、印度移入的商人后代，共同组成了现在的泰王国。因此，泰国可以说是一个移民国家。但是，泰国却从未发生严重的种族冲突，而是迅速且大量地吸收了外来的事物，发展成泰国特有的文化。同时泰国也被世人称为梦一般美丽的旅游天堂，这一切文化当中当然也包含了泰国特有的"人妖"文化。

"人妖"是泰国的特色文化之一，也是泰国著名的城市风景，泰国独特的人文风情的一种体现。在我们平时聊天中，当谈及人妖的话题，就会想到泰国。相对中国古代太监来说，泰国的人妖大多是那些失去双亲或家庭收入很低的几岁男孩，他们为求生而被卖，并做变性手术而使体形与长相变成女孩的模样，经过相关女性化的训练及各种激素催化最后变成人妖。关于泰国人妖的产生，有着不同说法，林林总总，莫衷一是，笔者总结起来总共约有以下几种：

一是泰国人妖起源于二战时期，当时美国驻泰国士兵招妓，许多家庭贫困的男孩想变性为女孩，以赚取美军的钱。

二是人妖并非是泰国特产，而是最早发源于新加坡。由于新加坡当时的李光耀总理认为有伤风化。后来新加坡人妖被政府下"逐客令"强制赶走后就流入泰国。

三是从泰国本身历史来看，泰国性文化历史悠久，泰国女子对待性生活的态度相对比较开放，色情文化泛滥导致同性恋现象剧增，这便催生了一部分男人渐渐朝女性化发展，逐渐地出现了人妖这种产物。

四是人妖最早起源于中国，中国早在秦汉时期就已出现宦官一职了，而担任宦官的人选都是阉人，经过古代泰国对中国文化的吸收，泰国就把这一文化借用了。

五是人妖是从古代印度的"阉人"演变而来，印度阉人的历史可以追溯到 16 世纪初期在印度北方的莫卧儿帝国。

　　六是一个相对站不住脚的解释。由于泰国娱乐业发达，女孩子可以在娱乐场所比较容易找到工作，待遇较好，所以很多人喜欢去做人妖。

　　人妖产生的问题，不是一个单纯的原因就可以说明问题的，而是一个比较复杂的多原因的问题。从历史的发展来看，人妖的出现，不仅有历史的原因，如阉人的出现，阉人文化的传播及发展等，而且也有近当代现实的客观原因，如泰国的社会问题和家庭问题，美国海军二战期间在芭提雅建立海军基地，也在很大程度上增进了泰国性服务业的发展，使人妖的数量大大增多。

　　关于泰国人妖的数量究竟有多少，目前为止还没有一个公认准确的数字，但是有一说法是"按照泰国2012年的6400万人口计算，以及社会普遍认同人妖在男人中存在的比例为2%计算，人妖存在的人数应该在64万人左右。而处于20—40年龄段的人妖人数应该在40万左右"[1]。众所周知，人妖的出现和发展有悖于人类的正常发展，颇受社会争议，但在当今社会他们是一个发展得比较快的群体。

　　在泰国，绝大多数人妖来自贫苦家庭。人妖一般寿命为40—50岁，也有极少高龄的人妖。有些人选择走人妖这条道路就是为了挣钱，有一部分人纯粹就是为了追求奇特的生活方式，也有一些人是长期生活在以女性为主的环境中，心理女性化严重，最终走上人妖这条道路。

　　常人认为，人妖"她们"不仅要经历生理上的磨难，而且要承受心理变化的痛楚。但人妖们自己却认为"她们"的生命经过一系列变化后越发有着引人注目的光彩。尽管如此，他们也得努力地去挣钱糊口，但却不会遭受社会上人们异样的眼光。他们在社会立足也基本和常人一样，但真正能成为歌舞明星、赚大钱的名人屈指可数。在人妖的收入问题上，不少人妖在演出团里做演员，但普通演员的收入并不高，每月8000—15000泰铢不等，有些较高的也有每月几万泰铢的待遇。他们的工作方式也不是一般人们所认为或听说的那样，仅仅是从事与演艺性质或色情性质方面的工作。此外，还有很多人妖也从事一些常人所从事的工作，如销售员、商人、大学教授、公务员等。因此，他们的待遇因工作性质而异。

　　在十年前，人妖们读书并不多，甚至有些都没上过学校念书。但是在近几年，不少学校里人妖学生的数量都有所增长，而且数量较大，其中包

---

① http://baike.baidu.com/view/65053.htm.

括小学、中学和大学，其中大学里人妖的数量明显增多。这就说明，在近年来受过教育，甚至受过高等教育的人妖的数量在不断增加，他们也具备相对较高的文化水平。在泰国，如果没有受过良好的教育或没获得家庭强大的支持，人妖们的生活就比较艰辛，他们不得不为生计奔波甚至通过出卖色相来维持生计。如在城市或县城的一些红灯区，不少娱乐场所都愿意高薪聘请漂亮的人妖来拉客。不知情的人还会误以为他们是女性。有些地方的人妖非常"热情"，他们会将一些单独行走的行人强行拉进娱乐场所。他们非常希望能够拉到欧美来的单身游客，那样他们就可以有很大的机会直接获得美金的酬劳了。人妖在泰国以前是受到歧视的，随着泰国社会的不断发展，近年来泰国人对人妖的歧视也慢慢减少，渐渐地接受了这种文化。从法律的角度来看，国家法律还是规定人妖为男性，可是在实际情况中，他们自己和其他人并不认为自己是男性，一些人甚至把他们视作一群玩物。由于泰国的家庭问题比较突出，很多男孩自幼没能经常和父亲在一起，而是和妈妈、姐姐或妹妹在一起，不断地接受女性化的教育和熏陶，这使他们的性格、神态很容易趋向于表现出女性特征。因此很多在6—14 岁这个年龄段的男孩心理发育就出现严重不平衡。此外，来自社会上的异样目光更使他们感到自卑和绝望，这样一来他们就更加胆小怕事，心理柔弱，呈现出女性的心理特征。尽管如此，成为人妖的过程也是非常艰辛的。为了拥有女性的身体特征，他们就必须把男性原有的正常生理机能全部打乱并建立起趋向于女性或女性的生理机能系统。这样需要吃药，注射雌性激素等，使内分泌失调，甚至还进行手术摘除男性原有的雄性生理器官，直至把男性的身体特征全部抹掉，渐渐塑造出女性的心理和身体特征。这样对身体健康的伤害是非常大的，所以人妖的寿命一般都不长，四五十岁为正常死亡年龄。只有极少数被男人深深爱上，并舍得花昂贵金钱做了变性手术的人妖，经过医生检查并出具证明之后，才可能使他们变成真正的女性。但在泰国，变性手术的医疗费高得吓人，对绝大多数人妖来说，那是可望而不可即的事，浑浑然了此一生，是绝大部分人妖的写照。

　　泰国各地基本都有人妖表演团，但规模最大、节目最精彩的要数海滨度假城市帕塔亚的"阿克萨人妖表演"和"蒂芬妮人妖表演"。这两家表演场的人妖堪称泰国最漂亮，表演场地极尽豪华，节目场场精彩，观众几乎天天爆满。尽管人妖饱受争议，但其在泰国旅游业稳定发展方面，起着举足轻重的作用。泰国的人妖占据了旅游从业人员的一大部分，从事旅游景点表演、导游等与旅游相关职业。泰国的旅游业的发展，与人妖密切相关。人妖是泰国专有的特色旅游吸引物，很多人是为了一睹人妖风采才来到泰国的。而泰国也从多方面保证了人妖的特有性和合法性，泰国政府承认人妖的存在并保障他们的地位。

七　对外文化交流

在泰国周边的国家中，中国和印度算是历史比较悠久、文化比较有影响力的国家。在当今泰国社会文化中，融合了许多周边国家的文化成分在里面，可以说当今泰国的文化是一种在包容或融合其他文化后形成的文化。泰国主要的民族是泰族，因此从某种意义上说，泰国的文化实际上是泰族的文化。当然，其他的外来文化都是在原有的泰族文化的基础上融合后体现出来的。

关于泰国泰族的研究，泰国学者还没有找到确凿的证据论证古代泰族起源于哪里，泰国好几个学科的专家致力于研究推测泰族的由来，例如历史学家、考古语言学家、语源学家 Terriende la Corpreie 表示，大约 2200 年之前，泰族的先民在古代中国建立有王国。泰人在素可泰王朝统一之前就已建立了像兰那泰族诸侯国（当今的清盛）、素弯空肯（音译）国。在那个时期，泰人分布在泰国的各个地方，例如当时的素可泰王国、澜沧王国、当今泰国东北部及如今的老挝。

研究表明，泰国吸收了周边一些国家的语言、宗教和信仰，如高棉、中国和印度等。高棉人、中国人和印度人对泰国研究的影响可以追溯到素可泰王朝时期，自 1277 年兰甘亨王在借用高棉文的基础上创立泰文以来，在泰文中就有大量的高棉文和梵文存在。至于巴利文，是出现在佛经里的语言，由于泰国历史上长期以来受到佛教的影响，且佛教成为了泰国的国教，因此在泰语中也可找到大量巴利语。语言是文化的载体，在吸收其他语言的同时，泰国当然也吸收和融入了其他国家的文化，其中主要的就包括印度文化和中国文化。

在东亚或东南亚地区，泰国文化主要受到印度文化和中国文化的影响较为明显。首先，在宗教方面，印度的婆罗门教先于佛教从印度传出，但是之前的第一个时期是没有历史依据，一直到了后来的孔雀王朝，尤其是阿育王时期，他派遣传道僧人到周边其他国家去弘扬佛教，如斯里兰卡、缅甸、泰国等，使印度的佛教和印度文化在东南亚传播开来。印度文化从古印度传到其他国家有很长的历史了，大家也都一直认可，印度传入泰国的文化主要分为两部分，第一部分就是孔雀王朝时期的文化，即佛教文化；另外一部分是4—6世纪的笈多王朝文化，主要盛行印度教并向周边国家传播印度教。值得说一下的是，伊斯兰教对泰国文化也有一定的影响，但范围比较小，且程度不深。主要体现在泰国南部的三个府或周边地区，曼谷地区有少量的伊斯兰信徒。

其次，中国文化对泰国社会影响深远。中国与印度一样，是世界上的文明古国之一。从泰国出土的文物来看，中国文化对泰国的文化发展产生了重要的影响。从语言到文化，再到文学艺术等方面。例如，在语言方面，泰语中有不少词汇来自中文或是中国的地方方言，如油条、豆沙包、豆腐、酱油、罗汉果等，这些都是来自中国的词汇。在文化方面，宗教文化对泰国的影响不容忽视。道教是中国古老的宗教，崇拜以三清为首的众神，主张报答和真理，不少对泰国社会有影响的人士也都信仰三清神，信仰土地神和祖宗。这是宗教文化对泰国影响的一个反映。此外，文学方面也存在不可忽视的影响，如著名的小说《三国演义》在曼谷王朝一世王时期就被泰国大诗人昭帕耶帕康（Chaophraya Phrakhlang）主持翻译，之后被曼谷王朝六世王瓦栖拉兀（1910—1925年在位）时期的瓦栖拉兀文学俱乐部评为"散文体故事类作品之冠"，由此可见，它对泰国文学创作和发展产生了深远影响。艺术方面，泰国的瓷器制作技术被公认为来自中国当时的宋朝（1503—1279年），证据就是花纹和中国文字。除了瓷器外，在一些宗教的地方我们还可以看到中国宗教或是信仰当中的神的雕像或是动物的雕像等。除以上所提到的泰国语言、社会宗教文化、文学、艺术外，在其他方面，如饮食、医疗等方面也受到中华文化的巨大影响。由此可见，整个泰国的社会文化和印度、中国文化有着千丝万缕的关系，相互关系源远流长。

第六章　老挝文化

引子:"没关系"——老挝人和老挝文化

不少西方人给老挝起外号称"没关系之国",因为他们发现老挝人爱说"没关系",而且老挝人的性格就像他们所说的那样,不管发生什么事情都觉得"没关系"。确实,老挝人做什么事情一般不会很着急,但并不是不认真。当遇到问题或困难、矛盾时,他们会以冷静、不慌不忙、慢慢来的态度对待,不主张用暴力方式解决矛盾。老挝的社会是大家互相关心的社会,如家里搞什么活动或有什么事情,全村的人就会主动来帮忙;老挝的社会是大家互相理解的、礼让的社会,如路上遇到堵车,很少听到人们按喇叭追赶,不管司机有多着急;还有,老挝人特别是女性不习惯也不喜欢大声说话,因为这会被认为不礼貌或在吵架。所以,在老挝几乎看不到在街上吵架打架的人。如今世界上发生了许多社会问题、经济问题、政治问题,但老挝人并没有受到负面影响,也不为之愁眉苦恼,还照样慢慢地潇潇洒洒地过日子。不管富有的还是贫穷的,他们各自有满意的生活方式。到过老挝的人很容易看到,傍晚特别是周末,处处有人聚在一起吃喝唱跳。不少中国人感慨地说:"老挝人很会过日子,他们幸福指数比中国人高多了,真正的和谐社会就在老挝。""没关系"的深刻内涵就是老挝人和老挝社会的"朴素、宽厚、温和、冷静、礼让、稳当、好客、乐观",是对老挝文化的高度概括!

一　文化基础、背景和传承

老挝是印度支那半岛上的一个内陆国家,也是中国山水相连的近邻。它幅员虽小,但美丽富饶,文化古老,历史悠久,在中国古籍中有不少记载。老挝又是一个多民族的国家，由五大语族组成，其中泰老语族中的老龙族，也称老族，占全国人口的 60%，居住在琅勃拉邦、万象至巴色一带的湄公河沿岸平原地区。由于地理条件优越，交通较为方便，而且又熟悉耕作技术，老龙族在长期的历史发展过程中逐渐成为老挝境内劳动生产和文化水平较高的民族，成为老挝的主体民族。老龙族的语言和文字逐渐成为老挝各民族的共同语言和文字，对老挝统一的民族文化的发展起着决定性的作用。

（一）地理

老挝人民民主共和国，是位于中南半岛北部的内陆国家，北邻中国，南接柬埔寨，东临越南，西北达缅甸，西南毗连泰国。湄公河在老挝境内干流长度为 777.4 公里，流经首都万象，作为老挝与缅甸界河段长 234 公里，老挝与泰国界河段长 976.3 公里。属热带亚热带季风气候，5 月至 10 月为雨季，11 月至次年 4 月为旱季，年平均气温约 26℃。老挝全境雨量充沛，近 40 年来年降水量最少年份为 1250 毫米，最大年降水量达 3750 毫米，一般年份降水量约为 2000 毫米。老挝国土面积 23.68 万平方公里，人口约 650 万（2012 年）。

（二）族群

根据 2000 年老挝官方认定的老挝各民族的数据，现在在老挝全国分布着 49 个民族，习惯上也分为三大民族，即老龙族、老听族和老松族。根据现在的老挝官方的族群界定，老挝也可以分成 4 个族群：一是老泰族群，包括的民族有老、泰、润、央、普泰、泰泐、些克、泰衲这些民族，主要居住于湄公河和其支流的地势较低平地区；二是孟高棉族群，包括的民族有阿拉克、克木、巴莱、高棉、卡都等 31 个民族，主要居住在北部高原和长山山脉，也有部分与老泰民族杂居；三是苗瑶族群，包括的民族就是苗族和瑶族，主要分布于高山地区；四是汉藏族群，包括的民族有巴拿、阿卡、西拉、哈尼、俅俅、贺等八个民族，汉藏族群大多分布于老挝北部省份中。老泰族群占老挝人口数最多，这一族群的俗称就是老龙族，是老挝的主体民族，它很早以前就拥有本民族语言和文字，如老族文字、经书文字和傣族文字，是现代老挝通用文字的基础，而佛教在这些文字的产生中发挥了很大的影响，有些文字甚至直接使用记录佛教教义的经书文字的字形或构词法。孟高棉族群俗称老听族，是老挝第二大族群，其中只有拉芬族拥有自己的文字。而苗瑶族群作为老挝第三大族群，还没有自己本族的文字，长期使用老挝文字作为记录工具。汉藏族群是老挝人口最少的族群，所用语言属于汉藏语系。

（三）历史

通常认为，在现今老挝疆域相继出现过堂明国、南掌国（澜沧国）、陆真腊（文单国）等。1353 年法昂王统一周边地区，建立澜沧王国（1353—1707 年），定都琅勃拉邦，老挝出现历史上第一个统一的多民族国家。1560 年，澜沧王国国王塞塔提腊将首都从琅勃拉邦迁至万象。1707 年至 1713 年，澜沧王国逐步分裂为北部琅勃拉邦、中部万象和南部占巴塞三个王国。1778 年至 1893 年三国沦为暹罗（今泰国）属国。1893 年，法国与暹罗签订《法暹条约》（又称《曼谷条约》），老挝的三个王国沦为法国保护国，被并入法属印支联邦。1940 年 9 月被日本占领。1945 年 9 月 15 日，琅勃拉邦王国副王兼首相佩差拉在万象宣布老挝统一和独立。1946 年法国势力卷土重来，伊沙拉政府垮台，独立运动失败。1947 年 4 月，在法国扶持下，原琅勃拉邦国王西萨旺冯宣布成立老挝王国，实行君主立宪制。法国对外承认老挝是法兰西联邦内的独立国家，但仍掌握老挝的国防外交大权。1950 年苏发努冯组建新老挝伊沙拉，成立以他为首的寮国抗战政府，领导老挝人民继续开展民族独立斗争，并于 1953 年形成了 4 万多平方公里的解放区。1954 年法国在奠边府战役中彻底失败，被迫于 1954 年 7 月签署《日内瓦协议》，承认老挝独立并从老挝撤军。法国撤军后，美国积极在老挝扶植亲美势力，多次策划政变，唆使政府军进攻寮国战斗部队，力图控制老挝。老挝国内一度存在老挝王国政府军、寮国战斗部队（由 1956 年成立的老挝爱国阵线领导）、富米·诺萨万军队三股势力，并先后出现富马为首相的第一次联合政府和萨纳尼空政府、富米政府、文翁政府。1962 年，关于老挝问题的《日内瓦协议》签订后，老挝成立以富马亲王（中立）为首相、苏发努冯亲王（左派）与富米（右派）为副首相的第二次联合政府。1964 年，美国策动亲美势力破坏联合政府，并进攻解放区，老挝重燃内战。老挝人民进行了艰苦的反美斗争并不断取得胜利。1973 年 2 月，老挝各方签署了关于在老挝恢复和平与民族和睦的协定。1974 年 4 月，以富马为首相的第三次联合政府和以苏发努冯为主席的民族政治联合委员会成立。随着印支三国抗美战争节节胜利，老挝人民自 1975 年 5 月开始在全国开展夺权斗争。1975 年 12 月 2 日，在万象召开的老挝全国人民代表大会宣布废除君主制，成立老挝人民民主共和国，组成以苏发努冯为主席的最高人民议会和以凯山·丰威汉为总理的共和国政府。

（四）政治

老挝实行社会主义制度。老挝人民革命党是老挝唯一政党。1991 年老挝党"五大"确定"有原则的全面革新路线"，提出坚持党的领导和社会主义方向等六项基本原则，实行对外开放政策。2001 年老挝党"七大"制定了至 2010 年基本消除贫困，至 2020 年摆脱不发达状态的奋斗目标。2006 年老挝党"八大"强调继续坚持党的领导、社会主义方向和革新路线，重申落实"七大"制定的中长期经济社会发展目标。2011 年老挝党"九大"的主题是"加强全民团结和党内统一，发扬党的领导作用和能力，实现革新路线新突破，为 2020 年摆脱欠发达国家状态和继续向社会主义目标迈进奠定坚实基础"。

（五）经济

老挝经济以农业为主，工业基础薄弱，服务业发展迅速，经济总量小，居东南亚国家末位。

2012 年度，老挝国内生产总值（GDP）约 88.08 亿美元，增幅近 8%，人均 GDP 约 1355 美元。其中，农林业占 GDP 的 26.7%；工业占 GDP 的 28%；服务业占 GDP 的 39.2%。此外，还争取到 3.52 亿美元国际援助，其中无偿援助 2.58 亿美元，贷款 9400 万美元，成为平衡其财政的一个重要途径。进出口贸易总额约 37.28 亿美元，出口额约 16.5 亿美元，出口商品以矿产品为主，约占出口总额的 71.2%。进口额约 20.78 亿美元，进口产品主要有建材器械、工业必需品等。主要产业有水电和矿业，其中 2012 年度发电量 59 亿度，电力出口 44 亿度，金额约 1.9 亿美元，占能源类产品生产总量的 75%。截至目前，老挝境内共有水电站 14 座，总装机容量 256 万千瓦。矿业产值约 8.3 亿美元，矿产品出口约 6 亿美元。

二　宗教信仰

老挝的主要宗教是佛教、原始崇拜、天主教和基督教等。老挝的佛教包括上座部佛教和大乘佛教两种，但以上座部佛教为主，信奉者为老族和泰族（约占这些民族人口的85％）；大乘佛教的信仰者主要是华侨和一部分越侨。原始宗教信仰者主要是少数民族，约占全国总人口的20％。天主教和基督教的信徒数量有限，主要是苗族人和部分越侨。

（一）原始宗教

老挝的山地民族如老佤、老努、老发等以及其他少数民族如苗瑶族民众绝大多数信奉鬼神、崇拜大自然圣物，即原始宗教信仰。而老挝的主体民族——老族虽然绝大多数信奉佛教，但至今仍然保存着一些鬼神的灵魂观念，如他们称"鬼"为"仳"，并认为"仳"到处都有，如家里有"仳亨"、村里有"仳班"、山林里有"仳巴"等。山地民族和苗瑶民族的民众虽然对"鬼"的叫法各不同，但都认为万物有灵，人死后依然有灵魂存在并且依附在不同的物体上，时而出来游荡作祟，时而又施恩保佑着人们。不同的民族就按照自己的习惯和传统来进行祭拜各路鬼神的活动。他们什么时候、为何原因，祭拜什么鬼神，如何祭拜等是由专人——巫师来决定的。不同民族对巫师的称呼也不相同。巫师在这些民族中被视为具有沟通神灵的超凡能力，享有很高的社会地位，受到族人们的尊敬和敬畏。

（二）婆罗门教

1. 婆罗门教传入老挝

婆罗门教作为印度宗教之一，很早就在东南亚地区尤其是海岛国家传播，并在一些国家曾盛极一时，如缅甸、柬埔寨等。作为柬埔寨伟大历史文明象征的吴哥窟，就是兴建于吴哥王朝时期的婆罗门教的建筑。而老挝南部的占巴塞省有一个世界遗产——瓦普庙，素有"小吴哥"之称。可见，婆罗门教应当早在公元初期就已经传入老挝，并在6—8世纪的真腊开始兴盛，直至14世纪才被上座部佛教取代。

2. 婆罗门教对老挝的影响

虽然现在的老挝人已基本弄不清什么叫婆罗门教，但在某些社会生活及文学艺术方面，人们仍然可以看到婆罗门教遗留下来的历史烙印。

（1）在建筑方面，很多寺庙的门神，那伽、毗湿奴的配偶、吉祥天女的肖像，绿玉石的肖像等雕刻及装饰，反映的都是婆罗门教的主题。在离占巴塞省省府巴色市大约 15 公里的瓦普庙，最初是一座婆罗门教湿婆庙，里面竖着一个林迦，寺庙边上的绘画描绘的是伊罗拔陀上的因陀罗和绿玉石的毗湿奴的肖像。从建筑风格来看，也是婆罗门教式风格，呈十字形，顶部为曲线形。老挝历史上最伟大的建筑之一——塔銮也是典型的婆罗门教风格。

（2）在生活习俗方面，老挝人迎接或会见朋友时需双手合十并微微鞠躬；在新年、婚礼等重大场合中需进行拴线祝福仪式等，都是源自婆罗门教。过去老挝宫廷每年举行的典礼，甚至是历届政府的宣誓仪式，也都沿袭着婆罗门教的仪式。

（3）在文学艺术方面，老挝的民间故事和传说满是婆罗门教的神灵，取材于婆罗门教的故事《罗摩衍那》和《摩诃婆罗多》在老挝至今还通过戏剧、舞蹈等方式广为流传，其表演姿势、动作和故事情节均为婆罗门教。

（三）佛教

1. 佛教传入老挝及其发展

老挝什么时候出现佛教信仰，目前尚无定论，但佛教涉足老挝至少已有上千年的历史，而在老挝盛行，已有 600 年以上历史。

（1）中国典籍认为，6 世纪前后，一个疆域包括今老挝中、南部的国家——真腊，"国尚佛道及天神，天神为大，佛道次之"（《旧唐书·真腊传》）。这说明佛教已经涉足，只是还没兴盛，而占据主导地位的宗教信仰是原始鬼神信仰和婆罗门教。此后，佛教有两次较大规模的传入。一次在 7—8 世纪，大乘佛教从云南传入老挝北部一些地区；另一次从 14 世纪开始，上座部佛教以空前的规模传入老挝，并成为今日老挝佛教的源流。

（2）老挝典籍认为，1353 年法昂统一老挝，建立澜沧王国后，遣使到高棉（今柬埔寨）引入上座部佛教。高棉国王应请求派出一个好几十人的宗教使节团到老挝传教。使节团由摩诃巴沙曼长老和摩诃提桑卡长老率领，还有 20 名比丘和 3 位佛学哲士带着"勃拉邦"佛像、《三藏经》、菩提树苗及数十名铜像雕刻师和佛寺建筑工匠等，于 1359 年离开高棉，历时数月抵达澜沧王国都城川铜。这个宗教使节团沿途大搞宗教活动，广播佛教。之后，在历任统治者的极力推崇下，上座部佛教在老挝逐渐兴盛，到赛耶谢塔蒂拉王朝时期（1560—1572 年）达到鼎盛。这一时期，王朝统治者征调民役，修建了一些著名的佛寺佛塔；还征集材料，铸造了一些著名的巨型佛像；还邀请或派出佛教使节团与邻国进行佛教交流，举办大型的佛经念诵大集会等活动。1698 年以后，老挝澜沧王国四分五裂，并自 1778 年起先后分别沦为暹罗（泰国）和安南（越南）封建王朝的属国或属地。但由于上座部佛教已经深深扎根于老挝，而且统治老挝绝大部分土地的暹罗同样信奉上座部佛教，所以，上座部佛教得以继续在老挝流传和受到信奉，没有遭到排挤和冲击。近代，随着西方殖民主义者的入侵，带来了天主教和基督教，但绝大多数老挝人依然信仰上座部佛教。老挝王国时期（1945—1975 年），佛教被定为老挝国教。1975 年 12 月，老挝人民民主共和国成立后，佛教并未受到明显限制，老挝民众依然沿袭着信奉上座部佛教的传统。

2. 佛教对老挝的影响

佛教已深深渗透到广大老挝人的生活习俗和思想观念之中，成为人民的精神支柱。佛教在老挝不仅具有宗教的功能，而且还有着更广泛的社会功能，如道德规范、维护传统、传授知识、促进交往、发展文化等，对老挝社会的方方面面都产生重要影响。

（1）风俗习惯方面

首先，老挝人一生都离不开佛教。当婴儿呱呱落地时，父母会请来僧侣为孩子祝福，起名时把装有小佛像的护身符挂在孩子的脖子上。当孩子学步时，到了佛日要跟着长辈将斋供品送往寺院。7 岁以后，男孩要剃度为小沙弥，在佛寺内学习文化和为人处世的道理。老挝社会对小男孩出家的习俗极为重视，人们常把曾否出家作为判断一个佛教徒人品的重要标准，家长则把送子孙出家视为求福积德的善行和整个家庭的荣耀，曾经出过家的人，在各方面都要比没有出过家的人具有优越性。那些未出过家的男性佛教徒往往被称为“生人”，意即“没有受过教育的、不成熟的人”，受到社会的歧视，连就业、结婚都有困难。小男孩出家的时间可长可短，有的就此终身为僧。出家人还俗时往往在名字前冠以“芗、堤、詹、马哈”等与佛教有关的称呼。这既表示他们学历、学位的高低，也表示他们已经修行过，在社会中的地位要高于那些没有出过家的人。成年后，老挝人也常去佛寺短期出家修行。到了结婚年龄，在举行婚礼前，男女双方都要到佛寺去听经、礼佛、斋僧，婚礼上要举行拴线仪式（拴线仪式为老挝民族特有的祝福方式，在此仪式上，要请和尚诵经、念祝福词，将香水浸过的线拴在客人手腕上，所有参加仪式的人都要面对和尚或德高望重之人双手合十）。由于老挝人相信佛教的说法，认为此生只是生命长河中的一瞬间，来世可能比今生更好，因此老挝人对于亲属的死亡并不感到悲痛，往往将葬礼举行得比婚礼还隆重，并把死者双手合十放在胸前，保持生前的礼佛姿势。出殡时，要在高脚屋前搭一个三级楼梯，意为皈依佛、法、僧三宝。自火化之日起，死者亲属要连续3天请僧侣诵经，第三天举行较大的活动，有诵经、布施、斋僧等。火化后骨灰也存放在佛寺中，或捐钱在佛寺中单独修一座存放亲人骨灰的舍利塔。

其次，老挝有许多传统节日，这些节日大都与佛教有关，而在节日里举行的活动更是和佛教脱离不了关系，如泼水节、吠舍侍节、守夏节、塔銮节等。

（2）语言文字

佛教对老挝语言文字的发展曾产生过很大的影响，现在的老挝文就是在梵文和巴利文的基础上逐渐演化而来的。梵文是大乘佛教和婆罗门教经典所用语言，巴利文则是上座部佛教所用经典的语言。随着佛教在老挝的传播和发展，梵文和巴利文的影响也在不断扩大。在古代，巴利语就是宫廷语言，而现在的老挝文不仅在字形上与巴利文相似，而且有很多词汇，尤其是政治、军事、科学、文化、文学、艺术等领域的许多专有名词都直接来自巴利文和梵文，或者由巴利文和梵文的词根演化而成。如现在老挝语中的"情况"、"宣布"、"意识"等就是巴利语词，而"邮电"、"科学"、"独立"等则来源于梵文。在构词方面，老挝语吸收梵语和巴利语的构词方法，产生了重叠词、附加词和复合词等新的词汇类型，从而使老挝语的词汇增多，表述词意更加完善、确切。在今天的老挝社会中，巴利语仍很受重视。对巴利语的掌握程度被视为衡量一个人老挝语水平高低的标志之一，老挝僧王和省级僧长必须是获得高级巴利语学位的僧侣，其余各级僧长也必须由获得中级巴利语学位的僧人担任。

（3）文学方面

老挝的文学艺术深深地印刻着佛教的烙印。老挝古典文学的内容大多取材于佛经与印度神话，其中传诵最广的是《佛本生经故事》（老挝语名称为《摩诃迦陀卡》）、《玛诃索德》、《休沙瓦》、《瓦三敦》等。

（4）艺术方面

老挝的建筑、雕刻、绘画、音乐、舞蹈、戏剧等艺术的发展，都与佛教有着极为密切的关系。自 14 世纪上座部佛教成为老挝国教以后，老挝的佛教建筑迅速增加，富有创造力的老挝人民吸收了各国佛教艺术的精华，建造了富有特色的老挝寺塔，并使之成为老挝社会的宗教文化活动中心。老挝的寺塔大部分集中在琅勃拉邦和万象。这两处均享有"千寺之城"的美誉。佛教圣城琅勃拉邦寺内塔寺庙宇鳞次栉比，城郊山丘上的富士寺为老挝佛教文化的中心，寺中供有一尊 15 世纪在斯里兰卡铸成的金佛像，是老挝的"护国佛"。城北 20 公里处的"北墟洞"是老挝著名的佛教古迹，洞中石壁上凿有许多佛龛，龛中雕有千姿百态的佛像。在古代每逢佛诞日，国王均要来此主持浴佛仪式。位于琅勃拉邦市内的王家图书馆藏有巴利文、柬埔寨文、泰文和老挝文的贝叶经和各种与佛教有关的文物。万象现有佛寺 90 多座。万象玉佛宫原是老挝王宫内著名的西姆之一（西姆是组成老挝寺院的建筑物之一），供养悉达提拉王朝的绿宝玉佛，后玉佛被泰军掠去，玉佛宫就改成了王家博物馆。如今万象最有名的华丽佛寺是僧王居住的室沙吉寺，寺内珍藏各种铜、石、木佛像 3000 余尊，具有极高的艺术价值。位于万象东郊的塔銮是老挝著名的佛塔，是一个由主塔和陪塔组成的塔群建筑。主塔的塔基叠次三层，比拟佛教的三界（欲界、色界、无色界）；30个陪塔环绕着主塔，每座陪塔各有小金塔一座，内部藏有刻有佛教内容的铭文金板。塔銮是老挝的国宝，也是老挝佛教圣地和老挝国家的象征。每年的 12 月这里都要举行盛大的朝山仪式。此外，万象的香通寺和西萨吉寺也很出名，这两座寺庙的殿墙上均绘有佛教文学作品《瓦三敦》的故事情节。

此外，在老挝的佛教仪式和活动中演奏的佛教音乐既是老挝音乐的组成部分，也对老挝的宫廷音乐和民间音乐产生了深刻影响。老挝舞蹈可分为古典舞和民间舞两种，其中古典舞蹈大多取材于佛经故事，表现善美战胜邪恶以及因果报应的思想。老挝的古典戏剧大多以舞剧的形式来表现佛经与神话故事，民间流传的一男一女合演的小歌剧的主题也大多来自佛经与传说，表现侠义与爱情。

（5）教育

在古代老挝，佛寺集中了老挝社会的大部分文化遗产，佛寺就是学校，是学习文化知识的唯一场所。佛寺为古代老挝培养了大批硕学之士和官僚。到 1945 年，全老挝有近 180 所寺院学校，在教育体系中占有绝对优势。老挝独立以后，寺院教育被纳入政府的教育体制，但寺院教育只是初小三年制教育。现在老挝的教育大致可分为寺院教育、正规教育、民校教育和职业教育 4 种形式。由于正规教育的发展满足不了社会的需要以及寺院教育不收费用，所以寺院学校仍大量存在，在老挝人的社会生活中起着极为重要的作用。寺院教育分为一般教育（小学）和巴利语学校教育两种。一般教育每座寺院均有，教师由寺中比丘担任，学习者多为剃度成沙弥的少年儿童。巴利语学校是老挝教育和研究的高级机构，附设于较大的佛寺中，所学内容多为佛教的经典、戒律等，教师主要由巴利语学校毕业的高僧担任，学校由国家僧侣管理机构——僧侣议会中的僧侣教育部长总负责。目前老挝有巴利语学校 100 多所，其中最著名的是 1947 年老挝国王命令建立的万象佛学院，该学院在全国 12 个省都设有分院。

（四）老挝的天主教和基督教

西方的天主教和基督教在老挝传播，是法国等殖民主义者带来的产物。1893 年，老挝沦为了法国的殖民地，天主教在殖民当局的保护和支持下，合法地公开活动。但因为绝大多数老挝人信奉的佛教已经根深蒂固，天主教只在一些越南侨民和泰族、苗族人中取得部分信仰者。泰族中又以桑怒省的泰族为多。据老挝政府统计，从 1893 年被殖民后至 1975 年建立共和国的 90 年间，天主教在老挝只有 53 座教堂，11 名修道士，127 名修女，31 名神甫和 5.4 万名教徒。

在 20 世纪 50 年代，美国取代法国成为老挝的新殖民统治者。美国的基督教（新教）牧师有针对性地进入老挝传教，培植亲美势力。在美国教会的直接支持下，老挝的新教教会纷纷在各大城市建立起来。同时，这些教会通过兴办学校、医院以及其他慈善机构，资助青年学生出国留学等方式为突破口和主要传教媒介，吸引了大批的信徒。特别值得一提的是，美国的基督教会看到老挝的苗族民众以信仰祖先崇拜等原始宗教为主，佛教和天主教对苗族人的影响并不深入，于是就乘虚而入，投入大量的人力物力在苗族人中传播基督教，发展了很多信徒。截至 1975 年，老挝基督教共有 6 座教堂、32 名传教士和 3 万多名教徒。

三　语言、文学、艺术

（一）老挝语

1. 语族

老挝语原系老龙族（主要是老族）的语言，属于汉藏语系壮侗语族泰老语支。虽然作为老挝主体民族的老龙族仅占老挝全国人口的 60% 多，但操老挝语的人口在老挝一直占全国人口的 80% 左右，现在已经基本普及全境。老挝文是唯一的老挝民族文字。老挝语与泰语大同小异，与中国西双版纳傣族语也十分相近。因为同属于一个语族语支，居住在老挝的泰族、傣泐族也被划归老龙族。据有关学者研究，老挝语与西双版纳傣族语有约 70% 的民族固有词汇相通，其中包括日常用语和常见动植物词汇等。

2. 老挝语特点

老挝语具备汉藏语系的基本特征：（1）单音节词根占绝大多数，并且大都可以自由运用；（2）每个音节都有固定的声调；（3）词序和虚词是表达语法意义的主要手段；（4）有相当多的表示事物类别的量词。

老挝语的每一个音节都由辅音、元音和声调组成。辅音包括基本辅音和复合辅音，其中基本辅音 32 个，分中、高、低三组，中辅音 8 个，高辅音和低辅音各 12 个，组成发音部位相同但声调不同的 12 对辅音，共 24 个，另有一个弹舌音，属于低辅音，目前已极少使用。此外，还有 13 个复合辅音，高、中、低音都有。因此，老挝语共 45（或 46）个辅音。值得一提的是，基本辅音中有 8 个辅音可作为尾辅音，即放置于音节末尾，且可分为开音节和闭音节尾辅音。元音分单元音和特殊元音，其中单元音分长短元音，共 12 对；特殊元音 5 个，因此老挝语元音共计 29 个。老挝语的声调共 8 个，有 4 个声调符号。

老挝语原有的基本词汇多为单音节词，后来双音节词和多音节词逐渐增多，除少数属于固有的基本词汇外，多数是组合词和外来借词，其中包括梵语、巴利语、高棉语、泰语、越南语、汉语、法语和英语等。此外，还有许多排偶词组，表达一个含义，一般为 4 个音节，少数 5 个音节以上，由于这些词组的结构多有韵律要求，所以读起来朗朗上口，听起来悦耳动听，有点类似于汉语成语，但多数没有特定出处或典故来源，只是长期习用而定型。

老挝语的句子一般是主谓宾结构，但定语、状语、补语却后置。词组顺序一般都是修饰词在前、中心词在后，其中数词、量词和名词组合时，数量词在名词之后；而数词和量词组合时，一般为数词＋量词，但数词为"1"时，可在量词前或后。由于老挝语具有上述不同于汉语的词法和句法特点，加上其拥有大量含感情色彩和显示身份的人称代词以及句子中的虚词，初学老挝语者常常为之感到头疼，难以准确掌握和运用老挝语。

（二）老挝文学

1. 古代文学

老挝古代文学指的是 14 世纪中叶至 19 世纪末，即法昂统一老挝后至法国开始入侵老挝时期的文学作品。老挝古代文学具有浓厚的佛教色彩。

（1）老挝古代文学来源于佛教经典，其中最著名的有《佛本生经故事》和故事集《玛诃索德》。《佛本生经故事》取材于佛教"三藏经"，收有 550 篇寓言故事，讲述佛陀释迦牟尼修成正果前曾转世为国王、婆罗门、商人、女人、象、猴等积德行善的情景。曾经有人从中精选出十篇，称为《十戒》，作为佛教讲经布道之用。故事集《玛诃索德》也取材于佛教"三藏经"，它叙述佛祖前生十个生世中最有智慧的一个生世。

（2）老挝古代文学从佛教文学改编而成，其中著名的有寓言集《娘丹黛》和故事集《休沙瓦》。《娘丹黛》是当时老挝僧王马哈维汉根据印度的《五卷书》由巴利文改写成老挝文的，并采取类似《天方夜谭》的形式，由一个讲述者把大量短小有趣的故事连缀在一起。《休沙瓦》原是刻在贝叶上的十卷经文，经过改编而成，故事中虽然夹杂着释迦牟尼给他堂弟阿难讲经的情节，但其中主要反映的还是当时老挝的社会生活习俗风尚。故事中有不少富有教育意义的格言、警句，一直被人民广泛传诵。

（3）老挝古代文学中的神话故事、民间传说、史诗、抒情诗、散文、小说和寓言等饱含佛教思想观念，其中较为著名的有《信赛》、《占巴西顿》、《苏里冯》、《卡拉吉》、《占塔卡》、《盖乔》、《林通》、《陶卡维》、《登温》等作品。这些作品有的歌颂纯洁的爱情，有的赞颂正义战胜邪恶，讴歌人们为追求幸福而同大自然和社会黑暗势力作不屈不挠斗争的精神，贯穿了佛教的思想教诲。

在这些作品中，17 世纪中叶由陶邦坎创作的长篇叙事诗《信赛》最为优秀。《信赛》共分十六章，共计四千多行，主要讲述古槟占国王的幼子信赛的故事。故事主要情节如下：槟占国王的妹妹苏牟恩塔在御花园赏花，不料被魔王古潘掠去。国王思妹心切，将王位让给王后，乔装为僧，离宫外出寻妹。偶遇一户财主，家有七个美貌女儿，至为倾慕。随派遣钦差大臣，备厚礼求亲，七女子做了王妃。王后和七女子均育子，最小的王妃育二子，一名信赛，一名桑通。信赛和桑通被占卜师诬称为灾星，被流放到深山密林。春去秋来，韶光流逝，国王其他六个妃子的儿子相继长大成人。国王命他们演习武艺、法术，以搭救姑母苏牟恩塔。六王子来至深山，迷了路途，恰与信赛邂逅，交谈间得知是同父异母兄弟。他们借信赛的帮助，制造假象，诡称学到了法术，可以搭救姑母。国王命他们施展法术，寻找姑姑。其实六个王子不学无术，到处碰壁，一筹莫展。后来还是信赛战胜了魔王古潘，救出了姑姑。六个王子妒火中生，欲将信赛的功劳据为己有，施毒计将信赛推下深渊，并向姑姑谎称，信赛不慎坠崖身亡。苏牟恩塔回到槟占国，十分想念侄子信赛。后得知信赛还活着，随将自己被搭救的前后经过一一告知国王。国王恍然大悟，随将陷害信赛的六个王妃和六个王子打入监牢，并立即遣人迎信赛回宫，举行隆重大典，禅位于信赛。槟占国由此繁荣昌盛，国泰民安。

2. 近代文学

老挝近代文学指的是 19 世纪末期至 20 世纪中叶老挝沦为法国殖民地时期的文学作品。这一时期的作品充满反法国抗殖民侵略的色彩。

19 世纪末，法国殖民主义者开始侵入老挝，实行奴化教育，推行愚民政策，传播腐朽的资产阶级文化。原来为数不多的老挝文学图书资料遭抢劫、焚毁，散失殆尽，除了一些从前手抄的民间故事以外，几乎没有用老挝文出版的书籍和报刊，老挝民族文学遭到了严重的排斥和摧残。然而，随着老挝人民汹涌澎湃的抗法斗争的展开和民族的觉醒，一大批爱国的文学工作者和革命知识分子创作了许多诗歌、小说、散文随笔等革命文艺作品，揭露殖民者的侵略罪行，歌颂人民的抗法斗争的英勇事迹，成为老挝近代文学的主要内容。其中比较著名的有富米·冯维希、西沙纳·西山、乌达玛·朱拉玛尼、坎马·彭贡、宋西·德沙坎布等。他们的作品，有的描写老挝人民的革命斗争生活，揭露外国侵略者的暴行；有的抒发热爱祖国、热爱和平的情感，如西沙纳·西山创作的《爱老挝》、乌达玛创作的《占芭花之歌》等优秀作品，在老挝人民中广为流传，经久不衰。1980 年，美国著名学者肯尼·卡兹纳把这首诗歌收入他著的《世界的语言》一书中，被誉为老挝近代诗歌的优秀之作。

3. 现代文学

老挝现代文学指的是 20 世纪中叶以来的文学作品。这一时期的作品题材多样、充满革命色彩，其中以讴歌老挝人民抗美救国斗争，歌颂战斗中涌现出来的大量英雄人物与事迹为主。它从不同的角度，以崭新的面貌、旺盛的生命力，开创了老挝民族文学的新阶段。

一是描写被压迫的劳苦大众奋力抗争，不屈不挠地寻求革命真理的过程。主要代表作有占梯·敦沙万的《生活的道路》、坎连·奔舍那的《西奈》、女作家维昂亨的中篇小说《离别西潘顿》、万赛·蓬占的《万象街头》等。

占梯·敦沙万出身于一个普通的农民家庭，由于他家同情革命，让"伊沙拉"自由阵线的干部留宿，他的父亲就被敌人抓走了。不久，他的哥哥姐姐相继饿死、病死，母亲不得不带着他背井离乡，四处流浪，过着朝不保夕的生活。后来，母亲被迫当了人家的佣工，受尽生活的煎熬，最后劳累而死，剩下他孤身一人。为了寻找活路，他找到了革命队伍，锻炼成长为一名优秀的战士。根据他的亲身经历创作的中篇小说《生活的道路》，描写了一个深受殖民主义和封建主义欺凌压榨的老松族少年，在抗击殖民主义及其走狗的斗争中，在老挝爱国战线的教育下，成长为一名人民解放军战士的历程。小说主人公成长的道路，也是老挝人民为争取祖国解放和民族独立而进行英勇斗争历程的概括。作者以朴素的语言、生动的形象，为读者描绘了一幅老挝人民现实生活和斗争的画面。这部作品于1970 年发表，成为老挝现代小说的优秀之作。1975 年，小说被译成中文，在中国出版。

坎连·奔舍那创作的中篇小说《西奈》描写了两个乡村的贫苦农民遭受当地官僚地主的欺压，忍无可忍，在"伊沙拉"自由阵线干部的带领下，毅然揭竿而起，推翻封建统治，夺取政权的斗争故事。小说着重刻画了贫苦农民梯诺·帕沙里的形象，写帕沙里从自私落后、胆小怕事到后来勇敢刚强，为了大众甘愿牺牲个人利益的转变过程。这是老挝第一部以农村现实生活为题材，反映广阔社会生活的现代小说。尽管小说存在着情节安排不够妥当、脉络不够分明等不足之处，但仍不失为老挝的优秀小说，它对老挝现代小说的创作，起了积极的推动作用。

女作家维昂亨在 20 世纪 60 年代发表的中篇小说《离别西潘顿》也

是老挝优秀的现代小说之一。小说的主人公莎依萨蒙是一个出身贫苦的姑娘，长得俊秀端庄。她的未婚夫去解放区参加了革命，而她留在敌占区被一名反动军官看中霸占。后来，她又像商品一样多次被人转手买卖，当了饭店女招待，最后沦为妓女，受尽了蹂躏践踏。在绝望中，她满腔悲愤，怀抱着刚刚出生的婴儿，一起跳进了波涛滚滚的湄公河中。小说有力地控诉了反动统治的黑暗和罪恶，展现了在吃人的旧社会广大劳动人民特别是妇女的悲惨命运，同时也表现了她们对幸福美好生活的热切向往。小说语言流畅，笔调深沉，有着较强的艺术感染力。

二是描写军营生活，再现了老挝革命战士艰苦奋战的情景。主要代表作有苏万吞的多卷集长篇小说《第二营》、塔努赛的《不朽的西通》、西沙纳·西山的《革命传统故事》、俄桑·佩派本的长篇小说《生活的风暴》等。

苏万吞的长篇小说《第二营》，生动地描写了驻扎在战略要地查尔平原地区的巴特寮战斗部队第二营指战员的光辉历程。这支部队在极其艰苦的环境里，冲破敌人六个营的重重封锁和包围，安全神奇地撤回根据地，以后又转战南北，屡建奇功。这是一曲颂扬老挝爱国军民抗美救国斗争的赞歌。小说以丰富翔实的材料展现了波澜壮阔的战争场面，情节跌宕起伏，动人心弦。这部作品是以战争为题材的优秀长篇小说之一，在老挝现代文学史上占有相当重要的地位。1981 年，这部小说被改编拍摄成老挝第一部彩色故事影片《查尔平原的枪声》。此外，作家苏万吞还创作了《姐妹俩》、《两岸》、《回忆》等长篇小说。

坎连·奔舍那的长篇小说《爱情》，描写的是抗法时期发生的一个故事。小说主人公陶潘与一位名叫阿顿的姑娘真挚相爱，两人山盟海誓，决心白头到老。正在这时，老挝国内爆发了抗法战争，陶潘立即参军奔赴战场。在一次战斗中，他不幸被敌人抓去当了俘虏。在狱中，他坚贞不屈地同敌人斗争。出狱后，他改名为阿达，继续进行地下革命斗争。阿顿姑娘在后方一心等着情人归来。一天传来噩耗说，"陶潘被俘牺牲了"。阿顿听后痛不欲生，后又遇乡长向她逼婚，她断然拒绝。当战争取得胜利后，陶潘返回家乡，方知心爱的阿顿姑娘已被迫嫁给了另一个青年，极为痛苦。他心里明白，这个悲剧完全是由法殖民主义入侵造成的。他与阿顿虽不能结为夫妻，但仍以好友相处，互不指责，双方真诚谅解。青年陶潘为了抗战杀敌，为了捍卫祖国，为了革命牺牲了个人的爱情，这正是老挝人民学习的楷模。在这些作品中，作家们着力描绘的主要人物，或者是与敌人进行英勇斗争的人民解放军战士，或者是用各种计谋同敌人巧妙周旋最后取得胜利的游击战士，或者是拿起武器奔赴前线，与丈夫并肩作战的农村妇女。他们都是极其平凡的人物，但却表现了刚强不屈的大无畏的斗争精神。他们以自身的榜样鼓舞广大老挝军民为祖国的完全独立和民族的彻底解放而浴血奋敌。

三是反映老挝少数民族的斗争生活。代表作有小说《山雨》和乔玛尼的小说《新生活》。

《山雨》中的主人公是一个受欺骗而当了土匪的老松族青年。一天深夜，他在家听到解放军攻打土匪营地的枪声，便慌忙拉着怀孕的妻子逃出家门，不料，妻子在半路上临产，无法继续赶路，他打算把妻子送回家，却又害怕妻子落入解放军手中。在他眼前立即出现了反动派所宣传的解放军是残暴的刽子手的可怕形象，于是，他狠心地用毒草将妻子毒死。然后他又跟着土匪继续与人民为敌。不久，他听有人说他的妻子没有被毒死，而且还生了一个可爱的儿子，他将信将疑。为了搞清事实真相，他便冒着倾盆大雨赶回家中，但十分惧怕有解放军在场，不敢贸然进屋。当他听到屋里传来小孩的哭声后，便不顾一切地猛然踢开家门，一眼看见了自己的妻子怀抱着一个婴儿，他惊喜万分，立刻把他们紧紧抱住。当妻子把解放军战士如何想尽办法救活她母子俩的详细经过告诉他以后，他悔恨交加，泪流满面，感动不已。后来，他决心弃暗投明，加入了人民解放军的行列，并多次立功受奖。作者细腻地描写了主人公从思想到行动的转变过程，真实可信，为读者塑造了一个刚强爽直、爱憎分明的老松族青年形象，生动感人。

《新生活》反映了得到解放的老松族人民的精神面貌。老松族人民和其他民族互相帮助，亲密团结，并肩战斗、生产，享有民主自由的权利，共同建设自己的家园。他们当中有许多人成为工程师、医生、教师和文艺工作者。小说以丰富的材料展现了一幅民族和睦、共建家园的动人画面。

四是以妇女为题材，歌颂老挝妇女勤劳、善良、忠于爱情、热爱祖国的优秀品质。主要代表作有小说《三好妇女娘玛》。

《三好妇女娘玛》主人公娘玛是一位有四个孩子的农村妇女，丈夫在前线作战，她在家照料孩子和年迈的父母，担负着繁重的家务、农活，但她不满足于在后方做一个贤妻良母，还努力尽一个优秀公民的义务。她克服了重重困难，刻苦学习文化，积极参加各项社会活动，带领全村农民搞好农业生产，踊跃上交公粮，动员妇女送夫送子参军上前线，创造了平凡而伟大的业绩，赢得了村民的信任和称赞，被光荣地评为全区"三好妇女"的标兵。小说通过娘玛这个典型形象的描写，热情地歌颂了老挝妇女在民族解放斗争事业中作出的卓越贡献。小说语言清新流畅，故事情节真切动人，富有浓郁的生活气息。以上这些作品都有一个显著的特点，就是很少有虚构或杜撰的成分，因而真实感强。这些作品虽然没有惊心动魄的场面，也无跌宕起伏的情节，但质朴清新，亲切感人，平淡中见深沉，具有一种特殊的艺术魅力。

值得一提的是，老挝现代文学的某些特点和创作手法显然受到了中国现代战争文学的深刻影响，有些可以说是直接的借鉴和模仿。不少作品在主题思想人物塑造、故事情节和艺术手法等方面与某些中国文学作品有着惊人的相似之处。这是因为老挝是中国山水相连的邻邦，两国在文化、艺术等方面有许多共同之点。特别是老挝人民所进行的革命斗争与中国人民所进行的革命斗争有着相同的性质。加之在 60 年代至 70 年代中期，老挝许多文艺工作者和新闻工作者络绎不绝来到中国参观访问，与中国的文艺工作者进行了广泛深入的座谈交流，对中国现代文学有比较多的了解。两国文艺工作者的这种交往，无疑会对文学创作产生深刻的影响。

（三）老挝舞蹈

1. 古典舞蹈

老挝古典舞蹈又称为宫廷舞蹈，有两大特点：一是舞姿典雅，动作优美，静中有动，动中欲静，动作连贯。老挝古典舞共有 68 个基本姿势，每一个舞蹈姿势都有明确的含义。这些姿势以安静、平缓的节奏表达人物的喜悦、痛苦、愤怒、疑惑等各种复杂的内心活动。二是用歌唱来说明剧情的发展，表演舞蹈的时候，由民族乐器伴奏，并由歌唱演员随着舞蹈演员的臂膀、手脚、脖子、头、耳、目的各种动作，用歌词来解释舞蹈的含意和剧情的发展。歌词一般是描写景物、歌颂善良、斥责丑恶或是记叙一段故事内容。歌的曲调悠扬动听，沁人心肺。

老挝古典舞蹈的代表作要算祝福舞。据说，这个舞蹈节目吸收了泰国古典舞蹈中的某些动作，并结合老挝民间的祈灵敬神舞发展而成。这个舞蹈一般作为开场的节目，用来对观众表示最美好的祝愿。在老挝的古典舞蹈中，还有根据老挝富有民间色彩的长诗"娘西达"编成的大型古典舞剧，以及其他一些根据印度神话故事改编的舞蹈等。

2. 民间舞蹈

老挝民间舞蹈有着极浓厚的民族特色，它来源于人民生活，反映人民的现实生活，深受广大人民群众的喜爱。老挝各地区、各民族有不同形式、不同风格的民间舞蹈。老挝民间舞蹈主要以鼓、芦笙、木琴、笛子、二胡等民族乐器伴奏，这些乐器节奏轻快，优美动听，具有鲜明的民族特色，舞蹈的道具、服装也简单朴实。有些民间舞蹈是表现人民的狩猎生活，如射箭舞、捕鱼舞、孔雀舞等；有些则起源于农业劳动，表现农民丰收后的喜悦心情，如打谷舞、捣米舞、镰刀舞等；有些是抒情舞，表现人们对美好生活的向往，如赏月光舞、共伞舞。

（1）赏月光舞。赏月光舞是单人舞，舞姿取自古典舞蹈中的某些动作，由女演员演出。演出时，演员身着民族服装，由男青年用木琴、象脚鼓、芦笙等伴奏，幕后还有女歌手伴唱，唱词主要是歌颂大自然的美景，把浩月当作真、善、美的象征，反映人民对美好未来的向往。

（2）"坦约"舞。老听族的一种舞蹈形式。"坦"是蹬的意思。双方"坦约"时，各人只用一脚着地，边跳边用另一只脚去与对方的脚掌相蹬，看谁能以体力与技巧取胜。

（3）击竹筒舞。击竹筒舞是一种比较热烈的舞，跳舞时，人们一边击着发出不同声响的竹筒，边颤动着身体，同时又把竹筒击在地上，口中念念有词。过去这是向国王祝福的舞，主要是老历十二月节时在王宫跳的，后来才成为老听族民间庆丰收舞。

（4）芦笙舞。老松族的一种把舞蹈、体育活动和男青年向女青年求爱结合为一体的民间舞蹈，是老松族喜庆日子必不可少的娱乐活动。

（5）南旺舞。它是老挝民间舞蹈中，流传最广、最受群众喜爱的民间舞蹈。所谓"南旺"就是圆圈舞的意思，跳舞的人就绕着圆圈跳。在新年、结婚、生日等各种喜庆或重大节日以及农闲季节，人们都喜欢集合到一起跳南旺舞。这种舞跳起来方便，不需要复杂的服装道具，在任何时间地点都可以跳。开始一般由舞会主持人或由大家选定的男人先出来跳，他跳完了一圈之后，便邀请在场的男舞伴一起到坐在最前排的女舞伴面前双手合十敬礼以表示邀请，女舞伴也以同样的方式回谢，表示接受邀请。南旺舞的跳法有很多种形式，由旋律和伴唱的曲调内容所决定，其中"沙拉弯南旺舞"则是一种舞步变化多端的南旺舞，以"卡沙拉弯"曲调演奏，伴唱人以唱词指挥跳舞人跳各种形状的舞，有如蝴蝶采花的女舞伴蹲着跳，而男舞伴绕着女舞伴，双手像蝴蝶翅爪一样翩翩起舞，有时双双蹲着跳，或者退步跳，也有装作矮子动作来跳的。当南旺舞伴唱的曲终、鼓声停止时，男女舞伴就双手合十互相表示敬礼和再见，然后各自回到座位。

据考证，跳南旺舞的国家除了老挝外，还有泰国和柬埔寨，而且都同样叫南旺舞。南旺舞是在第二次世界大战结束后才逐渐地在老挝流行起来。开始时只在万象、琅勃拉邦、他曲、沙湾拿吉百细等几个主要城市流传，20世纪40年代末传到农村。在老挝最早出现的南旺舞，无论是舞姿、舞曲都与泰国当时流传的一模一样。例如1946—1949年在老挝风靡一时的南旺舞舞曲"大梦大"（眼对着眼），"超内大梦"（少女的秋波），都是原封不动地从泰国搬过来的。到了50年代初，老挝自编的南旺舞曲和南旺舞动作才出现，50年代中叶老挝式的南旺舞才真正形成，此后又不断吸收老挝其他民间舞蹈的营养，发展成为今天多彩多姿的老挝南旺舞。

（四）老挝音乐

老挝有着自己优秀的传统文化，人民能歌善舞。老挝音乐文化受佛教影响较深，并和周边邻国有着密切的关系。老挝音乐包括传统音乐和流行音乐。

1. 传统音乐

老挝传统音乐主要指民歌民谣，包括僧侣奉劝人民行善的寺院歌谣，还包括反映人民群众思想感情的民间歌谣。老挝人民最受喜爱的传统音乐是"咔"和"喃"。确切来说"咔"和"喃"是老挝民歌曲调总称。

"咔"往往只流行于某一地区或某一民族中，因地因族而异。例如，咔芬流行于川圹泰芬族中，咔额姆流行于南额姆河流域；咔吞流行于琅勃拉邦；咔桑怒流行于虎潘省桑怒县一带；咔渝是老挝傣族民歌；咔普固是丰沙里省普因族民歌。

"喃"流行的地域比较广阔，多以有韵律的三言、四言、五言或七言诗或自由式吟咏、排偶句的杂言诗为歌词，可长可短，由歌手，尤其是民歌手"摩喃"根据固定曲调，即景即情编词，叙事、说理、抒情，有独唱、对唱、一人领唱众人附和等形式，曲调也因地域和民族而异。

2. 流行音乐

老挝流行音乐发展始于 20 世纪中叶，且受周边国家影响较深，特别是泰国。老挝和泰国是邻国，语言同属于汉藏语系，风俗民情也很相似，使得老挝人比较容易接受泰国的流行文化。泰语歌曲以其自身独特魅力和文化优势吸引着大量的老挝听众，大量的 CD、VCD 充斥着老挝的各音像店，占领着老挝市场，也影响着老挝流行音乐的作曲风格、歌唱风格、歌词内容等。此外，随着老挝人与外界的交流日益增多，也有相当一部分人是喜欢听中文歌曲、日韩歌曲的，比如一首韩国的"Nobody"，很多老挝年轻人都耳熟能详。老挝北部与中国接壤，边境上互通往来，在老挝边境上可以通过卫星电视搜索到中国的电视台，很多老挝人很喜欢中国的流行歌曲，像著名歌手周杰伦、陶喆、蔡依林等的歌曲，很多老挝人都会唱，并且很喜欢。总体而言，老挝的流行音乐呈现以下特点：

第一，歌词通俗易懂，交替重复。从很多老挝流行歌曲中，可以看到很多歌词都是交替重复，通过一些通俗易懂的语言叙述着一段感情，歌词都是生活中常见到的词语，同时也采用了一些时尚用语。比如《你的心在哪里》：只是这样亲密，只是这样靠近，相互靠得很近，但是却没有爱过，只是这般接触，但是内心却没有真正爱过，当他靠近的时候，却感觉很遥远，因为不想让他知道，因为害怕他知道后会拒绝，那个人你感觉怎么样，告诉我你对她的感觉……越是想，越不明白对方在想什么，如果你需要她，你喜欢她，就直接去找她，不要在这踌躇徘徊，决定下来就去做吧！只是这样亲密，只是这样靠近，相互靠得很近，但是却没有爱过，只是这般接触，但是内心却没有真正爱过……歌曲大部分采用一些生活用语，通俗易懂，且感情较为细腻，有些片段不断地交替重复。

第二，歌曲主题贴近生活。老挝流行音乐大都描写爱情。我们可以从歌词里探寻这首歌想要表达的感情，可以从歌词不断的重复和交替里听出旋律的优美，给人带来与听觉不一样的感受。在老挝的流行音乐歌曲构成中，很少有涉及除了爱情以外的流行歌曲。

（五）老挝戏剧

老挝的戏剧有歌剧、舞剧，也有短篇喜剧、话剧等。至今老挝民间仍然流传着一种由一男一女合演的小歌剧。这种歌剧大多取材于婆罗门教和佛经故事或印度神话、传说等，其主题主要是侠义与爱情。老挝舞剧的雏形是宫廷舞剧，演员的服装绚丽多彩，多戴有面具，舞姿以手部和臀部动作为主，舞台上一般还置有布景。剧的内容大多是神仙鬼怪和宗教故事。

《群战恶魔》在老挝流传很广，久演不衰。这个舞剧故事情节优美动人，讲述在一个风景如画的湖边，四个美貌的仙女在梳洗打扮，翩翩起舞。正当她们尽情欢乐嬉笑的时候，突然听到一声巨响，随之升起一团烟雾，从烟雾中跳出一个青面獠牙的凶神恶煞。当它看见四个仙女时，立即现出一副殷勤谄媚的神态，以图博得仙女们的欢心。可是，仙女们早就看透了恶魔的心计，对它怒目而视，不予置理。恶魔无可奈何，便凶相毕露，拨出魔棍挥去，企图强行霸占手无寸铁的仙女。正在这危急时刻，四个武艺高强的英俊少年路过那里，他们见义勇为，立即与恶魔展开一场激战。四个少年在这场战斗中所向披靡，锐不可当，终于降服了恶魔，救出了仙女。最后，四个少年各自获得四个仙女的爱情。在阳光明媚、鲜花盛开的湖畔，他们载歌载舞，流连忘返。

《娘西达》，叙述国王帕拉和王后娘西达在神仙、猴王等援助下战胜凶恶魔王的故事，流传也很广。这类古典舞剧中男主角往往是俊秀英勇的王子或品德高尚的少年，因有法力无边的因陀罗菩萨相助，具有非凡的神通，与凶残贪婪的魔鬼夜叉顽强搏斗，最终取得胜利。女主角通常是一位聪明美貌的姑娘或仙女，对爱情忠贞不渝。主人公经过种种磨难，最终以大团圆结尾，以此表达人们对邪恶势力的憎恨和对自由幸福生活的向往。从古典舞剧中还演变出另外一些剧种，如"依给剧"和"娘乔舞剧"，都是老挝人民喜爱的剧种。其中尤以"依给剧"最为流行，在琅勃拉邦省以南的所有城镇都建有这种剧团。这种剧在表演时，演员身着古装，载歌载舞。"娘乔舞剧"也颇富情趣。表演时，演员戴上各种假面具，扮演帝王将相、才子佳人和神仙、魔王、道士、星相家等角色，表现各角色之间的复杂关系。剧情内容丰富，情节曲折，引人入胜。每当节日或农闲季节，乡下人都争先邀请城里的剧团到农村巡回演出，往往通宵达旦，热闹异常。

（六）老挝建筑

1. 传统民居建筑

老挝是一个民族文化非常浓厚和复杂的小国，多属山区，气候潮湿多雨且炎热，因此在传统民居住宅建筑采用了"干栏"式建筑，也称高脚屋建筑。

高脚屋是一种很古老的建筑形式。从它的断面来看可分为两层，上层住人，下层圈养牲畜和放置家什、农具等物品。上层一般由正屋、阳台和过廊三部分组成并设两个外门：一门通过廊（或侧廊或曲尺廊），多数地区此门专供男子出入；另一门通阳台，供家庭主妇或其他女子出入。过廊供人们进屋时在此脱鞋净足，或供来客挂放小东西。阳台供存放饮用水，晾晒物品或做炊事，有简易楼梯通地面，它也是会客或举行各种礼仪的地方，阳台虽然结构简易，却是家人用来乘凉或做手工、针线活的好地方。正屋也就是卧室，屋内通常隔成里外两间，多者有4—5间，不欢迎外人进出，每一间宽约3米，留一间做客房，余为家中成员卧室，卧室席地而卧，多不设床，房内常有用木料排列搭起的阁楼，存放不常用物品。在主人卧室的东面会有拜佛台，意是保佑家庭平安、幸福。不过此台一定要布置高于头部。堂屋设在进门处比较宽敞，中间铺满大竹席，可在此招待客人吃饭、聊天、谈各种事宜，是与外人会见的场所。建筑正面中间有楼梯与地面相连接，有的也可以从侧面入室，楼梯级数常为奇数。房子的墙壁绝大多数是用宽竹篾编的席子做成。地板用竹板拼成，房盖呈人字形，以适于热带长期有雨的老挝，屋顶的材料通常是竹子、稻草、木顶或瓦顶。厨房和卫生间靠近主楼另建，在厨房里设有火塘，火塘上方悬挂一个木架，熏烤肉品和辣椒、香茅根等作料。

老挝的高脚楼全部采用竹子和其他当地材料，这样使老挝高脚楼形式美观，结构合理而坚固，布局得当。特别是夏季通风凉爽，最适宜于当地炎热的天气。在东南亚以及中国西南的傣族和许多其他少数民族也是居住这种干栏式建筑的房屋。

2. 佛教寺院建筑

老挝拥有众多的佛教寺院。在不同的历史时期、不同的地域，老挝人在全国各地兴建了风格各异的佛寺建筑。佛寺一般设在村民居住社区的中心地带，寺院建筑的布局以及建筑单体在形制上的要求并不严格，寺院大多数是四边形，有开敞的空地，呈现一种开放的状态，在寺院低矮的围墙上，摆满了村民保存骨灰的小塔。每一个寺院有一座中心建筑即佛堂，佛堂四周围绕着法堂、鼓亭、僧舍、塔等，形成了一个以佛堂为中心的建筑群。佛堂一般规模不大，台梁式结构，长方形的平面分为两部分：靠前的约1/3的面积是过渡空间，多设计为透空的前廊；另一部分则是内部空间。佛堂内设有释迦牟尼塑像圣坛等。入口处的阶梯扶手通常会做龙的形状，入口的外斜撑上有装饰。因老挝处在热带雨林地区，雨水多，建筑物的屋顶往往做成斜坡状，同时为了使雨水迅速下流和远离建筑物落下，屋顶的斜坡往往追求一种曲线而成为佛堂建筑独特的风格。在琅勃拉邦和沙湾拿吉，大多数佛寺设有独立的法堂（法堂是和尚讲经说法讲法学法的地方）在一般情况下法堂三面透空，一面有墙。因为容量以及热带地区空气流通的需要，法堂的空间通常设计得比较高大、宽敞，寺院建筑的建造因地而异。在沙湾拿吉地区，法堂的四周都有墙，使得其看上去是寺院里规模最大的建筑，如采雅菩寺、苏南塔寺的法堂等。而在万象人们习惯将法堂和佛堂设在一起，使建筑形体更加庞大雄伟。另外，不同时期、不同地域鼓亭的建造也呈现出不同的特点。在琅勃拉邦的大多数为一层，体形矮小，如琅勃拉邦香通寺的鼓亭。在万象新建的鼓亭多为三层，这是目前最高级的鼓楼，如万象海苏寺、垠北寺、昂德寺的鼓楼等。另一类建筑是僧房，僧房的形制与传统民居类似，多为干栏式建筑，坡屋顶，楼层较高，因为热带潮湿蚊虫多，人的起居生活在上层。它的布局比较随意，从平面布局来看，主要有两种不同性质的空间：卧室（卧室又分为大和尚卧室和小和尚卧室）和客厅（作为和尚和村民会见场所）。寺院内所有建筑的装饰色彩都是以黄色为主，给人金碧辉煌的感觉。门窗、柱子和栏杆等细微的部分都做得非常精细，常饰以老挝传统艺术花纹和反映释迦牟尼故事的雕刻图案。

四 传统习俗与节庆

（一）饮食文化

老挝人的饮食，普遍认为较为简单、自然，其最大的特点在于：喜吃糯米饭；爱酸辣口味、取材自然；少盐油、不食猪油和动物内脏等。

1. 喜食糯米饭

长期以来，老挝人形成吃糯米食物为主食的传统，他们通过不同的烹饪方法，制作出色、香、味不同的食品，其中最主要的有蒸制的糯米饭、烧制的竹筒饭、烤制的糯米面包以及煮制的糯米粽等。

糯米饭。制作方法是，头天晚上用水浸泡糯米，第二天清晨把米捞出来放在一个叫"会特"（HUAT）的竹编漏斗状有盖的盛器内，将其套架在装有水的锅中，架火蒸。他们蒸制的糯米饭硬度、黏度适中，芳香扑鼻，很有嚼头。在日常生活中，老挝人将糯米饭盛在一种叫"蒂考"（TIP KAO）的竹编小饭篓里。吃饭时，把饭篓的盖子打开，抓出一小团糯米饭，用手攥、捏成柔软小饭团，然后蘸上鱼露、辣椒等制作的调料一起吃，味道特别香醇可口。

"考南"（KHAO LAM，竹筒饭）。制作方法是，取新鲜竹筒一节，可粗可细，装入浸泡过的糯米，加入椰子水、椰子肉或其他甜品、咸品，用芭蕉叶或椰绒封住开口，架在火上烧烤。熟后，劈开竹筒食用，清香可口，很有特色。

"考吉"（KHAO CHI，糍粑），源自老挝民间三月节的斋僧食品，其制作方法是，捏好糯米饭团，撒上盐粉，插在竹签上，再涂以鸡蛋，放在炭火上烧烤，直至焦黄，口感香脆，近似炸"糍粑"。但现在的老挝"考吉"已经吸取了法式面包的制作工艺，外形上多数呈条状。使用时，可破开两半夹杂一些肉馅，涂上些许奶酪，吃起来美味爽口无比。

"考吨"（KHAO TOM），长条形。制作方法是，用芭蕉叶包裹浸泡过的糯米，加入猪肉、鸡肉、香菇等配料，用竹篾捆扎，放入水中煮熟。类似于中国南方的粽子，一般是九月的祭祖节制作，供奉先人或寺庙用。

2. 喜欢酸辣

在老挝传统的菜肴中，几乎都是酸辣口味的，其中最具特色的有：

"腊普"（LAP），是香辣肉末，是最具老挝民族特色的菜肴之一。可分生、熟、半生熟三种。取新鲜鱼肉、猪肉、火鸡肉剁细，拌以新鲜辣椒、盐、鱼露、香茅、薄荷等各种佐料制成。

"丹玛轰"（Tam Mak Hung，春木瓜丝），实际上就是酸辣木瓜丝，但却是老挝人最喜爱的特色佳肴之一。它的制作方法是，先把未成熟的木瓜削成丝状，然后放置于一个石臼里，再加上鲜辣椒、西红柿、柠檬、盐、糖、味精和鱼露等调料，用杵子春拌，直至木瓜丝和各种调料融在一块，入口柔软酸辣甜，令人回味无穷。

"更炎"（Keng Yam），即酸辣汤。制作的原料较丰富，有鱼片、肉片、虾、蘑菇、竹笋、酸西红柿、蔬菜、香茅、薄荷、柠檬等，特色是酸辣醒口。

3. 取材自然

老挝菜肴的制作并不复杂，就近取材用料，几乎一切家养、家种或野生的动植物均可烹制，既有通常的鸡鸭鱼肉菜蔬，也有野味野菜。佐料简单，除葱、姜、蒜、花椒、胡椒、八角、香菜、盐巴外，另有鱼露、香茅、薄荷、柠檬汁，还有一些叫不出汉译名的树叶，菜生食较多，其中著名的自然佳肴有"炸蜂蛹"、"炸竹虫"、"炸蝗虫"和"蚂蚁蛋"等。老挝人吃的蚂蚁蛋，是一种名叫金蚁的卵。这种蚂蚁体形大，有1厘米长，生活在热带地区的大树上，如芒果树、玉兰树等。据说，这些蚂蚁蛋含有很高的蛋白质，吃了有保健作用，能软化血管，缓解脑血栓等疾病。

（二）服饰文化

1. 日常服饰

日常生活中，老龙族人的衣着简朴无华，男女均喜穿黑色或深色圆领长袖上衣，有时短袖，也多为褐色或深色。男子下身穿黑色或深色长裤，很少穿短裤；女子则穿黑色或深色筒裙。居家时，不论老少，男子喜欢纱笼，多为黑白或蓝白相间的方格棉布或绸布，视经济情况而定。当然也有穿长裤的，但穿短裤的极少。女子喜穿花筒裙。

2. 节日服饰

在节日或参加正式社交活动时，无论男女老少，服饰都相当讲究，而且有一定的传统规范。男子下身着"帕嘎丢"（Pa Katio）或称"帕姚迈摄丢"（Pa Yaomayyip-tio）。一般为绸布，也可以为棉布。穿法是，用一副长布自后朝前围腰，将两端布边卷在一起，穿过胯下将布卷头掖在后腰。正面看如现代流行的锥形裤，背后看似有一条大尾巴夹在裤裆间。上衣多为白色，长短袖均可。重要的是要有一条披肩布。不过男子的披肩布无论花色或布料均不如女子所用的披肩布讲究，常见以方格纱笼或水布替代，也有用淡黄色丝布的。以往，如果在节日活动中不穿戴齐整，常常会被人瞧不起，特别是入佛寺听经礼佛，参与宗教活动。

3. 老挝筒裙

老挝筒裙有别于泰国、缅甸、柬埔寨的筒裙，其特点是由裙头、裙体、裙角三部分缝制而成。裙头为普通深色布；裙体为一幅较宽的布，花纹不一定很鲜艳，但色泽要好，甚至织以少量金、银丝线；裙角则要相当鲜艳精美，多织以几何图案花纹，老挝筒裙堪称老挝的一种手工艺术精品。老挝筒裙的布料要求有一定厚度，特别忌讳太薄甚至透光见肉体。穿着也有一定的规矩，要求裙头齐肚脐，裙角盖小腿肚，长至脚腕、不得短至膝盖，否则会受人讥笑。穿筒裙一般还要扎腰带，多为金属制品，以银质为最佳，宽 4 厘米左右。至于披肩布，老挝称作 "Pa Pat Biang" 或 "Pa Pe Biang"，是老龙族女子民族服饰的又一显著特征，多数为丝织品。手工织造，花色图纹特别精美讲究。一般长 1.6—2.2 米，宽 35—37 厘米，两端可以有须，也可以无须。披戴时将其对折，折口朝外，缠胸穿过右掖使两端一前一后披搭在左肩上。在各种正式场合，诸如结魂拴线仪式、参加节日活动、入寺礼佛听经、布施斋僧、到别人家中参加庆典、出席隆重宴会、迎送贵宾等，都要求必须披戴披肩布。有些年轻女子，特别是在充任礼仪小姐或文艺节目时，甚至以披肩布代替上衣，披戴方法与上述略有不同，要求盖住前胸，袒露右肩和两臂，别有一番青春秀美风韵。

（三）节庆习俗

老挝民间节日有许多，有"十二风十四俗"的说法。既有与佛教有关的节日，也有与鬼神有关的节日，如一月守斋节、二月聚场节、三月烤糕节、四月听经节、五月宋干节、六月焰火节（也叫高升节或是竹炮节）、七月除邪节、八月入夏节、九月祭鬼节、十月施僧节、十一月出夏节、十二月布施节。其中，宋干节、塔銮节、高升节、入夏节、出夏节是老挝比较大也比较隆重的节日。

1. "宋干节"

"宋干节"又称"泼水节"或"五月节"，是佛历新年，相当于中国农历的春节，因而是老挝民间最隆重的节日。"宋干"意为求雨，泼水节正值雨季即将来临之际，人们要为一年中最为紧张和繁重的劳动做准备，因此，"泼水"是祈求雨水充沛，五谷丰登。泼水节全国放假 3 天，在农村则要延续一个星期。节日前 3 天，家家用水洗刷房屋、用具，打扫卫生，意为辞旧迎新。泼水节期间，主要有以下几项活动：

浴佛。节日第一天，男女老少身着新衣，携带各种器皿，里面装满用鲜花浸泡的香水，成群结队地前往佛寺。他们把佛像抬到广场或庭院内，面对佛像双手合十默默祈祷，然后用香水浴佛。有时人们还举行彩车游行仪式，第一辆彩车载着巨大的佛像，后面有 7 辆彩车随行，每辆彩车上站着一位化装的"宋干女神"。善男信女们站在路旁，用香水洒向佛像和"宋干女神"。僧侣又用树枝蘸着从佛像身上流下来的水，洒在人们的头上。

泼水。浴佛之后，就可进行泼水活动。老挝的泼水方式和泰国略有不同，在泰国，是晚辈先将水倒在长辈的手心里，由长辈自己将水抹到头发上，然后再往晚辈头上洒水以示祝福。而在老挝，晚辈可以直接把水泼到长辈头上。泼水时，人们先向被泼水者表示祝福，然后再不分男女老幼地相互泼水。如果节日期间没有被泼过水，则视为不吉利，新的一年中将会面临灾难。所以，人们总是愉快地接受别人向自己泼水。同时，佛教徒们也认为，在过去的一年中总不免会做些污浊之事，泼水也意味着以洁净之身迈入新的一年。另外，男女青年们也利用这一节日泼水作乐，相互了解，欢度新年。

拴线。在新年第一天进行，也称为"结魂"仪式。人们在地上铺好席子，上面摆有花环、祭坛，形状如小型浮屠，以为这样能招来统辖宇宙的精灵。大家盘坐合十聆听僧侣或德高望重之人诵经，然后诵经者边口念祝词、边将白线拴在长者的手腕上。坐在长者身边的人手上也拴以白线，并用手托住长者的肘部，再有人托着拴白线者的肘部，这样，大家以肘相连，表示长者的福气传给了每一个人。拴在手腕上的白线，至少3天以后才能拿掉。

堆沙。堆沙活动通常在寺院内进行。人们用沙子堆成1—2米高的沙塔，塔尖上插着装饰竹枝。堆沙要用双手轻轻拍沙，不能用脚。堆沙以后，大家围沙塔而坐，聆听僧侣诵经，预祝来年风调雨顺，五谷丰登，人畜兴旺。有些人也在河滩、广场等处堆沙塔，上插彩旗鲜花，大家围塔歌舞，希望来年的谷物能像沙塔一样囤积成堆。

放生。在新年第一天进行，善男信女们纷纷购买鱼、龟、鸟等小动物，放于湄公河或郊外，以示善心，并祈求过去十年中的罪孽得到谅解。

2. 高升节

高升节（佛历6月15日）又叫火箭节、火炮节、火龙节、银盘龙大会、醉酒节、疯狂节、六月节等，来源于婆罗门教的火神祭拜礼。佛教徒的高升是用一根3—9米长、碗口粗细的竹子装上火药制成，在底部再绑上几个同样粗细、长近1米的火药竹筒。高升的外部涂得五颜六色，或用彩纸粘贴，美观异常。小的高升可装十多斤火药。大的高升甚至要装百十斤火药，实际上相当于一枚土火箭。放高升的前一天，男女老少身着盛装，用高大的架子抬着各自的高升送往发射地点。人们敲锣打鼓，载歌载舞，不少人装扮成野人、渔夫、方士、鬼神等，并有大批人跟随护送高升，人们歌舞痛饮，通宵达旦。放高升的场面十分壮观，人们熙熙攘攘，万头攒动，甚至政府官员和外国使节也前来欣赏。燃放之前，四周一片寂静，高僧诵经之后，高升便被逐次点燃。只见一个个高升冲天而起，拖着长长的白烟，发出呼啸之声，直插云霄。人们狂舞高喊，鼓乐齐奏，热闹非凡。谁的高升升得最高，声音最响，组装该高升的技师便被高高举起，被扔到清澈的河水里，并接受节日主持者颁发的优胜奖，喝下新酿的米酒；谁的高升不响或升得最低，那位技师则被扔进污泥潭里并被别人耻笑，认为是不吉利。

3. "入夏节"和"出夏节"（佛历 8 月、11 月，公历 7 月、10 月）

入夏节，相当于云南西双版纳傣族的闭门节，老挝语称为"考盘萨"；出夏节，相当于云南西双版纳傣族的开门节，老挝语称为"偶盘萨"。之所以称为入夏节和出夏节，是因为根据佛教戒律规定，僧侣每年要守 3 个月的"禁期"。在这 3 个月内，僧侣应专心在寺内悟道，不得擅自离开寺院。一般来说，"禁期"也正是湄公河水上涨、雨水较为集中的时期。两个节日期间的主要活动有点灯笼、放灯、赛鼓、放灯船、赛龙舟等，其中后两项最为热闹。放灯船是一项宗教活动，是用来纪念"五佛之母"的仪式。据说有一只白乌鸦在树上巢中生下 5 枚蛋，不幸巢被风吹落在河中，蛋被流水冲散，后被一只母鸡、一条母龙、一条母蛇、一头母牛和一只母龟各拾得一枚带回孵出，成为 5 个男童。在他们知道了自己的来历之后，便决定寻找生身母亲。白乌鸦其时已修成正果，她装扮成一个隐士对他们说，"如果你们思念母亲，就在每年的湄公河水退去以后，制作小船并在上面点灯，随流水将其冲去。"后来，人们便在送水节时放灯船。灯船是一个用竹、藤和棕榈等绑制而成的狭长的筏子，上面插满用树枝、油脂等做成的火把，并摆上米饭、水果、鲜花等各种供品，天黑以后，以和尚敲锣为号，人们点燃火把，割断缆绳，任其漂流。也有人用较大的机帆船，在上面装饰彩灯，在河中缓缓前行。条条灯船星罗棋布地漂在河中，一片灯光闪烁，恰似天上繁星点点，看起来异常壮观。龙舟大赛男女各组队参加，女子组先赛，紧张激烈的场面当然是男子组龙舟赛，所以，老挝政府官员和各国驻老使节也前往观看。各队队员们身穿不同颜色的衣服，操桨一同奋力划水，并有人击鼓发号，统一指挥；岸上的观众也高喊助威，担任义务啦啦队，鼓声、呼喊声连成一片，热闹非凡。

4. "塔銮节"（佛历 12 月，公历 11 月）

塔銮节因塔銮而得名。在老挝语中，"銮"意为"大"、"皇家"或"巨大"，塔銮意即"皇塔"或"大塔"。塔銮位于老挝首都万象，因此该节日也仅在万象市举行。塔銮始建于 1560 年塞塔提腊王统治时期，历时 6 年才完成这个杰出的佛教艺术品。后塔銮历遭毁坏，也历经修葺，保存至今。现在的塔銮是一座砖石结构的佛教建筑群，共有叠次 3 层塔基。在第二层塔基上有 30 座高 3 米的小塔。在每座小塔内，都设置有一座小金塔，重约 60 克，同时还有铭刻佛法核心内容的金贝叶等。主塔矗立在半圆形台座上，总高 45 米，台座周围有 24 瓣大型莲花瓣围衬；塔銮四周建有长廊，整个建筑群占地 8400 多平方米，是老挝的国宝。塔銮是老挝佛教徒和民众顶礼膜拜的中心，塔銮节也被视为全民族的盛大节日，成为规模空前的朝拜塔銮的盛会。在王国时期，塔銮节仪式由国王或王储亲自主持。节日的第一天，国王率领文武官员前往塔銮膜拜，聆听高僧诵经，在塔銮佛寺举行布施斋饭仪式。此外，还在塔銮广场搭起彩台，由国王主持颁奖给有功臣民，并邀请各界贵宾和各国使节观看赛马等传统节目。塔銮节时间为半个月左右。节日期间，全国各地的僧侣和佛教徒络绎不绝地前往塔銮朝拜，民众也纷纷携带各种食物、香烛、鲜花等向僧侣布施。另外，还有文艺、体育等表演活动，整个塔銮广场熙熙攘攘，热闹非凡。塔銮节期间还有一项重要的活动，即延续 3—7 日的国际博览会。

五　教育与通信

（一）教育

老挝实行普通教育、民校教育、职业教育并举的人民教育制度。学前教育以幼儿园为主的教育形式，学制 3 年；小学教育规定为义务教育，学制 5 年；中学教育分为初中和高中，学制定为初中 3 年，高中 3 年；高等教育学制一般为 4 年。老挝现有三所大学。位于首都万象的老挝国立大学前身为东都师范学院，1995 年 6 月与其他 10 所高等院校合并设立国立大学，有 8 个学院。近两年，老挝南部占巴塞省、北部琅勃拉邦省的国立大学分校相继独立，被正式命名为占巴塞大学和苏发努冯大学。2009 年，老挝全国小学入学率约为 89%，人数为 90.9 万人，初中生人数为 26.4 万人，高中生人数为 15.7 万人，大学生人数为 6 万人。

（二）新闻媒体

全国各种报刊约有 20 种。《人民报》为老挝人民革命党中央机关报，创刊于 1950 年 8 月 13 日，用老挝文出版。其他还有《新万象报》、《人民军报》等。外文报刊有英文报《万象时报》、《KPL 新闻》和法文刊物《革新周刊》。巴特寮通讯社：1968 年 1 月成立，为老挝国家通讯社。老挝国家广播电台：设在万象，用老挝语广播，对外用越、柬、法、英、泰语广播。此外，还有老挝人民军广播电台和 14 个省级广播电台。老挝国家电视台：建于 1983 年 12 月，共三套节目。每天各播放节目 18 小时左右。

2003 年老挝国家统计中心公布：印刷厂 54 家，其中中央 5 家、地方 49 家，含私营企业；报刊社 41 家，其中中央 32 家、地方 9 家；报纸发行 537.3 万份、杂志出版 3.1 万本、书籍 400 万册（含学生用教科书）、公报 193 万份；广播电台 19 家，其中中央 1 家、地方 18 家；电视台 30 家，其中中央 5 家、地方 25 家。

（三）通信

截至 2012 年年底，老挝通信光缆总长达 4.1 万公里，移动电话通信基站 4644 个，可覆盖该国 17 个省（市）的 138 个县，其中 3G 网络已覆盖 2000 个自然村。全国已注册电话号码累计达 540.2 万个，平均每百人有 88 个号码。但老挝互联网普及率仅为 5%，累计发放互联网账号 2.6 万个，网民不到 50 万人。无论是对加快经济建设还是提高人民生活水平，电信业都是非常重要的基础设施。为了保证国内电信业的发展速度，老挝政府将继续采取一系列措施，其中包括加大政府投入，鼓励外国公司和国内私企参与相关的基础设施建设等。

六 川圹石缸和瓦普神庙

湄公河是亚洲最重要的跨国水系，世界第十长河流，亚洲第七长河流；主源为扎曲，发源于中国青海省玉树藏族自治州杂多县。流经中国、老挝、缅甸、泰国、柬埔寨和越南，于越南胡志明市流入南海。流域除中国和缅甸外，均为湄公河委员会成员国。湄公河上游在中国境内，称为澜沧江。因从越南流出南海有 9 个出海口，故越南称之为九龙江。千百年来古老的湄公河孕育了该流域的文明。早在公元 1 世纪开始，在湄公河三角洲一带就建立了历史古国——扶南国，后来发展至鼎盛的吴哥王朝文化。

而位于湄公河中游的老挝，古代也曾创造了辉煌的文化——川圹石缸与瓦普神庙。

（一）川圹石缸

石缸是老挝灿烂的古代文化遗产之一，同时它与英国的巨石阵、智利复活节岛上的巨石人像及南美的石人圈并称为"世界四大石器之谜"，并被列入联合国世界文化遗产名录之中。

石缸距今已有 2500—3000 年历史，它位于老挝北部的川圹省附近，从川圹省的市区内出发，大约 8 公里路程，就可以到达石缸所在地。在石缸平原上，一共有 3 个这样的石缸群，大致以一个小山洞为圆心呈扇形分布，一眼望不到边际。那些石缸，都是用整块花岗石雕凿而成的，有一群石缸还是用红色岩石雕凿而成的。它们形状各不相同，有的大，有的小；有的粗，有的细；有的高，有的矮；有的口是方的，有的口是圆的；有的口是向里收的，有的口是直上直下的；有的石缸上面还盖着盖子。最大的石缸高 3.25 米，宽 3 米，重达 5 吨。它们有的三五成群地挤在一起，有的孤零零地独踞一方。由于天长日久，石缸内外长了很多青苔。老挝文物保护部门给每一个石缸上都用白油漆编上了号码。

石缸之谜至今仍未破解，根据众多科学家的研究方向大致总结了以下六个说法：一是"石棺说"。因为川圹省原是古战场，因此老挝当地人猜测可能是一些好战的国王用来存放有功将士的尸体的石棺。但是，石缸周围找不到任何尸骨遗留物，使这种假说很难立住脚。二是"贮酒说"。部分当地人认为这些石缸是古代国王用来装犒赏将士的美酒用的。但真的有必要建造巨型石缸装酒吗？是什么样的战役需要这么多的美酒？有些石缸排列得异常紧密，将士们又如何方便地盛酒？"贮酒说"也存在着不少疑点。三是"贮水说"。一些考古学家认为可能是古代人为防天旱而建造的巨型贮水器皿。这种说法的根据是，有一个石缸上有一个巨型石盖，仿佛是贮水容器的盖子；缺点在于，无法考证与石缸同一年代的大规模部落居住在当地的遗址，仿佛这些石缸是独立存在的，与其他文化毫不相干。四是"酷刑说"。有人认为这些石缸是做类似酷刑之用。然而，是怎样可怖的国度才会用 3000 多个石缸施行酷刑？这种说法似乎也有些夸张。五是"天象说"。认为这些石缸可能是古代人用于观测天象、记录节气和水期的记号。但至今还没有任何星图能够与石缸的排列相匹配，也没有资料表明当地有这种文明存在。六是"生殖崇拜说"。认为这些石缸其实并不是缸，而是古代人膜拜的神灵的性器官。

（二）瓦普神庙

瓦普庙坐落在老挝下寮地区巴色市南约 14 公里海拔 1200 米的甫吉山山腰，东北距湄公河西岸城镇占巴塞 8 公里。瓦普，老挝语的意思是"石庙"，老挝人把它与柬埔寨的吴哥寺相媲美，享有"小吴哥"盛誉。瓦普寺是高棉帝国最重要的婆罗门教圣殿之一，其主要建筑包括最高层的一座主殿、中层的 6 座神龛及下层的两个宫殿和一座神牛殿。瓦普寺全部用雕有各种图案的石块砌成，整座建筑群规模宏大，从山腰向下延伸数百米长。主体建筑平面呈长方形，宽 8 米，长约 30 米，分为屋前凸厅、无壁厅（或诵咒厅）、偶像供奉厅三个部分，用铁矾土石块建造。神殿建在被称为"圣屋之顶"的一块巨石下面两个石洞之间的平坡上。整个建筑群因年深日久，日晒雨淋，现已颓败不堪，但精细的石刻花纹图案仍清晰可辨。神殿内外的石壁、门楣、门框等处均雕刻有美丽的图案，内容是根据民间神话《罗摩衍那》的故事而绘制的，其中有猴王哈努曼奋战群妖、吉斯纳神力撕龙王等故事片断以及仙女雕像等。整个雕刻精致瑰丽，图像生动形象，与柬埔寨吴哥古迹的建筑风格和雕刻图案非常相似。从神殿向山下走，本来有两座石宫，现已倾倒，但人们可以从遗迹上看出当年的气势。寺院中还有许多东倒西歪的石人石兽，多数已残缺不全，散落在蔓草荒木之中。通过神殿两旁间隔排列四方有柱的近 300 米通道，是一片古代举行宗教活动用的石埕。石埕东侧有一长方形大水塘，长约 300 米，宽约 200 米，人们称之为"圣湖"。在湖心偏西建有一小榭，从西岸有一桥直通湖心。据瓦普地区发掘的大量文物和民间传说，该寺是柬埔寨真腊王国初期的遗迹，属于婆罗门教信仰的建筑物。

关于其建筑年代有 3 种说法，一种认为是 7 世纪所建，另一种认为是 11 世纪所建，还有一种认为是 13 世纪的建筑。每年 1 月下旬至 2 月上旬，老挝人民为了纪念瓦普庙的修建，会在瓦普庙举行盛大庙会，即老挝传统节日之一的瓦普节。节日期间，除举行各种隆重的宗教仪式外，还有很多民间娱乐活动的场面，如赛象、赛马、斗牛、斗鸡等，热闹非凡。

七　文化特色与对外交流

（一）老挝文化特点——多元共生

老挝文化的多元性，体现在它不仅具有鲜明的本民族文化特征，还具有浓厚的婆罗门教、佛教等印度文化色彩，以及若隐若现的西方文化身影。

1. 老挝文化是老挝各族人民的民族文化

老挝各族人民虽然在信仰方面出现了很大的不同，有的信仰佛教，有的信仰基督教和伊斯兰教，但他们都有一个挥抹不去的信仰——万物有灵。老挝人自古以来信仰祖先崇拜，并且在佛教传入以后依然保持。他们相信祖先死后会化为幽灵，变成保护神庇佑他们。所以，老挝人家里有家神，村里有村神，勐（邦国、城邑或地方）有勐神。"灵魂"观念，属于原始信仰，是老挝的本土文化，它相对于佛教等外来文化而言具有鲜明的地域特征。而正是老挝文化的地域性，衍生了其他属于老挝特有的传统文化，如前文所述的高脚楼民居文化、糯米饭饮食文化、筒裙服饰文化、祭神拜鬼的节日习俗、九龙创世神话以及老听族文化、老松族文化等，所有这些都是老挝文化的根基，是任何外来文化都抹杀、破坏、侵蚀不了的。

2. 老挝文化具有浓厚的婆罗门教色彩和佛教色彩

提到老挝的文化，佛教文化是不可规避的。佛教传入老挝后，经过长期的历史演变和发展，创造了丰富的佛教文化，不仅在文学艺术、伦理道德、社会科学等领域结出了丰硕的果实，还留下了蔚为壮观的古迹和博大精深的著作。比如老挝人善良、诚实、友爱互助、热爱和平、洁身自好、安于现状、逆来顺受等思想观念；他们的文学作品，不论是佛教文学还是世俗文学，都深深地打上了佛教的烙印；他们的雕刻绘画艺术，保存至今的古代艺术珍品，绝大多数带着浓郁的佛教色彩，佛寺的建筑、雕刻、绘画已经是当今老挝民族艺术特色的代表；老挝的古典乐曲多数是在佛寺音乐和宫廷音乐的基础上发展起来的，具有庄重、肃穆、平稳和深沉的特点；老挝的历法至今还以佛历为主，兼用小历和公历。佛教文化的精华不仅构成了老挝民族文化的主体，还是老挝文化对外交流的重要载体和渠道。同时佛教在老挝社会、政治、生活等方面起着举足轻重的作用。

（二）对外交流

1. 中老文化交流

中国与老挝的文化在漫长的历史长河中不断融合发展，共为丰富多彩的东方文化一分子。

首先，中老民族同根同源。在殷商时期，中国南方地区生活着"百越"民族。《汉书·地理志》注引臣瓒言："自交趾至会稽七八千里，百越杂处，各有种姓。"在漫长的岁月中，他们不断迁居，最后形成了"东起自海、遍及长江与珠江两流域，经云贵高原而达中南半岛，而至印缅交界之阿拉干山脉"的分布区域。百越人与老挝人民俗风情几乎一样。陈序经曾著有《扶南史初探——古代柬埔寨与其有关的东南亚诸国史》。他认为，中南半岛，包括老挝、柬埔寨和越南等国的种族，都来自中国的西南。老挝的三大族系即老龙族、老听族和老松族。它们的来源都与百越人有关。

"老龙族"，意为平原地区的老挝人，是从中国南方迁移而来。现在，老龙族已成为老挝的主体民族。

"老松族"，意即山顶上的老挝人，主要构成是苗族和瑶族。他们都是18世纪从中国南方迁徙而来。18世纪末，云南的苗族从金平、马关、河口进入越南，其中一部分于1810—1820年代越过老越边界到达老挝，成为老挝的苗族。据1999年统计，苗族人口约30万，占老挝人口总数的7.2%，主要分布在北部广大地区，特别集中在川圹省、华潘省和琅勃拉邦省，在丰沙里、乌多姆塞、波乔、南塔、万象等地的山区也有分布。老挝瑶族一般认为是在18世纪或19世纪从中国南方迁去的，例如老挝学者富米·冯维希指出，苗瑶各族于18世纪初叶从中国迁移到老挝北部各省，因此他们有许多风俗习惯同中国华南少数民族相似。坎占·巴迪认为："苗族和瑶族于1840年开始从中国南方来到老挝。"而有的学者则认为"瑶人大约于中世纪移入"，似早于17—19世纪。由于历史上迁入老挝的瑶族，绝大部分又迁往泰国等国，所以对于瑶族来讲，老挝只不过是他们不断迁徙中的一个中间站。据统计，2011年老挝瑶人约有5万，大致分作三个大的支系，即顶板瑶、高山瑶和蓝靛瑶（又称坝子瑶）等。另外尚有国钱瑶、白裤瑶、红瑶、青衣瑶等。他们的语言，属汉藏语系苗瑶语族瑶语支，即勉语，与中国瑶族的勉语基本相同。主要分布在中老交界各省，包括丰沙里、南塔、乌端木塞。另外，在桑怒西南部、琅勃拉邦近郊和万荣附近也有居住。在语言使用上，老挝苗族和瑶族都延续着本民族的语言。此外，老挝还有泰族（中国称傣族）约20万，卡果族（中国称哈尼族）1万以及2000名左右的彝族。在婚姻、丧葬、服饰、禁忌、宗教、节日习俗、伦理道德等方面，这些民族与中国云南边境一带的少数民族基本是一致的。

共同的族源，相同的风俗习惯，近似的思维方式，使中国西南地区与中南半岛诸国在民族文化上具有一种与生俱来的不可分割性。

其次，华人华侨——中老文化新纽带。华人移居老挝的人数到底有多少，尚难准确统计。1921年，法国对老挝人口普查时，有6710名华侨。由于法国殖民者限制华人进入印度支那地区，在20世纪30年代，老挝的华侨人数减至3000人左右。直到20世纪50年代法国人撤出印度支那地区后，老挝华人的数量才连年增加。20世纪70年代初，约16万迁居老挝的华人不仅带去了中国的生产技术、生活用品，而且还把中国的风俗习惯和文化传统传入老挝，对该地经济建设和社会发展产生了积极的影响。近代以来，老挝的华人在当地积极举办华文学校，开展华文教育。1893年，法属寮国（老挝）政府明确表示支持与鼓励华文教育的存在。20世纪初，华文学校以私塾形式出现。20世纪30年代以后，老挝的华文教育走上规范化道路，开始采用老挝语和汉语双语教学，教学内容多以儒家思想教育为主，辅以书信与算术。

随着华人移居海外，汉传佛教、道教和被宗教化的儒学也被他们带到了老挝。老挝的华人和部分少数民族至今还保留着与中国人一样的过春节、元宵节、清明节、中秋节等生活习惯。如在老挝被人们称为"月福节"的中秋节夜晚，全家男女老少齐聚赏月，而青年男女翩翩起舞，通宵达旦。

2. 西方文化身影若隐若现

19世纪末法国人的到来，使得法国文化对老挝文化的影响表现得非常突出，特别是在建筑风格、饮食习惯、语言及生活习性等方面。

老挝的一些大城市，如琅勃拉邦、万象、沙湾拿吉等出现了明显带有殖民色彩的建筑风格，如琅勃拉邦的前皇宫（现为博物馆）从建筑风格到周围环境设计都受法国文化的影响，其宫殿前有放射式道路，皇宫的平面形式为西方基督教堂的十字形。在建筑屋顶十字交叉的部位做了一个尖塔顶。再如万象的三圣泰大街、色塔提腊大街和沿着湄公河边的法昂大街都留有少量优美的法式楼房，位于南埔温泉对面的国家藏书馆其实就是纯法国式的建筑。随着经济的发展，法式楼房越来越受到老挝城市居民的青睐，不管是在首都万象，还是在琅勃拉邦、巴色、沙湾拿吉等城市；不管是在大街还是在小巷，都时隐时现着它亮丽的身影。老挝语中不少现代科技词汇都借用法语，时至今日老挝政府各部门的门牌也全都是用法语标注。法式面包在老挝已进入寻常百姓家，成为城市上班族的首选早餐。更为重要的是，老挝官方制定的上下班作息制度也是学习西方，即早上9点上班，到下午4点下班，中间12—13点为午歇时间。而上班族，不管是官员还是企业员工，他们都不约而同地遵守着"悠着点"原则，做事不紧不慢，想快只能靠边站。据说，这也是西方殖民老挝的"遗风"——悠闲、散漫，还有及时享乐。

第七章　缅甸文化

一　文化基础和背景

缅甸全称"缅甸联邦共和国"，位于中南半岛西部，处于中国与东南亚、南亚的交接处，是中国进入印度洋的最佳捷径，地理位置十分重要。缅甸境内多高原、丘陵、河谷和平原，国土总面积为676581平方公里，森林占国土面积50%以上。缅甸属于热带季风气候，一年分三季（热季：3月至5月；雨季：6月至10月；凉季：11月至次年2月），年均气温约27℃。海岸线3200公里。

根据2008年缅甸政府的估测，缅甸人口已超过了5750万，共有135个民族。缅族是缅甸的主体民族，约占全国总人口的65%；主要的少数民族有掸族（占9%）、克伦族（占7%）、克钦族（占2%）、若开族、克耶族、孟族、钦族等。缅语是缅甸的官方语言，各少数民族均有自己的语言。全国88%以上的人口信仰佛教，伊斯兰教、基督教和原始拜物教也在缅甸传播。缅甸佛塔林立，又谓之"佛塔之国"。

缅甸文化深受印度文化、中国文化、伊斯兰文化和西方文化的影响。婆罗门教、印度教、上座部佛教都源自印度，都是从印度先后传入缅甸的宗教，对缅甸政治、经济、文化、文学、艺术、建筑、服饰、传统节日、风俗习惯等各个方面产生了巨大影响。缅甸人与中国人同族同源，缅甸境内的民族基本上是从中国境内迁徙进入缅甸定居的。缅甸语属于汉藏语系，与汉语同源，近代中国文学对缅甸文学产生了较大的影响。缅甸造纸技术也是从中国传入的。伊斯兰教传入缅甸的时间较晚，但穆斯林教徒增多，穆斯林生活习惯和传统节日也随之传入缅甸。古代若开末罗汉国王经常在自己的名字前面加上穆斯林称号"阿梨汉"，有些若开钱币上还刻有若开王的称号，并被称为"苏丹"。西方文化进入缅甸最晚，但影响却最大。英国殖民缅甸后，西方文化作为一种强势文化，深刻地改变了缅甸人的宗教信仰、文化教育、饮食服饰、医药卫生、语言文字、文学艺术以及伦理道德等方面，其影响至今仍然持续。

二 上座部佛教的中心

缅甸是一个多宗教的国家。缅甸人信仰的宗教主要有佛教、原始拜物教和神灵崇拜、伊斯兰教、印度教和基督教。影响最为广泛、深入并为绝大多数缅甸人信仰的宗教是南传上座部佛教。从文化的角度看，缅甸文化带有很深的佛教文化的印痕。而原始拜物教、神灵崇拜在缅甸少数民族和缅族中仍有不小的影响。印度教、伊斯兰教、基督教在缅甸不同的地区和不同的民族主要是少数民族中也有不同程度的影响。

（一）佛教

缅甸是个"佛光普照的国度"。上座部佛教在缅族、孟族、掸族等许多民族中几乎是全民性的信仰，佛教徒约占缅族人口的98%，掸族、孟族人口95%以上。由于佛教历史悠久，佛教传统深入人心，佛教文化的巨大影响已深入缅甸的哲学、伦理、教育、文化、艺术、建筑、医学等各个方面。

历史发展 上座部佛教于公元前3世纪由水路传入缅甸南部孟族地区。3—4世纪时上座部佛教沿伊洛瓦底江北上，传入骠国室利差呾罗、掸邦、若开等地。之后，大乘佛教和密宗也相继由水、陆两路从印度传入中部地区。11世纪中期以前，大乘阿利僧教派还曾在蒲甘流行。

1044年以前，缅甸境内存在着许多独立小国。阿奴律陀登上王位后征服了各路诸侯，统一了缅甸。1056年阿奴律陀王采纳阿罗汉的建议扫平了阿利教势力，废除了大乘、密宗、婆罗门等教派，定佛教为国教。阿奴律陀征服直通后又与锡兰通好，派遣僧团前往锡兰迎请完备的三藏经典。江喜陀王继位后，仍大力推崇佛教，在各地广建寺塔，保持了佛教繁荣的局面。1173年那罗波帝悉都登位后，大寺派在缅甸获得了较快的发展。11—13世纪的蒲甘王朝是缅甸佛教发展的黄金时期。蒲甘的壁画、雕刻、建筑艺术在繁荣的佛教的推动下有了长足的进步。蒲甘成为当时东南亚名副其实的佛教艺术中心。

1287 年元朝蒙古军队南下，推翻了蒲甘王朝。缅北的掸族乘机南下，把势力扩展到中部和南部地区。1540 年阿瓦国王思洪发感到佛教太盛，危及其统治。他设计杀死了 360 位比丘，史称"思洪发灭佛运动"。16 世纪以后，缅甸历代君王都热心护法，佛教一直繁荣兴盛。特别是东吁王朝的莽应龙王，广建寺塔，要求境内的掸族和穆斯林全部皈依佛教，把上座部佛教推广到缅北边境地区。贡榜王朝敏东王曾于 1871 年召集 2400 名僧侣在曼德勒结集，史称"第五结集"。

1885 年英国通过 3 次英缅战争吞并了整个缅甸。缅甸从此沦为英属印度的一个省。在英国的殖民统治下，缅甸社会中的许多制度遭到了破坏。佛教僧侣没有统一的中央组织，佛教的影响和作用大为减弱。僧侣们也丧失了过去受国王和官员尊崇的地位。

独立后历届政府的佛教政策　1947 年缅甸制宪会议通过的《缅甸联邦宪法》规定，"国家承认佛教为联邦大多数公民信仰之宗教的特殊地位"。1948 年 1 月 4 日缅甸独立后，佛教成为全体国民的精神寄托和传统文化核心的标志。1950 年缅甸政府设立了宗教部，负责制定了有关僧侣的法规、关于佛教大学和培养佛学指导者的条例法则。在吴努总理的领导和推动下，1954 年 5 月至 1956 年 5 月，佛教评议会和宗教部联合组织了佛教第六结集，对巴利文三藏经典进行校订。

1961 年 8 月 26 日议会通过了宪法第三次修正案，联邦大多数公民信奉的宗教佛教为国教，引起了非佛教徒的强烈不满，导致国内政局动荡不安。以奈温为首的国防军感到国家有分裂的危险，遂于 1962 年 3 月 2 日发动军事政变，奈温上台后采取了严格的政教分离措施。20 世纪 70 年代末，缅甸政府对佛教的限制有所放松。1981 年政府根据僧侣代表大会的决议对僧侣、寺院进行了整顿。

1988 年 9 月 18 日由军人组成的恢复法律和秩序委员会上台以后，以昂山素季为首的全国民主同盟在 1990 年 5 月 27 日举行的大选中取得了压倒性的胜利，但军队拒不交权。引起了包括僧侣在内的社会各界的强烈不满。于是僧侣们在全国范围内发起了一场宗教抵制运动。

军政府领导人开始重视佛教，积极组织和参加佛事活动，拜见高僧、布施物品，还分别在仰光和曼德勒建立了两所条件优越的国家三藏经佛教大学，派遣部分高僧去国外考察佛教教学方法，维修和新建佛教建筑，在边远地区推广佛教。另外，军政府加强对僧侣的管理，于

1990 年颁布了《僧侣组织法》，加强对僧侣和寺院的控制，限制佛教干扰政治。从 2007 年 8 月 19 日起，缅甸爆发了多起民众抗议政府大幅提高燃油价格的示威活动，包括大批僧侣在内的近 10 万人走上街头，要求政府实施改革，释放包括反对党全国民主联盟领导人昂山素季在内的众多政治犯，而缅甸军政府最终采取了武力镇压措施，此次事件也被外界称为"袈裟革命"。

佛教宗派　缅甸佛教宗派众多，20 世纪 80 年代正式登记注册的佛教教团分为 9 个派别，它们是：善法派、瑞京派、大门派、根门派、西河门派、竹林派、捏顿派、目古多派和摩诃英派。各派在宗教思想上并无差别，都以巴利文三藏为经典，遵循上座部佛教的制度、教义。它们的主要区别是在戒律方面，特别是关于携带东西和穿着的规定。

佛教与教育文化　佛教寺院对缅甸的教育有很大影响。在古代，无论乡村或城镇，佛教寺庙既是人们礼佛的地方，同时又是他们接受文化教育的中心。寺院教育以佛教经典为教材，宗教教育和语文教育并行。到了现代，佛教寺庙对乡村和城镇的文化教育事业仍有相当的影响。

佛教与社会生活　佛教在缅甸的社会生活方面有着广泛而深刻的影响。佛教活动贯穿于广大信徒的一生，影响他们的社会生活的各个方面，当代缅甸社会仍有着浓厚的佛教色彩。在信仰佛教的家庭中，几乎家家供佛龛，佛龛的档次依家庭条件而定。拜佛是一项重要的生活内容。在家里，早上要诵经早拜，晚上睡觉前，还要进行晚拜。按照缅甸佛教传统，男孩只有经过出家为僧方算成人。信奉佛教家庭的男孩在 5—15 岁间举行隆重的剃度出家仪式，入寺院当沙弥，但出家或长或短，还俗后照样可以喝酒、吃肉、结婚。但女性一旦出家当了尼姑，则终生不能还俗。做父母的给儿子举行剃度仪式，是缅甸盛行的宗教习俗。举行剃度仪式要选良辰吉日，发请帖请亲朋好友或社会上有名望的人士参加。在举行剃度仪式的当天下午，要举行盛大的游行仪式。

（二）基督教

1511 年，葡萄牙人攻占了马六甲之后来到缅甸。他们建立村庄，定居了下来。在村庄中有天主教神父常驻，他们也与当地土著通婚。17 世纪中叶法国人也开始了在缅甸的传教活动。贡榜王朝初期，罗马天主教廷又派遣传教士前往缅甸布道。他们的活动范围主要集中在仰光一带，出版了一本缅语语法书和《圣经》个别章节的缅译本。当时还有不少西方基督徒聚居于瑞波县的佛郎机（葡萄牙人）村庄。

19世纪初，为了配合英国对缅甸的殖民扩张，英国传教士开始到缅甸活动。1807年英国浸礼教会派马同和查特两位传教士前往缅甸传教。1801—1812年间，伦敦英国圣公会也派出传教士到缅甸传教。美国传教士晚于英国传教士到达缅甸，但是来缅的传教士人数较多，取得的成效最大。美国传教士贾德逊夫妇于1813年7月13日到达仰光，开始了在缅甸的漫长传教生涯。由贾德逊翻译的缅文版《新约全书》1832年12月15日在毛淡棉出版，《旧约全书》于1835年12月16日出版。

克伦族在19世纪西方传教士到来之前没有本民族文字，多数崇拜精灵鬼怪。1828年5月16日克伦人吴达漂听从美国浸礼教会传教士贾德逊的劝说，成为克伦族的第一个基督徒。从此西方传教士在克伦族聚居地区传教，颇有成效。19世纪90年代以后，美国传教士加紧了在克钦人中的传教活动。他们在密支那、贵概、八莫、南坎等地建立了教会和教会学校。美国人在克钦地区传教的同时，罗马天主教廷也派遣了传教士向克钦人传教。与此同时，西方传教士在傈僳、钦、拉祜、伍、那加、克耶、若开、布朗等民族中的传教活动也取得了一定成效。

缅甸独立以后，政府大力扶持佛教，基督教社团因而受到了一定的冲击。1966年在强烈的民族主义情绪驱动下，奈温政府将教会学校和医院收归国有，教会仅保留神学院和少数慈善机构。目前缅甸基督教影响最大的是新教浸礼会和罗马天主教派。全缅设有缅甸大教区红衣主教，仰光和曼德勒地区设有主教。当前缅甸主要的基督教团体有缅甸天主教协会、缅甸基督教协会、安息日派教会、缅甸基督教浸礼派总会等。

（三）伊斯兰教

伊斯兰教15世纪初由孟加拉地区传入若开。缅甸早期的穆斯林主要是外国来缅人员和少数若开族人。17世纪后期，若开宫廷的穆斯林卫队几乎操纵了若开国王的废立。1784年贡榜王朝孟云王以恢复佛教繁荣为借口，征服了若开，伊斯兰教的发展暂时受到了抑制。

东吁王朝时，在下缅甸地区也有不少来自西亚和印度的穆斯林商人。他们主要居住在沿海城市里。莽应龙在位时，缅甸南部与爪哇、马来半岛和印度等地的贸易往来十分频繁。

贡榜王朝时期，包括印度和波斯穆斯林在内的移民掌握了仰光的大部分贸易。一些穆斯林商人还在宫中颇具影响。东吁王朝把历次对外战争中俘虏的穆斯林强迫迁到上缅甸美德、叫栖等地的村寨里居住。来到缅甸的穆斯林逐渐适应了缅甸的社会环境，有的放弃了原来的语言、服饰，只保留了宗教信仰。

1824 年以前在缅甸的穆斯林主要聚居在若开和缅甸南部沿海城镇。阿瓦和曼德勒等地也有少许。第一次英缅战争之后，英国占领了若开和丹那沙林，大批孟加拉穆斯林开始涌入若开。第二次英缅战争之后，由于开发下缅甸的需要，大批印度移民来到了缅甸，其中一半为穆斯林。部分印度移民在缅甸逐渐定居下来，引起了缅甸国内民族成分的变化。一战前，在缅甸的印度移民超过了 80 万人，其中穆斯林就达 40 万人之多。随着来缅甸的穆斯林人数的增加，穆斯林组织也出现了。

大批印度穆斯林和印度教徒移居缅甸，对缅甸社会产生了复杂的影响。20 世纪 20 年代末 30 年代初的世界性经济危机波及缅甸，经济上的差距和民族、宗教矛盾交织在一起，诱发了多次印缅流血冲突。

1948 年缅甸独立以后，缅甸政府不允许二战期间离开缅甸的印度穆斯林再返回缅甸，并把许多穆斯林驱逐出境。由于取得缅甸公民地位比较困难，一些印巴裔穆斯林又自动离开了缅甸。到 20 世纪 70 年代末，缅甸的穆斯林占全国人口的 4%，主要为若开人、南亚移民和马来裔人。将近50% 的穆斯林（约 60 万）住在若开邦。现在，缅甸全国有 6 个拥有独立组织、清真寺等机构的伊斯兰宗教团体，它们是缅甸穆斯林联盟、若开穆斯林联合会、全缅毛拉同盟、缅甸穆斯林大会、全缅穆斯林学生联合会和穆斯林中央基金会。

（四）印度教

缅甸深受印度文化的影响。毗湿奴时期的骠族人是缅甸最早崇拜婆罗门教的民族。婆罗门教大约在公元元年前后由阿萨姆地区传入上缅甸，再由缅甸传入湄公河盆地。

大约在公元元年前后，南印度商人来到金地（今孟邦直通）进行贸易。商人们也带来了佛教和婆罗门教。婆罗门教比佛教更加盛行，人们主要信奉毗湿奴神。蒲甘时期，印度教在蒲甘社会中的作用主要是维护王权。宫廷中，国王的加冕典礼和季节性洗净（斋戒）仪式、王室成员的结发髻礼和婚礼都由婆罗门主持。从印度来的婆罗门僧侣不仅传教，而且建立了婆罗门寺庙。蒲甘城南有泰米尔商人建造的毗湿奴神庙，城内也有毗湿奴神庙。蒲甘阿卑亚德那佛窟里有毗湿奴、梵天等神像；阿难陀寺内也发现刻有蛇、骆驼、狮子、摩伽罗画像的琉璃砖。

印度教传入以后，《摩奴法典》、印度的典章制度、药典、星相占卜、炼丹术等也相继传入缅甸，对缅甸文化产生了巨大的影响。印度教的占星术在一般民众中非常流行，自骠人时期起，历代王朝都任命从印度来的婆罗门担任王室占星家和祭师，以提高国王的威严。缅甸历法也源于印度，调节太阳年和月亮年的工作也是由印度教占星家完成的。

现在印度教徒有 42 万多人，主要为印度侨民，也有少数若开族人。缅甸的印度教组织主要有印度教友谊协会等。仰光的印度教寺庙有斯利斯利湿婆克里斯纳寺和斯利斯利都尔伽寺。此外，总部设在印度的印度教罗摩—克里希纳教会在缅甸设有几个活动中心和修道院。

（五）原始宗教

缅族人在接受佛教之前的原始宗教是万物有灵论，信仰称为纳特（梵文，主的意思）的精灵，认为大地、天空、雨、风、山川都有精灵。今天在缅族人的生活中，每年的节日仪式，仍与祭祀纳特活动密切相关。

万物有灵的信仰在缅甸各少数民族中也曾普遍存在，直到现代，在缅甸山区少数民族中依然存在原始拜物教，如他们向崇拜的自然物——高山、巨石、大树、大湖等献花、祭祀，在巨石上或高山上修建佛塔，在大树上供佛龛等。

自然神是缅甸人最早信奉的神灵，是在对自然物崇拜的基础上发展而来的，把所崇拜的种种自然物和自然现象人格化，于是形成了自然神：太阳神、土地神、宇宙神、风神、雨神、水神、火神、树神、花神等。缅甸的神灵信仰者大约有 100 万人。信众中克钦族、那加族、钦族等边远山区少数民族占了绝大部分。由神灵信仰而导致的祭祀活动在各地、各民族间也不尽相同。全缅各地都有神汉、巫婆。人们每每向其献上供礼后，神棍们就跳神舞、唱神歌。缅北、缅西北地区，神汉、巫婆们还要搭牌楼、彩棚，用糯米、鸡、鱼、香蕉、椰子等敬奉神灵。

民族神是本民族内部产生的神，即把本民族的人异化成神。按照缅族人的传统观念，非正常死亡的英雄人物和帝王将相都会成神。缅甸最早形成的本民族神在蒲甘王朝前期，这组神以布巴山的护山神摩诃吉利（梵文音译，大山之意）神为首，共有 7 位。其他 6 位是：金脸神、瑞那拜神、信漂神、信纽神、东班拉神、信奈密神。在蒲甘王朝阿奴律陀王时期的内 37 神中，虽然仍以婆罗门教神为主，但已有民族神。到东吁王朝时期外 37 神中，民族神已经占了 35 位，由国王将相及其后裔形成的神占绝大多数。

三　语言、文学、艺术

缅甸境内有 100 多种不同语言和方言。这些语言主要属于汉藏语系的藏缅、壮侗语族和属于南亚语系的孟高棉语族。其中属于藏缅语族的有缅语、克钦语、钦语、那加语、傈僳语（彝语）等，属于壮侗语族的有掸语、老挝语等；属于孟高棉语族的有孟语、布朗语、佤语等。缅语是缅甸各民族的共同语，属于汉藏语系藏缅语族缅语支，是一种孤立语。

（一）缅文

缅文是一种拼音文字，字母直接源于孟文。孟文是由印度南部帕那瓦地区流行的巴利文字演变而来的。缅族进入缅甸境内后，11 世纪在东渡的锡兰学僧的帮助下，缅族僧侣通过借用并改进孟文对音、符的约定创制了缅文。

缅语的文字系统由 33 个辅音字母、11 个辅音符号、69 个元音符号、12 个特殊字母和一批叠字组成。辅音字母是基字。元音符号以其位置分类可分为前加、后加、上加、下加几种。辅音符号为下加符号，与辅音字母一起组成复辅音。复辅音可再与元音符号相拼构成音节。

缅文自左向右横写，字体偏圆，每个音节都以辅音字母为中心在其上下左右附上辅音符号或元音符号构成音节。辅音字母不一定写在音节首，它与其他符号的搭配也是有限制的。辅音字母可以自成一个音节。现代缅语有 4 种声调：高降调、低平调、高平调、短促调。

缅语词汇体系中有一套表示说话人与听话人人际关系的语汇。跟长辈、上级或僧侣说话时要与和同辈、下级、俗人说话时不一样，往往要用尊称、敬词或某些专用语。如果不加分别地使用一种词汇，会被认为非常失礼。另一方面在提及自己时也要使用相应的谦词，否则会被认为过于自大。缅语的敬语、谦语多见于代词和名词，动词也有敬语形式。

（二）文学

缅甸文学作为文化的重要组成部分，已走过了近千年的历史。在缅甸早期口头文学中，神话传说和民间故事是最主要的内容，如关于民族起源的《三个龙蛋》、解释自然现象的《月中老人》等。民歌民谣是缅甸口头文学的重要组成部分，包括儿歌、春米曲、鼓曲、插秧歌等，其中插秧歌最为精彩。

随着 11 世纪缅甸文字产生和成熟后，书面文学应运而生。缅甸气候炎热潮湿，部分佛像陶片文、佛塔釉片文、壁画文、碑文保存至今。碑文的写作风格与文体对后世缅甸文学有深远的影响。《亚扎古曼碑》（亦称《妙齐提碑》）刻于 1112 年是蒲甘碑铭中最具代表性的一方，其碑身四面分别用骠、孟、巴利、缅四种文字镌刻了相同的内容，即 1112 年蒲甘朝江喜陀王之子亚扎古曼将父王赐给母后的首饰铸成金佛一尊，附祷词咒语镌刻于石碑之上志念。迄今发掘到的蒲甘碑铭已有 1500 方以上，很多碑文在文学史上占有重要地位。

缅甸古典诗歌体裁丰富，语言讲究，对格式、韵律的要求十分严格。邦牙王朝是缅甸近古文学的起点，诗歌无论形式还是内容都臻于成熟。经阿瓦、东吁、良渊时期的进一步发展，至贡榜时期诗歌文学空前繁荣，诗体数量达到 34 种之多。如雅都（赞歌）、埃钦（摇篮歌）、茂贡（记事诗）、多拉（林野颂）、比釉（四言长诗）、德耶钦（乐歌）、波垒（闺情诗、哀怨诗）、峦钦（抒怀诗、感伤诗）等。

缅甸古代散文的内涵比较宽泛，包括小说、历史著作、辞书法典、游记、书柬等非韵文文学作品。古典小说从内容和叙事结构上看，明显受到印度故事文学的影响，大多取材于巴利文经典。文学史上第一部小说《天堂之路》（1511 年）出自阿瓦王朝信摩诃蒂拉温达之手，通过主人公讲故事或教诲的方式，描述了渡苦海到彼岸的天堂之路。

缅甸古代历史著作比较丰富，其中史学价值和文学价值最高的当推良渊时期诞生的《大史》。《大史》是由历史学家吴格拉在 1714—1733 年间编写完成的。全书共 3 卷 21 编，是缅甸第一部大编年史。其后在贡榜时期出现的《新缅甸史》（约 1780 年）、《琉璃宫史》（1829—1832 年）也是史书类中的重要著作。此外，这时期还出现了大量辞书、法典、案例、奏章、游记等散文著作。散文著作中还值得一提的是名为"密达萨"（情谊之书）的诗文间杂的书柬体作品。这种文体最初产生于阿瓦王朝早期，贡榜王朝时成为世俗文学中最为发达的文体。

缅甸古代宫廷戏剧的产生发展与佛经故事有不解之缘，缅甸文学史上第一部剧作《红宝石眼神马》（约1697年）由良渊时期诗人巴德塔亚扎创作，是根据《清迈五十本生故事》中的《达塔达努本生》创作的。贡榜时期妙瓦底敏纪吴萨（1766—1853年）将《罗摩》、《伊瑙》等宫廷剧从泰文译成缅文，对后世戏剧创作产生了很大影响。戏剧文学创新者吴金吴（1773？—1838？年）首创了适合舞台一夜即可演完的剧作，为缅甸戏剧发展做出了杰出贡献。著名诗人、剧作家吴邦雅（1812—1866年）不仅是缅甸戏剧的创新者，而且一生创作各类体裁的诗歌数百首，其中尤以戏剧创作成就最高，其代表作首推《卖水郎》。

近代文学是从1885年英国殖民主义者吞并整个缅甸时开始的。缅甸封建王朝崩溃，文学的发展也面临着从旧文学向新文学的转轨。缅甸第一部现代小说《貌迎貌玛梅玛》（1904年），是缅甸作家詹姆斯拉觉（1866—1920年）创作的以青年男女爱情为主题的小说，作者描写了现实社会以及新兴市民阶层的日常生活和思想感情。

缅甸现当代文学，从20世纪20年代至今，包括反帝民族独立运动时期和战后及独立以来几个历史阶段。20世纪30年代初缅甸文坛兴起的"实验文学"运动是对建设民族新文化和新文学的积极探索，实验文学运动的参加者多半是仰光大学的青年教师和高年级学生。代表人物有德班貌瓦、佐基、敏杜温等。他们的作品表现出强烈的爱国主义热情和要求独立、自由、民主的思想，具有浓郁的生活气息。

缅甸文学在战后一个时期得到了一定发展。作家们纷纷以反抗侵略者为题材，表达了要求完全独立、建设新生活的强烈愿望。1950年2月出版的第一期《新文学》杂志就指出："新文学应是站在劳动阶级一边，是向前看的，进步的。这就是新文学的主张。"1958年由貌奈温选编、谬马出版社出版的《缅甸短篇小说选》，比较全面地反映了新文学运动创作的成果。新文学运动对文学评论也产生了深远影响。

进入现代以后，小说成为缅甸文学的主要形式。通俗文学、叙事文学、以宣传本民族文化为主要内容的寻根文学、以宣传理想化模式社会为创作内容的改革文学，以描写狱中生活经历为主要内容的"铁窗"文学，还有翻译文学等都有所发展。进入 20 世纪 60、70 年代以后，随着社会、文化、思想的发展变化，文坛也出现新的特点和倾向。德钦哥都迈（1875—1964 年），原名吴龙，是缅甸现代文学史上最负盛名的爱国诗人、缅甸新文化运动的旗手。他以精湛的艺术表现手法和充沛的情感充分地反映了他所生活的时代，使缅甸文学的现实主义传统达到了一个新高度。

（三）建筑艺术

缅甸的建筑艺术在长期的历史发展进程中逐步形成了自己独特的艺术风格和表现手法，随着艺术实践的发展而不断丰富更新，日益显现出其时代感和兼容性。

1. 宫殿建筑

缅甸古代民居多考虑实用性，如最普遍的干栏式住宅，就是为适应当地的气候条件和自然地理环境而设计的。但由于缅甸民居多系竹木结构，在潮湿多雨气候条件下难以长久保存，因此典型的古代民居现在已经很难见到了。最能体现缅甸建筑艺术的当数城垣、宫殿和佛塔寺庙了。

缅甸古代王宫建筑的代表曼德勒王宫是 1859 年贡榜王朝第十代王敏东王在位时建成的，未能躲过第二次世界大战的炮火洗劫。唯有迁出王宫的金殿幸免于难。金殿寺为两层阁楼三层重檐式大屋顶建筑，飞檐翘角，代表了那个历史时期建筑艺术的最高水平。1990 年军政府开始重建王宫，并重新修葺了御花园，已陆续向世人开放。缅甸古代宫殿建筑无论殿顶的重阁飞檐，殿内的巨柱、隔扇，还是城墙四隅的角楼和御花园，都明显地受到了中国建筑文化的影响。

2. 佛塔建筑

缅甸佛塔源自印度，早期的佛塔完全继承了印度佛塔的建筑风格。如室利差呾罗故地发现的波波基塔，由 5 级圆形塔座、高大的柱状塔身和圆锥形顶部的塔伞组成，整体形状古朴简洁，没有更多装饰。经过封建社会几百年的变迁，到贡榜朝时缅甸佛塔建筑呈现出新的特点，民族风格越来越鲜明。封建王朝覆灭至独立以后，缅甸佛塔建筑艺术又有了新的发展。原来王冠状塔伞改为普通伞状塔伞。建筑造型更趋协调，局部设计更趋精细。

从建筑形式上看，缅甸佛塔总的有两大类：一类是实心塔，镇塔宝物埋入塔内地宫之中。仰光大金塔、蒲甘瑞喜宫塔等是这种类型的突出代表。另一类是有门可入的塔，即佛窟，亦称浮屠。塔内供奉宝物、立有佛像供人瞻仰。蒲甘的阿难陀寺、他冰瑜佛窟，仰光的世界和平塔、大胜塔等是这种类型的代表作。

3. 近、现代建筑

缅甸近现代建筑体现了东西文化的交流融会。19 世纪末英国吞并缅甸后西方建筑文化开始影响缅甸，不少西式建筑在缅甸出现，如仰光的海滨旅馆、仰光大学授衔礼堂及教学楼、政府办公大楼、中央银行、海关大楼、仰光大医院等。

独立后缅甸建筑发展很快，它们吸收了西方建筑风格之长，又与本民族传统的建筑风格相结合。坐落在仰光甘道枝湖畔的妙声鸟水上餐厅更是传统建筑艺术与现代风格相结合的经典之作。餐厅外型采用缅甸古代帝王所乘妙声鸟舫的造型，犹如两只美丽的妙声鸟相倚湖面，口衔宝珠，背负船楼，与蓝天碧水相得益彰。

（四）音乐舞蹈

缅甸音乐是一种以声乐为基础的音乐。在缅甸人的传统概念中，旋律就是唱歌，而且和歌词紧密相连。缅甸歌曲丰富多彩，大致可分为民歌、古曲、曲艺、戏曲四大类。缅甸民族乐器丰富多样，基本上可以归为五类：弦乐、铜乐、革乐、管乐、板乐。弦乐器包括竖琴、弯琴（又称凤首箜篌或缅甸竖琴）、三弦琴、鳄鱼琴；铜乐器包括套锣、篌琴、碰铃、磬；革乐器包括套鼓（又称围鼓，由 21 个大小不同的鼓组成）、小鼓、大鼓、牟罗鼓、腰鼓；管乐器包括唢呐、笛子、笙、螺、弯号、双管号角；板乐器包括竹拍、森梆。西方音乐在 19 世纪中叶以后传入缅甸，对缅甸音乐的发展产生了影响。在乐器方面，钢琴、曼陀林等在 20 世纪 20 年代已开始流行，后来缅甸出现了西方乐器和缅甸乐器混合演奏的乐队和管弦乐队。

在佛教传入前，古代缅甸人信奉神灵。他们在祭拜神灵时，往往模仿各种动物或装扮成所祭拜的神灵模样，边唱边跳。佛教传入后，这些民间舞蹈逐渐成为具有宗教内容的舞蹈。在漫长的历史发展中，这些民间舞蹈演变为现在看到的模拟各种动物的舞蹈，有龙舞、神兽（缅甸式麒麟）舞、大象舞、神鸟（紧那罗）舞、孔雀舞等。15 世纪以后，"本生经"故事的歌舞剧和以罗摩故事为内容的歌舞剧，成为传统歌舞剧的重要品种。缅甸传统的宫廷舞乐称为"阿迎"，一开始是宫廷演员为国王坐唱诗歌，辅以音乐伴奏，后来又加入了舞蹈。"阿迎"舞的特点是强调动作的"柔和"，具体表现为偏向头、手、脚和身体的曲线展示。现在"阿迎"舞已具有更为丰富的内容，除了舞、乐，还有主角与丑角之间的对白说唱。

缅甸独立后政府对音乐戏剧歌舞艺术十分重视，由文化部负责，设立了国家歌舞团，1953 年以后先后在曼德勒、仰光成立了音乐舞蹈学校，组织专家学者和文艺工作者发掘整理古典歌曲和乐曲，不定期地举行歌舞比赛和乐器演奏比赛。1993 年和 1999 年缅甸又相继在仰光和曼德勒建立了文化大学，这两座大学中都有音乐系和舞蹈系。1993 年以后，缅甸每年都举行一次传统艺术比赛，而且规模相当大。1998 年以来，每一次参赛者都超过 2500 人。

（五）绘画及造型工艺

1. 绘画

缅甸封建时期的绘画艺术在早期从形式到内容都受到印度文化尤其是佛教文化的深刻影响。如早期的贝叶画和蒲甘初期的壁画，题材内容多以佛本生故事为主，人物形象、佛教图象都带有印度风格。但到 12、13 世纪，寺院佛塔中的壁画无论构图还是色彩都开始明显地表现出缅甸民族绘画艺术的特征。即笔法柔细，线条挺拔，色泽艳丽。颜料使用了雄黄、银朱、虫绿、百垩等。14 世纪以后，壁画有了进一步发展，不仅应用于佛教建筑，而且也应用于宫殿建筑的装饰。表现题材也由佛教内容扩大到宫廷和世俗生活的画面。

贡榜王朝敏东王时期缅甸绘画发展较快。由于西方美术传入缅甸，这一时期的绘画除保持传统的单线素描技法外，在壁画、纸折画、帆布画中都出现了油画作品。蒲甘时期画树木时是一片树叶一片树叶地勾勒描绘，而到贡榜后期树木仅以颜料绘制，很少有线描了。

进入 20 世纪后，西方绘画艺术的影响越来越大。从 1920 年起英属缅甸政府派遣吴巴年和吴巴佐等人赴英专修西方艺术。20 世纪五六十年代也不断有美术家赴欧洲、中国学习美术、绘画、雕刻等。以风景、人物为题材的油画、水彩画、铜版画等都在缅甸发展起来。

2. 造型工艺

缅甸传统民间工艺有着悠久的历史。被称为"传统工艺十朵花"的铁器、金银首饰、雕刻、绘画、漆器、磨镟、泥塑、石刻、瓦工、铸铜十种造型工艺大部分在蒲甘王朝时期就已存在并具有相当水平，其后数百年中，造型和技艺加工更趋精湛，在工艺造型方面最有特色的是雕刻和漆器。

缅甸雕刻按材料可分为木雕、象牙雕、玉雕、竹刻、骨刻、石刻、龟板雕刻、金属雕刻等；按技法可分为圆雕、浮雕、镂雕三种。圆雕即立体雕塑，古时常以铜、铁、合金、石为材料，多为佛像雕塑。现代木制圆雕也很普遍，无论是人物还是动物，其造型都细腻生动，形态逼真。浮雕的运用比较广泛，大到各类建筑装饰，小到家具、器皿、艺术品等都大量运用浮雕工艺。

缅甸漆器的主要产地在上缅甸蒲甘良宇阿瓦一带，因为制造漆器的主要原材料"丁瓦"竹和黑漆树树脂盛产于这些地区。制作漆器时，需先将竹子削成篾片，编织成器皿形状，有的为了造型需要里面还楦上木楦，外面涂上薄薄一层树脂使编织体黏合，阴干后用柚木细锯末加树脂调成的粗油灰和黏土加树脂调成的细油灰反复涂抹，以使坯胎加厚，耐用性增加。最后的工序是用铁笔或细钢钎在漆器表面刻画花纹图案、贴金上色。缅甸的漆器多为朱、黑两色，彩绘多为在绿、黄两种底色上描金，古朴瑰丽。

四　传统习俗与节庆

（一）缅甸历法

缅甸最常用的历法有公历、缅历和佛历。公历是缅甸政府工作使用的历法，也是全国使用最普遍的一种历法。佛历是从事佛事时使用的历法。缅历是蒲甘王朝卜巴苏罗汉王创立的蒲甘历，它根据月亮圆缺的规律，把每月分成两个部分，即月盈期和月亏期，或称上半月或下半月。缅历一年12 个月，每个月都有固定的称谓，并要过相应的节日。缅历以生肖纪日，即用星期的日期来记人的出生日，也是人的属相。

（二）节日

缅甸节日较多，其中法定的政治性节日有独立节、联邦节、农民节、建军节、五一节、烈士节共 6 个，每个节日都放假一天；传统的节日有20 多个，大多与佛教有关，主要传统节日有泼水节（放假 4 天）、浴佛节

（浴榕节，放假 1 天）、结夏节（安居节，放假 1 天）、光明节（放假 1 天）、点灯节（放假 1 天）、拜塔节（放假 1 天）。此外，还有一些少数民族的节日，如克钦族的目瑙节、克耶族的新年幡柱节等节日。缅甸实行每周 5 天工作制，每周休息两天，加上上述的节假日，缅甸人每年的节假日有 110 多天。

泼水节。缅历 1 月 10—14 日（公历 4 月 13 日前后），这是缅甸最大的传统节日。逢此节日，人们张灯结彩，游行庆祝，相互泼水祝福。向来往的行人泼水，意在消灾纳福、涤旧迎新。泼水节后就是缅甸新年的第一天。

结夏节，又叫开门节，从缅历 4 月 15 日（公历 7 月）起，家家户户点灯礼佛，煮饭做菜，准备向和尚布施，请和尚念经。从此时起，90 天内全社会娱乐、婚礼、乔迁、宴会等一律停止。僧尼们在结夏节期间也禁止外出，定居寺内，参禅打坐，诵经拜佛。

解夏节，又名点灯节或关门节，时间是缅历 7 月 15 日（公历 10 月）。佛教的大斋期结束，各种禁忌均告解除。14—16 日，僧俗同乐三天，家家户户燃灯点烛三日。善男信女们去佛塔前或寺庙祭坛上，恭恭敬敬地点燃蜡烛。

浴佛节，也叫浴榕节，在缅历 2 月（公历 5 月）望日举行。这一天人们都要去佛塔礼拜给菩提树浴佛。

光明节。缅历 8 月 15 日（公历 11 月）望日举行光明节，这也是一个佛教装点节日，由月圆日前一晚至月圆后一晚上，户户要点灯三天，佛塔四周，火树银花。家家都制糕饼，供佛待客，布施僧侣。

目瑙节，是克钦族最盛大、最隆重的一种传统的集体盛会。目瑙节期间，克钦族男女老幼都身着节日盛装，敲锣打鼓，从四面八方汇集到预先指定的空场上，围着空场中央竖起的几块高大的木牌神，在几个头上插着孔雀尾的领舞人的带领下，在象脚鼓、铓锣、竹筒等乐器的伴奏下，男子手握长刀，妇女手拿红布或花环，踩着锣鼓声的节拍，翩翩起舞，放声高唱。

幡柱节，是克耶族的新年。克耶人家中不供神像，仅在村外设小小神龛。在克耶人心目中，地神和幡柱神是至高无上的神灵，幡柱神又是雨神。克耶人经常祭祀幡柱神，目的是送去旧岁迎来新年，祈求在新的一年中，消灾免难，五谷丰登。

（三）民俗

缅甸民族众多，各个民族形成了自己独特的风俗习惯。同时，各民族在相互交往中，又互相影响，风俗习惯又有共同之处。多姿多彩的民俗，构成缅甸的一大特色。

姓名、称呼　在缅甸，各民族中，除了华人和印裔有姓名，缅族、克钦族、克耶族、克伦族、钦族、那加族、孟族、若开族、掸族等，都有名无姓。缅族通常在自己的名字前面加一冠词，表示性别、年龄、身份和地位。青年男子一般自称"貌"，意为弟弟，表示谦虚；对长辈或有地位的人称"吴"，意为叔伯；"吴"也有"先生"之意，表示尊敬；对平辈或青年人称"哥"，意为哥哥；对幼辈或少年人也通称"貌"。对老师、医生、长官以及有一定社会地位的人，则称之为"塞耶"。妇女不论是否结婚，一般自称"玛"，意为姊妹、姑娘，对同辈或幼辈也称"玛"。对长辈或有地位的妇女则称"杜"。

由于缅甸人名通常只有两个字，同名现象极为常见。为了区别，有些人就在名字前加上自己的出生地点，如缅甸人中叫"丁昂"的很多，如出生在八莫，他的名字可能就叫"八莫丁昂"，出生在仰光，也可能叫"仰光丁昂"。

衣着　缅族不论男女下身都围纱笼，虽然男女穿法稍有不同，但色彩都一样艳丽。男女上衣均为右衽，也有对襟的。男人上衣围无领对襟长袖短衫，用一条或粉红、或黄或白的薄纱或丝绸帕包在头上，作为出席盛会的礼帽。女性的上衣多为斜襟长袖衫，衣袖长而窄，颜色多为乳白色或粉红色，多用薄纱制成。妇女一般都留长发，卷发髻，并喜插花。未婚少女在髻端露出一小撮头发，平时在家常把头发扎成一把，拖在脑后。缅族很少穿鞋袜，爱穿拖鞋。进入佛塔或寺庙，则不论平民百姓，还是达官贵人或外国使节，都必须脱鞋。

饮食　缅族人一般每天两餐，上午9时和下午5时进餐。主食以米饭为主，喜欢在菜肴里放咖喱。饭菜简单。吃饭时不用筷子羹匙，用拇指、食指和中指把食物掬进口里。有时也在菜肴里放一两把汤匙，作为公用。家家户户都备有烟卷和槟榔盒子，客人来了，首先请吸烟和嚼槟榔。缅族人日常生活中最爱好的小吃是叫作"蒙亨卡"的鱼汤米粉，普通人家常用来招待客人。

居住 缅族人农村的房屋一般为平房，住房通常是一大间，也有隔成两三间的。也有少数高脚屋，下层关养畜禽或放置农具。屋顶多用茅草或棕榈叶覆盖，有的用白铁皮覆盖。城镇的房屋四周多围着低矮的木栅，喜欢在房子周围摆设花盆，或在花园里种花养草。屋内陈设一般都较为简单，有草编或篾编凉席、枕头和毯子等卧具。一般人家没有床（因佛教十戒中有禁睡高处一条），坐卧都用席子，桌椅很少。家中一般有一个饰有雕绘的箱子，装放全家的衣服。屋内架子上放着水缸，随时都装满清水。另一个矮木架堆放盘碟和杯子。锅瓢碗盏等炊具放在火炉边。缅族人家里最讲究的要算佛龛，安放在屋里的最高处，佛龛里供奉着释迦牟尼佛像，有烛，无香炉。

丧葬 由于信仰佛教，缅族并不认为死亡悲哀和可怕。人死了，家中人替死者洗澡，换上洁净衣服。然后将尸体安放在架子上或席上，在架下或席边放置一口盛满清水的新砂锅。尸体一般在家停放两三天，出殡时要在门口把砂锅打碎，把架子或席子连同尸体送往附近寺庙火化。火化后有的把骨灰寄存于庙寺内，有的则设立墓将骨灰埋入土里。也有人不火化尸体，而实行棺木土葬。

五 教育、科技与通信

（一）教育

1. 历史沿革

缅甸古代的教育与佛教有着密切的关系。11 世纪蒲甘王朝建立后，随着南传上座部佛教牢固地确立了它在缅甸的统治地位，在缅甸形成了以寺院为学校、教育从属于佛教的制度。按照上座部佛教的传统，每个男子在一生中至少要进一次寺院当和尚。在缅语中，学校和寺庙是同一个词。当小和尚的青少年在寺院里除了拜佛诵经、持戒寺律外，还要学习缅语、简单的数学等课程。

1826 年第一次英缅战争后，英国殖民当局分别于 1835 年在毛淡棉、1837 年在皎漂、1844 年在实兑，开设了用英、缅两种语言进行教学的学校。1852 年英国侵占下缅甸以后，在仰光、勃固、东吁、卑谬等地开设了一些用英语或英、缅两种语言进行教育的中学。这些学校还开设了一些近代自然科学的课程。1885 年英国吞并整个缅甸后，这种殖民地的近代教育推广到全缅甸。1885 年，在仰光高级中学内，设立了仰光学院，1904 年正式成立仰光学院。1920 年，殖民地政府将仰光学院与原教会学校贾德逊学院合并，于该年 12 月 1 日成立了仰光大学。仰光大学于 1925 年在曼德勒开设了专科学校，1930 年增设师范学院和医学院。1936 年又开设了农学院。到 1941 年日本入侵缅甸前，仰光大学已成为当时中南半岛上较为著名的大学。

在广大农村中，仍然以寺院为学校。在广大少数民族居住的地区，除了少数教会开办的少数以传播基督教为主要目的的学校，基本上没有近代教育。

1948 年 1 月缅甸独立后，缅甸教育获得了新的发展。缅甸政府规定使用缅语进行教学，并开始试行初小义务教育。1957 年，缅甸政府设立了教育重建委员会，1958 年，曼德勒学院升格为曼德勒大学，1960 年又开办了东枝学院。仰光大学增设了许多系科，尤其是自然科学方面的课程。缅甸的教育有较大的发展，高等教育的发展尤为迅速。

1962 年 3 月缅甸军队接管政权后，缅甸政府先后制定并通过《缅甸联邦大学教育法》、《缅甸联邦基础教育法》和《缅甸联邦教育政策》等法律法规，强调教育以提高道德为基础，高度重视普及教育，加强实际应用科学的教学。但是，在 1962—1988 年的 20 多年里，缅甸基本上是关起国门来办教育，这就使得教育质量的提高受到很大的影响。例如，在外语教学方面，1964 年以后，缅甸取消了在小学校中的英语课，导致了英语教育水平的下降，直到 1979 年以后，才重新开始重视英语教育。

1988 年以来，缅甸政府经济上逐步推行改革开放政策，对教育政策也适时作了调整，在普及基础教育、扩大中等教育和高等教育的同时，注意职业技术教育和成人教育的发展；培养熟练劳动者和能够参加实际工作的学术人才。缅甸政府于 1992 年 10 月 1 日正式决定在全国范围内恢复寺庙教育。1991 年 9 月 2 日，缅甸政府成立了缅甸教育委员会。

缅甸最高教育行政机构为教育部，下设部长办公室、基础教育局、教育计划与培训局、下缅甸高等教育局、上缅甸高等教育局、缅甸文字委员会、缅甸教育研究所、缅甸考试委员会等司局级部门和缅甸历史研究委员会。为发挥学术研究人员和技术专家的作用，缅甸在 1999 年 8 月 16 日成立了缅甸艺术和科学学院，共有 717 位成员，其中 24 人是执行委员会委员。

2. 教育现状

缅甸的各类教育，分属不同的政府部门管理。基础教育、高等教育、一般职业技术教育、师范教育都属教育部统管。学前教育和残疾人的特殊教育由社会福利部负责。成人教育和部分职业技术教育则分属内政部、科技部、卫生部等政府有关各部门管理。

缅甸学前教育包括幼儿园和学前学校，招收3—5岁儿童，由缅甸政府社会福利部主管。各省、邦的村或乡也在民众的协助下开办了一些义务学前学校和幼儿园。社会福利部对上述符合条件的校、园给予资助。

缅甸基础教育制为10年制。1—4年级为小学，正常入读年龄为6—9岁；5—8年级为普通初级中学，入读年龄为10—13岁；9—10年级为普通高级中学，入读年龄为14—17岁。初中毕业后也可升入职业高级中学，学制为3年。除政府办学外，还大力发展寺庙教育和民办公助学校。

缅甸高等院校的学制分别为4年制、5年制、6年制。综合性大学和经济大学的学制普通生为4年制，优等生为5年制；计算机大学、农业大学等为5年制；医药大学、畜牧大学、林业大学、工业大学等为6年制。文、理科综合大学硕士生为1—2年，其他学科硕士生为2年。

在学校机构的设置方面，缅甸大学中设教务长1人、副教务长1人，下设行政财务部部长和教学与学生事务部部长各1人。行政财务部部长之下设有注册官，教学与学生事务部负责管理各学科系，系下再设专业。各系设系主任、副系主任各1人。教师职称分别为教授、副教授、讲师、助理讲师、助教。

（二）科技

1. 自然科学

由于经济发展水平低的制约和长期的闭关锁国，缅甸科学技术人才匮乏，科学技术基础十分薄弱，科技发展资金严重短缺，科研机构少，科研水平和技术开发能力低下。长期以来，缅甸一直没有一个统一管理科技工作的部门，而是由政府各部委分头管理。科技研究与开发工作都由政府各部门直属的研究单位和大学来承担，主要从事应用性的研究。20世纪90年代以来，缅甸政府开始重视科学技术，1994年6月颁布了《缅甸科学技术发展法》，于1996年10月2日成立了科技部。由于基础弱，条件差，缅甸的现代科学技术研究还处于起步阶段，研究领域有限，主要在应用性技术层面进行，仅在信息技术和计算机科学应用推广方面进展较快。

2. 社会科学

由于长期的殖民统治和经济社会发展水平低，投入极为有限，缅甸的社会科学研究的基础一直非常弱。缅甸专门的社会科学研究机构很少，涉及的研究领域主要在缅甸历史和文化方面。独立后缅甸成立了"缅甸历史委员会"，为缅甸教育部属下专门的历史研究委员会。缅甸文化部所属的考古研究所，是缅甸唯一的考古所；文化部所属的仰光文化大学和曼德勒文化大学，都有缅甸文化方面的研究人员；仰光大学历史系和人类学系，对缅甸历史和民族有较强的研究力量。缅甸独立后建立的文学宫，则组织了一批学者对缅甸文化和文学有较全面的研究。

缅甸学者出版的著作不多，主要有：缅甸文学宫出版社在 1958 年至 70 年代初出版的 15 卷本的《缅甸百科全书》、文学宫出版社在 1978 年出版的《缅甸历史论文集》（1—4 辑）、丹东博士的《缅甸古代史论文集》（仰光，摩诃大光出版社，1964）、德班梭因的《缅甸文化史》（耶敏文学出版社，1968）、吴巴丹的《缅甸史》（仰光，报纸杂志公司，1991）、吴佩貌丁的《缅甸文学史》（仰光，茉莉花出版社，1987）、敏西都的《缅甸神灵信仰史》（日月世界书局，1993）、貌登奈的《缅甸戏剧史》（仰光，1968）、吴丹彬的《缅甸教育史》（茵棉多文学出版社，1992）、吴素的《缅甸传统建筑艺术》（文学宫出版社，1986）和杜钦钦盛的《蒲甘文化》（文学宫出版社，1986）。此外，已经译成中文的，有波巴信在 20 世纪 50 年代出版的《缅甸史》（商务印书馆，1965）。

在国外和曾经在国外工作和从事社会科学的缅甸学者有许多重要的成果，他们的著作大多用英文出版。如著名历史学家丹东博士编纂并翻译的《缅甸国王诏令集》（共 7 卷，缅、英双语版），缅甸著名经济学家妙丹的《缅甸经济发展》、《缅甸对外贸易》和《缅甸在东盟》等英文著作。

（三）通信

缅甸 1948 年独立前建立缅甸新闻社，1973 年把缅甸新闻社改组为缅甸通讯社，为国家唯一的通讯社。缅甸广播电台始于 1937 年，印缅分治后在 1938 年建立的缅甸政府广播电台，二战后在 1946 年改名为"缅甸之声"电台。1948 年独立后，"缅甸之声"成为缅甸政府的官方电台。"缅甸之声"电台用缅甸语、英语和多种少数民族语言广播，内容有新闻、广播教材、教育节目、文艺节目、广播剧、歌曲、讲座、经济广告等。

缅甸是世界上最晚开办电视台的国家之一。在世界上第一部电视机问世半个世纪后，电视才传入缅甸。1977 年 2 月召开的一次部长会议上，缅甸政府决定由宣传部、第二工业部和交通部一起，共同承担兴办电视的任务。1980 年 6 月 3 日，缅甸电视台开播，但由于技术上的原因，只有仰光及附近 118 公里以内的地区才能收看得到。1980 年缅甸政府制定了分期分批在全国各地建立转播台的计划，并在日本的援助下实施。1983 年 1 月起，曼德勒成为第一个能看到仰光播出的电视节目的城市。1990 年 5 月，缅甸开始租用亚洲 1 号多波速 1/4 转发器，地面卫星通信设备则由中国提供，此后全国大部分地区都能看到电视。1996 年缅甸政府颁布了《缅甸电视法》。

缅甸全国有 5 个电视台，包括"缅甸电视台"（建于 1980 年）、"妙瓦底电视台"（创办于 1995 年 3 月 27 日）、MRTV—4、Myanmar International（原来的 MRTV—3）、Skynet—TV。全国共有 7 个广播电台，即 City FM、曼德勒 FM、八大玛雅 FM、瑞 FM、彬萨瓦底 FM、茄丽 FM、蒲甘 FM。

六　缅甸文化的特点

第一，包容并蓄性。印度文化、中国文化、伊斯兰文化、西方文化以及泰国、马来西亚等东南亚国家的文化都在不同时期对缅甸文化有着不同程度的影响。正是这些外国文化在缅甸的碰撞和交融，缅甸文化对外来文化的兼容并蓄，才使得缅甸文化得以丰富和发展。

第二，民族性。对于外来文化，缅甸人先吸收消化，接受并发展适合缅甸的内容，加进本民族的内容对其进行改造创新，使其具有鲜明的缅甸民族特色，变成缅甸本民族的文化，具有了缅甸民族性。

第三，鲜明的佛教特征。上座部佛教在缅甸人心中深深地扎下了根，并深入缅甸的文学、艺术、语言、风俗习惯等各个方面，深入缅甸人的心目中，使缅甸文化在佛教文化的基础上逐渐发展成熟，形成了今天具有浓厚佛教色彩的缅甸传统文化。

第四，浓厚的农耕文化特点。缅甸是个地道的农业国，缅甸人民很早就学会了耕作水稻的技术以及其他农业技术，他们创造了具有平原农耕文化特色的缅甸文化。

第五，热带地域文化特色。缅甸处在热带地区，气候炎热，雨量充足，因此缅甸的服饰文化、饮食文化、建筑文化、节日文化等衣、食、住、行几方面都带有热带地域文化的特色。

第三篇

儒释道文化

第八章　祖先崇拜与儒释道文化

考察东南亚地区的文化，如果从国家视角看，东南亚的 11 个国家中，越南和新加坡属于儒释道为主的文化；如果从族群视角看，在东南亚众多的族群中，则华侨华人以信奉儒释道为主。东南亚共有 6 亿多人口，其中约有 1.5 亿人口属于信奉儒释道文化的，主要包括越南的京族和各国的华侨华人。儒释道往往与祖先崇拜结合在一起。此外，越南和新加坡还有信奉天主教、印度教等宗教信仰，其风俗习惯、语言文学艺术等文化丰富多彩。

一　祖先崇拜与儒释道

人们一般把儒学、佛教、道教简称为儒释道，而且在其发展过程中常常也会形成三教合一，甚至与祖先崇拜相结合。

（一）祖先崇拜

1. 概念

祖先崇拜是一种信仰习惯，常指祭祀、供奉祖先的灵魂。自古以来，中国就有着复杂的鬼魂观念。一般认为，人有魂，魂是人的精神活动，人死后魂能变成鬼。鬼具有非凡的能力和作用，鬼魂能附于某些自然物，可以决定人的命运。《礼记·祭法》中记载有"人死曰鬼"的语句[①]，原始人相信鬼魂不灭。

祖先崇拜的最基本理念是承认死去的人存在另一个世界，借着他在另一个世界的存在来持续活着之人的延续。人如能在死前留下自己亲生的子女或后代，就是自己生命及祖先生命的延续，这是生物性的延续。中国人

---

① 《四书五经》（陈戌国点校本），岳麓书社 2002 年版，第 601 页。

不仅以延续生物性的生命为满足，还重视社会性、文化性及道义性诸部分的生命延续。

祖先崇拜与父权父系制度相联系。父权父系是家族制度的根本，故祖灵的祭拜也是家族社会组织得以延续的依凭。作为家族社会的重要活动之一的祭祖成了中国宗法社会的重要平台，国人借此形式来发挥中国式地方政治的权利，以至于祠堂犹如解决家庭纠纷的法院，并担任维持社会治安的角色，还有义仓、济贫、义学、奖学金等功用。这样，宗祠隐然具有维系社会、法律、道德、传统的重要功能。可见，祖先崇拜有加强家族意识、整合社会的作用。

此外，祖先崇拜还有人不能忘本的概念。要饮水思源，"滴水之恩当涌泉相报"，要记得父母的养育之恩。忘恩负义是中华民族之大忌。

2. 节日

在欧美许多国家，对祖先纪念的习惯一般是在复活节、圣诞节或万圣节向逝者墓地献花和点蜡烛以示缅怀，而在中国等东方国家的纪念仪式则要隆重得多。中国的许多节日，都离不开祭祀祖先这一内容，清、盂、九、除四个节日①，是中国传统祭祖的四大节日。个别地域也有在冬至等节日祭祖的。

清明节是中国最重要的祭祀节日，最适合祭祖和扫墓。扫墓俗称上坟，祭祀死者，汉族和一些少数民族大多是在清明节扫墓。两千多年来，人们在这个"气清景明"的节气中，进行"祭之以礼"的追远活动，为已逝的亲人、祖先，庄重地送上自己的思念与敬意。清明节大约始于周代，已有两千五百多年的历史。清明最开始只是一年 24 个节气之一。清明一到，气温升高，正是春耕春种的大好时节，农谚说"清明前后，种瓜种豆"，"植树造林，莫过清明"。后来，由于清明与寒食的日子接近，而寒食是民间禁火扫墓的日子，渐渐地，寒食与清明就合二为一了。按照旧的习俗，扫墓时，人们要携带酒食果品、纸钱等物品到墓地，给坟墓铲除杂草，为坟墓培上新土，将食物供祭在亲人墓前，再燃香和将纸钱焚化，然后叩头行礼祭拜，以表示对祖先的怀念，最后吃掉酒食回家。② 为

---

① 即清明、中元、重阳和除夕。

② 唐代诗人杜牧的诗《清明》："清明时节雨纷纷，路上行人欲断魂。借问酒家何处有？牧童遥指杏花村。"

什么要在清明扫墓呢？这是因为冬去春来，草木萌生，人们到先人的坟墓，亲自察看坟墓是否因雨季来临而塌陷，或被狐兔穿穴打洞。

3. 仪式

祭祖大体可分为家祭、墓祭、祠祭和始祖公祭四种。

（1）家祭

对祖先的崇拜很重要的一方面就是表达亲情，家祭是一个基本的表现。家祭之俗源自中原。① 人们通常是在中元节（即农历七月十五日）、中秋节（即农历的八月十五日）、除夕（即农历一年的最后一天）等节日，以鸡肉、鸭肉等供品祭祀祖先，烧纸钱，全家一起祭拜，态度极其虔诚。在20世纪50—70年代，破除旧俗，家祭仪式少有见到。80年代以后，举行家祭的又多了起来。

（2）墓祭

墓祭又称祭扫，一般每年举行春、秋二祭，春祭在清明节，秋祭在重阳节，重阳祭扫祖坟活动不如清明普遍。每到清明日，家家户户都有人上山祭扫祖坟。祭祖者的态度十分诚敬。祭扫时，要清除祖坟周围的杂草。祖墓如有损坏，亦于是日整修。民间旧俗，祖墓之土平时不宜轻动，唯于清明祭扫之时可以无忌地进行此项工作。坟墓周围打扫清净之后，接着就把"纸钱"压在祖坟前后左右。然后再陈列供品，烧香虔祷，请祖先神灵出来享用。

墓祭包括小家庭的祭拜和大家族的祭拜。

（3）祠祭

祠祭也可称为族祭，是家祭的扩大。一般一个家族在其居住点都有一个祠堂，供奉着家族内历代先人的神主牌。族内有子嗣的人上寿②后逝世的，其神主牌可进祠堂供奉。祠祭有两种主要形式：一种是集体祭祀，集体祭祀又分为：一是在每年的元宵节或规定时间，由族长或族内长辈主持祭祖仪式，全族人均要参加，仪式隆重，有的在祭后还演戏以使气氛更为浓烈；二是遇有族内重大事件，或是与外族间的纠纷，或是族内出现"不肖"子孙需加以处置，都要开祠堂门祭拜祖先，趁此召集族人议决

---

① 宋代陆游有"死去原知万事空，但悲不见九州同。王师北定中原日，家祭无忘告乃翁"的诗句。

② 古时候称上50岁为上寿。

处置。

　　另一种是个别祭祀，个别祭祀又有几种情况，其一是当年或上年生了男孩子的人家，则于元宵节以三牲祭告祖先，祈求保佑，二是外出做官、发财的子孙，回乡也要祭祀祖宗。旧时，凡是中了"三鼎甲"① 的，皇帝都要给假，让他返乡拜祖，这种习俗在辛亥革命后随着科举制度的废除也就消失了。近年来不少华侨在国外发迹，也都先后返乡祭祖。

　　（4）始祖公祭

　　清明公祭始祖黄帝是中华民族的年度传统盛事，此活动在弘扬中国传统文化的同时也表达了华夏儿女对黄帝的缅怀之情。每年清明公祭轩辕黄帝典礼在陕西省黄陵县黄帝陵前隆重举行，数以万计的海内外中华儿女共同缅怀中华民族的人文始祖——轩辕黄帝。

　　祭祀黄帝，是中华民族传统的祭祀大典，旨在敦睦九族，和合万邦，消弭战祸，趋于大同。公祭黄帝是以官方名义组织的有严格规模、等级和仪式的大型祭祀活动。据载，祭祀轩辕黄帝始于部落时代。春秋时期，公祭黄帝陵成为有组织、有规模、有等级的大型公共活动。唐朝将祭祀黄帝陵列为国家祭典，以后世代相传，绵延不绝。

（二）儒学

　　儒家文化圈是以中国为核心，包括朝鲜、韩国、日本、越南、新加坡等东亚国家在内的，使用或曾经使用汉字的跨地域文化地理单元。历史上，中国战国时期儒、墨、道、法等百家争鸣。到两汉，儒学盛行，并逐渐定于一尊。六朝隋唐时，发展到儒释道并举。宋以后的理学以儒为表，释道为里，熔三者于一炉。近代以后，中国文化受到西方文化的冲击，但儒学一直占有主导的地位，儒道的结合构成了传统文化的基本内核。中国周边的朝鲜、韩国、日本、越南以及后来独立的新加坡，由于地理和种族的关系，也都信守儒家思想。

　　儒学可以分为两大传统，一是以孔子、孟子等为代表的心性儒学，强调修身养性的"内圣"之道；二是以孔子以及后来的董仲舒等为代表的政治儒学，主张"通经致用"、济世救民的"外王"之路。政治儒学自秦汉以来形成了儒家政教体系、典章制度、伦理纲常、生活秩序和意识形态

---

　　①　状元、榜眼、探花。

等，是一种理性形态的价值结构、知识体系和权力系统。

儒学即儒家学说，严格来说，不能等同于一般的宗教。不过，在一些东南亚国家有视其为宗教的，称之为"儒教"或"孔教"。

（三）佛教

儒释道之释即佛教。关于佛教在本书的第二篇第三章已有叙述。

在越南和新加坡以及东南亚非上部座佛教国家的华侨华人主要信奉大乘佛教。缅甸、泰国、柬埔寨、老挝等以上座部佛教为主的国家的华侨华人则更多的是受当地主流佛教的影响。

（四）道教

1. 道教的概念

道教是具有中国民族文化特色的本土宗教，正式创建于东汉中后期的公元 34—156 年，至今已约有 1900 年的历史。当初凡入道者，须出五斗米，故亦称"五斗米道"。

道教教义就是以"道"及"道德"为核心，把"尊道贵德，天人合一"作为最高信仰，认为天地万物都从"道"而派生，以所谓"一生二，二生三，三生万物"为创世理论，社会人生都应法"道"而行，最后回归自然，即把"人法地，地法天，天法道，道法自然"作为活动准则。① 道教以神仙信仰为核心内容，以丹道法术为修炼途径，以得道成仙为终极目标。

道教以黄帝为始祖、老子为道祖、张陵为教祖。道教认为玉皇是地位最高、职权最大的神，总管三界（天上、地下、空间），十方（四方、四维、上下），四生（胎生、卵生、湿生、化生），六道（天道、人道、阿修罗道、地狱道、畜生道、饿鬼道）的一切阴阳祸福。

经历代发展，道教的经典有很多，主要的有《道德经》（《老子五千文》）、《正一经》、《太平洞极经》等。

2. 道教与中国古代科学及道家

道教有其宗教色彩的一面，同时也包含了不少科学的成分。道教一方

---

① 《老子》载："有物混成，先天地生。寂兮寥兮，独立而不改，周行而不殆，可以为天地母。吾不知其名，强字之曰道，强为之名曰大。大曰逝，逝曰远，远曰反。故道大，天大，地大，人亦大。域中有四大，而人居其一焉。人法地，地法天，天法道，道法自然。"

面起源于上古鬼神崇拜，同时也广泛吸收了诸子百家的精华思想内容，集中国古代文化思想之大成，以道学、仙学、神学等为主干，并融入医学、巫术、数理、文学、天文、地理、阴阳五行等学问。道教对中国的学术思想、伦理道德、思维习惯、民间信仰、政治经济、军事谋略、科学技术、文学艺术、民风习俗等各方面都产生了极其深远的影响。[①]

道教尊奉老子为道祖，其实老子之学并非宗教。在学术上，老子应归为道家。道家是以先秦老子、庄子关于"道"的学说为中心的学术派别。老子是道家的创始人，庄子则继承和发展了老子的思想。道家学术的内容主要是，以老庄的自然天道观为主，强调人们在思想、行为上应效法"道"的"生而不有，为而不恃，长而不宰"。政治上主张"无为而治"，伦理上主张"绝仁弃义"。后来，与法家相结合，成为黄老之学。魏晋时期以老庄解释儒家经文，促成儒道融合。佛教传入中国后，有学者以老庄诠释佛典，形成释道合流。

3. 道教的衰落与新生

中国清朝重视佛教，对道教采取严格的防范和抑制的政策。清初的抑制程度相对宽松，后来，乾隆皇帝宣布藏传佛教为国教，把道教视为汉人的宗教，将正一真人的品秩由二品降为五品，其后的清朝皇帝对道教限制不断加强。鸦片战争后，西方思潮入侵，道教更是江河日下。中华民国更是取消了正一真人封号和财政支持，新文化运动使道教思想受到极大冲击，1928 年国民政府颁布神祠废存标准沉重打击了神仙信仰，道教衰落到无以复加的地步。

新中国成立后，在法律和政策上保证了宗教信仰自由。1957 年，中国道教协会在北京成立，道教第一次有了统一的全国性组织。"文化大革命"时期，道教遭受极大的破坏。1980 年中国道教协会重新恢复工作。道教研究得以延续，全真道"传戒"和正一道"授箓"仪典恢复，宫观得到恢复和新建，开展道教斋醮活动，道教重获新生。

道教在中国周边国家、东南亚以及一些有华侨华人的地方有传播。越南的高台教、东南亚地区的德教等属于道教的正一派。新加坡顺天宫、马来西亚柔佛古庙、越南河内真武观等是一些著名的海外道观。

---

① 鲁迅先生曾说过："中国根柢全在道教。"

（五）祖先崇拜与儒释道的融合

诸子百家兴起于春秋战国，汉武帝独尊儒术，东汉张陵（后世也称"张道陵"）创立道教。也在汉朝，佛教从印度传入。儒释道有相通的地方，也有互补之处。人们逐步形成以佛修心、以道养生、以儒治世的观念，甚至会三教合一，有的地方还建起了三教堂，供奉孔子、释迦牟尼和老子。儒学通俗化和释道世俗化日渐显现。

宋代以后，儒道释三教在人死后的世界观及仪式上均相混融合。道教的灵魂观是相信人有三魂，当人一过世时，一归阴间，一入坟墓，一留于祖先牌位。而佛教有来世观。儒家则有忠孝观。

祖先崇拜尤其与儒家文化紧密联系。孝德与祭祖相联系，成为中国传统社会中非常重要的理念。在儒家社会，人们把"上无愧祖先，下不负子孙"作为生命中的重要信念，并形成了"忠"、"孝"观念以及对家庭十分重视的家文化。"不孝有三，无后为大"，人人都要祭祖，凡不祭祖就是不孝，"孝"就变成祖先崇拜的信条。

"万事孝为先"，"圣人以孝治天下"。在儒家的观念中，"孝"是最重要的美德之一，由孝引发忠、信、仁、义等道德。[①] 即使对已经去世的先人，也要像他们依然活着时一样的尊敬，在节日中要供奉、祭祀，对祖先的崇拜虽然不是一种宗教，但是日常要遵守的行为准则。清朝时罗马教皇禁止中国天主教徒祭祀祖先牌位，引发了中国的礼仪之争。康熙皇帝就是否允许祖先崇拜问题对教皇特使说："世上没有不忠不孝的神仙！"这成了人们熟悉的一句名言。由此可见，祖先崇拜与儒家思想关系密切，同时也可以看到，在对待祖先的问题上，东方与西方的观念是有很大差异的。

不过，儒学鼻祖孔子对于人的生死及鬼神的态度也是值得后人思考的，其在态度上是存疑的不可知论者。[②] 在理念上孔子不信"死后有知""人死为鬼"，但他觉得神鬼信仰，对社会也确有实用。所以，孔子注重

---

① 中国哲学家冯友兰把人们对先人祭祀的道德信仰视为表达情感的诗意之举，他说，"一滴何曾到九泉"，"行祭礼并不是因为鬼神真正存在，只是祭祖先的人出于孝敬祖先的感情，所以礼的意义是诗的，不是宗教的"。

② 《论语·先进》："季路问'事鬼神'，子曰：'未能事人焉能事鬼？''敢问死？'曰'未知生焉知死？'"载《四书五经》（陈戍国点校本），岳麓书社 2002 年第 2 版，第 37 页。

祭祀，认为祭祀是维持伦理的一种教化方法。伦理的中心就是孝，对于孝道的培植，当然是教化上的重点，而培植的方法就是"生则养，死别敬享"。

在以中国为中心的儒学文化圈地区，包括朝鲜、韩国、越南、新加坡等都有祖先崇拜的忠孝观念，讲究慎终追远，不时表达对祖先的感念之情，也相信祖先的在天之灵会继续保佑自己的后代。

二　以儒释道为主的越南、新加坡文化

在新加坡、越南占主导地位的是祖先崇拜和信奉儒释道人数比较多的文化。在东亚，祖先崇拜与儒学、佛教、道教文化重叠在一起，成为东亚相关国家居民的精神支柱。

在思想意识、风俗习惯、物态文化等三个方面看，越南与新加坡的文化都有很多相同，或相似和比较接近的东西，如两国都有祖先崇拜，信守儒家思想，盛行大乘佛教和道教，过春节等传统节日，还有近似的语言文学等。

（一）信守儒家思想

越南人习惯把儒家传统思想称为儒教，又称孔教。由于历史原因，儒教两千年来对越南的社会和家庭产生了巨大影响，潜移默化为人们的思想、文化、教育、习惯行为。越南传承儒学自秦汉起。无论是自秦朝到唐末宋初，越南在中国的版图之内，还是10世纪后期独立以来，越南人都践行儒学的两大传统。汉唐时期，他们曾派遣年轻学者到长安攻读中国经书。越南独立后，黎朝曾把儒学尊为国教，为最盛行的时候。从首都到乡村，有文庙等供奉、祭祀孔子的祠庙建筑，每年从皇帝到基层官员、百姓都要举行祭祀的仪式。法国入侵越南以后，天主教等传入越南，儒教的影响受到一定的削弱，但儒教毕竟已在多方面影响并深深扎根于越南民众的社会生活之中。越南也自认为是一个中央王国，尽管在中国以外，他们也由士大夫阶层像中国官吏那样管理国家，管理方法与中国宋明两代相似，他们赋予士大夫集团强大的权力，倡导儒家的正统观念。

新加坡1965年才独立建国，没有中国、越南那样的封建社会历史，行政制度没有借鉴中国的儒学传统，而更多的是受西方体系的影响，但由于其国民 70% 是华人，其祖先迁移自中国，人们的价值观念代代相传，与生俱来。虽然新加坡国体奉行西洋制度，但人们主要还是践行心性儒学。

比较新加坡和越南的情况，我们是否可以大体看到儒学作为一种传统文化，有其精华的一面，也有其糟粕的一面。心性儒学强调人性，以人为本。孔子说，"己所不欲勿施于人"；讲和谐中庸，"天人合一"。孟子说，"天时不如地利，地利不如人和"；重视教育，善于学习；敬业乐群，节俭勤劳，等等。政治儒学则强调君君臣臣，权威人治，"尊经注经、论资排辈"。重群体、礼教，轻个体、自由。不利于发扬民主，调动个人的积极性。新加坡建国虽然仅半个多世纪，由于其传承了儒学精华的一面，扬弃了糟粕的一面，所以很快就成为了一个发达的国家。而越南在弘扬心性儒学的同时，也承袭了政治儒学，在行政体制中政治儒学仍然在起作用，封建、人治的痕迹还很明显，所以越南的发展水平显然不及新加坡。

（二）盛行大乘佛教

越南与新加坡两国在信守儒家思想的同时，也都是以信奉佛教为主。

佛教在越南历史悠久，还在中国的版图内时，佛教就已传入越南。佛教传入越南通过两条途径。一条是从中国经陆路传入；另一条是从西域经海上传入越南。古代交州（今越南北中部）作为中国最南面的边远地区，虽然远离中原，但由于是沿海，交通并不闭塞。东汉末年以至三国两晋南北朝时期，中原地区动乱，而交州地区相对安定，不少中原人士避乱移居交州。安南①独立前，交州是中国南方通往印度、西域的海上前沿，中国文化与印度文化在这里交汇，尤其是佛学方面的交流。越南公元 968 年独立后，佛教在越南继续发展。

新加坡人信奉的佛教主要也是大乘佛教。早年随着大量的福建、广东人移居新加坡，闽粤的和尚也来到新加坡弘扬佛法。后来，新加坡逐步形成了闽粤两大佛教派系，该两大派系大多属于中国佛教的禅宗和净土宗。1898 年，新加坡开始兴建首刹莲山双林禅寺，1907 年建成。这是新加坡第一座大乘佛教寺院，完全是中国的建筑风格，由天王殿、大雄宝殿和观音亭三进布局构成。双林寺除供奉佛教的三宝和观音菩萨外，还供奉着中

---

① 唐朝时，交州改称安南。

国的关帝。新加坡今日香火最盛的是光明山普觉寺。新加坡的佛教除主要属大乘佛教外，由于地理上邻近东南亚、南亚的一些佛教国家，自然也有一些来自斯里兰卡、泰国、缅甸的佛教组织。[①]

由上述可见，无论是越南，还是新加坡，其大乘佛教都是来自或传承于中国。越南与中国山水相连，越南一度在中国版图内，佛教也就由中国传承下来。新加坡则主要是来自中国的移民把佛教带到了新的居住地。

（三）一样的节庆习俗和近似的语言文学

节庆反映一个国家或一个民族的图腾崇拜、风俗习惯、价值观念、思维方式等方面的文化。如果两个国家或两个民族的节庆基本一样，那么就说明这是两个很亲近、文化很相似的国家或民族。

在东南亚的国家中，只有越南和新加坡的节庆和习俗是最接近的。这两个国家都过春节、元宵、端午节、中秋节等。而且这些节日的具体日期都是以中国传统的农历来安排的，而不是以现代的公历。尤其是春节，作为一年最隆重的节日，节庆的时间最长，活动的内容都一样。

乍看起来，越南与新加坡的语言文学差异很大，越南是以越语为国语，新加坡则是以马来语为国语，主要是用英语。但是，如果细心深入去观察，就会发现两国的语言文学是很接近的。越南人 20 世纪 30 年代前使用了两千多年的汉字，现代越语虽然是拼音文字，但其 70% 的词汇是借汉词汇。对于中国人学外语来说，越语是最容易掌握的。尤其是对于广东人来说，越语与粤语的发音很接近，学起来更有优势。新加坡人虽然日常大量使用英语，但由于 70% 的新加坡人是华人，其母语是汉语。可见，越南人与新加坡人在语言上是比较接近的。

文学是在语言的基础上发展起来的，语言文字的近似，也会带来文学的近似，尤其是在古典文学上，中国的《红楼梦》、《三国演义》、《水浒传》以及《西游记》等古典文学名著均是越南和新加坡人耳熟能详的文学作品，成为人们最基本的文学素养。

---

①　新加坡信教的人很多，但不设立国教，不是宗教国家。新加坡实行宗教自由政策，宪法规定"人人都有权信奉并宣扬自己信仰的宗教"。新加坡人甚至认为，"与其啥都不信，不如有个宗教信仰"。宗教具有融洽社会的功能，让人有一种归属感。宗教往往强调不欺诈、不说谎、不偷盗等，有利于良好的社会道德建设。新加坡 70% 是华人，华人多数信奉佛教和道教，也有"儒释道"合一信奉的，甚至还有创新为"儒释道耶回"五教合一的。

三　东南亚华人的祖先崇拜和儒释道文化

除新加坡、越南外，东南亚国家一般都有很多华侨华人，尤其是马来西亚、泰国、印度尼西亚、菲律宾等国家。目前东南亚的华侨华人有3000万—4000万人，约占当地总人口的6%。

东南亚国家华侨华人数据

国家	人数（万人）	占所在国人口比例（%）
印度尼西亚	1000	4.1
泰国	700	11
马来西亚	645	23.7
新加坡	360	77
缅甸	250	4.5
菲律宾	150	1.6
越南	140	1.6
柬埔寨	70	5
老挝	28	4.8
文莱	5.6	15
东帝汶	1	1
合计	3349.6	6

注：上述统计中马来西亚和东帝汶的数据分别是2010年和1983年外，其余均为2007年数据。

资料来源：庄国土：《东南亚华侨华人数量的新估算》，载《厦门大学学报》（哲学社会科学版）2009年第3期。

作为华人，其主要传承了中华文化，包括在思想意识方面的崇拜祖先和信奉儒释道、习俗制度方面的历法节日和语言文学艺术等。这些方面与新加坡、越南两国的文化非常相似和接近。

（一）以祖先崇拜和儒释道为主

印度尼西亚是东南亚华人人数最多的国家，达1000万，占印度尼西亚人口的约4%。印度尼西亚华人的文化信仰最重视的莫过于祭祀祖先。

很多华人，尤其是老一代相信先祖亡灵能对儿孙驱灾赐福，这表明他们不仅在异国他乡更加怀念埋在故土的祖辈，而且这是孝道的重要表现，是印度尼西亚华人思想文化的核心。在印度尼西亚华侨华人家庭中，一般都设有祖宗先人的牌位（神主），每逢忌日、诞日、节庆日都要祭拜。在印度尼西亚华侨华人社会，有难以计数的纵横交错的宗亲组织和宗族祠堂的存在，充分体现了当地华侨华人独特的宗族观念和祖先崇拜观念。除祖先崇拜外，儒释道也是印度尼西亚华人的主要文化信仰。而印度尼西亚官方承认的宗教只有伊斯兰教、天主教、基督教、佛教和印度教。信奉儒学和道教的华人，在其官方登记中一般只是佛教，但其私下仍然信奉着自己原选择的宗教信仰。1965 年 9 月 30 日，印度尼西亚发生震惊世界的"九·三〇"事件，在当时环境下想让道教、儒教的庙宇单独存在是不可能的，为了能保住居住在印度尼西亚数百万华人拜神祭祖的场所，印度尼西亚华人王基财提议将印度尼西亚的华文庙宇改为"三教庙"，借佛教的力量，让华人庙宇合法存在。1967 年 5 月 15 日印度尼西亚全东爪哇省各庙宇代表在 Lawang Nialgara 旅馆召开会议，讨论成立庙宇联合会，与会代表经认真讨论，决定将庙宇改为三教庙宇并成立全东爪哇三教庙宇联合会，各地庙宇也根据东爪哇政府宗教署的要求供奉三教教主的塑像，改庙宇为三教庙宇。

马来西亚与印度尼西亚一样，也是一个以伊斯兰教为主的国家。而马来西亚华人则主要传承来自故土中国的祖先崇拜和儒释道文化。他们的宗教中，比较有特色的是华人信奉的以道教为主的德教。德教起源于中国广东潮汕地区、流传并发扬于东南亚华人中的一种新兴的民间宗教。自 20世纪 30 年代末德教初创到现在，以"阁"或"善社"等为单位的、经政府合法注册的德教会组织。"德友"数以万计，成为凝聚华人振兴传统道德、倡办慈善福利事业、交流信息、合作互助、增进友谊的重要宗教组织。1947 年德教开始传至泰国，设立紫辰阁。1952 年又传入新加坡和马来西亚。当今全球有德教组织 200 余个，其中马来西亚约占一半，泰国占三分之一。德教主张"五教同宗"、"诸教归一德"，崇奉儒教、佛教、道教、基督教、伊斯兰教及民间信仰中的各路神灵。德教南传后，在组织和仪式上做了很多改革，其会阁一般都是现代建筑，宽敞明亮，仪式简单，仅设茶果等素食，不祭肉类，不烧金纸。新中国成立后，德教在中国潮汕地区已不再被提及。

缅甸华人的祖先，为了生存和谋生，从陆路和水路两个方向进入缅甸。他们离乡背井，漂洋过海来到缅甸。缅甸是一个以上座部佛教为主的国家，缅人没有强烈的祖先崇拜意识，他们对祖先死亡的仪式不如中国人"入土为安"那样复杂化，一般在祖先死后的第三天就把其遗体火化掉。由于中国数千年的祖先崇拜意识和儒释道文化的深刻影响，缅甸华人的宗教信仰依然是祖先崇拜、佛教、道教等并存。他们千里迢迢来到缅甸，把自己祖先的牌位也带过来祭祀。缅甸华人的家中祭祀祖先牌位的习俗，对缅甸人来说是一种新奇。因为，缅甸人认为祖先早就超度完了，与自己关系已疏远，佛祖和神灵会保佑他们。而华人对祖先有十分留念和敬畏的感觉存在。如今在缅甸，华人毕竟是少数族群，随着时间的推移，第三代以后的华人虽然在形式上还保留祭祀祖先的习惯，但他们的祖先崇拜观念已逐步有所淡化，上座部佛教的意识日益增强。据缅甸1983年的人口普查，缅甸华人中有19.2万人信仰佛教，是缅甸外来族群中信奉佛教最多的。①

泰国华人"入乡随俗"，尊重泰人的风俗习惯，信奉泰国的国教佛教，对与佛有关的中国历史人物特别敬重，甚至把中国古典小说中的神话人物也敬为神。唐僧是唐朝高僧，他因赴印度求法而扬名，泰国华人、潮人祀唐三藏，建大慈堂；甚至连唐僧的弟子孙悟空也被尊为大圣佛，建大圣佛祖庙。泰国华人建造的庙寺，继承了中国古代建筑的艺术特色，其外观基本上按照中国南方的寺庙来建设，有庭院式，也有殿宇楼阁式，其楼宇的屋顶，基本上都采用中国传统的大屋顶式，屋顶覆盖着琉璃瓦，屋脊饰以彩陶烧制的龙凤花卉，雕梁画栋，金龙盘柱，其庭院为中国式园林建筑，环境优美，天人合一，神人合一。泰国华人社区的中国庙宇，也融入了不少泰国的文化特征，形成你中有我、我中有你的格局。有的庙宇，泰式佛寺味甚浓，其庙名中泰文名字并存；庙宇中既有佛教的神，又有道教的神和原始宗教的神；既有中国人信的神，也有泰国人信的神，相互和睦相处；到中国式庙宇参拜的信众，除华人外，也有许多泰人，以至于分不清谁是华人，谁是泰人。

同在中南半岛中西部的柬埔寨和老挝，其华人与泰国、缅甸的华人宗教信仰近似，较多的是信奉上座部佛教。

菲律宾是一个西化了的国家，大多数菲律宾人皈依了天主教。菲律宾

---

① 卢光盛：《缅甸华人：概况和特点》，《当代亚太》2001年第6期。

华人也有不少人信奉天主教，不过当中大多依然维持有祖先崇拜和儒释道。其佛教主要是大乘佛教，主要分布在马尼拉、宿务、三宝颜等大城市，每逢初一、十五，寺庙里香火旺盛。

上述可见，东南亚华人的宗教信仰特点有：一是祖先崇拜观念根深蒂固，这是基于灵魂不死的观念以及对生的欲求和死的恐惧的心理而产生的。华人祖先崇拜观念与以血缘关系为纽带的宗法制度紧密结合，祖宗神与现实的人在血缘上、心理情感上有着千丝万缕的联系。华人的祖先崇拜更多是一种宗教观念，也是一种习俗、一种仪式、一种文化心理；二是具有兼容并蓄的宽容精神。华人移民离乡背井，远涉重洋来到东南亚。为谋生和生存，他们往往要"入乡随俗"，在保持原有的思想意识的同时，也不排斥其他的宗教信仰。华人多数神庙除供奉主神外，还祀奉不同方面的神祇，如在道观里，除了玉皇大帝主神和其他道教神祇外，还常常有佛教的观音、地藏菩萨、如来佛等神位，还有地方性神灵如大伯公、天后娘娘，甚至孔夫子以及祖先的牌位。不少地方在儒释道三教合一的基础上，甚至有加上耶稣和回教的五教合一；三是地域、族群特色明显，中南半岛中西部的缅甸、泰国、柬埔寨和老挝的华人信奉佛教大多是上座部佛教，而越南、新加坡以及各海岛国家的华人信奉的主要是大乘佛教。海岛国家的华人大多数依然固守儒释道，但受当地宗教氛围的影响，印度尼西亚、马来西亚、文莱的一些华人皈依了伊斯兰教，菲律宾、东帝汶的一些华人则皈依了天主教。

此外，东南亚许多华人信奉关公、妈祖等。

（二）节日习俗与语言文学

东南亚华人文化最重要的组成部分之一是传统节日习俗的传承。华人的传统节日主要有春节、清明、端午、中秋等。

有华人的地方农历新年从冬至后便开始准备：买赠贺年卡、大扫除，以辞旧迎新。送神、除夕吃团圆晚饭、守岁、给压岁红包、迎接财神。年初一吃素，向长辈依序拜年、互相送礼、祭太岁。年初二开年，去娘家拜年，正月十五吃元宵。这段时间，人人口出吉祥，拱手作揖，恭喜! 恭喜发财! 长辈给小辈红包。每一项活动，都要先祭祖拜神，不允数典忘祖。大多数东南亚国家已把春节列为法定假日。

公历 4 月清明节，人人上坟，平时空荡荡的坟地变得人声鼎沸，人们携锄带铲为坟墓清除杂草，培上新土，给墓碑上新色，摆上先祖爱吃的食品，依年辈岁次上香烛，烧冥纸。清明节成了思亲节。农历五月初五为端午节，各地华人包粽子，祭祖拜神。八月十五中秋节，处处张灯结彩，制作月饼，送礼拜月，是华人的文化节日。

　　作为文化的重要载体的语言和文学，华语和中国文学不仅在东南亚华人社会中流传，更是极大地影响了当地文化生态和社会生活。东南亚华人集中的地方，汉语甚至中国各地的方言得以长期保存。随着华人的大量移入，华语词汇也被东南亚各国语言所吸收。据统计，柬埔寨语、马来亚语、印度尼西亚语中有大量的汉语词汇，泰语的汉语借词甚至达到词汇总数的30%以上。这些借汉词多与移民的方言有关，新加坡和马来西亚的马六甲、槟榔屿因土生华人数量众多，还形成了华语与当地语言结合的"巴巴马来语"，印度尼西亚有"中华—马来语"等。

　　跟随华人的脚步，中国文学艺术在东南亚广为流传，不仅有汉语版本的中国文学作品，更有被翻译成各国语言的古今中国文学作品。中国的古典文学名著影响尤大，几乎所有东南亚国家都有用当地语言翻译出版的《红楼梦》、《三国演义》、《水浒传》、《西游记》、《金瓶梅》、《聊斋志异》、《封神演义》等。马来西亚的土生华人还模仿中国的《诗经》创作"马来民歌"。除出版阅读文学作品外，一些中国古典名著改变的戏剧也被搬上东南亚各地的舞台，包括广东、福建等地的地方戏流传到东南亚各地，甚至闽台一带的"布袋戏"也在印度尼西亚等地流传。据报道，2012年3月1日晚，为庆祝印度尼西亚话剧社成立35周年，该社剧团在雅加达Taman Ismail Marzuki文化艺术园公开上演由中国古代著名小说《薛仁贵》改编的印度尼西亚语话剧。当晚首场演出的剧情融合了中国和印度尼西亚的多种艺术元素，剧情精彩，当地观众评价称，演技道具一流。据悉，印度尼西亚语话剧《薛仁贵》在雅加达连续演出一个月。[①]

四　新越两国及东南亚华人文化与中国之关系

　　在东南亚，上座部佛教文化圈和伊斯兰教文化圈的地域连在一起。而越南与新加坡在地理上并没有连在一起，华侨华人更是散居各国，但无论

---

① 2012年3月2日中国新闻网报道。

在心态层面，还是制度习惯层面，或是物态层面，新越两国及东南亚其他各国华侨华人文化都是如此的相同、相似或相近。为什么会这样？主要是他们的渊源均来自中国。

中国是东亚文化的核心和大本营，其他东亚国家一般来说都受到中国文化的辐射和影响。从族群形成、地理环境、历史发展情况，我们大体可以看到越南、新加坡及东南亚其他各国华侨华人文化与中国文化关系的脉络。

首先，从族群的认同情况看，新加坡和越南的主体族群及东南亚其他各国华侨华人都与华夏民族有亲缘关系。

新加坡人大多数是中国大陆移民的直接后裔。早期的新加坡移民包括两大来源，一是从马六甲、槟榔屿、廖内岛等地移居新加坡的再移民；二是从中国直接移居新加坡的移民。后一来源构成了新加坡华人社会的主体部分，他们是19世纪20年代至20世纪40年代离开中国的，祖籍以广东、福建居多。新加坡人依然认同自己是华人。

而越南主体民族京族则是当地世居族群与中国移民融合的后裔，不再在族称上体现华人的血统。如果问越南人是什么人，他们第一步会先回答你，他们是越南人，然后再问他们是什么族群，他们会说是京族；而问新加坡人，则第一步会先回答你他们是新加坡人，然后第二步他们会说自己是华人。在族称上，这会给人的感觉是两国的主体民族差异是很大的。不过，如前所述，深入去看两国的主体族群的来源和形成过程，就可以看到，无论作为中国移民的直接后裔的新加坡人，还是作为中国移民与当地世居族群融合的后裔的越南京族，都流淌着华夏血统。

除了新越两国的主体族群，东南亚其他各国的华人都迁移自中国，血脉相通，文化也就相同。

其次，在地理上，东南亚各国都是与中国山水相连，或隔海相望的国家，自古以来人员往来密切。

东南亚11国中，缅甸、老挝、越南与中国有共同的陆地边界。千百年来，陆路边界划分不明确，人员自由往来。由于中原地区开发早，人口增加快，更多的是中国人不断往南移居到东南亚一带。

东南亚其他国家虽然与中国没有陆地接壤，但由于这些国家大多是亚洲的一个重要中转站，是东亚通往印度、中东、非洲、欧洲的必经之地，随着贸易、运输发展，港口经济的繁荣，需要大量的劳工，因而大量中国人就从海上来到了东南亚，慢慢安居乐业，并成为这些国家的族群之一。

还有，从历史的发展过程看，新越两国尤其是越南与中国紧密相关。

自秦至唐末宋初，中国在今越南北部和中部设置郡县达1182年。宋朝初年，安南脱离中国独立后，成为中国的藩属，一直到19世纪中叶越南成为法国的殖民地。两千多年来越南几乎是移植照搬中国文化。尽管后来的法国人和一些越南人想"去中国化"，但毕竟中国文化已留在了越南人的血液里，融进了越南的政治、经济、文化、社会的方方面面。

新加坡虽然远离中国，建国历史很短，但毕竟两国同种同文，还在新加坡独立前，新加坡人就支持中国反封反帝、抗击日本，一直到近年来的改革开放，经济、文化、人员往来一直很密切。

此外，仅就中越两国来看，双边有陆地边界长达1347公里，中国的广西、云南二省区与越南的广宁、谅山、高平、河江、老街、莱州、奠边七省接壤。海上中越隔北部湾相望。历史上，中越人员往来有走陆路的，但由于沿海交通便利，人们更多的是走海路。越南语里，越南人把中国人叫作"船民"[①]，可见很多中国人到越南是走海路的。从地理环境看，有两点值得关注。一是历史上大量的中原人由于河海交通便利，所以大量走海路移居红河三角洲，以至于从汉代到唐代，安南在中国版图内期间，是华夏经济文化比较发达的地区之一。尽管桂西北到云贵高原地区离中原直线距离很近，但因交通困难，人员往来不便，一直到新中国成立后，这里仍然是少数民族集中居住的地区。

二是，位于中南半岛东部的越南属于汉文化圈，而中南半岛中西部的老挝、柬埔寨、泰国、缅甸四国则属于上座部佛教文化圈，两者的文化差异比较大。为什么会形成如此大的差异呢？主要是因为两地之间有长山山脉阻隔，交通不便。中原移民来到红河三角洲地区，看到这里是鱼米之乡，土地肥沃，水利成网，物产丰富，他们就在这里与当地世居族群融合，安居乐业，不再翻山越岭到贫瘠艰困的中南半岛的中西部去了。而当地一些不被同化的世居族群被迫迁往红河三角洲西面的山区，成了今天居住在山区的芒族。

---

① 越南语为 nguoi tau。

第九章　越南文化

越南是一个以京族为主体的多民族国家，自古以来，先传承了华夏文化，后来又受到印度文化，以及近代法国文化，还有现代美国文化的影响。越南当代文化中保留下来的具有鲜明土著文化特色的成分很少，更多的是后来在中原族群南下带来的华夏文化与当地世居族群文化融合的基础上，吸收外来文化并逐步本土化的产物，其中华夏文化始终居主导和基础地位。

一　文化基础与背景

（一）地理与经济

越南位于东亚地区的中心，北邻中国，东濒中国南海。"一根扁担，两个谷筐"，是对越南地形的形象比喻。"扁担"乃纵贯南北的长山山脉，山之东为越南，山之西为老挝，西南是柬埔寨。"谷筐"一只是北方的红河三角洲平原，另一只是湄公河三角洲平原，均是鱼米之乡。造物主恩惠，越南除丰富的农业资源外，还有石油、煤、铁、铝、磷等大量的矿产资源。越南人勤劳勇敢，识字率高达90%以上。自然条件虽然如此之好，但越南经济长期落后，主要是因为多年连绵不断的战争，一直到20世纪80年代末才结束。近一个世纪的抗法，20年的抗美，10年侵略柬埔寨。

不过，近年越南实现了从战争到和平的转变，集中力量搞经济建设。1986年在越共具有转折意义的六大上，有"越南邓小平"美称的阮文灵当选总书记。大刀阔斧改革开放仅十来年，越南就摆脱了多年的经济社会危机。进入21世纪以来，越南经济发展速度加快，大米、咖啡、腰果和胡椒等成为世界屈指可数的大宗出口产品。改革开放后的越南经济已处于东南亚地区的中等偏下水平。

（二）历史与政治

越南历史发展可以划分为 5 个时期：公元前 214 年进入中国版图之前之早期社会；在进入中国版图之后成为中国之郡县；公元 968 年越南从中国独立出去，成为一个独立自主的封建国家；1885 年沦为西方殖民地后，抗法抗美争取独立统一近一个世纪；1975 年以来成为一个统一的现代国家。

有文字记载叙述的越南历史达两千多年，其发展呈现了三个特点：一是"两个跨越"。首先是跨越了奴隶社会，在进入中国版图之前的早期社会仍然处于原始社会时期，成为中国之郡县之后直接进入了封建社会；然后是跨越了资本主义社会，从一个封建殖民地直接进入了社会主义社会。二是"北防南进"。在防范北方的同时，不断向南扩张，先是灭掉了位于今越南中部的占婆国，后来又侵吞了位于今越南南部的下柬埔寨。10 世纪越南从中国独立出去时仅拥有今越南北部及今中部的北面，10 多万平方公里，经过多年的南进，现在越南的陆地国土面积达 30 多万平方公里。三是与中国"同种同文"，受中国影响之深刻，世界无双。

公元前 221 年，秦始皇灭六国，统一中原，建立了中央集权的封建国家后，继续往南推进，先后平定了东越和闽越（即今之江西、浙江、福建一带）。经过 7 年的苦战，到公元前 214 年，秦军终于打败了越人，平定了岭南，在这里设置了南海、桂林、象郡。象郡包括今越南北部和中部的部分地区。秦朝末年，陈胜、吴广起义，天下大乱，南海郡龙川令赵佗（真定人）乘机割据岭南，于公元前 207 年"击并桂林、象郡"，建立了以番禺（即今广州）为中心的割据政权"南越国"，自立为"南越武王"。赵佗在今越南的中北部设交趾、九真二郡。公元前 204 年，刘邦统一中国，建立了强大的汉朝。公元前 196 年赵佗接受汉朝的封号，称臣于汉。公元前 113 年，南越相吕嘉发动叛乱，汉武帝派伏波将军路博德率军征伐，于公元前 111 年灭南越国，在当地设置 9 郡：南海、苍梧、郁林、合浦、交趾、九真、日南、珠崖、儋耳，其中交趾、九真、日南 3 郡在今越南北部和中部。9 郡之上设交趾部，委派刺史统管，可见交趾在中国地位之重要。从此，该区域由中央王朝派员直接管辖。自秦至唐末宋初，中国在今越南北部和中部设置郡县达 1182 年。宋朝初年，安南脱离中国独立后，成为中国的藩属，一直到 19 世纪中叶越南成为法国的殖民地。两千多年来越南几乎是移植照搬中国文化。

由于地理和历史等众多的原因，今日越南国情与中国极其相似，也是一个共产党领导的社会主义国家。越南共产党1930年成立于中国香港，1954年开始在越南北部执政。越南国家的指导思想是马克思主义和胡志明思想。20世纪80年代中期以来，越南已处于从计划经济向市场经济转变的过程之中。

（三）族群之形成

越南主体民族京族是当地旧苗裔与华夏南迁族群融合而成，主要分布于红河三角洲、湄公河三角洲和沿海平原以及全国的大、中、小城镇。

在族群的起源上，越南民族与中华民族有着密切的历史渊源关系。根据考古学家和历史学家的研究和考证，中南半岛的红河流域在青铜时代已经生活着雒越人。雒越属于古代"百越"的一支。古越人曾在中国的东南部建立过一个越国。公元前4世纪，楚国灭越国，越人大量往南迁徙，其中有一支落脚越南北部和中国广西西南部，成为后来的雒越人①。

对于越南的主体民族京族的起源和形成，中国学者主要有两种观点："一种观点认为，根据大量的中越文献和考古资料表明，越南民族的直接祖先是骆越人。骆越人是中国周代和春秋战国时代居住在中国长江流域以南的百越中的一支——骆越族。他们早在中国青铜时代就从中国长江流域和东南地区逐渐迁徙到越南东北部"；还有一种观点是"今天中国境内的'百越'各部族大多数已与南迁的中原居民一起融合变成了中国的主体民族汉族，而在越南北部地区的雒越人则与从中国内地南迁的居民融合构成了今天的越南主体民族京族"。②

对此，越南学者也有多种观点。如越南重要史学家陶维英先生认为，越南民族起源于旧石器时代末期和新石器时代初期的美拉尼西亚和印度尼西亚种以及蒙古利亚人混血种；而越南另一位重要史学家陈重金先生在其《越南通史》中说："无论我们属于哪一个种类，但由于后来中国统治我国1000多年，有时还派40多万兵，则必然是我们旧的苗裔已与中国人混

---

① 也称骆越人。

② 李谷：《从恩恩怨怨到平等互利——世纪之交的中越关系研究》，（香港）红蓝出版公司2001年版，第25页。

血之后，才形成今天的越南人。"① 上述中国学者第二种观点与陈重金先生的观点是基本一致的。"京族"，顾名思义就是居住在京城的民族。两千多年来，能居住在越南京城者有大量是汉人。甚至越南有的史书说："古时我国人以布缠身，音话难晓，武帝徙罪人杂居其间，复教我国人，使之知汉文解北话，自武帝至献帝，三百年间，或设官以治之，或命学以化之，至此而交趾旧种，融化略尽，遂别成为越南之一民族。献帝改交趾曰交州，以新名易旧名则民族之日化可知也。由此而观，我南民族，盖即汉族，无可疑矣。"② 越南备受尊敬的领袖胡志明也曾说过："华越民族乃同文同种，和睦亲善，历二千余年。"③

除京族外，越南有 3 个与汉族关系密切的民族：华族，即华裔越南居民，现约有 100 万人，其历史悠久，分布广泛，山区、平原、海岛、城镇都有华人居住。远自秦汉以来，不断有中原人迁入，从事农、渔、商业和工矿业，与越南人杂居、通婚，关系十分密切，在政治、经济和文化上对当地作出了重要的贡献。山由族，有 12 万多人，主要居住在红河中游地区，广宁、海兴和清化省也有少数分布。山由是"山瑶"的变音，在中国被视为瑶族的一个分支，大约 17 世纪末才从中国迁入越南。他们讲广东话，也会讲越语，过定耕定居生活。艾族，有 4000 多人，分布于广宁、河北、高平、谅山、北件、太原、河江等省。他们的祖籍在中国广西防城县④五洞区，由中国迁去，实际上是汉族的一个分支——客家人。其语言、习俗与中国两广一带的汉族基本相同。长时间以来，由于历史原因和当地的民族政策导向，大量的华人已融入越南的京族，或在民族识别时不再称自己是华人。

据研究，除上述主体民族京族和与华夏族群关系密切的族群外，越南的世居民族有 23 个：芒族、土族、哲族、高棉族、巴那族、色当族、戈贺族、赫黎族、莫侬族、斯丁族、戈都族、叶坚族、麻族、戈族、左罗

---

① Tran Trong Kim, *Viet Nam Su Luoc*, trang 17, nha xuat ban van hoa thong tin Viet Nam xuat ban nam 2006 tai Ha Noi. （陈重金：《越南史略》，越文，河内，越南文化通信出版社 2006 年版，第 17 页）

② 黄高启：《越史要》，越文，荣市，越南义安出版社 2007 年版，第 37—38 页（越文，中文则为第 408—409 页）。

③ 胡志明：《告华侨同胞书》，载黄国安等编《近代中越关系史资料选编》（下），广西人民出版社 1988 年版，第 1019—1020 页。

④ 即今防城港市防城区。

族、抗族、拉哈族、莽族、嘉莱族、埃地族、拉格莱族、尔都族、占族。其中，人口较多的有：芒族，人口 110 多万，主要分布于老街、安沛、和平、永富、南河、宁平和清化等省。芒族与京族在语言、风俗习惯和宗教信仰等方面有许多共同之处，显示了京族与芒族有共同的起源。1954 年前，普遍存在芒族特有的社会组织形态——郎道制度。村寨的头人称郎道，父子世袭，各有自己的领地，并掌管本领地的土地分配权。高棉族，有 105 万多人，主要居住于湄公河三角洲的九龙江平原。早在 300 年前高棉族所居的这块土地属于柬埔寨（水真腊），所以越南的高棉族与柬埔寨高棉族在语言、社会结构、民族文化、风俗习惯等方面相同。占族，从目前所拥有的资料和研究的成果来看，还不足以下结论占族是外来的还是当地土著。占族人口有 13 万多人，分布于越南中部南端的顺海、广义、平定和富安省以及南部的安江、同奈、西宁省和胡志明市。占族历史悠久，信奉婆罗门教，曾建"林邑国"①，创造了发达的占城文化。占族绝大部分从事农业，善种水田和果树。现有部分占族信奉伊斯兰教。

移居自中国的民族有 18 个：岱依族、泰族、侬族、山泽族、热依族、卢族、布依族、苗族、瑶族、巴天族、哈尼族、拉祜族、夫拉族、倮倮族、贡族、西拉族、布标族、仡佬族。这些民族主要集中居住在越南北部，尤其是靠近中越边境一带的东北和西北地区，有不少是跨境而居的民族，如越南的岱依族、侬族与中国的壮族居住地域相连，语言和生活习惯很相似。

这些民族人数较多的有：岱依族，是越南人数最多的少数民族，有 140 多万人，主要分布于越南北方的高平、谅山、北件、太原、河江、宣光、老街、广宁和山罗等省的山谷平坝和丘陵地区。越南岱依族和中国壮族同源于古代百越中的西瓯、雒越，相互有着密切的亲缘关系。在语言、装束、习俗、宗教信仰、文化特征的许多方面与壮族大同小异。岱依族主要信仰大乘佛教并普遍相信鬼神，尤其畏惧"鸡鬼"，认为鸡鬼会危害人畜，带来灾难。侬族，共有人口 85 万多，主要居住在与中国交界的谅山、高平、北件、太原、老街、河江、宣光、河北、广宁等省。侬族多是在 10 世纪前后由中国广西迁去，与广西左右江一带壮族的"布侬"是同一支系。侬族祭拜祖先，信奉多种鬼神，并尊崇历史上建立过"大历国"

---

① 即后来的占婆、占城。

部族政权的侬智高,奉之为土地神或"阴府大王"。泰族,人口在越南的少数民族中排第二位,有130多万人,主要居住在兆江至马江、蓝江这一长形地带。按其服饰颜色可分为黑泰、白泰和红泰三大支系。红泰人信仰上座部佛教,黑泰人和白泰人则信仰万物有灵的原始宗教,其求神祭鬼活动十分频繁。泰族从中国西南地区迁去,与中国云南省的傣族有着密切的历史关系和共同的民族特点,泼水节和新炊节是两个最隆重的节日。泰族又是一个能歌善舞的民族,其孔雀舞和扇舞等舞蹈享有盛名。过去,泰族居住地区由土司管辖,八月革命后经过民主改革,已废除了封建领主制。苗族,也叫赫蒙族,因自称赫蒙,故名。有78万多人,分布于河江、宣光、高平、老街、莱州、山罗、北件、太原、河西、和平、清化和义安等省的山区。赫蒙族的祖先最早居住在中国南方的洞庭湖地区,与中国的苗族同源,17世纪后陆续从中国贵州、广西、云南迁去,其语言和风俗与中国苗族大体相同。有在阴历十一月底过春节之俗。瑶族,约有62万人,分布于沿越中、越老边界以及北方红河中游山区和北部沿海的一些省份。越南瑶族与中国瑶族同源,其祖先系从中国西南地区陆续迁过去的,迁徙时间延续近千年。越南瑶族多种山坡地,刀耕火种,信奉多种神,有祭祀"盘王"的习俗。传说"盘王"是神犬化身,故瑶族禁食狗肉。

此外,越南有不少民族是其他国家移居而来的。其中移居自海岛、老挝、柬埔寨的民族有9个:朱鲁族、老族、布鲁云乔族、克木族、戈族、达渥族、欣门族、布娄族、勒曼族。

二　祖先崇拜与儒释道信仰

越南的主体民族京族、与汉族关系密切的族群以及其他不少的少数民族的文化意识都是祖先崇拜和儒释道信仰。当然,也有一些居民包括京族和一些少数族群是信奉天主教、伊斯兰教的。

(一)祭拜祖先

从公元前2世纪至公元3世纪以来,随着华夏族群的南迁,中国的传统文化也开始传入安南,包括对祖先的崇拜、孝道尊严等。到了近现代,尽管受西方列强近一个世纪的殖民统治,接受西方文化的洗礼,但越南一直到今天,上至国家,下至黎民百姓,对祖先崇拜的信仰和祭祖习俗依然如故。

跟中国相似，越南祭祖的习俗具有全国性和全民性。从祭祀的对象到活动的组织及其规模层次来看，越南祭祖大致可将其分为家祭、族祭和国家公祭三种。

1. 家祭

家祭是在家中举行。越南人把在家供奉的祖先称为 gia tiên①。长子的家里摆放着四代祖先的牌位。祭祀到第五代的时候，就要把最老的那一代的牌位拿掉②。通常，供奉祖先的供桌摆放在房子的堂屋中最庄重的地方。城镇里的住家一般比较窄小，就在墙上钉一小块木板作为供奉祖先的地方。供桌上有祖先牌位、香炉、灯烛、花瓶、果盘、酒器等。供桌上方写有"饮水思源"等横批，牌位两侧贴有"祖功宗德千年盛，子孝孙贤万世昌"等对联。横批和对联均用汉字书写。家祭的时间一般是祖先的忌日，每逢农历初一、十五，越南人也会上香祭拜祖先。过春节、清明节、端午节、中元节、中秋节等传统节日以及遇到重大节日如葬礼、婚礼，越南人也要祭拜祖先。在家里有生育、病痛、考试、诉讼等重大事件时要祭拜祖先，祈祷祖先护佑。而当庄稼丰收、考试成功和生意兴隆时，也要祭拜祖先，以感谢祖上的庇护和恩泽。

2. 族祭

与中国的族祭相似，越南民间也非常盛行族祭。族即宗族，是由血缘关系为纽带联结成的一个群体。族祭的对象是不同宗族各自的始祖。越南的家族及家庭也有族谱，宗族祭祀日因族谱的记载而得以流传下来。各宗族的祭拜时间是不一致的，一般是以祖先的忌日作为祭拜的日子。祭祀地点多在宗族的祠堂里举行。祠堂的供桌上放置着宗族始祖的牌位。越南也是一个宗法社会。族祭仪式相当隆重，按宗法规定，家族里各个支系繁衍下来的全部长子都必须到场，其他的子孙则根据自己的情况和条件而带供品来祭拜。

当然，由于时间的推移，同一宗族的子孙繁衍越来越多，过了一代又一代之后，同宗族的子孙相互间亲缘关系也渐行渐远。不过，无论如何，越南的族祭反映了传统的祖先崇拜意识、血缘宗法化及儒家思想孝道对社

---

① 意为祖先。

② 越语有句"Ngũ dại mai thần chủ"（五代埋神主）。

会的影响。"血浓于水"的血缘宗族观念和缅怀祖先的感恩民族心理依然根深蒂固。

3. 国家公祭

除了家祭、族祭外，越南反映祖先崇拜的还有国家层面的始祖公祭。

据传说，炎帝神农的三世孙帝明，巡猎南方，到达五岭，娶婺仙之女为妻，得子名为禄续，被封为泾阳王。泾阳王生子雒龙君[①]。雒龙君娶瓯姬为妻，生百男。由于雒龙君是龙族，瓯姬是仙族，水火相克，不能久居。于是瓯姬则带 50 子在今越南峰州地方生活，封其长子为王，称为雄王，王位传了十八世，皆称为雄王，被视为越南人的始祖。而雒龙君则带 50 子来到水里生活。越南人也称自己是"龙子仙孙"。

越南人把每年的农历三月初十定为祭拜雄王的日子，称之为"祭祖日"[②]。祭雄王日也是雄王庙会。庙会的越南语为"礼会"（lễ hội），包括"礼"和"会"两部分。"礼"部分是以谢恩和祈祷为目的的祭祀礼仪，主要仪式是迎神（rước kiệu）。这是祭祀活动中最庄严隆重的活动。2010年是逢十的隆重祭拜年份，雄王庙会以国家级规格举办，时间从阴历三月初一持续到三月初十。公祭仪式于三月初十上午 7 点正式开始，越南国家主席阮明哲、副总理阮善仁、国会副主席阮德坚、祖国阵线中央委员会主席黄担，国家文化、体育和旅游部部长黄俊英，中央各部以及富寿等 8 个省市的领导代表以及海外越侨代表等参加进香仪式。进香完毕后，阮明哲作为"主礼者"在公祭仪式上发表演讲，接着，在主礼者的授权下，越南国家文化、体育和旅游部副部长黎进寿恭读祭文。公祭仪式结束后是"会"部分，是民众聚集在一起展开各种游戏文娱活动，主要有摔跤、荡秋千、射箭、下人棋等，最有特色的就是唱喧曲。上万名香客涌向雄山祭拜。据雄庙历史遗迹区管理中心统计，2010 年雄王庙会期间的客流量已达约 500 万人次，超过以往任何一年。[③]

祭祀活动在雄王庙举行。雄王庙位于越南北方富寿省。1962 年，越南文化部把雄王庙列为国家历史文化遗址。有学者认为，越南人隆重祭祀雄王，既有寻找和纪念民族始祖的意识，同时也有以此来把国家建立的历

---

① 也写作骆龙君。
② 越南中央政治局 2000 年决定把祭拜雄王的祭祖日确立为越南民族的重大节日。
③ 赵明龙：《中越民间始祖信仰重构比较研究》，《广西民族研究》2011 年第 3 期。

史大大往前推移的考量。

关于雄王的传说，中外不少学者都认为，由于"雒"字的字形与"雄"字的字形相似，后人传抄时把"雒"字误写成了"雄"字。雄王传说主要来自《南越志》，而《南越志》中的"雄"字实为"雒"字所误。《交州外域记》以前没有"雄王"的记载。《南越志》成书比《交州外域记》晚，很可能是《南越志》的作者或刊刻者误将"雒"字写成"雄"字。这一错误为自13 世纪越南陈朝以后的越南史学家所沿袭，故而在越南历史上出现了"雄王"。[①] 因此，越南人至今仍把"雄王"看成是自己的始祖。

无论是家祭还是族祭，以至民族始祖公祭，祖先祭祀都体现了越南民间对祖先灵魂不死的崇拜心理。子孙后代通过祭拜祖先问候祖先，向祖先报告阳间事情，实现阴阳交流。祖先则庇护保佑后世。祭祖是孝敬祖先亡灵的方式，表达子孙后代对祖先的孝心和感恩，体现了越南人的孝道心理。

每一次祭祖都是一次大家庭的聚会，拉近了亲人们相互之间的距离。当今科技经济迅猛发展，生活节奏越来越快，人与人的关系越来越商业化，人的思想观念也发生了天翻地覆的改变。世界犹如一个地球村，联系日益紧密，各种文化、思想相互冲击、影响、融合。越南乃至整个东亚尚能保留祭祖这样一种维系亲情、继承传统道德的活动，在如今社会愈显难能可贵。

（二）尊崇儒学

越南人习惯把儒家传统思想称为儒教，又称孔教。由于历史原因，儒学两千年来对越南的社会和家庭产生了巨大影响，潜移默化为人们的思想、文化、教育、习惯行为。

1. 儒学在越南的传承

（1）儒学在越南传承可分为两个时期：郡县时期和独立以后。

自秦汉起，跟随华夏族群的身影，儒学也逐步浸润交趾。三国魏晋南北朝时期，中国封建政权更迭频繁，兵祸连年。相对来说，交州比较安定，中原一带的士子学人陆续到交州避难，客观上促使了儒学在该地区的传播。东晋南朝时期，交州地方官吏在推广中国传统学术和观念方面起到了很大的作用。经过政府的提倡奖励，南迁人士的传播影响，儒教伦理道德在交州地区逐渐取得支配地位，推动了社会文化的发展。

---

① 郭振铎等主编：《越南通史》，中国人民大学出版社 2001 年版，第 121—122 页。

两晋时期，对交州传播儒学和中原文化贡献最大者是陶璜和杜慧度。陶璜在任交州牧和封宛陵侯时，曾向晋武帝上疏，"今四海混同，无思不服，当卷甲消刃，礼乐是务"。陶在交州奉行儒家"富而后教"的方针，一方面发展经济，另一方面进行礼乐教化，因而深得民心。杜慧度在担任交州刺史期间，"禁断淫祀，崇修学校。岁荒民饥，则以私禄赈给。为政纤密，有如治家。由是威惠沾恰，奸盗不起，乃至城门不夜闭，道不拾遗"。可见当时的交州的社会文化已有长足发展。

隋唐时期，尤其是唐代的儒学得以广泛传播，就连安南的各个州县，也是儒风广披，出现了不少"词理兼通，才堪理务"的儒士，甚至有一些佼佼者被推荐到朝廷和全国其他地方去担任官员。"于是安南之文风益兴盛，儒教之思想，更为深入。"爱州日南（今越南清化省安定县）人姜公辅、姜公复兄弟就先后考取进士。

越南独立后，丁朝和前黎朝短暂。1070 年，李朝李圣宗在升龙①建筑文庙，供拜周公和孔子，并于 1075 年举行了越南独立后的首次科举考试，儒学理所当然成为考试的内容。1077 年，李仁宗皇帝在文庙旁边建立国子监。陈朝（1225—1400 年）统治者获得政权后，也深化儒家的纲常礼教、等级尊卑伦理，以此来规范人们的思想，维护社会的秩序。

后黎朝更是把儒学尊为国教，独尊儒学。黎圣宗时期（1460—1498 年）儒学达至鼎盛，出现了吴士连、黎贵惇等一批著名的儒学家，产生了《春秋略论》、《大越史记全书》、《四书约解》、《书经衍义》、《群书考辩》等阐述儒家思想的著作以及在儒家思想指导下撰写的史学书籍。越南各地从首都到乡村，都有文庙等供奉、祭祀孔子的祠庙建筑，每年从皇帝到基层官员、百姓都要举行祭祀的仪式。

阮福映于 1802 年建立阮朝（1802—1945 年），从 1802 年到 1885 年沦为法国的殖民地，儒家学说持续影响仍然与中国保持着"宗藩关系"的越南。甚至在 19 世纪初期，儒家学说在越南再度昌盛，越南涌现出了《钦定越史通鉴纲目》、《大南实录》、《大南列传》和《嘉定通志》等一批"本儒家精神为主论之旨"的文学、史学名著。

19 世纪后期到 20 世纪前期，法国侵占殖民越南，天主教等传入越南，西方的思想文化猛烈地冲击着越南的传统文化，儒学由鼎盛走向衰

---

① 今河内。

落。尽管儒教的影响受到削弱，但儒教毕竟已方方面面影响并深深扎根于越南社会的生活之中。

（2）传承的方式

儒学在越南的传承，官吏的传教起了很大作用。郡县时期，汉朝派去交州的官吏在这方面发挥了重要作用，特别是交趾、九真的两位太守锡光和任延任职期间，大力推广中原地区的先进文化和生产技术，致力于教育事业，教民以礼仪。到了东汉末年，士燮出任交趾太守，大力提倡诗、书、礼、乐。《大越史记全书·卷3》曰："我国通诗书，习礼乐，为文献之邦，自士王始……"

不仅中原有不少文人学士、封建士大夫为逃避战乱纷纷迁往安南，如经学家刘熙、程秉、薛综等。同时，交趾人也主动到内地求学，如汉朝时交趾人张重以及唐朝时爱州日南人姜公辅、姜公复等。这些人，特别是学成后返乡做官者很自然地会在当地传播儒学。这些南来北往的士大夫都对儒学在安南的传播起到了推动作用。

还有，两地民众的日常交往中，移居交趾的中原百姓的言谈和处世间接地传播了儒家思想，使"忠孝节义""三纲五常"等观念成为家喻户晓的伦理规范。如"宋度宗咸凉九年（元世祖至元十年，1273年），元军攻占襄阳，全局大震，宋人海船30艘，装载财物及妻子浮海前来安南……不久宋亡，宋人南走安南者愈多"。

儒学在越南具体的传播形式和渠道，主要有兴学教育、科举考试、撰写史籍等。他们照搬中国的儒学经典，如四书五经，甚至将其变成通俗读物来普及。

2. 儒学在越南的本土化

儒学在越南的本土化最主要的特色是简约和实用。越南历代封建统治者和儒生们在尊重儒学基本精神的前提下，根据越南的实际情况和不同阶段社会发展的需要，对其进行了某些阐释和改造。

越南陈朝先儒朱文安（1292—1370年）[1]，是当时著名的儒学家、教育家、医学家，清潭县光烈社文村人[2]，通经博史，学业精深，为人清直严毅、凛然可畏，在越南历史上甚有影响，被尊为"朱圣人""越南儒学的泰斗"。

---

① 越南语 Chu Văn An。
② 今属河内市近郊清池县清烈乡。

他把四书简化，写成《四书说约》（10 卷），用以教授皇帝太子、官员和百姓。朱文安为儒学在越南的传播作出了贡献，卒后入祀文庙。

胡朝胡季犛（1336—1407 年）熟读儒家经典，编成《明道》一书，并且将《诗经》及《尚书·无逸》转译成喃文诗，可视为具有越南特色的经典诠释方式的创始人之一。胡季犛很有文采，一生写下很多好诗，如"欲问安南事，安南风俗惇，衣冠唐制度，礼乐汉群臣"。

胡志明则是越南当代的一位深受儒家思想影响的革命者和民族英雄。他出身于儒学世家，在著作中频繁地使用儒学概念和命题，并加以改造，成为当代越南式的道德典范。早在 20 世纪 40 年代，胡志明就曾经对古今东西诸家学说作过这样的对比："孔子学说的长处是重视个人道德的修养。耶稣的宗教的长处是高贵的仁爱之心。马克思主义的长处是辩证的工作法。孙逸仙的学说的优点是他的主张政策适合我国环境。"进而指出："孔子、耶稣、马克思、孙逸仙岂非均有一个共通之处？他们都要为人类谋幸福，为社会谋福利。"胡志明作为一名革命家，对待儒学的基本态度是，把儒学当成"学说"而不是"宗教"。当代越南把胡志明的一些观点、理念提炼成"胡志明思想"，并奉为国家的指导思想。① 武元甲著文说道，"渗透到他的思想、感情中的儒教道德不是那些旨在维护封建秩序的'三纲'、'五常'的教条，而是'修身'之道的'仁义'精神、好学求上进、谦让温和、处世'有情有理'。"② 在胡志明思想的道德观里，包含有忠、孝、勤、俭、廉、正等儒家学说中的传统道德因素。

3. 儒学对越南的深远影响

首先，儒学的传播加快了越南独立以前交趾地区封建化的进程，促进了当地经济和文教发展以及促进其民族开化。秦汉之际，越南在生产上尚处在刀耕火种时代，在婚姻上"民如禽兽，长幼无别"，还保留着原始群婚制的残余。一批又一批来自中原地区的官吏、知识分子和移民，如锡光、任延、士燮等，把包括儒学在内的先进的汉族文化和生产技术传播到交趾地区。经过他们和那里的原住民的共同开发，交趾地区的社会形态和生产力水平发生了质的飞跃，迅速从氏族社会过渡到封建社会。在从秦汉

---

① 陈民仙：《胡志明传》，上海三联书店 1950 年版，第 91 页。

② ［越南］武元甲：《胡志明思想的根源》，李修章译，载何成轩等主编《儒学与现代社会》，沈阳出版社 2001 年版，第 229 页。

到唐代的一千多年中，不少中原人士迁居交趾地区，和那里的原住民通婚，从而促进了民族的融合和道德水平、文明素质的提高。

其次，越南独立建国以后，封建统治者推行儒家所倡导的宗法制度，巩固和强化越南的封建中央集权统治。越南也自认为是一个中央王国，也由士大夫阶层像中国官吏那样管理国家，管理方法与中国宋明两代相似，他们赋予士大夫集团强大的权力，倡导儒家的正统观念。

还有，儒学重视教育、知识和人才的培养。儒家学说促进了越南的教育发展和人才培养。儒学在越南传播的过程中，各地兴办学堂，建立了从中央国子监到府、县的教育系统，推行遴选官吏的科举制度。由于重视教育，开发民智，提高当地居民的文化教育水平，使得人才辈出，交州地区一度成为当时中国南方的学术中心。

在尊崇儒学的社会风气熏陶下，越南每个家庭，尤其是儒士家庭十分重视教育，自古形成了全民尊师重教和讲究文明礼节的社会风尚。黎民百姓虽没有条件学习儒家经典，但耳濡目染、潜移默化的影响使他们遵循儒家的伦理道德和行为规范。可见，经过儒家学说的长期洗染，儒学已经成为越南民族文化的重要组成部分。近代欧洲列强来到越南，他们也强烈地感受到儒家伦理深入民间。据耶稣会教士克利斯朵夫·波里（1618—1623 年在越南居住）的报告，他们认为在"交趾支那"① 人民中存在着儒教徒的行为，如特别的贞节、独特的居丧行为等。

越南历代的历史、政治、哲学、文学等著作也打上了深深的儒学印记。越南的史书大都以儒家思想为圭臬。越南的《大越史记全书》就是以"辨正闰，明顺逆，严篡弑之诛"的原则来作为判别人物忠奸顺逆的依据。凡是正统的，一定是顺的、义的；凡是僭伪篡窃，一定是逆的、不义的。其行文或评论中极力褒扬尊者、贤者与死节者，对伤风败俗者则予以谴责。

（三）笃信大乘佛教

在越南，宗教信仰具有较强的包容性。以后黎朝为例，历任皇帝在独尊儒学的同时，对于佛教和道教并没有采取绝对排斥的态度，对待三教之间的矛盾，也采取了较为灵活和实用的态度：在世俗学问上，为达到

---

①　今越南南部。

"治国安民"推崇儒教；在出世学问上，则崇奉佛教和道教。时至今日，在越南的寺院中，常常是一个屋檐下既供奉佛教人物，又有道教的神案，甚至于在一些地方，在大殿的中央供奉佛像，而孔子、老子的塑像分别立在两边。儒、佛、道三教考试是越南科举考试的特色。越南于 1195 年举办了儒、佛、道三教考试。1227 年，陈朝时又举办了三教考试。"即使到了后黎朝，儒学已经占统治地位，但科举考试并没有因此而'唯儒一家，别无他教'，相反，在一定时期里，儒、佛、道三教考试规模更大了，取士之门开得更大了。""三教考试"是越南封建社会在不同的历史条件下的特定产物，是科举制度对封建社会发展过程中所做出的主动适应，使儒、佛、道诸宗教信仰在越南出现共生共荣的局面。

1. 以大乘佛教为主

越南信奉佛的人比较多。信佛者中又以大乘佛教为主。

而在南方，尤其是越柬边境地区有一部分高棉人信仰上座部佛教。他们与柬埔寨的上座部佛教关系密切，至今仍然保持上座部佛教的风俗仪轨，仅九龙江平原就有上座部寺庙约 400 座，僧侣 1 万余人，上座部佛教徒人数为 80 余万[①]。

越南南方还有一些本土宗教，与佛教关系密切，同时也充满儒学伦理和道家思想。在越南西南的安江、同塔梅、河仙等地，有不少人加入和好教[②]。据解析，和好的含义为孝和交好。与佛教一样，该教也讲慈悲、博爱、大同和因果报应，信徒多为农民，故又被称为"农民佛教"。和好教没有寺庙，但有僧侣，用一块红布代替神佛的图像，信徒早晚供佛两次，供品为清水和鲜花，清水代表纯洁，鲜花代表坚贞，强调俭朴和与世无争，不接受佛礼和佛道修炼。和好教也自称为佛教，但实质上是佛教与充满儒教伦理的民族传统观念相结合的产物。它具有浓厚的政治色彩，1974 年春，在反对美伪统治的斗争中，大批和好教僧侣被捕，有的惨死狱中。1975 年 2 月，和好教军队配合越南人民军推翻了西贡的伪政权。

2. 佛教在越南的传播发展

大乘佛教在越南的传播发展可以分为：郡县时期、自主封建国家时期

---

① 也有资料说是 150 万。

② 由越南安江省新洲县人黄富楚创立于 1939 年，因黄富楚居住的村子名为"和好村"，故以此取名。

和西方势力进入以后三个时期。

(1) 郡县时期：交州（安南）曾是中国重要的佛教地区

郡县时期又可以分为交州时期和隋唐时期两段。

交州时期，佛教传入、立足，并发展繁荣。越南佛教大体属北传佛教，约于 2 世纪开始从中原传入交趾地区。首先，由于当时中国中原战乱，大批士民流寓交州，将佛教带入；其次，南亚、西亚的移民及僧侣从海路进入交州。史载三国东吴所属交州太守士燮，"出入鸣钟磬，备具威仪，笳箫喜欢吹，车骑满道，人夹毂焚烧香者常有数十"。这些夹毂焚香的胡人即是来自南亚、西亚或西域的僧人。

东汉末年，苍梧①人牟博，也称牟子，早年读诸子，诵五经，通兵法，悟佛道，后来笃信佛学。汉灵帝（168—188 年）死后，牟子随其母移居交趾，在交趾著有《理惑论》。这是一本重要的佛学典籍，牟子在书中广引佛、儒、道诸家观点，驳斥当时一些人重儒、道，轻佛学的论点，以弘扬佛法。据越南《禅苑集英》记载，公元 195 年，东汉苍梧学者牟子奉母流寓交趾（指今越南北部），"锐志于佛道"，这是佛教传入越南北部的开始，其在赢陵写作《理惑论》，是最早的汉语佛教作品。

"士燮 187 年设交趾郡治，赢陵都市开始形成。一些僧侣随印度商团到来赢陵，商路也成了传教之路。佛教传入交趾是中国最早的，因此赢陵成为一个佛教中心。""据记载，最早到赢陵传教的印度人是叩陀罗（khau da la）。""那时候的居民是自然崇拜，叩陀罗从印度带来的佛教很容易就为赢陵人所接受。""寺院很快就建了起来，当时赢陵至少有供奉四佛的 4 座寺庙：法云、法雨、法雷、法电，以法云为中心，赢陵成为最大的佛教中心。"可见，公元 2 世纪印度人就已到交趾传播佛教。"那时一些印度商人沿海路来到交趾，在赢陵经商。同时，一些印度僧侣追随商人，为其祈求平安，也来到赢陵，成为在交趾地区最早的佛教传播者。赢陵作为行政中心，同时也成了宗教中心。"②

"桑寺即法云寺，紧靠赢陵古城而建，这就是 2 世纪末叩陀罗的修道院，今仍存在。在建筑上，寺庙已有很大的改变，但祭拜石头——生殖

---

① 今广西梧州。

② 越南社会科学院历史研究所：《越南古都市》，越文，越南社会科学院 1989 年版，第 81 页。

器，即祭拜满娘（man nuong，到叩陀罗修道院修行并因此而怀孕的女孩）之习俗依然存在。同时，该佛也是人们在遇到旱灾时求雨之佛。这些证明佛教最早传入交趾并落地生根，是从赢陵都市开始。"①

交州曾是佛教从海路进入中国的重要驿站。当时，有一些佛学经典首次在交州翻译成汉语，如《四十二章经》等。据记载，公元3世纪，有一名叫康僧会的人，祖籍康居，10岁时随父母从天竺来到交州经商。康僧会既有天竺文化基础，后来又学习了儒学文化，通晓梵文和汉语，他出家修行后，翻译了多部佛经。康僧会于公元247—255年到达建业（今南京），孙权很重视他的到来，经常请他到宫中讲经。康僧会于公元280年圆寂，人们专门为其建了舍利寺。

同期，印度僧人支疆梁也于公元255—256年到交州弘扬佛法，并在交州当地法师的帮助下，翻译了禅宗的《法华三昧经》等许多经典。

交州是中国南方通往印度、西域的海上前沿，中国文化与印度文化在这里交会，尤其是佛学方面的交流。随着佛教在中国包括当时的交州（安南）的发展繁荣，交州（安南）日益成为中国佛教对外交流的前沿。

6世纪后，交州僧团逐渐形成。隋朝年间（581—618年），交州地区广设法云、法雨、法雷、法电等四法寺，隋文帝将舍利函送到交州置于桑寺的法云塔中，并分送给封州、长安、爱州、欢州等地的著名寺庙供奉。后来，越南在义安省南潭县红龙村考古发掘一座建于隋唐时期宝塔塔基时发现了舍利函，可见佛教在当时的交州（安南）已广泛传播。

7—9世纪，安南佛教传播更广，寺庙遍及各地。9世纪初，无言通在交州，创立新的禅派，对安南佛教的发展起了重要作用。据义净的《大唐西域求法高僧传》记载，唐代中国僧人到达交州弘传佛教，或与安南僧人同往印度或南海求法取经者的人数颇多。义净记述了运期、解脱天、窥冲、慧琰、智行、大乘灯六位安南僧侣取经的事迹。

唐朝（618—907年）佛教兴盛，安南首府大罗成为当地佛教中心。唐代禅宗派僧人惠能的弟子无言通禅师于公元820年从内地来到安南，在今越南北宁扶董的建初寺修行，建立了无言通观壁禅派，相传400余年。禅宗在越南影响深刻，至今越南北方的大部分寺庙内都供奉有两位法师：

---

① 越南社会科学院历史研究所：《越南古都市》，越文，越南社会科学院1989年版，第85—86页。

一位是浓眉大胡子的佛祖，即将禅宗传入中国的印度法师菩提达摩；另一位是身披袈裟坐姿的中国禅师，他就是无言通禅师。

在禅宗传入的同时，密宗也在唐玄宗时期从西藏，经红河流域传到安南。

（2）越南独立建国后佛教的传播发展

10—14世纪越南佛教兴盛。佛教成为维护封建制度的重要精神支柱。从939年吴权称王，经过丁朝（968—979年）和前黎朝（980—1009年），封建国家政权主要掌握在僧侣和武将手中。国王重用僧人，赋予特权；僧人参与朝政，制定律令文书。

以僧统万行和尚为首的僧侣集团支持殿前指挥李公蕴，乘国王去世之机，篡夺了政权。李公蕴为万行之侄，建立李朝（1010—1224年）后，尊万行为国师，以佛教为国教。李朝各代国王大力推崇佛教，传播禅宗佛学，各地广造寺宇，度民为僧，出现了百姓大半为僧，国内到处皆寺的局面。陈朝（1225—1399年）建立后，继续推崇佛教，弘扬禅宗。

李朝和陈朝前后400年间，有8位国王出家为僧。尤其是陈朝前期陈太宗、陈仁宗先后禅位出家，创立竹林禅派，并派遣使臣到中国求大藏经，在国内印刷佛教经典和佛像。这一时期寺院形成一股社会势力，拥有寺田、食邑和田奴；僧侣享有免除赋税、徭役的特权，高级僧人出入宫廷、官府，位比王侯卿相。僧团制度正式形成，组织严密。上有国师、僧统和僧录，各府有教门公事。寺院林立，建筑富丽堂皇。

（3）西方势力进入以后

16—17世纪，天主教开始传入越南。越南佛教虽不似以前兴盛，但仍绵延不绝。1858年，法国人轰开了越南的大门。进入近代以来，越南大体维持儒释道三教合一的格局。19世纪末，随着天主教的传播，越南南方甚至出现"四教一源说"。这一时期建立的高台教则是把儒释道和天主教及民间信仰糅合起来的新宗教。

3. 佛教宗派

佛教禅宗不讲究烦琐的礼仪，不重戒律，主张坐禅修行，甚至可居家修禅，著书立说，其教理把中国和印度的儒学与佛学思想结合起来，适应越南封建阶级的需要，对于知识阶层也具有吸引力，因而在越南中古时期各王朝获得广泛发展，并对越南的哲学、文学艺术、建筑、音乐等产生深刻的影响。越南佛教深受中国南宗禅学的影响，先后创立了灭喜禅派、无言通禅派、草堂禅派、竹林禅派等。

（1）灭喜禅派

毗尼多流支（又译"灭喜"）所创。又称"南方派"。毗尼多流支，南天竺人，574 年至长安，后随中国禅宗三祖僧璨，承袭中国禅宗衣钵。580 年到达交州，住法云寺，传授禅学。他所创立的"灭喜禅宗派"传播三祖僧璨的"心印"思想。在圆寂前将法统传弟子法贤。这一派系存在于 580—1216 年，共传 19 代。各代名僧如法顺、万行、惠生、庆喜和圆通等均受到当朝国王的重视，被封为法师、国师，被任命为僧统。

（2）无言通派

唐代僧人无言通所创。又称观壁派。无言通从学于百丈怀海禅师，820 年至交州北宁建初寺，传授禅学，创立该派，实行面壁禅观。他承袭中国南宗禅学惠能、怀让、道一和怀海的法统，宣传佛性无所不在和心、佛、众生三无差别等观点。这一派历经 15 代，活动于 820—1221 年间。其中第四代祖吴真流为丁朝、前黎朝僧统，封为"匡越大师"。第七代的圆照禅师曾访问中国，被称为"高座法师"。无言通派是越南佛教的主要宗派，越南陈朝兴起的竹林禅派直接承袭其法统。

（3）草堂禅派

北宋云门宗僧人草堂所创。亦称雪窦明觉派。草堂为雪窦重显的弟子，曾至占婆弘传佛教，后到达越南北方，受李圣宗重视，被封为国师，赐居首都昇龙（今河内）开国寺。草堂创立该派，主要传"雪窦百则"，提倡禅净一致，即实行禅宗的修禅与净土宗的念佛相结合。该派活动于1009—1205 年间，传 5 代。其中有三个国王、两名太傅。

（4）竹林禅派

相传为陈仁宗所创。实际始于陈朝开国皇帝陈太宗。陈太宗曾受教于由中国赴越的天封禅师，又从宋朝禅师德诚参学。陈太宗所著《课虚录》提出"四山"之说，认为生、老、病、死，乃四座大山，人能求佛学禅，勤行修忏，便可"超苦海，渡迷津"，越过四山，解脱轮回。该书为竹林禅派的基本著作。竹林禅派以陈仁宗为初祖，他笃志禅学，即位后日理朝政，夜至宫内资福寺研习禅学。后禅位出家，在海阳东潮县安子山花烟寺出家修行，讲授禅法，正式创立竹林禅派，亦称竹林安子禅派。自号香云大头陀，竹林上士，人称调御觉皇，著作甚多。该派承袭无言通禅派法统，以唐代禅宗五家之一临济宗为主，认为佛法亦即老子的"道"与孔子的"中庸",宣扬佛法不离世间法。主张坐禅和采用临济宗的"四宾主"师徒问答方式传道。认为心即是佛,佛在众人心中。陈仁宗之后,有二祖法螺,三祖玄光,合称"竹林三祖"。法螺创立琼林院,编撰佛经,著有《参禅旨要》等。玄光,状元出身,后出家从学法螺,1317 年继承竹林派衣钵,著有《玉鞭集》等。该派因得皇室大力扶持,成为陈朝时期越南佛教的主要派别,对越南佛教的发展影响很大。

佛教已传入越南近两千年,其影响相当大,信徒也颇多,是佛教信仰人数较多的国家之一。佛教在越南的广泛传播,使得越南各地的寺庙处处可见,几乎每个村子都有拜佛的庙。有些村子经济条件差,则建立拜佛的草屋,越南人称之为"庵"。庵一般不如庙那样壮观。越南的"庵"与中国的"庵"不同之处在于它是用草盖的小庙。跟中国人的习惯差不多,每逢农历初一、十五,都是越南人烧香拜佛的日子。有的人在家里拜,也有的人去庙里拜,因此,每月初一、十五各个庙里从早到晚都是拜佛的人。

(四) 道教影响深刻①

1. 道教在越南的传播

道教诞生于两汉,至于道教何时从内地传播到安南,至今还没有一个权威的说法。史书上有中国的方士赴交州的记载。东汉末年,道教创立。东晋末年,五斗米道孙恩在江南发动起义失败后,其妹夫卢循率部逃至交州。史载交州人李脱帮助卢循进攻交州府城,失败后赴水自尽。这大概是道教在交州传播最早的记载。

中国唐朝灭亡以后,五代十国时期,内乱纷争,国力衰微。968 年,越南独立建国。此后,越南先后建立过丁朝、前黎朝、李朝、陈朝、胡朝等朝代。尽管越南已经独立建国,但中国与越南的政治、经济和文化的交往仍十分密切。

据《大越史记全书》的《本纪》,丁朝先皇太平二年曾经给佛道二教的领袖颁授官阶品级,"道士邓玄光授崇真威仪"。传称,丁先皇在一次起兵时,还到今宁平省的"天尊洞"道观,礼拜神明。后平定天下,遂

---

① 本部分的参考资料主要有陈耀庭《道教在海外》(福建人民出版社 2000 年版)、王卡《越南访道研究报告》(《中国道教》1998 年第 2、3 期)、李养正《当代道教》(东方出版社 2000 年版,第 347—349 页),以及蓬瀛仙馆道教文化中心资料库发布的资料。

改"天尊洞"为"安国祠"。

《大越史记全书》的《本纪》还称，前黎朝大行皇帝在兴统四年，曾经"宣华山道士陈先生诣阙"。陈先生当指陈抟（tuán）。但是，根据中国的史书，陈抟似乎并未到过越南。越南史书的记载至少说明，陈抟盛名遍传天下，黎朝大行皇帝欲召而不得。

越南李朝崇信三教，李太祖在位时，就兴建道教宫观太清宫，诏度道士。太祖之子李太宗登基时，道士陈慧龙还为其造"天命"，得宠信，获赐御衣。李神宗天彰宝嗣三年，神宗曾经赴五岳观，"庆成金银三尊像"，据称，这是越南史书上有关越南道观造三清神像的首次记载。

陈朝受到中国文化的深刻影响，三教并重。陈朝道士曾经为陈太宗举行祈嗣醮仪，获验；为太宗举行延寿醮仪，亦获验。越南史书均作记载。陈朝曾遭元代帝国三次入侵。据《白鹤通圣观钟记》记载，陈圣宗宝符四年，北方道士许宗道随商船避难来到越南，即获越南朝野的重视，任检校太尉平章事，清化府路都元帅，赐紫鱼袋。1284年，当元军进到安南时，许宗道与越南军队的将帅，"在白鹤江剪发立誓，与神为盟，尽以心忠共报君上"，结果击退元军，杀元将唆都。其后，陈朝君王更加崇信道教，屡次让许宗道举行黄箓斋仪，"投简于伞圆山，进龙璧于白鹤渊"。道士许宗道客居越南达40余年。

越南陈朝的文人陈元旦（1325—1390年）有《题玄天紫极宫》诗称："玉皇校箓红云拥"。1419年编成的《安南志原》引用《交趾通志》称，每年正月"九日，玉皇诞生日，各道观行礼拜"，接着，在15世纪30—40年代，《玉皇本行集经》在越南刊行并且开始流行。阮秉谦（1491—1585年）是当时著名的道家学者，道号白云居士。他早年学儒，考中黎朝状元，曾任职于莫朝，后辞官回乡办学，撰有《白云庵诗集》等著作。他对乱世的丑恶纷争既愤恨而又感到无力改变，其诗文多是对世俗时事的愤激批评，歌颂"万事置度外，清闲似神仙"的隐居生活，有儒家与老庄思想结合的特点。

阮朝建立后，佛道二教也继续传播。阮朝道士清和子撰有《真武观》、《真编会》等著作。

2. 重要道教场所与活动

（1）真武信仰

真武帝君，即玄天上帝。中国的宋代开始流行。玄天上帝，受到宋、元、明等历代王朝的封诰。武当山为玄天上帝的圣地。

越南广泛流传对真武帝君的信仰。越南的北部和中部有许多奉祀真武大帝的宫观和神祠。河内市区北部的西湖风景区就有真武观。真武观，又称镇武观，也称龟圣祠，建于李朝时期。

李朝以后，真武观一直受到历代王朝的尊崇。民间传说，回流河内的红河堤防常被狐精和龟蛇破坏，祈求真武帝君就可以降伏妖精，断绝灾害。后黎朝时期，越南科举制度逐渐完善，文人考试的竞争十分激烈。真武观又合祀文昌帝君。自16世纪以后，在都城考试的考生大多在同一真武观中祈求。

现存的河内真武观，面对龟圣路，背靠西湖，风景优美，是河内文化古迹和旅游胜地。观内建筑，柱雕彩绘，庭院幽静，屋脊有辟邪异兽装饰，山门有匾额"镇武观"。正殿供奉真武大帝铜像，据称，像高3.46米，重4吨。此铜像铸造于后黎朝熙宗永治二年。铜像为真武帝君坐像，散发，身披盔甲，左手握手印，右手持剑，膝下有龟蛇合体之造型，神态威武狰狞。

（2）玉山祠与《会真篇》

玉山祠是越南著名的道观，又称玉山寺、玉山庙，位于河内市中心还剑湖中的玉山岛上。玉山岛以40米长的太鼓桥与湖岸相连接。玉山祠合祀文昌帝君、关帝、陈兴道和吕祖等。其中除陈兴道以外，都是明清时期在中国广泛流传的道教神祇。

玉山祠现存《玉山帝君祠记》，《记》称，玉山原是黎太祖的钓鱼台，后建关帝庙。阮朝时，由蕊溪社的信徒们修复。其后又在1842年由科举及第的文士们组织的"向善会"增建了文昌殿。现在玉山祠是河内市的文化古迹和旅游胜地，祠庙建筑完好，有三重门阙、大殿、廊房和亭塔等。头门临街，门墙上有"福禄"二字。二门名曰"砚台"，右题"龙门"，联称："砚台笔塔大块文章，唐科宋榜士子梯阶"；左题"虎榜"，联称："窦桂王槐国家桢干，虎榜龙门善人缘法"。三门为"得月楼"。楼后即玉山祠主殿。

玉山祠在越南宗教史上的地位，还在于此祠曾经刊印了大量的中国及越南道教的经书，例如《会真篇》，是越南神仙的传记集，大约成书于阮朝绍治七年（1847年），现存刊本有嗣德三年（1850年）的玉山殿本。其中，收有越南男性神仙13名，女性神仙约14名，神仙中有一些越南历史上和中国关系密切的神仙。

（3）庆云南院的传统道教活动

据中国社会科学院世界宗教研究所王卡教授的考察，胡志明市的第十一郡阮氏细街有庆云南院，是越南现存的唯一保存着中国传统道教活动形式的道院。庆云南院是由中国广东南海茶山庆云洞①分灵迁来的，因此，称为南院。

越南的庆云南院，山门上有横额"众妙之门"，联称："庆立庙门宏开普度，云环吾道广设津梁"。南院的正殿是二层楼房。底层大殿，中供奉慈航道人（即观世音），前陪侍文昌、关帝和吕祖；左供奉赤松真人；右供奉华佗仙师。二楼除会议室以外，还设有释迦殿、观音殿、地藏殿以及太清殿，符合全真派三教合一的教义思想。

庆云南院外有所属的"隐修阁"，内设"柳真君府"，供奉母道教的柳杏圣母。据称，柳杏圣母已被吕祖收为弟子，成为越南道教的神仙。

庆云南院现有道教信徒千余人，都是附近的华人百姓。院内的道士都要出家，实行全真派的清规戒律。现任南院的管理委员会主席是周佑汉道长，是最早从广东来的道长之一，现年80余岁。南院的知客为陈筘龄道长、经忏组长为周业尧道长。南院经忏使用吕祖十方经韵。平时每天，道士都要做早晚功课，每月二十五日为信徒和华人百姓举行度亡法事，每年的七月十五日中元节都举行盂兰盆会，以罗天大醮超度普世幽魂。

3. 以道教为主的母道教和高台教

（1）母道教中的道教影响

母道教是越南北方流传的一种民间宗教，崇奉越南仙女柳杏圣母。柳杏圣母又名柳杏公主、崇山圣母或云葛神人。属于越南民间信仰中的"诸位"神系的神灵。越南的"诸位"神系的神灵，女性神的地位高于男性神。柳杏圣母是越南神仙思想融合了萨满和地母信仰而出现的神灵。

传称，柳杏圣母姓陈，后黎朝天佑元年（1557年）出生于山南镇天本县云葛社的黎太公家中。黎太公之妻因在怀孕时患有抑郁症，曾招请道士施法术。其时，正巧玉皇大帝之次女因跌碎玉剑而被贬放人间，即降生于黎太公之家。因此，柳杏圣母就是道教玉皇大帝之次女。柳杏圣母在18岁时与桃郎成亲，但是，3年后因眷恋天庭而升天，又因赎罪未足而再被送回人间。柳杏圣母与侍女桂娘和维娘等白昼降临于清化镇石城县庸葛社。圣母在人间卖酒、乞食等变身现形，感化民众，惩罚有罪。大约在后黎朝末期回归天庭。其侍女则一直留在人间，作为沟通圣母和人世的媒介。

圣母诞生地云葛社建有圣母神祠。后黎朝以及阮朝各皇帝都曾给圣母

---

① 中国广东南海茶山庆云洞，始建于光绪二十五年（1899年），供奉吕祖。

封号，称圣母为上等福神。母道教的庙观称为府、殿和祠。各庙都有世袭的庙主。河内市内就有云府、顺美祠和安寿祠等供奉柳杏圣母。

据考察，母道教的庙观的神像雕塑和殿堂设置与道教宫观大致相同，其横匾和对联均用汉字书写。殿前还吊有许多尖顶斗笠，上面写有祈愿人的姓名，祈求吉祥。

（2）以道教为主的高台教

高台教是带有浓厚越南特色的宗教，1926年10月创于西宁省鹅坚县慈林庙，主要流行于越南南方。高台教糅合了佛、道、儒、基督教的教义，崇拜和供奉这些宗教所尊奉的神和创始者。"高台"一词出自《道德经》第20章，"众人熙熙，如享太牢，如春登台"。高台教徒解释"如春登台"为"上祷高台"，高台就是神灵居住的最高的宫殿的意思。

在高台教的供桌上，最高一层的中央是释迦牟尼像，左右两边分别是老子和孔子像；第二层中间是观音，左右分别是太白和关圣像，这三位仿佛是释、老、孔的宰相；第三层是耶稣；第四层除姜太公外，还有许多东西方的神圣。供桌上有盏长明灯，称"太极灯"，高台教把它理解为"宇宙的灵魂"，象征造化。在所有这一切之上是人类最高主宰者——玉皇大帝的眼睛（描画或悬挂在墙壁上的最高处），仿佛人间的一切事情都逃不过玉皇大帝的审察。

高台教的教义思想吸收了中国儒家和佛家的伦理观念，但其神仙基本上搬用道教的神仙体系。高台教的最高神是玉皇上帝，即道教的玉皇大帝，在越南，也称为皇官教主，居于越南民间信仰的"诸位"神系的最高的支配者的地位，统率各种神祇。此外，高台教还吸收了道教的其他神灵，如李太白、关帝、姜太公和太上老君等。

高台教服饰分红、黄、蓝三种。高台教的信徒吃素，留长发，没有教主，靠"奇笔"传教，由"奇笔"来解答人们提出的问题，认为"奇笔"秉承"玉皇大帝"的旨意，是不能怀疑的。这些由高级教职人员充当的"奇笔"常以历史、文学和神话人物如姜太公、李白、齐天大圣、潘清简以及圣女贞德、雨果等的面目出现。

高台教杂糅多种信仰，诸神共处，实虚皆备，迎合各种信仰者的需要，发展迅速。据统计，1930年信徒达到500万人，1935年增至1000万人。信徒遍及整个越南南方，还发展到越南中部和柬埔寨的一些省份。其成员绝大部分是农民，他们是普通信徒，也有不少上层人士。高台教带有很浓的政治色彩。由于政治观点分歧，内部相继产生了很多派别，主要有仙天派、西宁派、前江派、后江派等。

（五）其他宗教

1. 天主教及基督新教

16 世纪后期，葡萄牙、西班牙等国的传教士将天主教传入越南。1615 年，法国在越南成立"法国耶稣会"，1668 年又成立"外方教会"。自此以后，法国传教士逐渐垄断了在越南的传授权。但他们的活动多次被越南封建统治者禁止，并被驱逐出境。直到 18 世纪 80 年代末 90 年代初，越南封建统治者与法国传教士百多禄勾结，镇压西山起义后，法国天主教会才取得了在越南传教的许可。1858 年，法国借口传教士被杀，派兵侵占越南。1862 年越南封建王朝被迫与法国签订《西贡条约》，明文规定法国传教士可以在越南传教，天主教势力在越南迅速扩大。1883 年教徒已达 70 多万人。

1954 年日内瓦会议后越南南北分治，很多教徒从北方逃到南方，剩下的主要聚居在义安、广义、河静等省。据 20 世纪 60 年代的统计，北方天主教有一个总教区，下辖 9 个教区，教徒 100 多万人。南方有两个总主教区，14 个教区，1400 多座教堂，教徒 200 多万人。1975 年夏，罗马教廷将教廷代表办事处迁往河内。1976 年元旦，河内总主教陈如奎赴罗马接受红衣主教头衔。

基督新教传入越南较晚，直到 20 世纪初的 1911 年才被引入越南，教徒主要分布在越南南部的平福省和西原地区，信教人数约 40 万。

2. 伊斯兰教

越南信奉伊斯兰教的主要是中南部的部分占族和高棉族人，仅数万人。他们尚保持伊斯兰教的基本宗教理念和习惯，如诵读《古兰经》、不吃猪肉、戴头巾等，不过也有与其他国家和地区的穆斯林稍微区别的地方，如他们没有一天诵经 5 次，而只是一个星期才诵经一次。

三　民俗节庆

习俗节庆反映一个国家或一个民族的图腾崇拜、风俗习惯、价值观念、思维方式等方面的文化。这往往也跟历法相联系。

（一）历法

越南的历法与中国几乎一样，既用格里历（即公历），也用农历。农历是中国长期采用的一种传统历法，它以朔望的周期来定月，用置闰的办法使年平均长度接近太阳回归年，因这种历法安排了二十四节气以指导农业生产活动，故称农历或"阴历"。当今几乎全世界所有华人及朝鲜、韩国、越南和早期的日本等国家，仍使用农历来推算传统节日如春节、中秋节、端午节等节日。

中国用天干地支纪年，越南也一样用天干地支来纪年，越南语为Can Chi。

对应中文的甲子到癸亥，越南文的天干地支一甲子如下：

1.甲子 Giáp Tý	21.甲申 Giáp Thân	41.甲辰 Giáp Thìn
2.乙丑 Át Sửu	22.乙酉 Át Dậu	42.乙巳 Át Ty
3.丙寅 Bính Dần	23.丙戌 Bính Tuất	43.丙午 Bính Ngọ
4.丁卯 Đinh Mão	24.丁亥 Đinh Hợi	44.丁未 Đinh Mùi
5.戊辰 Mậu Thìn	25.戊子 Mậu Tý	45.戊申 Mậu Thân
6.己巳 Kỷ Ty	26.己丑 Kỷ Sửu	46.己酉 Kỷ Dậu
7.庚午 Canh Ngọ	27.庚寅 Canh Dần	47.庚戌 Canh Tuất
8.辛未 Tân Mùi	28.辛卯 Tân Mão	48.辛亥 Tân Hợi
9.壬申 Nhâm Thân	29.壬辰 Nhâm Thìn	49.壬子 Nhâm Tý
10.癸酉 Quý Dậu	30.癸巳 Quý Ty	50.癸丑 Quý Sửu
11.甲戌 Giáp Tuất	31.甲午 Giáp Ngọ	51.甲寅 Giáp Dần
12.乙亥 Át Hợi	32.乙未 Át Mùi	52.乙卯 Át Mão
13.丙子 Bính Tý	33.丙申 Bính Thân	53.丙辰 Bính Thìn
14.丁丑 Đinh Sửu	34.丁酉 Đinh Dậu	54.丁巳 Đinh Ty
15.戊寅 Mậu Dần	35.戊戌 Mậu Tuất	55.戊午 Mậu Ngọ
16.己卯 Kỷ Mão	36.己亥 Kỷ Hợi	56.己未 Kỷ Mùi
17.庚辰 Canh Thìn	37.庚子 Canh Tý	57.庚申 Canh Thân
18.辛巳 Tân Ty	38.辛丑 Tân Sửu	58.辛酉 Tân Dậu
19.壬午 Nhâm Ngọ	39.壬寅 Nhâm Dần	59.壬戌 Nhâm Tuất
20.癸未 Quý Mùi	40.癸卯 Quý Mão	60.癸亥 Quý Hợi

　　农历有个辅助部分——节气①。节气如果也算历法的话，就是完全的太阳历。节气与地球在绕太阳运动的轨道的位置有关，和月球无关。节气是从立春开始的，一个太阳年是两个立春之间的时间，约 365. 2422 天。根据太阳的位置，把一个太阳年分成 24 个节气，以利于农业种植等活动。同样，越南也与中国一样有二十四节气。

立春 Lập xuân	立夏 Lập hạ	立秋 Lập thu	立冬 Lập đông
雨水 Vũ thủy	小满 Tiểu mãn	处暑 Xử thử	小雪 Tiểu tuyết
惊蛰 Kinh trập	芒种 Mang chủng	白露 Bạch lộ	大雪 Đại tuyết
春分 Xuân phân	夏至 Hạ chí	秋分 Thu phân	冬至 Đông chí
清明 Thanh minh	小暑 Tiểu thử	寒露 Hàn lộ	小寒 Tiểu hàn
谷雨 Cốc vũ	大暑 Đại thử	霜降 Sương giáng	大寒 Đại hàn

（二）生肖

　　十二生肖，是中国传统文化的重要部分，源于自然界的 11 种动物和一个民族图腾，即由鼠、牛、虎、兔、龙、蛇、马、羊、猴、鸡、狗、猪组成。十二生肖也用于纪年，顺序排列为子鼠、丑牛、寅虎、卯兔、辰龙、巳蛇、午马、未羊、申猴、酉鸡、戌狗、亥猪。这在中华文化圈内被广泛使用。

　　越南的十二生肖与中国大同小异，有猫年（TUỔI MÃO 或 MẸO），无兔年（卯兔），其他 11 个都一样。中越文对应如下：

子鼠 TUỔI CHUỘT (TÝ)	午马 TUỔI NGỰA (NGọ)
丑牛 TUỔI TRÂU (SỬU)	未羊 TUỔI DÊ (MÙI)
寅虎 TUỔI HỔ (DẦN)	申猴 TUỔI KHỈ (THÂN)
卯兔 TUỔI MẸO（MÃO 猫年）	酉鸡 TUỔI GÀ (DẬU)
辰龙 TUỔI RỒNG (THÌN)	戌狗 TUỔI CHÓ (TUẤT)
巳蛇 TUỔI RẮN (TỴ)	亥猪 TUỔI LỢN (HỢI)

---

① 越南语为 Tiết khí。

（三）节日

节庆习俗是一个民族、一个区域的人们千百年来在生产、生活发展的过程中逐渐形成的，不会轻易改变和消失。越南与中国的节庆习俗几乎如出一辙，其发展趋势也有惊人的相似之处。越南的传统节日与中国大同小异，都有春节、清明、端午、中秋等节日。

1. 春节

越南是世界上少数同中国一样使用农历，过春节的国家之一。春节是越南民间最重要的节日，表现形式也最为隆重。

越南人也把春节视为辞旧迎新的日子。人们一般从农历十二月中旬就开始置办年货，准备过节。送灶王节在农历腊月二十三，起灶王神位，烧化纸钱，供奉麦芽糖福。家家户户都要供，希望得到神的赐福。

春联和年画。越南人过春节也在大门两旁贴上大红春联。春联早先用汉字书写，文字改革后，现在用汉字书写的春联很少，而大部分春联改用越南文体书写。但在具体写法上，仍然按照方块字的格式，从上往下逐字书写，每个词成一个方块，也仍然是上、下联相对。家家户户挂的年画，一般都是"胖娃娃"、"老鼠迎亲"等。同时，还在家里贴上"福"、"喜"等字样和福、禄、寿星的形象①。

花市。与中国广州相似，花市是每年越南春节活动的一项重要内容。越南从北到南，四季常青，终年鲜花盛开。而每年春节前各城镇的传统春节花市，更是繁花似锦，万紫千红。按照传统习俗，越南人过春节，即使经济困难，家里也总要插一株桃花，其重要性大概不亚于中国北方人过春节总要吃一顿饺子。而此时种植花卉的花农们也是千方百计地精心培育，使桃花能在春节期间准时开放。

守岁和拜年。越南人在除夕之夜，也有守岁的习俗。从正月初一开始，人们就忙于探亲访友，互致节日问候，表达真诚的祝愿。甚至平日不和、互不往来的人们，在春节期间见面时，也是满面春风地互致问候，说些吉利的话，全然不计前嫌。有些人还特地到平日不和的亲友家去拜年，

---

① 2007年8月初，笔者随广西社会科学院代表团访问越南。其间，广西社会科学院院长、广西书法家协会会长韦克义在越南社会科学院举办书法表演，越南人索取最多的是"福"、"禄"、"寿"等汉字。

握手言和。最早到家里来拜年的客人特别受到重视。传说他将给主人家里带来好运。因此，越南人常常事先邀请自己最亲近、最尊敬的朋友，作为自己家里新春的第一位客人。人们普遍认为，这是全家来年吉凶福祸的兆头。

年粽。跟中国的南方省份一样，越南春节食品中，年粽是一大特色。它也是祭祀祖先时必不可少的供品。与中国的粽子差不多，越南年粽用糯米包成，不过，它呈方形，有的甚至比中国的粽子大。一般一个年粽用200克糯米，中间要包上一些猪肉和绿豆沙，外面裹着几层绿色的巴蕉叶。传说年粽象征着大地，绿色显示生机勃勃，猪肉和绿豆则表示大地上有飞禽走兽，草木繁生。

2. 清明节

清明，是一年24个节气中的第5个节气，在立春之后的45天到来，是一个重要的节日。清明一般在农历的三月，最迟在农历四月初。清明意味着气清光明，是一年之中的美好时光。同中国一样，越南人也借清明之际扫墓和踏青。人们带着铁锹、鲜花、纸钱等，修理坟墓，清除坟墓上的杂草，焚香烧纸，甚至燃放爆竹，有些还献上鲜花，以祭祀先人。

3. 端午节

"端"意为开端，"午"为中午。"端午"意思为中午开始。端午，又称端阳，"阳"为太阳、阳气，"端阳"就是开始阳气旺盛之时。端午节为农历五月初五，这正是阳气旺盛之时，犹如中午的太阳。相传，端午从前只是一个标志节气进行祭祀的日子，祈求在炎热的夏季一切平安，消灾祛病。后来，人们增加了纪念屈原的意义。

越南的端午节也是阴历五月初五，又称正阳节。端午节有吃粽子的习俗，还有端午驱虫习俗。端午采药是一项必不可少的活动，人们认为"端午草药"最为灵验，许多集市上有草药专卖摊。除端午驱虫外，越南过端午节主要内容是吃粽子。越南人认为，吃粽子可以求得风调雨顺，五谷丰登。

4. 中秋节

农历八月十五日为中秋节。中秋节之夜，越南人有点彩灯的习俗。相传过去有一条鲤鱼，修炼多年成精，夜晚出来害人，人们十分惧怕。一到晚上，家家关门闭户，不敢外出。后来，包公出了一个主意，让人们制作一种鲤鱼形的纸灯，在鲤鱼腹部插一根棍子。夜晚人们挑灯出门，妖精见了很害怕，从此不敢再来危害百姓。中秋节在越南更像是儿童节，中秋之夜，孩子们拿着各种形状的纸灯，在月光下玩耍，吃着月饼，聆听各种美丽的传说，充满童年的乐趣。因此，越南把农历八月十五日定为越南的儿童节。中秋节里还有很多的文化体育娱乐活动，除了儿童，大人们也从中寻到无穷的乐趣。人们常常载歌载舞，舞狮子，赛花灯，尽情欢乐。

越南中秋节吃月饼的习俗也很普遍。中秋节之前，各商店和摊点出售月饼，几乎到处可见。越南的月饼，从制作方法上讲，分为两种。一种叫烤月饼，是硬的，同中国的月饼类似，里面也分别包有五仁、豆沙、椰蓉、火腿、蛋黄等各种不同的馅。另一种叫软月饼，用糯米粉做成，形状同烤月饼相仿，但颜色是白的，月饼比较软，口味同烤月饼完全不同。中国月饼一般做成圆形，象征团团圆圆之意。而越南则不少月饼是做成方形的。

为了欢度中秋节，越南人从农历八月初就开始做准备。包括月饼在内的各种食品，形式多样，丰富多彩。各种儿童玩具，五花八门，使儿童们爱不释手。中秋之夜，不少越南人有拜月的习惯，供台上除了月饼之外，还有各种水果和其他多种食品。一直到深夜子时，人们方才撤去供台，分享这些拜月的食品。

（四）婚礼

传统的越南婚礼与中国一样，也有六礼，即分别是 Lễ nạp thái（纳采）、Lễ vấn danh（问名）、Lễ nạp cát（纳吉）、Lễ nạp tệ（hay nạp tr'ng 纳征）、Lễ thỉnh kỳ（请期）、Lễ thân nghinh（亲迎）。随着社会的发展，尤其是在西方文化的影响下，现代越南人的婚礼有了很大的改变。不过，无论怎么变，婚礼仪式的背景上中文字的红双喜字是必不可少的，而且只能是中文，不能用越语来代替。

（五）庙会

越南各地的祭祀场所以及街头、公园等公共娱乐场所，在新春期间举行各种祭祀和文娱活动，祭拜神灵和演出越南传统戏剧、歌舞、杂技、武术、摔跤等，还有荡秋千、下人棋、斗鸡、斗鸟等民间活动。这就是越南传统的庙会。

越南庙会的特点：一是用阴历来推定时间；二是大多在春节期间；三

是通常在祭祀和公共场所举办；四是内容以祭祀神灵和举办娱乐活动为主。可见，中越庙会应该说是有传承关系。

四　语言、文学、艺术

越南有悠久的历史文化，其语言文学艺术也非常丰富多彩。

（一）语言文字

语言是人类交际的工具，文字是记录语言的书写符号。20 世纪 30 年代前越南使用了两千多年的汉字，现代越语虽然是拼音文字，但其 70% 的词汇是汉根词。对于中国人学外语来说，越语是最容易掌握的。

1. 普及使用拼音文字——现代越语尚不足百年

越南当今使用的官方和社会交际语言是越南语。现代越南语采用拉丁化拼音文字，被称为"国语字"。1945 年，越南民主共和国成立后，"国语字"获得国家正式文字的地位。越南人包括少数民族几乎都可以操越南语。越南语主要有三大方言区：以河内为中心的北部方言区，以顺化为中心的中部方言区和以西贡为中心的南部方言区，其中以河内及其附近一带的方言为标准普通话。三大方言差别不大，虽有一些词汇和发音不同，但基本可以互通。

越南语在语言谱系中的归属问题，至今语言学界尚无定论，有学者认为它属汉藏语系，也有学者认为其属南亚语系。笔者认为，由于京族是当地世居族群与华夏族群的融合体，所以越南语其实是一种混合语言。

现代越语是由西方传教士创造、20 世纪初才开始使用的。16 世纪末，欧洲传教士开始来越南传教，在传教过程中，他们遇到的最大难题就是语言障碍。开始，欧洲传教士用自己本国的文字来记录越南语音。后来，为了编纂传教所用的书籍，欧洲传教士开始下功夫整理各种字体的越南语记录笔记，使之逐渐趋于统一和系统化，这样，17 世纪上半叶越南国语拼音文字诞生了。一直到 19 世纪 60 年代的 200 多年中，这种拼音文字还只是用于天主教界出版宗教书籍。

拼音文字易懂易学，法国殖民者占领越南南方后意识到这是统治越南的有效工具，便在越南人当中教授、推广和传播，在学校设拼音文字课。1865 年，第一份用拼音文字出版的报纸——《嘉定报》问世。1878 年，南圻统督颁布一份文件，鼓励各级官员学习使用"国语字"，规定不识国语字的官员不予升级提职。1882年，南圻统督又做出一项决定，规定所有公文都必须用拼音文字发布。后来，法国侵占北部和中部后，又把拼音文字推广到北部和中部，与南部不同的是，法国殖民当局规定中部和北部在使用国语字的同时，还可以使用汉字，一直到1917年。法国殖民者最终目的是把越南变成一个"亚洲的法国"，长期统治越南。为此，他们在越南大力推行拼音文字，一方面便于其统治，另一方面也可以逐渐削弱汉文化在越南的影响，最后达到清除汉文化，割断越南与中国联系的纽带，长期统治越南的目的。19世纪末，越南文化界有些人主动接受了拼音文字并开始从事拼音文字的推广和普及工作。进入20世纪以后，拼音文字已在全国范围普遍使用，用拼音文字出版发行的报刊书籍不断增多。

越南语拼音文字的主要优点是，作为一种表音文字，它与语音结合得比较紧密。它以29个字母和5个声调符号，按照一定的拼写规则拼组成数千音节，再由这些音节构成丰富的词汇，书写方便。作为一种记录音位的字母文字，其在读法与写法上基本一致，只要掌握了字母和元音、辅音的读、写法以及拼音规则，便可做到：听到一个音，就能写下来；看到一个字，就能读出来。因此，拼音文字对越南人来说很容易学习和掌握，用不了几个星期就能读会写，有利于文化教育的普及和提高。越南北方在1945年8月革命前还有90%以上的人是文盲，到和平恢复不足五年即1959年，就基本上消灭了文盲。

2. 一度创造使用喃字

越南历史上创造和曾经使用过"喃字"①。喃字究竟起源于何时，目前尚无定论，可以肯定的是，到公元13世纪，喃字已趋于系统化，被逐渐推广，并开始用以从事文字创作，产生过一些民族风格浓厚，也很有影响的文学作品。

喃字的产生是越南希望摆脱中国文化羁绊的一种尝试，它力图消除语言与文字不一致的矛盾。不过，要学会读写喃字，首先要学会汉字，因为它是以汉字为基础，依照汉字"六书"中的会意、假借、形声等造字法，

---

① 为什么叫"喃字"？有学者认为，"喃字"意即南国（即越南）的文字，以区别于北国（即中国）的文字（即汉字）。也有学者认为，"喃字"Chu Nom tuc la chu nom na，意为"通俗的文字"。

为记录越语而创制的一种方块字。越南的喃字与中国的古粤字、古壮字几乎如出一辙。由于它比汉字更难学难懂，不但黎民百姓感到困难，即使是知识分子也感到是双重负担，因而它不能在普罗大众当中普及，只为某些文人骚客所用，很快就成了一种历史上曾经存在过的文字。

3. 越南使用汉字两千多年

越南人最早使用的文字是汉字，称其为"儒字"。从秦朝开始，汉字就逐渐传入当时的交趾地区。10 世纪中叶，越南建立自主封建国家后仍把汉字作为国家正式文字使用，并继续推行科举制度，1918 年法国殖民者宣布废除科举和汉文，而越南政府到 20 世纪 30 年代才明令废止汉字。诚然，越南不再使用汉字，也有其遗憾的方面。两千多年来，越南留下大量的古籍文物都是使用汉字书写记载的，甚至越南人的家谱都是用汉文写成的，由于今天已很少人掌握中文，所以对了解越南的历史和文化传承构成了巨大障碍。同时，汉字比较简练，一目了然，而越南语书写起来则篇幅要长得多①。

由于历史的原因，越南语与汉语的关系甚为密切，主要表现在：一是发音上，越南语与中国广东话比较接近②。二是词汇上，越南语沿用了大量的汉语词③，特别是现代越南语还保存了一套"汉越语"，就像广东人用粤方言的语音来拼读汉字一样，越南人可以运用这套汉越音来读汉文。汉越语已成为越南语取之不尽、用之不竭的词汇源泉。如果离开了汉越语，现代越南语就成不了句子，写不成文章。三是语法上，越语状语可前置也可后置，定语则后置。岭南百越族群（古粤语、壮语等）的语言特点就是定语后置。这些特点为中国人学习越南语提供了不少方便，尤其是两广人更有优势。④

---

①　近来，越南已有学者提出，从中小学开始恢复学习汉语，以免越南人的后代不能了解自己的历史和古代的作品。因为，越南 20 世纪以前一直都是用汉字记载自己的历史和创作文学作品的。

②　有不少人以为越南语与中国的壮话相似，其实这是一个误会，无论是发音还是词汇，越南语都更接近中国的广东方言。

③　有人说是汉语借词或"借汉词"，更准确的应是"汉根词"，因为越南曾是中国的一部分，越南人本来就使用汉语，而且长期使用汉语，甚至独立后也一直沿用，只是到了 20 世纪 40 年代才彻底告别汉语。

④　越南语发音与中国广西的玉林方言最接近，如越南语的"参观"一词是借自汉语的，其中"参"字的声母发音与玉林话的发音完全一样。

今日大多数越南人已不会说汉语，但汉语情结却难以消除。越南人结婚用的红双喜字不能用越语来代替，只能用汉字，包括祭祖、宗教信仰用字也要用汉字。还有，大部分的古籍、庙宇和古建筑的牌匾、楹联都是中文的。

因而，随着中国的和平崛起和中越关系的正常化，越南近期兴起了汉语热。不仅胡志明市、河内市这些大城市开设了不少汉语中心，许多青年人学习汉语，越南一些地方的中小学也开设汉语课程，甚至汉语课有增加的趋势。越南教育培训部提出了今后发展小学和初中汉语教育的意见，"将汉语列入越南小学和初中的自选课程中，每周设4节"。华人比较集中的越南南方，特别是胡志明市和芹苴市以及金瓯、朔庄、后江省等地的小学已经教授汉语，有的学校的汉语课从每周的3—5节增加到每周8—10节。

越南人重新掌握汉语，不仅有利于经贸合作与发展，而且有助于提升本民族的文化素养，因为越南人半个多世纪以前一直都在使用汉字，此前两千多年的史籍都是用汉字写成的，甚至各家各户的家谱几乎都是汉文的。越南人只有会汉语，才能深入了解本国、本民族、本家族的历史。可见，汉字对越南人来说是何等的重要。

（二）文学

越南文学受国家历史进程和外来文化的影响，可分为：古代文学、近代文学和当代文学。

1. 古代文学

越南的古代文学包括汉文文学和喃字作品，时间大约是从郡县时期一直到成为法国的殖民地以前。

（1）汉文文学：从秦汉以来直到19世纪末20世纪初，汉文文学在越南文学发展史上一直占有重要地位。可惜的是，人们未能把丰富的汉文文学作品挖掘和整理好。不少论著在论述越南文学时都省略了汉文文学，即使有也只作为汉文化影响的一个副产品来论述，但事实上，越南汉文文学是以汉文形式来表达越南历史文化内容的，是越南文学发展最早，也最长的一个时期，达近两千年。

（2）喃字作品：13世纪时一些越南学者开始用喃字进行文学创作。陈朝的阮诠第一次用喃字创作《驱赶鳄鱼文》。胡朝的皇帝本人曾用喃字创作诗歌和翻译汉字书籍，后陈朝和黎朝时代，喃字文学得到长足发展，其中最有代表性的作品是阮荐的《国音诗集》，被称为越南现存最早的一部喃字诗集。

越南文学成就最高的作品是喃字创作的古典文学名著《金云翘传》。这是越南阮朝作家阮攸以中国明末清初青心才人编写的章回体小说《金云翘传》为蓝本，经过精心的艺术加工改写而成的一部长达3254行的六八体长篇叙事诗。越南的《金云翘传》在内容情节上基本与中国小说一样，只是在一些细节上有所取舍，作品中的人名、地名都没有改变。书名从作品人物金重、王翠云、王翠翘三人名字中各取一个字组合而成。作品以中国明朝嘉靖年间善良、聪慧、美丽、多才的少女王翠翘的遭遇为主线，叙述了一个情节曲折、充满悲欢离合的爱情故事。与中国原著最大的不同就是，把原来近14万字的章回体小说改写成了长达3254行的越南文学体裁六八体的喃字长篇叙事诗。作者阮攸妙笔生花，运用现实主义的创作手法，在作品中融入了越南19世纪的社会生活，使其具有浓郁的越南情调和时代特色，因而深受越南广大人民的欢迎，成为越南文学的瑰宝。

2. 近代文学

越南的近代文学包括有汉文文学、法语文学和国语字作品。这一时期大约是法国殖民时期，从1885年到1945年。

法语文学：19世纪中叶，越南开始沦为法国殖民地，1862年，殖民统治当局规定法语和国语同时成为学校的教学用语，1917年又规定法语为正统语言。法语不仅在词汇方面对越南国语产生影响，而且在思维方式上也是如此。于是出现了法语文学，从而使越南有了现代意义上的小说、话剧和不同于古典诗的诗词，等等。不过，越南的法语文学随着法国殖民统治的结束而昙花一现。

3. 当代文学

当代的越南文学主要是现代越南语文学作品。

国语文学：这里的国语是指罗马字母拼写的文字，即现在的越语。由于法国殖民统治者为了统治的方便，不断提高国语的应用程度，同时也由于国语比汉字和喃字易学易懂，所以越南国语文学发展很快。

不过，20世纪以来，越南仍有一些汉文诗人，如潘佩珠、潘周桢等。胡志明也是著名的汉文诗人，他自幼学习汉文和汉诗，继承了汉、唐以来越南文人爱读爱作汉文诗的传统，能背诵许多汉文诗，还能像越南历代汉文诗家那样，运用唐诗格律创作诗歌。

由于受中国语言文学的熏陶，今天的越南人最喜欢的仍然是阅读中国的古代文学作品和观看中国的电影和电视作品。近年，越南观看中国电视连续剧可分为三个阶段：首先是古典文学作品，如《红楼梦》、《三国演义》、《西游记》等①；然后是改革开放后的情感伦理作品，如《渴望》、《情满珠江》等；再就是后来的反贪腐影片，如《省委书记》等。如果一个民族在文化上没有高度的认同感，另一个民族的文学作品是很难引起如此的共鸣的。

（三）艺术

越南历史悠久，民族众多，千百年来创造了多姿多彩的文化艺术。

1. 舞台艺术

越南的舞台艺术所包含的范围就比中国要小得多，共有 11 个种类，包括戏剧、杂技和水上木偶等。越南的舞台艺术以越南传统艺术为主，也吸收了一些外来的艺术形式，如歌剧、舞剧、哑剧等。越南的传统戏剧主要有从剧、嘲剧和改良戏。

（1）从剧

从剧是越南最古老的剧种，过去被封建统治阶级视为高雅的"阳春白雪"。其内容和形式都带有许多中国京剧的痕迹。有学者认为，越南从剧来源于中国的京剧。

据史书记载，在陈朝（1225—1400 年）时期，越南的从剧已经发展到相当高的水平。到 18、19 世纪，从剧艺术发展到了黄金时期，从宫廷到民间，从北方到南方，处处都有从剧艺术的表演。越南现存的舞台艺术资料中，共保存有 500 多部从剧。有的剧本如《万宝呈祥》，长达 100 回。也就是说，全剧要演 100 场。

从剧的内容不少取材于中国。据统计，古典从剧中，有 80% 取材于中国。《三国演义》、《水浒传》、《西游记》、《红楼梦》、《说唐》、《东周列国志》等中国古典名著中的故事，在越南的戏剧艺术中都得到广泛的

---

① 据越南媒体报道，中国人引以为傲的古典文学四大名著《三国演义》、《水浒传》、《西游记》、《红楼梦》以多种形式（精装本、缩略本、画册等）陈列在越南各地书店的书架上，近年来销售一直火爆。

反映。仅取材于《三国演义》的从剧就有几十出戏。为中国人所熟悉的关公、张飞、赵子龙、花木兰、穆桂英、包公、梁山伯、祝英台、秦香莲、孟丽君、陶三春、貂蝉等，也都是越南人民喜爱的舞台艺术形象。

从剧是唱、舞、音乐的综合艺术。经过数百年一代又一代艺人的创造，从剧在内容、曲调和舞蹈等方面日益丰富完善，可以表现从古代历史到现代生活的各种题材，同时也为改良戏等其他剧种奠定了基础。

据统计，目前越南全国有数十个专业的从剧团，还有成千个业余的从剧演出队。

（2）嘲剧

嘲剧是 15 世纪越南北部平原民间自发产生的一种文艺形式，在人民群众中有很深的影响，特别是在农村，流行很广泛。

嘲剧一开始是民间演唱，主要在农村春秋庙会期间表演。一个剧团有 15 人左右。团长一人总管一切，一名编剧兼导演，有七八名演员分别担任生、旦、净、末、丑各个不同的角色，三五个人伴奏，形式多样，而且演出也很自然。他们一般都是平时下地干活，到春秋两季由团长和编剧、导演召集起来，到各地去巡回演出。

直到 18 世纪末期，嘲剧才发展成为一种固定的文艺形式。嘲剧具有鲜明的民间创作特色。因为一开始就是由农民创作和演出的，内容又多取材于农村的现实生活和民间传说，所以嘲剧极富民间特色和生活情趣。嘲剧演出往往以村庙前的场地作为舞台，没有帷幕，也没有布景，观众站在四周。演出总是以热闹的锣鼓声作为先导，以制造一种热烈的气氛来吸引观众。等到观众来得差不多了，演出就正式开始，剧情大多数以劳动人民嘲讽封建统治阶级作为主要内容，而以劳动人民作为剧中的主要人物。演出的形式自由活泼。表演的过程中，演唱夹杂着道白，演员同观众可以互相呼应。嘲剧音乐欢快明朗，舞蹈舒缓优美。这一切都使嘲剧深得百姓的喜爱。

目前，除了几十个专业嘲剧团以外，越南全国有成千个嘲剧业余演出队。除了《帅云》《氏敬观音》《朱实卧》等家喻户晓的嘲剧传统剧目外，一些现代题材的剧目上演后，也受到了观众的喜爱与认可。

（3）改良戏

改良戏是 20 世纪初越南南部出现的一个年轻的剧种。它渊源于南部的才子佳人音乐，并吸收了从剧的表演动作，是在众多传统剧目的基础上发展起来的。

改良戏的曲调丰富，有 100 多种。它的唱腔通俗易懂，道白比从剧、嘲剧多，并且带有诗歌的韵律。改良戏演出时有帐幕，布景讲究，舞台效果好，有利于表现人物丰富细腻的思想感情。

改良戏问世不久，就很快广泛传开，从 1918 年 11 月 16 日在西贡举行首场演出后，迅速风靡全国，特别是在农村。在 1938—1945 年期间，由于改良戏灌制了唱片，更推动了它的普及。

改良戏题材很广泛，几乎是包罗万象。最初改良戏有些采用了越南的传统题材，如《陆云仙》、《金云翘传》等，有些则是移植了中国的传统剧目，如《凤仪亭》、《孟丽君》等。同时，中国戏曲的许多传统唱腔和舞蹈动作也被大量引进。

（4）歌筹①

歌筹是一种由艺伎表演的曲艺形式，源自古代越南宫廷的室内乐，后来逐渐演变成由受过专门训练的歌伎为有权有钱的男客人表演，这些男宾通常是欣赏这种艺术的文人、士大夫或朝廷官员。其形式是一人主唱，并有琴、拍板、小鼓伴奏，内容则是用"汉越语"来歌唱唐宋诗赋。因其主唱者称"陶娘"（Đào Nương）或"桃娘"，故也叫"陶娘歌"；其传统的点歌、评歌方式是投签方式，故又名"歌筹"。

许多迹象表明，歌筹有中国渊源。唐代歌伎唱小曲，往往以筹著为点歌记令的工具。从筹歌、伎歌的资料看，歌筹源自唐代，于中唐前后传入安南。越南汉喃研究院现存有 37 种歌筹典籍，其内容主要是记录歌筹的歌调和曲词，例如常见曲词有《前后赤壁》、《长恨歌》、《滕王阁序》、《琵琶行》、《进酒曲》（李白《将进酒》）、《刘阮入天台》、《织锦回文》、《红红雪雪》等。

20 世纪，歌筹一度被越南当局误定为卖淫活动的一种，遭到打击，到近年人们才逐渐重新认识这是一种重要的艺术。2005 年以来，歌筹被联合国教科文组织选入人类非物质文化遗产代表作名录。

（5）水上木偶

水上木偶戏是越南独具特色的艺术。

木偶戏是世界上许多国家的传统艺术表演形式。精彩的木偶戏，不仅

---

① 越语为 Ca trù。

儿童们为之着迷，连成年人也几乎抵挡不住它异乎寻常的吸引力。所不同的是，越南水上木偶戏是在水上表演。在水上竖起帷幕，演员们在幕后操纵木偶在水上游动表演。越南北部平原各省河网密布，人们在生产、生活中天天与水打交道，这就为水上木偶戏的广泛流传创造了良好的条件。

据越南史书记载，前黎朝时期（980—1009 年）就有水上木偶戏。黎朝皇帝寿辰之时，朝廷派人在河上安置假山，水上有飞禽走兽活动，有仙女翩翩起舞，还有艺人奏乐演唱。史书还记载了每年 8 月在红河上演出木偶戏的盛况：有金龟游于河上，四足摆动往前游，仰首观岸上，目光炯炯。现有越南北方一些地方还有专门用于观看水上木偶戏的水榭。

水上木偶戏把演员娴熟精湛的表演，同音乐及灯光、烟花、火炬等舞台效果巧妙地结合起来，给宁静的乡村夜晚带来热闹与欢笑。特别是在春秋两季，水上木偶戏又常常为民间举办的各种庙会增添欢乐气氛和绚丽色彩。

水上木偶戏的内容丰富多彩。从农民耕耘、灌溉、放牛、除草、收获，到渔民撒网捕鱼、垂钓；从樵夫砍树、挑柴，到摔跤、击剑、赛马等民间竞技活动，都在水上木偶戏中得到了生动逼真的反映。越南研究人员从 30 个专业木偶剧团中，已搜集到了 200 多个水上木偶戏节目。

2. 建筑艺术

建筑是凝固的音乐。越南的建筑艺术融合和凝固了多种文化，即越南传统文化、中国文化、以占婆为代表的印度文化以及以法国为代表的西方文化。越南历史上曾产生过重要的建筑家，如中国明朝时，安南著名建筑家阮安到内地参加北京城池宫殿等工程设计，至今仍然传为佳话。

（1）越南传统建筑艺术

越南农村的传统建筑一般用木板或竹编篾席作墙，用粗长的竹竿做梁柱，用稻草、茅草、棕叶等盖顶。通常都建三间，中为正房，两厢是卧室。庭院布局一般都是屋前栽槟榔树，屋后一个小小池塘，可种空心菜，庭院周围则是翠竹环绕（南方则为椰林环绕）。村中有称为"祠堂"、"寺庙"、"土地庙"等的村庙。

（2）中国式建筑艺术

越南古代的建筑艺术带有很深的中国建筑艺术的烙印。至今人们在越南仍能见到许多古代中国式建筑群，比较著名的有：古螺城，位于河内东英郡境内，公元 864 年，唐朝将军高骈建筑，城墙为呈螺旋上升的蜗牛壳状；文庙，这是仿照中国曲阜孔庙的建筑，但只有曲阜孔庙的一半大。建筑群由正中道路一分为二，是中国式的对称建筑。此外，外墙、魁文阁、文湖、文池等都是中国式的；独柱寺，为中国式的亭阁风格；皇城，顺化古都，模仿中国故宫风格建筑，1822 年竣工。

（3）受印度文化影响的占族建筑艺术

占族由于受印度文化影响很深，其建筑艺术也带有印度文化的烙印。占族所代表的印度文化建筑可见于越南中部的许多楼阁和多层古庙，其中著名的有广南的美山寺、同阳庙，芽庄的那阿神寺，宁顺的罗摩神庙。越南中部和西原，特别是芽庄附近还有占族古塔，非常壮观，建筑物上的浮雕生动、丰富。胡志明市长定街上的印度教寺庙也是占族的古建筑。

（4）法国式建筑

由于曾为近百年法国的殖民地，因此越南建筑受法国建筑风格影响很大。这种风格特点归纳起来大致是：米黄色，挂绿色百叶窗，红瓦顶，有游廊的砖石小楼，一般立于林荫大道旁，也有建于避暑胜地的别墅。尽管胡志明市被称为"东方巴黎"，但河内的法式建筑更多。如当年法国人设在河内的总督府，现在成为越南国家的主席府，仍在使用。河内、海防、胡志明市等地的歌剧院、天主教堂几乎都是法式建筑。

五　教育与通信

相对于部分东南亚国家和自身的经济发展水平，越南的教育与通信等处于较好的发展程度。

（一）教育

越南很重视教育，目前已形成包括幼儿教育、初等教育、中等教育、高等教育、师范教育、职业教育及成人教育在内的教育体系。普通教育学制为 12 年，分为三个阶段：第一阶段为 5 年小学，第二阶段为 4 年初中，第三阶段为 3 年高中。同时，在高中教育阶段还有中等职业教育。大学教育，包括 3 年制的大专（越南称为高等教育）和 4 年至 6 年制的大学；大学后教育，分为两个等级：硕士研究生和博士研究生。1991 年国会通过《普及小学（5 年）义务教育法》，到 2000 年越南宣布已完成扫盲和普及小学教育义务。2001 年开始普及 9 年义务教育。2005 年教育经费占国家财政总支出的 18%[1]。著名高校有河内国家大学、百科大学、胡志明市国家大学等。

1. 各级教育发展基本情况

2011—2012 学年，幼儿园 1.3 万所，在园幼儿 332 万人，教师 17 万人。越南有各类中小学校 28803 所，其中小学 15337 所，初中 10243 所，高中 2350 所，小学初中一体学校 554 所，完全中学 319 所。中小学教师共 828100 人，其中小学教师 366000 人，初中教师 312000 人，高中教师 150100 人。中小学在校学生共 1478 万人，其中小学生 710 万人，初中生 493 万人，高中生 275 万人。

2011 年各类中等专业教育学校 294 所，其中公立 197 所，非公立 97 所。中专教师 19900 人，在校生 618900 人，毕业生 216000 人。高等院校 419 所，在校生 220 万人，毕业生 40 万人，教师 8.4 万人；其中公立的高等院校 337 所，在校生 187 万人，毕业生 33 万人，教师 7 万人；非公立高等院校 82 所，在校生 33 万人，毕业生 6 万人，教师 1.4 万人。[2] 2000 年，越南完成了扫盲和普及小学教育的国家指标和国际指标。识字达到小学三年级以上水平的人口比例从 88%（1988 年）增长到 94%；超过 90% 的 14 岁儿童小学毕业。全国各省、直辖市的 614 个市、郡、县中有 569 个，10376 个乡坊镇中有 10141 个达到了扫盲和普及小学教育的国家标准。越南正在大力普及初中教育，2005 年有 31 个省和直辖市初中普及达标。越南的高等教育主要集中于首都河内和南部的胡志明市，2011 年河内高校有教师 22652 人，胡志明市 19202 人，分别占全国的 26.9%、22.8%；两市分别有高校学生 62 万人、43 万人，分别占全国的 33.1%、22.9%。

2. 师资队伍状况

越南教育系统大部分的小学、中学、中专、大专院校的教师达到了《教育法》中规定的标准。2010 年，在中等专业教育学校 18085 名教师中，有博士、硕士学位的共 4375 人，有大学文化程度的 12892 人，其他程度的 818 人。2011 年普通高等院校 84181 名教师中，有博士、硕士学

---

① 越南共产党：《第十次全国代表大会文件》，越文，河内，国家政治出版社 2006 年版，第 154 页。

② 越南国家统计总局：2011 年《越南统计年鉴》，越文，河内，越南国家统计出版社 2012 年出版。

位的 45521 人，有大学文化程度的 37749 人，其他文化程度为 911 人①。从整体看，越南各类学校的教师队伍和教育质量比较稳定。

（二）新闻出版

越南很重视宣传媒体、新闻出版的发展。2012 年，越南电话用户达到 1.48 亿用户，其中移动用户占 93%，使用网络用户达到 3120 万，世界排名第 18 位。根据联合国发布的《电子政务准备报告》，越南电子政务发展指数从 2010 年的第 90 位上升到 2012 年的第 83 位，在东南亚地区排在第 4 位。②

按照越南《新闻出版法》规定，报刊由国家控制。到 2007 年年初，越南中央及地方新闻媒体共 687 家③，作为一个中等规模的发展中国家，这是一个不小的数量。主要出版社有政治出版社、文化出版社、文学出版社、科技出版社、教育出版社、社会科学出版社和世界出版社等。

截至 2007 年年初，越南各种定期出版物近 800 种，年发行量数亿册。报社 172 家，其中中央 71 家，地方 101 家；448 种杂志，其中中央 352 种，地方 96 种；电子报 5 种，105 家媒体设有电子网页。④ 主要报刊有：越共中央机关报《人民报》，1951 年创刊，在国外设有 3 个分支机构，1998 年 5 月开设电子版；越南人民军总政治局机关报《人民军队报》；祖国阵线中央机关报《大团结报》；越共胡志明市市委机关报《西贡解放报》⑤；越共中央政治理论刊物《共产主义》月刊，1956 年创刊，2001 年设电子版；越南人民军理论刊物《全民国防》月刊。2011 年越南出版各种图书 27542 种，共 293.7 万册⑥。

国家通讯社越南通讯社，1945 年创立，在全国各省市均设有分社，

---

①　越南国家统计总局：2011 年《越南统计年鉴》，越文，河内，越南国家统计出版社 2012 年出版。

②　舒全智：《交通通讯》，载古小松主编《越南报告：2012—2013》，世界知识出版社 2013 年版。

③　黎允合（越共中央委员、越南文化通信部部长）：《当前改革中的报刊管理》，越文，载越南 2007 年 6 月号《共产主义》杂志第 36 页。

④　同上。

⑤　越南《西贡解放报》同时出越文和中文版，也是越南唯一的一份中文报纸。

⑥　越南国家统计总局：2011 年《越南统计年鉴》，越文，河内，越南国家统计出版社 2012 年出版。

驻外分社有 16 个，1998 年 8 月开设互联网网站（越、英、法、西班牙文）。

越南到 2007 年年初有电台电视台共 67 家，其中中央 2 家，地方 65 家[1]。国家广播电台"越南之声"广播电台，成立于 1954 年，有四套对内节目，用越南语及多种少数民族语言播音，对外广播用中国普通话、广东话、俄语、英语、法语、西班牙语、日语、泰语、老挝语、柬埔寨语、印度尼西亚语、马来语等。越南中央电视台成立于 1971 年，可同时播送四套节目。

六 越南文化的特点

上述可见，越南文化深刻承传了华夏文化，同时也吸收了一些来自印度和西方的文化因素，但是越南强调自己的民族文化特色。

（一）深刻承传了华夏文化

越南文化与华夏文化有着根深蒂固的渊源关系，"剪不断，理还乱"。由于同属一个地理单元，即岭南，包括中国的广东、广西、海南，历史上赵佗还曾经在这里建立过南越国，所以越南文化也有一些岭南的特色，如这一地区的居民爱吃米粉就是很重要的一个例子。

即使到了 21 世纪的今天，无论在心态层面，还是制度习惯层面，或是物态层面，中越文化是如此的相同、相似或相近。为什么越南文化与中国文化关系如此密切呢？主要是人种关系的缘故。东南亚一带有很多华人，甚至有很多土生华人。我们将越南人与东南亚的土生华人作一比较，就会明白个中缘由。

学者们把东南亚华人分为土生华人和"新客"。20 世纪初以前移居东南亚的华人繁衍的后裔一般称为土生华人，后来的新移民则为"新客"。土生华人在东南亚各国的叫法不同，新加坡和马来西亚称土生华人的男性为峇峇，女性为娘惹，印度尼西亚则叫 Peranakan[2]，菲律宾叫米斯蒂佐人

---

① 黎允合（越共中央委员、越南文化通信部部长）：《当前改革中的报刊管理》，越文，载越南 2007 年 6 月号《共产主义》杂志第 36 页。

② 意为土生。

（Mestizos）①，泰国叫洛真。东南亚土生华人通常有如下特征：一是混血，即中国移民与当地土著融合。早期移居的华人一般是中国男子为多，他们娶一当地土著女子为妻，生儿育女，繁衍后代。二是保留华人的宗教信仰和传统习俗，尤其是祖先崇拜，过春节等。三是讲受华语影响很大的当地语言。如岜岜马来语含有大量的华语借词，而且这些借词相当部分是移出祖籍地的方言。四是保留华人的姓氏，有一个中文姓名。五是在民族认同上仍然认为自己是华人。不过，一般土生华人都已把出生地当作祖国和家乡，中国对于他们来说，只是其祖辈曾经生活过的地方，非常陌生和遥远。

远离中国的马来西亚、印度尼西亚、菲律宾等东南亚国家有如此多的土生华人，那么，与中国山水相连的越南有没有土生华人？其实，越南的主体民族京族与马、印、菲、泰等地的土生华人的实质是一样的。从上述情况看，对照东南亚土生华人的若干特征，越南京族的状况有过之而无不及。第一，中国人从秦汉开始就已大量移居安南，与当地的世居族群融合，这要比其他东南亚国家早得多。第二，越南京族保留的中国传统宗教信仰和风俗习惯，比其他东南亚土生华人只有多不会少。越南人不但过春节，贴春联，而且结婚一定要贴大红汉字"囍"。第三，越南语里有70%的词汇是借汉词，这比其他任何东南亚国家的土生华人使用的语言所含的华语借词比例都高得多。第四，越南人使用姓名与中国人几乎一样，越南的大姓是"阮"、"陈"、"黎"、"李"、"刘"等，这些在中国也是常见的姓。只是有一点，在族称认同上，越南主体民族京族不认为自己是华人。尽管如前所言，越南京族汉化程度要远远高于其他的东南亚国家的土生华人，甚至有一些越南人也干脆就自认是汉族，不过，考虑到越南毕竟是一个独立的国家，在族称认同上，其自身的意见值得尊重。

（二）吸收印度、西方文化

越南处在中西文化、中印文化交会的前沿。19世纪以前，今越南中部曾经存在一个历史悠久的国家——占婆。古代占婆国深受婆罗门教等印度文化的熏陶，至今在广南—岘港一带还留有深刻婆罗门文化的美山塔群。18世纪以前，今越南南部湄公河三角洲一带是属于柬埔寨的古水真

---

① 据载，19世纪中叶，菲律宾的米斯蒂佐人就已达到20多万人。

腊。真腊国也是一个受印度文化影响很大的国家。今日这一地区仍有不少高棉人和信奉上座部佛教的信众。可见，越南的中部以南历史上曾受印度文化的影响。

19 世纪法国人到来之后，越南开始接受西方文化的影响。法国人 20 世纪 50 年代离开越南后，一直到 20 世纪 70 年代中期，越南南部还接受了来自美国等西方国家文化的影响。西方文化的影响至今仍明显地体现在越南的语言、饮食、建筑等方面，如越南人把使用了两千多年的汉字改成了拼音文字，日常也会食用面包、喝啤酒和咖啡，南北建造了不少的哥特式的西洋建筑，等等。

不过，相比较而言，无论是印度文化还是西方文化对越南文化的影响都还是表层的东西为多。而华夏文化对于越南来说，不能简单用影响来表达，由于它是通过族群承传的，它已经深入越南人的血液和基因之中，再也不可能分清楚哪些是汉文化，哪些是越南文化。

（三）越南强调民族文化特色

由于京族是华夏族群与当地的世居民族融合而成，所以越南文化仍然是以东方文化为主体，越南文化的根与中国文化紧紧相连。不过，我们也要看到，虽然从秦汉到唐末宋初，安南曾在中国版图内一千多年，但公元 968 年越南独立建国了，尽管仍然是中国的藩属国，一直到西方列强入侵以前，后来法国人在越南建立殖民统治近百年，20 世纪 50 年代越南人最后把法国人赶走了，再后来超级大国美国涉足越南，最后于 70 年代美国人也被赶走了。

可见，越南具有强烈的民族独立意识，越南人民的领袖胡志明曾经说过"没有什么比独立自由更可贵的"。如果从文化角度看，顽强独立自主就是越南民族的重要精神，是越南文化的重要特色。

在当今全球日益一体化的背景下，越南仍然强调其文化的民族本色。

第十章　新加坡文化

新加坡共和国位于亚洲东南部的马来半岛南端，地处北纬 1°09′—1°29′、东经 103°36′—104°25′，由新加坡岛和 63 个小岛组成。新加坡岛东西宽 42 公里，南北长 22.5 公里，陆地国土面积 714.3 平方公里（2011年）。北隔柔佛海峡与马来西亚为邻，南隔新加坡海峡与印度尼西亚的苏门答腊相对。新加坡扼守太平洋与印度洋之间的航运重要通道——马六甲海峡的出入口，是世界海洋交通要道，同时也是亚洲、欧洲和太平洋的重要航空中心，地理位置十分重要。新加坡离赤道仅 136.8 公里，属热带海洋性气候，常年高温潮湿多雨。年平均气温 24℃—27℃，日平均气温 26.8℃，年平均降水量 2344 毫米，年平均湿度 84.3%。新加坡市容整洁美观，到处树木葱茏，浓荫密布，绿草如茵，百花娇艳，香飘四季，被誉为"世界花园城市"。

一　文化基础、背景和传承

（一）族群

新加坡是一个多种族的国家。居民的人种源流复杂，有亚洲、欧洲等五大洲源流，所以被称为"世界人种博览馆"，但该国主要居民由中国血统、马来血统和印度血统的人所组成。在 1998 年的近 320 万新加坡居民中，华人占 77.2%，马来人占 14.1%，印度人占 7.4%，其他民族人口占 1.3%，其中包括阿拉伯人、苏格兰人、荷兰人、阿富汗人、菲律宾人、缅甸人以及欧亚混血人的后裔。2010 年新加坡人口 507.6 万，本国公民和永久居民 377.1 万。

新加坡是东盟国家中唯一以华族为主体的多元民族国家。华侨华人中多数来自福建与广东，其余来自上海、浙江、海南、江西、广西等地。

（二）历史

新加坡古称单马锡，8 世纪建国，属印度尼西亚室利佛逝王朝。10 世纪前后已成为繁荣的港口。18—19 世纪是马来西亚柔佛王国的一部分。1826 年沦为英国的殖民地，英国一直把新加坡作为远东转口贸易的重要商埠和东南亚的主要军事基地。第二次世界大战期间，新加坡被日本占领。1945 年日本投降后，英国恢复其在新加坡的殖民统治。随后新加坡人民展开各种形式的斗争，迫使英国殖民当局改变对新加坡的统治方式。1959 年 6 月新加坡成立自治邦，实行内部自治，李光耀任总理，英国保留国防、外交权力。1963 年，新加坡同马来亚、沙捞越和沙巴组成马来西亚联邦，1965 年 8 月 9 日退出联邦，成立新加坡共和国。

（三）政治

新加坡实行议会共和制。宪法规定，总统为国家元首，由国会选举产生，1993 年起总统由民选产生。现任总统陈庆炎（Tony Tan），2011 年 9 月 1 日就任，任期 6 年。

新加坡的国会是一院制。新加坡实行立法、行政、司法三权分立。立法机构由议会和总统组成。内阁是新加坡行政权力的执行机构，由总理、副总理、各部部长组成，总统委任国会中多数党领袖做总理。根据总理提名，总统任命内阁部长、最高法院院长、法官、总检察长。总理、部长都必须是国会议员。

新加坡人民行动党从 1959 年 6 月起连续执政至今。人民行动党所显示出来的绝对政治优势，使新加坡政局继续保持稳定，为经济的迅速发展创造了条件。新加坡政府机构精干，从政人员廉洁奉公。

（四）经济

新加坡于 1824 年沦为英国的殖民地，经济畸形发展，工业十分落后，1959 年获得自治时，制造业在国内生产总值中所占的比重只有 8.6%，而转口贸易及与之相关联的经济部门却占 80% 以上的比重，是典型的单一殖民地经济结构。1965 年 8 月新加坡共和国成立时，面临着贸易衰退，失业队伍庞大，原料缺乏和国内市场狭小等困难。为此，新加坡政府审时度势，采取了走"工业化道路"的正确经济发展路线。经过 30 多年的发展，新加坡经济取得了举世瞩目的成就，形成了以制造业、贸易、交通、金融、建筑为支柱的多元化经济结构，成为亚太地区的重要国际贸易中心、国际金融中心和国际航运中心，世界电子产品重要制造中心和第三大炼油中心。1965—2000 年，新加坡经济增长率平均达到 8.69%，国内生产总值（GDP）增长了 54 倍。20 世纪 70 年代末，在东南亚各国中率先进入"新兴工业化国家"的行列。

新加坡农业在国民经济中所占比例不到 1%。工业主要包括制造业和建筑业，2011 年产值为 924.4 亿新元，占国内生产总值的 25.1%。制造业产品主要包括电子产品、化工产品、机械设备、交通设备、石油产品等。服务业包括零售与批发贸易、饭店旅游、交通与电信、金融服务、商业服务等，是新加坡经济增长的龙头产业，2011 年产值为 1564.4 亿新元，占国内生产总值的 57.6%。旅游业是新加坡外汇主要来源之一。2010 年新加坡接待外国游客 1317.1 万人次。对外贸易是新加坡国民经济的重要支柱，外贸额是其国内生产总值的近 3 倍，2011 年外贸总额高达4320 亿新元。主要出口电子真空管、数据处理机、加工石油产品和电讯设备等，进口电子真空管、办公及数据处理机零件、原油、加工石油产品等。

二　多元和谐

（一）实行多元一体化的种族政策，各族文化和谐共处

新加坡是一个多民族、多语言、多宗教的国家。长期以来，新加坡政府把促进种族和谐作为政府工作的一个重要内容和基本目标。新加坡政府将每年的 7 月 21 日定为种族和谐日，并于 1988 年 1 月通过了《多元种族会议案》，正式倡导建立一个多元种族、多元文化和多元宗教的社会，并以之作为公平与稳定的基础，即实行多元一体化的种族政策，以维护种族的和谐。为了实现种族和谐，新加坡政府在教育、住房、政治、经济上做了不懈的努力。

新加坡政府首先通过双语教育政策来实现文化整合。为培养新加坡人的国民意识，消除民族分歧，促进民族之间的交流、团结与和谐，新加坡实行母语加英语的双语政策。各民族除了学习和使用本民族的语言外，还以英语为民族共同语言，"推行共同的语言，培养共同的感情"。这样既

尊重各民族语言的历史渊源，有利于保留本民族传统文化，又能为引进外国资本创造良好的语言环境，激励各民族共同学习和掌握西方的先进技术。

在政治上保证各民族一律平等，不给任何种族以特权，并实行"集体选区"制，使少数民族在国会中有足够的代表以反映和维护他们的利益。在人事政策上，新加坡政府在录用公务员的时候是根据各种族间的人口比例确定录取比例。

在经济上，打破职业的种族界限，增加就业机会，实行公平分配，大力发展生产力，为各民族提供均等的参与经济建设和享受经济成果的机会。

新加坡政府还通过种族混居政策来实现文化整合。独立之初的新加坡，房屋紧缺，亟待政府解决。人民行动党政府把"居者有其屋"作为一个极其重要的执政目标，持之以恒地开展"组屋"建设。到1996年，建屋发展局已实施6个"住宅建设5年计划"，使86%的居民有了自己的房屋。在房屋分配方法上，政府明确规定了种族配额，使不同文化族群居住在一起，以改善各族人民之间的关系，促使他们相互了解，以便于文化融合。

在文化上，努力培养新加坡各族人民的文化认同。政府鼓励向新的、统一的民族文化演变，同时也实行多元文化政策，保留、保护和发扬各民族的传统文化，尊重各种族的文化与习俗，认为每一个种族、每一种文化都有自己的长处与不足，可以共同存在，相互学习，相互融合，保证了种族和睦、社会和谐和国家安定。

新加坡政府正视和承认多元种族的存在，给每一种族以平等的地位，但又强调多元统一于"新加坡民族"，重视培养国民的国家意识和国家认同感。1965年新加坡独立，新加坡政府于1982年和1988年两次开展国家意识讨论，并从1988年起每年开展"国民意识周"活动，培养人们的爱国情感，增强国家意识。1990年新加坡的国庆口号是："一个国家，一个民族，一个新加坡。"1991年1月，新加坡发表了《共同价值观白皮书》，"共同价值观"的提出是新加坡民族融合过程的最重要的成果。

新加坡和谐的种族政策取得了明显的效果，各族群普遍树立了国家意识和国家认同感，各民族之间相互宽容，自独立以来没有发生过民族冲突，各族文化和谐共处，团结和融合已成为风尚。在新加坡学者的调查中，不论华人、马来人或印度人都认为自己是新加坡人。1969年和1989

年的两次抽样调查表明，新加坡人在各民族和谐共处问题上取得越来越多的共识，在这 20 年中，华人拥有马来人朋友的人从 42% 增加到 57%，华人拥有印度人朋友的人从 60% 增加到 67%；马来人拥有华人朋友的人从 85% 增加到 92%；印度人拥有华人朋友的人从 42% 增加到 60%；马来人拥有印度人朋友的人从 72% 增加到 93%；印度人拥有马来人朋友的人虽从 91% 下降到 90%，但比率仍非常高。正因为如此，新加坡才有了长期赢得经济繁荣的社会基础。

（二）多元宗教

新加坡是一个移民国家，汇集了世界上各种宗教，从三大宗教到一些几乎绝迹了的小宗教都可以在这里找到踪迹。除拥有佛教、道教、基督教、伊斯兰教、印度教、耆那教、锡克教等各大教派外，新加坡还拥有最古老的犹太教、拜火教，也拥有最年轻的天理教、答亥教以及华族所新创的"儒、佛、道"三教合一和"儒、道、释、耶、回"五教合一的宗教。众多的宗教使得新加坡人宗教信仰多元化。在新加坡 15 岁以上的 249 万人中，共有 207 万人即 83.1% 的人口信仰佛教、道教、伊斯兰教、基督教、天主教、印度教、锡克教，其中，佛教信徒 106 万，占总数的 42.6%；基督教、天主教信徒 36 万，占总数的 14.6%；穆斯林 37 万，占总数的 14.9%；道教信徒 21 万，占总数的 8.4%；印度信徒 9 万多人，占总数的 4%；其他宗教信徒 1 万多人，占总数的 0.6%；无宗教信仰者 37 万人，占总数的 14.9%。

新加坡实行多元宗教政策，其主要内容包括：信仰自由，每个公民都可以自由地选择自己所信仰的宗教；鼓励人民信仰宗教，鼓励宗教组织和信徒在教育、文化和社会福利方面发挥积极作用，为社会和人民造福；促进与实现各种宗教之间的和谐、容忍与节制；坚决反对宗教干涉和介入政治，实现宗教与政治的严格分离。2003 年 7 月 20 日，新加坡政府发表了《宗教和谐声明》，确认宗教和谐是维护新加坡多元种族、多元宗教社会之和平、进步与繁荣的要素，必须通过相互容忍、信任、尊重与了解来强化宗教和谐。《宗教和谐声明》的制定与实行，进一步促进了新加坡的宗教和谐相处，自 1965 年独立以来，新加坡基本上没有宗教冲突，各宗教组织和团体之间互相尊重，和睦相处，多元宗教成为一种促进国家团结的力量。

佛教是新加坡的第一大宗教，佛教徒约占该国人口的 33%，其中绝大部分是华人。1980—1990 年间，佛教徒由 111 万人增至 122 万人。佛教在新加坡历史上的影响较为深远，在现代社会中也发挥着不可忽视的作用。

早在19世纪初叶，中国福建、广东一带的移民就把佛教带进新加坡了，在1820年前后，第一批佛教庙宇被建立起来。据记载，恒山亭是当时最有名的佛教庙宇，那时已有不少人定期前去朝拜。1838年各方言帮的领袖筹措建立了天福宫，它很快成为整个华人社会宗教活动的中心。它的这个地位一直保持到19世纪末期。

1898年福建和广东的著名和尚贤慧、会辉和转道等人组织兴建了新加坡佛教首刹莲山双林禅寺。1903年，爱尔兰和尚达摩卢迦创建了第一个佛教组织——新加坡佛教传教会。1926年，中国另一位和尚太虚大师带弟子，北京佛教青年会的张宗载、宁达蕴二人到新加坡，他们除了演讲佛法，还编印出版了佛教杂志《觉华》。1928年，在太虚大师的倡导下，新加坡成立了中华佛教会。

20世纪60年代以来，佛教上层特别加强了在青年中的"弘法"活动，开展了"新加坡佛教青年运动"，创办各种佛教星期学校，编写各种佛教教材，组织了"新加坡佛教青年研究会"。同时，还在大专院校建立佛教组织（如新加坡国立大学佛教会、义安工艺学院佛教会等），鼓励青年从事佛学研究。

新加坡的佛教组织很多，主要有：（1）新加坡佛教僧伽联合会，1966年成立，是联合各族僧伽的组织；（2）中华佛教会，1928年由太虚法师创办，是20世纪三四十年代新加坡佛教徒的领导中心，90年代仍有一定影响；（3）新加坡中华佛教总会，成立于1949年，此后逐渐取代了中华佛教会的领导地位，成为新加佛教徒的领导中心，90年代初有130多个团体会员；（4）佛教居士林，由转道和尚、李俊承、邱菽园等居士于1934年创立，是闽派的居士组织，历届林长由富商担任。设有修持、妇女、青年等部。由佛教组织或佛教徒创办的学校主要有灵山峰菩提学院、女子佛学院、弥陀学校等。

道教是中国的本土宗教。随着华人的到来，道教很早就传入新加坡。道教是多主神崇拜，而且崇拜对象有很强的地域性。中国东南沿海的福建、广东、海南的居民及其对外移民崇拜"妈祖"；不少道观中佛、道、儒诸神同堂供奉，新加坡的道教组织有新加坡道教总会、新加坡三清道教会、新加坡茅山德学道教会，旺相堂三教老祖师新加坡道教会。新加坡道教总会与中国大陆的道教界交流较多。

基督教是 1819 年新加坡开埠时传入的，20 世纪 80 年代以来在新加坡传播很快，尤其是在受过较高的教育、经济收入较好的年轻人中更易被接受。1931 年，基督徒只占新加坡总人口的 2%—3%，1980 年增加到 9.9%，1990 年则为 13%。根据 1990 年的一项统计，约有 40.6% 的华人青年大学生是基督徒。根据 2000 年人口普查资料，新加坡人的宗教信仰十多年来有了相当明显的改变，佛教与基督教已经成为本地华人信仰的主要宗教。圣安德烈教堂和亚美尼亚大教堂是新加坡著名的基督教教堂。基督教重视教育，已开办了 7 所教育学院，有学生 1.8 万人。主要基督教组织有实得力华人教会、中华基督教会、基督教青年会和女青年会等。

（三）鼓励多元文化，打造地区文化中心

新加坡是个多元民族社会，马来文化、中华文化、印度文化、阿拉伯文化、土著文化等文化的共存构成了新加坡文化的多元特征。正如新加坡《联合早报》总编辑林任君先生所言："新加坡是世界的一个缩影。移民是我们的历史，世界各个民族与各种文化是我们的共同财产。由于新加坡是个多元种族社会，又处于不同文化潮流的要冲，我们有幸继承了世界四大文明——中国文明、马来伊斯兰教文明、印度文明和西方文明。然而，这些文明在新加坡小岛范围内的相互影响并没有导致冲突，也没有破坏我们国家的团结，相反却产生了美好的成果。"

新加坡政府鼓励多元文化发展。新加坡的公共假日设置也体现该国的多元文化特色。新加坡每年有 11 天法定节假日，除元旦、国际劳动节和国庆节外，其余 8 天都是民族和宗教节日，其中包括华人新年（同中国春节）、佛教的佛诞日、伊斯兰教的开斋节和哈芝节（宰牲节）、基督教的复活节和圣诞节，以及印度教的排灯节等。其他的节日如华人重要的中秋节，虽然不是公共假日，也会隆重庆祝。新加坡政府注意保存和发扬民族文化，支持不同族群的各种文化活动。新加坡的唐人街牛车水每年春节和中秋节都要举行一系列庆祝活动，其中亮灯仪式一般会有新加坡总理等官员出席。在滨海湾河畔，每年春节都举行"春到河畔"迎新春活动。在十多天的活动中，每天有歌舞、杂技或戏曲等文艺表演、传统手工艺品展示以及小吃品尝和游戏等。在印度人聚居地"小印度"，每年则会举办屠妖节、蹈火节庆祝活动。

除了各个族群的节庆活动，新加坡政府和基层组织也举办一些富有特色的多元文化活动，如已办了39年的新春"妆艺大游行"，已经演变为不同族群和海内外人士都参加的国际嘉年华会。"妆艺大游行"是由人民协会主办的大型多元文化街头巡游活动，阵容包括不同文化特色、蔚为壮观的方阵和花车，有不同民族的传统舞蹈和民俗表演。

新加坡政府分阶段实施文化艺术事业发展规划，将新加坡打造成地区的文化中心。

20世纪80年代末，新加坡政府把文化艺术建设提上国家发展的议程，1989年，新加坡文化艺术咨询理事会提交了《国家艺术发展报告书》，指出文化艺术的重要性。自1989年起，新加坡文化艺术主管部门——新闻、通信及艺术部开始制定分阶段的文化艺术事业发展规划。同年，成立文化艺术顾问委员会，负责评估文化艺术政策并提出规划建议。隶属于新闻、通信及艺术部的文化类机构和部门主要有：媒体发展局、新加坡电影委员会、国家遗产局、新加坡国家档案馆、新加坡国家博物馆、新加坡国家美术馆、国家艺术理事会、新加坡艺术学院、新加坡国家图书馆管理局。从2000年起，新加坡推出分阶段的"文艺复兴城市计划"，核心内容是要把新加坡打造成为地区的文化、设计和传媒中心，以适应国家在21世纪由工业经济向知识经济转变的文化艺术需求。其间，政府资助一批文化艺术公司，实施一系列推广计划，组织各种文化节。2005年，新加坡开始实施"文艺复兴城市计划二"，增加资助金额，重点放在政府和企业界合作，将文化艺术作为新加坡在国际上进行整体形象推广的重要组成部分，在伦敦举办新加坡文化节，从2006年开办艺术展——新加坡双年展。新加坡政府目前正在实施的是从2010年开始的"文艺复兴城市计划三"，为期5年，主要目标是以宜居的城市环境吸引各国人才到新加坡，同时提升自身人口的文化艺术素养，培育良好的文化艺术氛围，使新加坡成为一个国际化的文化艺术城市。2012年1月31日，新加坡艺术与文化策略检讨指导委员会向政府提呈了共有105项建议的艺术与文化策略检讨报告书，提出在2025年实现"有文化素养、文明儒雅的人民，对自身文化如数家珍，对新加坡的身份认同感到自豪"的愿景。

新加坡政府鼓励非政府的文化团体与文化组织、社区积极参与举办各种文化艺术活动，以增强国民认同感。新加坡政府通过税收优惠等措施，鼓励私人机构资助文化艺术活动。新加坡非政府的文化团体与文化组织包括新加坡作家协会、新加坡雕塑协会等。新加坡作家协会是新加坡的全国性文学团体，积极致力于新加坡的华文文学活动，协助华文报社和热心文艺的华人团体举办各类相关的华文文化活动。新加坡雕塑协会是一个非营利性组织，成立于 2001 年，有超过 40 个会员，多为新加坡知名雕塑家或雕塑界的希望之星，他们的很多作品在新加坡和海外展出。

经过 20 多年的努力，新加坡的文化艺术事业已经卓有成就。到 2007 年，新加坡每 3 个人中就有一个人在一年内至少参加过一次文化艺术活动，而 1996 年这一比例仅为十分之一。在硬件方面，博物馆、美术馆、剧院、剧场、音乐厅等文化设施林立，包括滨海艺术中心、新加坡美术馆、亚洲文明博物馆和国家图书馆等；在软件方面，由国内外艺术团体呈现的各种艺术活动，如画展、华乐、交响乐、戏曲、戏剧、芭蕾舞等，逐年增加，表演形式丰富多样。

根据新加坡新闻、通信及艺术部的资料，2009 年新加坡文化艺术产业的营业收入为 45 亿美元，创造附加值 10 亿美元，其中视觉艺术贡献 40% 多，表演艺术占 20%，书籍出版销售占 30%，其余为博物馆等的贡献。文化艺术产业提供了 2.48 万个就业岗位，其中视觉艺术、表演艺术和出版业各占三分之一，另有 1000 多人服务于博物馆等文化机构。

三　尊崇儒学与东西合璧

（一）儒家文化在新加坡

新加坡有一些人把儒学称为孔教，把孔子视为圣人，并设孔庙来纪念。在里巴巴利路设有孔教会，每逢孔子诞辰，那些敬仰孔子的华人便前来这里纪念他。其实儒家文化是一种以人为本的内容丰富完整的思想体系。儒家思想的主要内容是"仁爱礼义忠孝廉耻"。新加坡是一个以华人为主的移民国家。华人华侨占全国人口的 76%。历史上，中国居民大量移入新加坡，他们随之带入儒家文化与价值观念及生活习俗。儒家文化不仅是他们安身立命的精神支柱，也是他们的行为准则。随着华人华侨在新加坡的立足，他们创办私塾、书院与学校，使之成为传播儒家文化的主要阵地。[①] 新加坡

---

① 唐希中、刘少华：《儒家文化与新加坡的现代化》，《湘潭师范学院学报》1997 年第 4 期。

独立后，新加坡政府大力倡导儒家文化，儒家文化深深地影响着新加坡人的观念意识、风俗习惯以及国家社会意识形态。

1. 以儒家文化塑造国民一体化意识，保持政局的稳定，推动经济发展

新加坡国土狭小，自然资源缺乏。独立之初国内形势的特点是种族矛盾、社会矛盾尖锐复杂，社会局势动荡，经济落后，人民生活贫困。为了消解影响社会稳定的隐患，统一国民思想，集中力量发展经济，使新加坡实现现代化，新加坡政府采取积极措施，大力提倡儒家文化与儒家思想，以强化对新加坡的国家认同感。

儒家文化对新加坡塑造国民一体化意识的影响非常突出。20世纪80年代初，当时的总理李光耀号召新加坡人要保持儒家传统文化，提出儒家的"仁爱礼义忠孝廉耻"是新加坡每一个人必须保持和发扬的八种美德，是新加坡必须一贯执行的"治国之纲"。1988年，副总理吴作栋提出"儒家基本价值观应升华为国家意识"，这一主张得到广泛的响应。新加坡政府逐步把儒家思想提升为"国家意识"，明确提出以儒家思想为核心的新加坡共同价值观。1991年，新加坡政府在经过国民反复讨论并经国会批准发表了"共同价值观白皮书"，推出了为新加坡国内各民族、各阶层、不同宗教信仰的民众所共同接受和认可的五大"共同价值观念"，即"国家至上，社会优先；家庭为根，社会为本；关怀扶持，同舟共济；求同存异，协商共识；种族和谐，宗教宽容"。新加坡领导人把儒家基本价值观升华为国家意识，以此作为全民的精神支柱，这种措施有利于增强国民对文化的认同感和归属感。多年来，新加坡政府始终不渝倡导并大力践行这一共同价值观，在国民的国家意识和国家认同感培养方面取得了良好的效果。"共同价值观"在新加坡得到了广泛认可，不管是华人、马来人或印度人，都认为自己是新加坡人。连新加坡青年也普遍认为"我们的国家意识强过种族意识，认同感没有问题"①。

儒家文化对新加坡现代化的成功发挥了重要作用。新加坡前总理李光耀认为，正是儒家价值观促成了新加坡乃至东亚的经济腾飞和发展。他认为，新加坡成功的一个最强有力因素，就是20世纪50—70年代那一代人的文化价值观，社会第一、个人第二，使得他们具有勤劳俭朴和履行义务

---

① 韦红：《东南亚五国民族问题研究》，民族出版社2003年版，第159页。

的美德。李光耀还认为，儒家的基本价值观有助于国家推行工业化。①

2. 儒家文化的传统价值观念对新加坡维护社会秩序，进行社会治理的影响极其深远

新加坡 1965 年独立，1970 年末已跻身新兴工业国之列，在现代化发展中，新加坡也受到了西方文化的冲击，传统亚洲价值观里的道德、义务和社会观念在过去曾支撑并引导人民，现在已逐步消失，取而代之的是西方化、个人主义和以自我为中心的人生观。西化倾向具体表现为传统的三代同堂家庭逐步解体；犯罪和吸毒现象增加，犯罪率居高不下；个人功利主义严重。为抵制西方文化中消极因素的影响，解决当时存在的一些社会问题和道德危机，新加坡在全社会发起了弘扬儒家文化的精神文明活动，新加坡政府通过宣传媒介、社会性文明教化活动等途径不失时机地宣传和普及儒家传统价值观念，以此来整合社会秩序、改善社会风气、淳化代代民风，将儒家文化的精华渗入新加坡人生活的方方面面，形成了全民族共同的信念，目的是要"创造一个新加坡人相互关怀的、照顾彼此需要的、愉快的社会环境"。

为了使儒家思想更加深入民心，新加坡在 20 世纪 80 年代学习"儒家思想的现代化"之风盛行，相关学者的集中研究触目皆是。政府有关部门还组织编写有关儒家伦理的教材，使新加坡成为世界上第一个把儒家伦理撰写为课本并在学校作为道德科目来教学的国家。新加坡出版了一批道德文明教育的通俗读物，在书店随处可见，在《道德教育文选》丛书中，收录了中国古代《劝学》《孔融让梨》《大禹治水》等多篇道德教育故事。政府的重视使传统儒家文化在青少年群体中得到普及，为全社会普遍接受其"共同价值观"奠定了思想基础。

新加坡为推广儒家伦理还在社会上开展了形式多样、内容丰富的公民道德教育活动，每年开展的全国性活动约有 20 个，其中多数是以儒家伦理作为理论依据。如影响较大的"礼貌运动"，就是根据儒家的"礼"进行的，为把新加坡建成一个"礼仪之邦"，政府要求企业对员工开设礼貌训练课程，同时把"礼"的重点放在学校上。

新加坡还重视营造具有儒家色彩的社会教育氛围，如全国 40 多个地

---

① 吕元礼：《新加坡为什么能——和谐社会是怎样建成的》，江西人民出版社 2007 年版，第 75—77 页。

铁站的月台上和 16 条地下隧道里，都张贴印有孔子语录的广告，在公园里塑造孔子像以供人瞻仰。这些都显示出了新加坡的儒家伦理教育已渗透到社会生活的各个角落，时时处处都对人们进行潜移默化的影响。

通过努力，儒家传统文化在新加坡人的生活中底蕴深厚。在人们的思想中，注重家庭、尊重长辈、克勤克俭、诚信商德等由儒家文化培育的观念、意识，仍然有较强的生命力。

值得注意的是，新加坡提倡中国传统儒家文化，并没有照搬照抄，而是在坚持、继承儒家核心价值观的同时，不断改进、创新儒家传统价值观，主要是摒弃儒家文化中的消极思想，推进儒家文化的现代化发展，形成了具有新加坡特色的儒家文化。

（二）西方文化对新加坡的影响

东西方交通要塞的地理位置、英国殖民的历史和移民社会，使新加坡受到东西方文化的双重影响，形成了自己独特的中西交融的政治文化。20 世纪中叶以后，西方文化对新加坡的影响与日俱增，从西方的政治文化如议会、政党、选举制度，到具体的文化趋向如个人主义、竞争、法制等都对新加坡社会的形成和发展产生了重要影响。

1965 年 8 月 9 日新加坡独立。为了生存和发展，新加坡建立了完备的法律制度。新加坡领导人李光耀、吴作栋、李显龙是廉洁奉公、勤政为民的楷模，也是"以法治国"理念的坚定追随者和忠实执行者。新加坡实施"以法治国"方略，最突出的特点就是两个字，一个是"严"字，一个是"公"字。"严"，更多体现了中国古代的法家思想，严肃、严格、严厉执法；"公"，更多地体现了西方社会普遍倡导的现代法治理念，即公开、公平、公正执法，法为准绳，上下统一，人人平等。良好的法治环境和安定的社会秩序，使新加坡的经济社会取得了巨大的进步，为新加坡走向成功与辉煌提供了根本保证。[①] 在语言、教育方面，1965 年后，随着出口导向工业化策略的实施，人民行动党开始采用与外国资本结盟的政策，并强调英语的重要性。因英语学校维持较高的学术标准，有较好的就业机会，家长纷纷将子女送到英语学校。英语熟练程度成为新加坡分层的中性标准。到 1969 年，所有学生在小学毕业以后基本上按其英语才能分

---

① 王群：《新加坡法治社会建设透析》，载《法治纵横》2011 年第 3 期。

流进学术、技术和职业教育。到 1975 年，所有学校，不管采用何种语言教学都要用英语教科学和数学。英语很快成为新加坡社会实际上的通用语言。[①]

经济上，数十年来，新加坡吸收利用了西方跨国公司、跨国财团的资金，而且吸收、消化了来自西方的科学技术、经济管理经验以及各种崭新的思想和价值观等，弥补自己的不足，大大加强了与世界各地的经济贸易合作和技术交流，而且更为深入地参与了国际分工和国际交流，从而促进了经济的发展。

四　语言、文学、艺术

（一）语言

由于新加坡独特的地理位置和历史的原因，自 1819 年英国宣布新加坡为自由贸易港并制定和实施大规模的移民方案以后，许多国家的人们纷纷移民来到这里就业、经商、开发或创办企业。当时的移民大部分来自中国（广东、福建、上海、浙江、海南，潮州等地）、印度尼西亚、印度、巴基斯坦、锡兰（现在的斯里兰卡）、菲律宾等。移民带来了他们各自的种族语言，致使新加坡在 19 世纪中后期就成为一个多民族、多语言的国家。据美国 *SIL International* 第 14 版（2002）的资料表明，目前在新加坡使用的语言共有 21 种之多。

新加坡宪法规定，马来语是新加坡的国语，英语、汉语、马来语和泰米尔语均为官方语言。英语是行政语言，使用最为广泛。

为培养新加坡人的国民意识，消除民族分歧，促进民族之间的交流、团结与和谐，新加坡实行母语加英语的双语政策。

（二）文学

新加坡的人口有四分之三是华人，其余是马来人、印度人等。官方语言有华文、英文、马来文和泰米尔文四种，所以新加坡有四种语言的文学作品。

---

① 陈祖洲：《从多元文化到综合文化——兼论儒家文化与新加坡经济现代化的关系》，载《南京大学学报》（哲学、人文科学、社会科学版）2004 年第 6 期。

新加坡过去是英国的殖民地，1965 年独立。它过去的文学是马来古典文学。新加坡的文学是在 20 世纪以后发展起来的。由于新加坡的大多数居民是华人，中国文学的影响比较深。1919 年 10 月新加坡新《国民日报》创刊，其副刊《新国民杂志》开始发表具有新思想和新精神的白话文章，被认为是新加坡新文学史的发端。

新加坡文学在发展过程中涌现了大量的作品，其中以小说数量最多，散文、诗歌次之。这些作品具有下列特色：

一是与当地生活紧密相连，反映了新加坡历史的变迁。如新加坡早期华文文学运动的主流是反殖民主义和反封建的现实主义文学。当时的作品多半是揭露被贩卖南来的"猪仔"的非人生活，旧式买卖婚姻的痛苦和封建社会妇女地位的低下等。例如，1925 年李西浪的长篇小说《蛮花惨果》描写作为"猪仔"的华工在婆罗洲（今加里曼丹岛）被奴役的非人生活。1927 年，张金燕在《荒岛》上发表多篇短篇小说，大多描写妇女在殖民地的半封建社会里的不幸命运。1929 年陈炼青首次提倡文学作品应有地方色彩。1934 年丘土珍发表论文《地方作家谈》，进一步强调应鼓励乡土作家的创作。他的作品《峇峇与娘惹》（1934 年）是华文文学史上的第一部带本乡本土色彩的中篇小说。作家苗秀在 20 世纪 40 年代创作的《火浪》、《年代和青春》、《小城忧悒》、《残夜行》等小说中，描写了日本法西斯统治者的残酷暴行，写出了暴政统治下人民的抗日斗争，塑造了抗日志士的英勇形象，展现了各阶层人士从心理到行动的变化。苗秀50 年代创作的《新加坡屋顶下》、《旅愁》等小说，其内容由过去的抗日时代转向二战后仍受殖民统治的新加坡下层人民的悲惨生活。散文方面，肖村的《琉琅婆》、风人的《宿骑楼的人物》、铮英的《老车夫》、林臻的《叫卖》等，都反映了 40—50 年代下层人民的辛酸生活。林高的《戏台下的老汉》描写了 70 年代新加坡经济起飞和住宅条件改善后所带来的老人被遗弃的社会问题。

二是反映了华人从"落叶归根"到"落地生根"的变化。新加坡是一个华人占多数的国家，华文文学在该国文学中占有主要地位。二战后，该国文坛出现了摆脱过去作为中国文艺的附庸地位、走上独立发展的道路的论争。1956 年，新加坡文艺界提出"爱国主义的大众文学"的口号，之后该国文学便脱离了中国文学的轨道，走上了独立发展的道路。

三是反映了女性意识的觉醒。新加坡女性文学家不少，以爱情、婚姻、家庭为题材的作品占有较大的比重，其中不少作品反映了女性追求独立平等、实现自我价值。如姚紫创作的《咖啡的诱惑》、《没有季节的秋天》、《马场女神》等小说，既展示了下层女性的悲惨境遇，又描写了她们摆脱苦难的意念与追求独立平等的决心。

四是对社会生活情态的描写。基本内容是反映新加坡的发展如何改变了人民的生活情态和价值观，华人的传统美德如何在新的时代被赋予了新的内容，以及乡土之爱、亲情之爱、朋友之爱、邻里街坊之爱、工作之爱等。这类作品主要描写社会的光明面，情调比较昂扬、乐观，作者的热情常在字里行间流动。在大都市中，邻里之间"鸡犬之声相闻，老死不相往来"的情况比比皆是，而新加坡却比较注意教育民众将传统美德与新型生活方式结合起来，并有一定的成效。丁之屏的《好事行》、杨刚的《以牙还牙》等小说，正反映了组屋居民间的关系，他们一人有难众人带，互敬互爱，一扫过去大都市生活的阴霾。

五是散文创作十分繁荣，名家辈出，佳作纷呈。在数量上，散文仅次于小说。新加坡的散文创作坚持写实主义和文学为人生的传统，作家注重描写和探讨社会人生的大课题，题材相当广泛，形式也不拘一格。20世纪80年代以来，尤今是新加坡比较著名的散文家之一。尤今从现实生活摄取写作的素材，积极反映生活中光辉的一面，希望通过文学作品激发读者向善、向上。迄今为止，尤今出版的作品共有100多部，其中有40多部是在新加坡出版的，60多部分别在中国各地区出版。

六是诗歌创作颇有成就。战后初期的华文诗歌，虽然仍带有浓厚的乡土气息，但已有不少诗歌反映了当地生活，富有浓厚的地方色彩。如诗人马苏里的热爱乡土和民族的诗集《白云》（1958年）、《时局的色彩》（1962年），米军的诗集《热带诗抄》，艾温·谭布著有英文诗集《大地的肋骨》（1956年）等。20世纪50年代后，新加坡诗坛上涌现了许多年轻的诗人，其中比较著名的有杜红、钟祺、鲁彬、范北羚、杜诚、原旬、泡蒂、山河、苗芒、蔡欣等。1966—1982年间，新华诗坛爆发了一场历时颇久的"写实与现代"的论争。80年代以后，新加坡提倡建立建国文学，新华诗坛出现了"现代"与"写实"合流的缓慢趋势。现代派与写实派诗人相互取长补短，兼容并蓄，使其后的新华诗歌显得更加成熟。

七是随着英语在新加坡社会生活中重要性的加强，新加坡涌现出了一大批使用英语进行文学创作的作家，新加坡英语文学也进入了发展时期。

在英文小说方面，有吴宝星描写新加坡青年爱情故事的长篇小说《长梦悠悠》（1972 年），陈国盛所写的三部曲《新加坡之子》（1972 年）、《马来西亚的人》（1974 年）和《放眼世界》（1975 年），还有弗兰西斯·托马斯的《一个移民的回忆录》（1972 年）和 N. L. 罗氏的《被遗弃在热带海滨的华人》（1974 年）等。短篇小说方面比较著名的有嘉蒂连·林的《怪物》（1978 年）和叶裕金的《家长》（1975 年），后者被评选为 1975 年至 1977 年的东盟文学的优秀作品之一。1978 年，新加坡当代著名女作家林宝音（Catherine Lim）开始在新加坡文坛崭露头角，该年出版的《小小的讽刺：新加坡故事集》（Little Ironies：Short Stories of Singapore）是她的第一本小说集，如今其中的部分故事已经成为新加坡英语文学的典范之作，入选新加坡学校英文课本。林宝音是当代新加坡最有影响力的英语女作家之一，她用现实主义的小说创作描绘了当代新加坡社会的人生百态，在新加坡国内外享有巨大的声誉。

自 1991 年以来，新加坡英语文学创作走向繁荣，1993 年林素琴的作品《一把颜色》（Fistful of Colours）获得新加坡文学奖，该小说描述了新加坡早期外来移民的生活，对新加坡的多元文化和多种族的现状有着深刻的反映。1995 年谭梅清（Tan Mei Ching）出版了自己的获奖作品《穿越距离》（Crossing Distance）。1997 年有两位重要的新生代作家发表了重要作品，他们分别是科林·常（Colin Cheong）和陈慧慧（Hwee Hwee Tan）。科林·常的长篇小说《丹吉尔人》（Tangerine）出版于 1997 年，曾获得新加坡文学奖。陈慧慧是新加坡新一代作家的杰出代表之一，1997 年出版的《异物》（Foreign Bodies）是其代表作，在新加坡影响很大。1999 年达伦·肖（Daren Shiau）出版了长篇小说《心脏地带》（Heartland），影响较大。[①]

（三）文博、艺术

新加坡国立博物馆有新加坡国家博物馆、亚洲文明博物馆、新加坡美术馆等。新加坡国家博物馆是新加坡历史最久远的博物馆，可追溯到 1849 年，博物馆在当时仅仅是新加坡公共机构中一个图书馆的一部分。在经过几次变革和布置之后，于 1887 年成为一个独立而永久存在的场所。

---

① 刘延超：《新加坡英语文学创作述评》，载《译林》2011 年第 8 期。

新加坡国家博物馆设计的理念是面向广大民众，以最先进而又丰富多彩的方式述说着新加坡的历史，诠释着传统博物馆的崭新内涵。除了作为举办各种展览和摆放展品的场地，新加坡国家博物馆还经常开展各种富有活力的节日庆典和大型活动，展示各种文化和艺术遗产。

新加坡国家图书馆（简称 NLB）是目前东南亚规模最大、设施最先进的图书馆之一，据 1998 年 3 月的统计，新加坡国家图书馆马来文、华文、泰米尔文和英文藏书有 560 万件。1995 年 9 月 1 日，新加坡成立国家图书馆管理局，负责督导新加坡国家图书馆、16 个公共图书馆以及 40 个社区的儿童图书馆。

近年来，新加坡的文化艺术事业发展较快。2003 年至 2009 年间，艺术机构数量从 300 余家增至 670 余家，各种文艺活动频繁，内容和形式也日益丰富多彩。

1979 年，第一个国家专业乐团——新加坡交响乐团成立。经过 30 多年的发展，新加坡交响乐团逐渐成为亚洲最顶尖的交响乐团，该团以其将亚洲和西方音乐传统融会赢得世界声誉。新加坡交响乐团现有 95 名演奏家，其中三分之二是新加坡籍，其余来自全球各个国家。新加坡交响乐团经常为儿童和社区举行免费音乐会。文化部门和团体经常举办大众音乐会、露天音乐会、少年音乐会、音乐讲座等；戏剧与舞蹈体现了新加坡文化的多元化。戏剧有马来戏剧、中国戏剧（京剧、粤剧、潮剧、琼剧等）和话剧；舞蹈有华族舞蹈、马来族舞蹈和印度族舞蹈。

2002 年 10 月落成的滨海艺术中心是国家艺术表演中心，是新加坡首屈一指的艺术表演场地，造型独特的圆顶为它赢得了"榴莲"的称号。滨海艺术中心的各种节目适合不同观众的口味，节目范围包括各种类型的音乐、舞蹈、戏剧及视觉艺术，并把焦点集中在艺术的教育和增加大众接触艺术的机会。观众不仅能了解各种艺术，更重要的是把欣赏艺术视为他们日常生活的一部分。

新加坡对电影有严格的审查制度，1991 年 7 月开始实施电影分级制，同年 9 月将上映影片分为普通级和限制级，规定观看限制级影片的观众的最低年龄为 21 岁。政府设有电影检查局负责审查电影、录像与镭射影碟，禁止过分渲染暴力与色情的电影、录像和镭射影碟进口。目前该国有 80 多家电影院，上映华语、泰米尔语、马来语、英语等影片。新加坡政府既大力倡导保存和发扬各民族的传统文化，又积极引导文学艺术向健康方向发展。

在影视制作方面，新加坡的影视事业自20世纪90年代以来取得了长足的发展，拍摄制作了一大批优秀的影视作品。这些作品在供新加坡民众欣赏的同时还走出国门，远销华语世界。《小娘惹》、《当我们同在一起》、《小孩不笨》、《美丽家庭》、《黄金路》、《三十风雨路》、《未来不是梦》、《萤火虫的梦》、《企鹅爸爸》、《快乐一家》、《荷兰村》、《煮妇的假期》、《不凡的爱》、《绝对佳人》、《女婿当家》、《破茧而出》、《双天至尊系列》、《二分之一缘分》等众多新加坡影视作品在中国拥有为数不少的"粉丝"。邱金海导演的《12楼》（12 Storeys，1997）作为1997年反映新加坡弱势群体最为成功的影片，参加了戛纳电影节，是新加坡历史上第一部在戛纳电影节放映的电影。1998年，新加坡出现两部电影史上具有重要影响和意义的作品：《狂热迪斯科》和《钱不够用》。这两部独立制作的影片改变了本土电影的历史。《钱不够用》讲述了一个新加坡财迷的讽刺故事，由梁智强主演，这部80万新元制作成本的电影却收获了584万新元的票房，成为新加坡票房收入最高的一部本土电影，也是新加坡有史以来的票房第三，仅次于《泰坦尼克号》和《侏罗纪公园》。《狂热迪斯科》以150万新元的制作成本却仅获80万新元的本土票房，但这部电影成为了新加坡第一部（迄今为止唯一一部）被美国米拉麦克斯公司收购的影片，在美国、加拿大以及欧洲等地发行，据说该片仅全球发行权收入就高达450万新元。

新加坡国际电影节（Singapore International Film Festival）始于1987年。新加坡国际电影节是新加坡最盛大的电影活动，也是亚洲最重要的电影节之一。这个于每年4月举办的活动展出了超过300部来自世界各地的电影、纪录片、动画以及短片。

五　先进的科技、教育、通信

（一）科技

新加坡是东南亚国家中科技整体实力最强的国家。根据世界经济论坛《2011/2012年全球竞争力报告》，新加坡竞争力全球第二，仅次于瑞士，属于亚洲最具竞争力的经济体。这与新加坡的科技发展水平和科技对经济的贡献率是分不开的。新加坡是世界上最大的电脑磁盘驱动器生产国，其产值占世界同类产品生产总值的77%。新加坡在电子信息产业、石油化工工业、家用电器制造业、修船及海上石油钻井平台制造业、生物制药业等方面，在东南亚国家中处于领先地位。

新加坡政府十分重视科技在国家发展战略中的重要地位。1965年独立后，新加坡的科学技术被正式纳入国民经济发展的总体战略。1967年，由各方面的专家组成的新加坡科学委员会宣告成立，向政府提供有关培训科技人才、开展科技研究、建立科研机构等问题的意见和建议，负责推动工业与科学展览活动，制定科技政策和计划，以及举办科技研讨会等。1968年，新加坡科学技术部成立，统筹全国科技发展事业。1973年，科技部下设应用研究公司，为各部门提供咨询服务，并奖励研究成果。1979年，新加坡政府提出"经济重组"的战略决策，其核心是在初步实现工业化的基础上，大力发展高技术产业，使整个经济结构由劳动密集型向知识和技术密集型转变，让新加坡跨入现代化的发达国家之列，发展科技成为空前紧迫的课题。1990年，政府成立国家科技局，同时大力增加科技研究与开发资金的投入，扩大科技人员队伍，发展高新技术产业，兴建科技园，吸引跨国公司从事技术开发等，不断建立和健全科技发展体系。经过多年的发展，新加坡科技园已逐步形成为以高科技企业密集以及信息高度集中的科技开发基地，并出现了以科技园为中心的岛内西南部一带的"科技走廊"。1991年新加坡制定了资讯科技十年计划，规划将新加坡发展成为"智慧岛"，新加坡科技走上了快速发展的轨道。1995年9月，新加坡国家科技局宣布成立科技发展基金，致力于培养具有高增长潜能处于起步阶段的科技公司，用来支持关键技术领域的R&D活动；设立国家研究机构，培养人才和建设高水平的基础设施，力争在一些学科领域取得成果，以提高国家科技水平，增强国家竞争能力。2000年，新加坡出台第三个国家科研计划（2001—2005年），科研总投入增至70亿新元，约占国内生产总值的2%，达到西方发达国家的水平。这个计划把加强主要领域的科研能力，促进私营企业开展科研工作，建立有效的技术转让和知识产权管理体系，吸引全球人才和培养本地人才以及建立强有力的国际科研关系和协作网络作为科研事业发展的主要目标。2002年1月，国家科技局更名为科学技术研究局（Agency for Science, Technology and Research, 简称A＊STAR），由一个行政部门、两个研究理事会和一个负责科技成果推广的私人有限公司组成，研究所通过两个研究理事会直接管理，从而形成了新加坡科学技术研究局的组织结构。15 家研究所经过重组和调整变成 13 家。生物医药研究理事会管理 5 家从事生物和医药研究领域的研究所；科学与工程研究理事会管理其他 8 家研究所。2006 年初，新加坡政府出台了 2010 年科技计划，掀开了科技发展的新篇章。

负责国家经济运行的经济发展局在科研体系中发挥着不可替代的作用。它与科技局明确分工，紧密合作，将科研与经济发展紧密结合起来。科技局的工作以科研院（中心）、大学、医院等公共科研机构为工作对象，着眼发展公共科研机构的科研人力资源，为他们提供科研资金。而经济发展局则以公司为工作对象，负责支援公司的研究和创新项目，并为新起步的公司提供资金。科技局掌握的国家科技拨款中有一部分则由经发局向公司提供。其他在新加坡科研体系中发挥着重要作用的政府机构是资讯通信管理局，国际企业发展局以及新加坡标准、生产力与创新局等。

新加坡科研事业的蓬勃发展是 1991 年成立国家科技局后才出现的，从 1991 年到 1999 年的 9 年里，新加坡科研支出在国内生产总值中所占的比重翻了几番，上升到 1.84%。

据新加坡科技研究局（A*STAR，简称新科研）2011 年 11 月 29 日推出的介绍新加坡科研发展史的新书——《新科研，新加坡 20 年的科学和技术》介绍，新加坡科研界在科研人员数量、世界首创研究上取得突破，新加坡科研人员数量在过去 20 年从 5000 人增至超过 2.6 万人，增幅高达 5 倍；拥有博士学位者从 970 人增至 6751 人。1990 年新加坡每 1 万名劳动人口中只有科研人员 28 人，到 2009 年每 1 万名劳动人口中已有科研人员 88 人。新加坡科研界造就了许多世界第一的科研成果，如完成河豚基因组的排列工程，使新加坡成为世界基因组研究界中的重要成员；研发出比一根头发直径还小 10 万倍的分子齿轮，创下健力士最小可旋转齿轮的世界纪录。新加坡的科研领域已从一开始单纯研究制造业产品发展到覆盖生物医学、化工、能源、制造和电子等方面的综合型科研中心。

（二）信息通信

新加坡政府大力推动资讯通信科技业，资讯通信科技的软硬件设施齐全。1998 年 6 月启动遍及全岛的新加坡综合网，以光纤电缆连接因特网和多媒体互动服务。1999 年 9 月，新加坡政府推行电子业务计划，鼓励各个行业设立网上机构。过去 10 年来，新加坡在资讯通信科技方向的应用与发展突飞猛进。一项由世界经济论坛和国际商业学院英思雅亚洲分校（INSEAD Asia Campus）2011 年 4 月 4 日公布的《环球资讯科技年度报告》（*Global Information Technology Report*）显示，新加坡在网络准备能力指数（Networked Readiness Index）排名中连续两年排第二，以 0.01 分的微差屈居瑞典之后，在亚洲经济体中遥遥领先。网络准备能力指数反映了各经济体利用资讯科技来推动经济发展及提高竞争力的成效。新加坡资讯通信发展管理局调查结果显示，2002 年新加坡家庭拥有电脑的比率为 68.4%，电脑使用者 250 万人，2004 年新加坡有 74% 的家庭拥有电脑；2002 年新加坡互联网使用人数 210 万人，2004 年互联网使用人数增加至 242 万人，互联网使用人数比例达到 57%。截至 2012 年 3 月，新加坡 500 万人中互联网宽带缴费用户达到了 944 万人。其中有线用户为 132 万，无线用户达到了 812 万人，新加坡宽带用户比家庭户数还多，2012 年宽带普及率达到了 261.4%，有线宽带用户数占到 104.9%，无线用户数占到 156.5%。互联网用户年龄主要集中于 20—49 岁，月收入多集中在 7000—10000 新元。截至 2009 年 4 月，新加坡手机普及率达 100%；至 2010 年 4 月，新加坡手机普及率已经高达 138.7%，而 3G 用户签订已达到 355.1 万。目前，新加坡三大移动运营商 Singtel、Starhub 和 M1 都已经开通了 3G 服务。新加坡入门级的手机包月套餐在 56 新元左右，相较于新加坡 2000 新元左右的人均月收入，资费可谓相当便宜。而国际电信联盟（ITU）公布的《2009 年信息社会考察报告》也显示，2008 年，新加坡通信资费（包括固定电话、移动电话和固定宽带），按占人均国民总收入的百分比来计算是全球最低的。

（三）教育

新加坡自然资源缺乏，人才成为新加坡的唯一资源，而人力资源的开发归根到底取决于发展教育事业。因而，新加坡独立以后始终把发展教育、提高人力素质作为国家发展战略的一个重要组成部分。政府始终坚持大力投资教育。20 世纪 90 年代，新加坡教育总开支占财政总支出的比例达到 19% 之多，进入 21 世纪，比例达到 20% 之多，如在新加坡 2008 年的政府预算中，教育财政支出达 80.4 亿美元，占财政总支出的 21.5%。新加坡政府还拨出大量额外的款项进行专项投资。1998 年政府拨款 2900 万新元作为奖学金或助学金，颁给成绩突出的学生或需要帮助的学生，教育部为"信息技术计划"拨出300万新元，用于购买计算机、软件及教师的培训。自治和独立后，新加坡政府设立了教育部，负责教育发展计划和方针的制定，对各级各类学校教育进行宏观管理。几十年来，新加坡政府不断根据经济发展的新形势与工业化、现代化的新要求而制定和实施中长期教育发展计划，对教育事业进行指导。新加坡从60年代开始，特别是70年代对教育制度进行大幅度的改革，使之适应多种族和多文化的需要和80年代初经济转型时期对于人才的需求，逐步形成了今天具有本国特色的教育制度。

新加坡自治和独立以来，教育发展大致经历了两个发展阶段：第一阶段从1959年到1979年，偏重于普及性和职业教育这两个方面，为工业化初级阶段的经济发展培养熟练劳动力；第二阶段从1979年至今，重点发展高等普通教育和高等职业技术教育，培养高层次专业技术人才。

新加坡的教育是精英制教育，青少年一般必须接受10年正规教育，小学6年，中学4年。新加坡的教育制度强调识字、识数、双语、体育、道德教育、创新和独立思考能力并重。双语政策要求学生除了学习英文，还要兼通母语。政府还推行"资讯科技教育"，促使学生掌握电脑知识。经过几十年的努力，新加坡的教育事业得到迅速发展。全国有小学187所，中学154所，初级学院14所。大学主要有国立大学、南洋理工大学和新加坡管理大学和新加坡科技大学4所。此外，还有4所理工学院和33所技术/商业训练学院。新加坡政府重视对高等学校的支持和投入。在英国《泰晤士报》的《高等教育增刊》的世界100强大学2012年排行榜上，新加坡国立大学位列第23，南洋理工大学位列第89。

（四）新闻、媒体

新加坡主要有两大媒体集团，分别是新加坡报业控股有限公司（简称新加坡报业控股）和新加坡新传媒集团（简称新传媒）。两大集团拥有15家报纸、7个本地电视频道、13家本地电台以及若干网站，构成了新加坡的主流新闻传播媒体。这两大新闻传播集团，一方面自身充满了活力，另一方面对当地的社会经济起到了促进作用。

新加坡报业控股是一家区域性大型出版公司，出版报纸是其核心业务，旗下有4种语言出版的15家报纸，包括：马来文的《每日新闻》、《每日新闻星期刊》，中文的《星期五周报》、《联合晚报》、《联合早报》、

《我报》、《新明日报》、《大拇指》，泰米尔文的《泰米尔之声》，英文的《商业时报》、《新报》、《新报星期刊》、《海峡时报》、《海峡时报星期刊》、《今日报》、《今日报星期刊》。其中英文的《海峡时报》（The Straits Times）和中文的《联合早报》在新加坡深具影响力。

新加坡《海峡时报》（The Straits Times）是新加坡主要英语日报，创刊于 1845 年 7 月 15 日。报道涵盖了国际、东亚、东南亚、新加坡、体育、金融、生活等多个领域，读者主要是受英文教育的知识分子和专业人士，是新加坡发行量最大的报纸，日发行量 38 万份，读者 140 万人。

《联合早报》由新加坡报业控股公司主办，是新加坡主要华文综合性日报，前身是 1923 年创刊的《南洋商报》和 1929 年创刊的《星洲日报》；1983 年两报合并，合并后共同出版《南洋·星洲联合早报》，简称《联合早报》。《联合早报》的平日发行量约为 20 万份，除新加坡发行之外，也在中国内地和香港特别行政区及文莱等地少量发行。该报一直被认为是一份报道及时、客观，言论公正的可信度很高的华文报纸，在华人世界享有较高声誉。《联合早报》从 1995 年开始上网。新加坡联合早报网（zaobao.com）是新加坡报业控股属下的网站，是世界最著名的华文网站之一。提供包括新闻在内的综合网络资讯服务。

新加坡新传媒集团是新加坡最大、最成熟的广播集团，它在新加坡的广播电视发展史上发挥着举足轻重的作用。电台广播开始于 1963 年 6 月，电视开播于 1963 年 2 月。新传媒的业务涵盖电视、广播、娱乐产品、电影、报纸、杂志、电子媒体和其他广播服务，旗下共有新传媒电视、新传媒电台、新传媒新闻网、新传媒报业、新传媒出版、新传媒制作、新传媒互动 7 个集团。新传媒电台是新加坡最大的电台，以马来语、英语、华语、泰米尔语广播，拥有并经营 12 个国内电台和 3 个国际电台。新传媒共经营 6 个电视频道，比较有影响力的包括英语的第 5 频道、华语的第 8 频道、亚洲新闻台等。新传媒 8 频道是新加坡首个全天候播映新闻与娱乐节目的华语电视频道，该台以优秀的本地制作与海外节目吸引观众，8 频道在新加坡是最多人观赏的电视频道。亚洲新闻台（CNA）是新加坡以报道亚太新闻为主的电视频道，开播于 1999 年 3 月 1 日，覆盖范围超过 20 个亚洲国家和地区，播出语言以英语为主，少数为少量华语。亚洲新闻台的定位主要是以亚洲人的视角来看发生在亚洲的事件，促进亚洲人民之间的相互了解。

六　马来人和印度人文化

（一）马来人

马来人是新加坡的第二大民族。新加坡马来人最为人称道的民族特性是坚强的团结性、乐于助人的心胸和对宗教信仰的坚定不移。

1. 马来人的宗教信仰

19 世纪初英国入侵前，新加坡属马来亚柔佛王国苏丹管辖，当地居民大多信仰伊斯兰教。20 世纪初，马来亚、印度尼西亚、印度、巴基斯坦的伊斯兰教徒大批移入，使新加坡的伊斯兰教有了较大的发展。1980—1990 年间，伊斯兰教徒由 32.4 万人增至 34.8 万人。2000 年，伊斯兰教徒为 37 万人。新加坡现有 80 多座清真寺，比较著名的有苏丹清真寺、阿尔阿布拉清真寺、纳宫清真寺等。

伊斯兰教理事会是新加坡伊斯兰教的最高领导组织，成立于 1968 年 7 月，主要协助政府处理有关穆斯林的事务，修建和管理清真寺，负责各界对伊斯兰教的捐赠、援助以及朝觐等事务，向穆斯林机构和清真寺发放"常年宗教与社会服务资助金"。伊斯兰教理事会拥有 6 所全职的宗教学校，各个清真寺则设兼职的宗教学校。新加坡伊斯兰教理事会与其他国家的伊斯兰教保持着密切的联系。

2. 马来人的饮食习俗

马来人的食物以米饭、糯米糕点、椰浆、咖喱为主，爱吃带辣味的菜，尤其爱吃咖喱牛肉；风味食物以沙嗲尤为出名，沙嗲是将牛肉或羊肉切成小块，泡在调料里，然后用竹签串上用火烤熟，这是各种宴席不可缺的一道佳肴。马来人用餐十分讲究卫生和礼节，有很多的规矩。他们围坐在铺着地毯的地上用餐，男人或年长的妇女盘腿而坐，年轻妇女则屈腿而坐。用餐前必须洗手，马来人是直接用右手抓食物吃，不用左手，因为马来人认为左手是不洁净的。只有在右手抓着食物时，才可用左手取汤匙或拿杯盘，但在使用左手时还要事先说一声："请原谅！"马来人遵从伊斯兰习俗，禁酒，因此马来人用餐中不以任何酒招待客人，待客的饮料只有冰茶或热茶。马来人热情好客，如主人挽留吃饭，客人不可轻易拒绝，否则将是失礼。

3. 马来人的服饰文化

马来族传统服装的特点是又宽又长。男人穿着长至足踝的布质纱笼，俗称"卡因"。他们上身穿的衣服叫"巴汝",这种衣服没有衣领,袖子宽大,而且长到手腕,衣身也很宽敞,长达臀部。这种"巴汝"宽大凉爽,很适合当地的炎热气候。每逢年节、喜庆吉日或参加亲友的宴会,马来男子往往上穿"巴汝",下穿长裤,腰部围"卡因"裙,头戴宋谷帽,脚穿皮鞋,即为衣着整齐的礼服。马来人的女装是无领长袖的连衣长裙,上有手工绣的精美图案,头上围一条薄薄的纱巾挂到肩旁或胸部。由于马来装过于宽长,常给工作带来不便,所以在新加坡工作的马来族男女多穿轻便的西装。

4. 马来人的婚俗

马来人结婚一般在专设的穆斯林婚姻登记处进行婚姻登记。婚礼需要一男一女两个司仪。女性司仪是被称作"玛克·安达姆"的中年妇女。她有各种马来婚礼服供新人租借,婚礼时则包办新娘穿戴等一切工作。临近婚礼时,玛克·安达姆要去女方家中举行一个仪式。仪式上要剃去即将出嫁女孩的眉毛、额头上的汗毛和鬓角上散乱的头发,教给她婚后生活的注意事项,最后将圣水倒在新娘头上以示洗净身心。婚礼当天由男性司仪"卡提"主持。婚礼在女方家举行。新娘在布置好的"新娘室"等候新郎。新郎抵达后,坐在家中上座位置,接着开始伊斯兰教仪式的祈祷。此时,卡提来到新郎旁边,把结婚登记证交给新郎。新郎读完结婚证上的文句后,在上面签字。之后,新郎把"结婚费"交给卡提,意味着新郎用这些钱娶了新娘。卡提带着钱和结婚证前往"新娘室",由女方收下钱,并在结婚证上签字。婚礼至此圆满结束。

5. 马来人的节日习俗

(1) 节日

开斋节。斋月后的第一天(伊斯兰教教历 10 月,公历约 5 月),是穆斯林最重要的节日之一,是马来人的新年。节日前夕,穆斯林都要进行捐赠活动,帮助有困难的人。在外地工作的人也纷纷赶回来和亲人团聚,共进开斋饭。节日的早晨,信徒们都沐浴盛装,走向清真寺,举行隆重的祷告仪式,尔后人们相互祝贺,走亲访友,交换礼物,施舍穷人。过节这一天,每家每户都准备了丰盛的糕点招待来访的客人。热情好客的马来人还特别欢迎其他民族人士的来访,把他们的来访和共度佳节看作是十分荣幸的事。

圣纪节。伊斯兰教徒的重要宗教节日。伊斯兰教以伊斯兰教历的 3 月

12 日为先知穆罕默德的诞辰纪念日。此节日的主要活动是教徒到清真寺举行祷告、念经、宣讲穆罕默德的事迹等。

哈吉节。各国穆斯林的重大节日，又名"古尔邦节"、"宰牲节"。按伊斯兰教历法，每年的 12 月 10 日是宰牲节。每逢佳节，新加坡的穆斯林都要沐浴盛装，举行会礼与拜会，然后宰杀牛、羊。各家所宰之牲，可自行处理。一般牲肉分为 3 份，一份赠友，一份施舍，一份自食。

（2）风俗礼仪、禁忌

马来族男子的见面礼是抚胸鞠躬。即举右手放在胸前，深深地鞠躬。女子的见面礼是屈膝鞠躬，即双膝微微弯曲，鞠躬。马来人打招呼，接送东西，均用右手。在打招呼时如使用左手，或者虽使用右手但掌心向上，则被看作是不礼貌的行为。到马来朋友家拜访，进屋必须脱鞋，并放在楼梯口或门口，因为马来人的内厅是用来做祈祷的被看成神圣不可侵犯的地方，如果穿鞋进屋，会被认为是亵渎神明的行为，不能宽恕。

马来人除忌用左手进餐和递物外，还忌食猪肉，忌触摸别人的头部和背部。

清真寺是穆斯林进行宗教活动的场所，非常神圣。非穆斯林若要进入，必须事先征得同意，并由穆斯林陪同。进入时须脱鞋，并从右门进入。

6. 马来人的文学、艺术

13 世纪以前，马来人接受印度的梵文字，以后又借用阿拉伯商人带来的阿拉伯字母。现在，拉丁化字母已基本取代阿拉伯字母。17 世纪以来，马来人用自己的语言文字写了不少具有历史意义的作品，还出版了马来文报刊等。

新加坡过去是英国的殖民地，1965 年独立。它过去的文学是马来古典文学。随着战后民族解放运动的发展，马来作家马苏里、玛斯等于1950 年 8 月创立了"五十年代作家行列"，亦称"五十年代派"，其中多数作家坚持了"为社会而艺术"的创作原则，表现了浓厚的民族主义倾向。作家哈伦·阿米努拉锡以 1511 年马来人反抗葡萄牙殖民者侵略的英勇事迹为题材写成小说《阿旺元帅》及其续集《阿旺元帅之子》。苏拉特曼·马卡山的短篇小说《没有出路》（1958 年）描写一个马来舞女的不幸遭遇。新加坡独立后，不少马来作家迁回马来西亚，马来文学的中心也逐步由新加坡转移到吉隆坡。

70 年代出现了一批描写爱情的马来文长篇小说，如玛斯的《马伊尔要结婚》、苏来第·西班的《大炮与爱情》和奈英姆·代比的《毁灭》（1978 年）等。比较优秀的短篇小说有福阿特·沙林的以追求自由为题材的《我要把心儿带到何方》（1974 年），卡玛列亚·阿旺以试管婴儿为题材的《他不是咱们的》（1975 年），以及尤诺斯·赛伊德的描写航海生活的《马玛特船长》（1976 年）等。

诺尔的马来文剧本《农民的女儿》，描写一位农村姑娘英勇保卫家乡的故事。全剧富有新加坡的地方色彩。

马来人保留有自己独特的文化，他们的各种民间造型艺术（如建筑、纺织、美工等）、口头诗歌创作、音乐舞蹈和戏剧等都有很高的水平。

马来人是热爱舞蹈的民族，他们的舞蹈多种多样，有木杆舞、遮阳舞、恋爱舞、婚礼舞、椰果丰收舞等。

7. 马来人的文化、建筑风格

马来村位于新加坡东海岸，展现了新加坡马来社会的生活风貌，是马来文化的窗口。这里原来是马来人聚居的地区，经营马来食品和服装的商店很多。马来村就是再现当时的村落。村内有展示马来文化的博物馆，20 世纪 50、60 年代风格的马来人竹式建筑和聚居村落，放映高科技制作的马来神话影片的科幻剧场以及马来传统乡村大会堂风格的狮城大礼堂。在村内，游客可尽情欣赏马来歌舞和婚俗表演，品尝各种马来风味的小吃和菜肴，在夜市上购买马来古董和手工艺品。

（二）印度人

印度人是新加坡的第三大民族。印度人何时开始移居新加坡不详。12—14 世纪"信诃补罗"王国就受到印度文化的影响。"Singapura"（信诃补罗）这个名词本来就是来自印度梵文。说明"信诃补罗"王国时期已有印度商人、学者、宗教人士到新加坡活动，其中已有人开始在那里定居。

印度人大量移往新加坡是 19 世纪 20 年代以后的事，因为这时印度及新加坡都沦为英国殖民地。印度是个人口众多的农业大国，英国用其宗主国的势力，从拥有大量失业人口的印度寻找劳动力供应来源，把大量破产农民、士兵、犯人迁移到新加坡、马来亚地区，充当从事开垦原始森林、兴建港口、码头、公路、铁路等基础设施以及开辟种植园的苦役。于是，新加坡的印度人逐年增多：从 1821 年的 132 人增至 1931 年的 5.08 万人，110 年间增长了 383.8 倍。从 1821 年到 1900 年进入新加坡的印度人，几乎 100% 是"契约工人"。只有 1900 年以后进入的印度人，才以"合同工"形式出现。另一方面，印度人出入新加坡流动性颇大。在二战以前，他们一般经过 3—4 年，至多 10 年就要回印度一次，有的人回国后就不再回新加坡。直至 50 年代初期，新加坡的印度人构成中，新入境的人口还比在当地出生的多得多。据 1947 年的人口调查，新加坡的印度人共有 6.9 万人，其中，土生的印度人只占 36.3%，新入境的却占了 63.7%。50 年代以后，来自印度的女性移民日益增多，促使越来越多的印度人在新加坡定居。1965 年新加坡独立后，绝大多数留下来的印度人取得了新加坡公民权。到 1993 年，新加坡的印度人为 20.41 万人，比 1947 年增长了 195.8%。

19 世纪以后进入新加坡的印度人，除了开垦丛林，在种植园做工外，还被役使去修建公路、港口、码头、桥梁等。到 1900 年，几乎所有新加坡、马来西亚的铁路都是由印度人劳工修筑的。

新加坡建国后，印度人受教育的机会增多，他们已走进新加坡的各个经济领域，出现了不少学有专精的人才，包括教育、农业和商业领域等有素养的专业人才。

1. 印度人的宗教信仰

印度人多信仰印度教。印度教是在 19 世纪初，随着英国殖民者侵占新加坡，大批印度劳工被贩运或移居新加坡而传入的。1990 年有教徒 8 万多人，其中以印度裔教徒居多。现在也有少数其他族人信奉印度教。

印度教组织有新加坡兴都协会、北印度兴都协会、新加坡信德族兴都教协会、兴都中心等。主要活动除传教外，还办印度教子弟学校、图书馆和出版小册子等。

2. 印度人饮食习俗

印度人的主食是大米饭或烤饼，肉类是鸡鸭、鱼虾和羊肉，蔬菜是番茄、洋葱、胡萝卜、土豆、青椒、菠菜、茄子、菜花，尤其是洋山芋，饮料是红茶、咖啡、酸奶、奶茶等。印度人多信印度教，奉牛为神，禁食牛肉。忌讳用左手或双手递食或敬茶。印度人无论做饭或做菜总是离不开咖喱、辣椒等调料，他们常用的咖喱粉达 20 多种。印度菜大体可分北印度菜和南印度菜两大菜系。北印度菜味道比较温和，辣味适度，南印度菜味道强烈、辛辣。移民新加坡的印度人多为南印度人，南印度人的料理饮食已成为新加坡文化中不可或缺的一部分，其中属咖喱鱼头最为出名。

3. 印度人的服饰

新加坡印度人的服饰别有特色，男士常包头（以布缠头），上穿带袖短衫，下穿围裤（用一块白布或丝织品缠绕下身），扎白色腰带；女士则穿别具一格的纱丽。纱丽是印度妇女的传统民族服装，纱丽由一块宽1米、长5—8米的丝绸或其他布料做成，通常不用剪裁和缝制，是一种披围式服装。布料四周有花边，中间有编织或印染上的各种图案。印度族女子十分讲究戴首饰，除了戴头饰（一种用小链子和钩子固定在头顶和额部的装饰品）外，常戴手镯、耳环。已婚妇女还戴鼻饰，结婚时戴上的项链更是时刻戴在脖子上。

4. 印度人的婚俗

印度人的婚礼一般在印度教寺庙举行。婚礼由印度教僧侣主持。新郎新娘首先举行植树仪式，两人在同一个小盆里栽下树苗，象征着新的生活吉祥幸福。之后举行更衣仪式。新娘身穿新郎赠送的新衣，意味着新娘今后的一切都由丈夫负责。新衣要由那些婚姻幸福的女性帮着穿，也使她们的幸福同样感染到新娘身上。接着，僧侣在一个铁杯状的容器里点燃火种，新郎新娘围着圣火"净化"。然后，新人脖子上挂着花环，坐在席子上。这时鼓声高奏，据说是为了盖住印度人认为不吉祥的狗叫声和喷嚏声。四周的人向新人抛撒黄色的米粒，祝福新人在婚后繁荣发达。最后，新婚夫妻从席子上站立起来，再次围绕圣火步行，婚礼至此结束。

5. 印度人的节日

屠妖节，又称"点灯节"、"光明节"，是印度教的新年，为印历8月见不到月亮后的第15天，即大约公历10月下旬或11月初。新加坡政府规定这一天全国放假。屠妖节前几天，印度人家家户户忙买新衣、礼物和食品，张灯结彩，点起盏盏油灯，迎接佳节的到来。节日这一天，人们早起沐浴，穿上新衣，全家男女老少，捧着鲜花祭神。印度教徒成群结队到兴都庙谢神，妇女们还供上槟榔叶、槟榔和鲜花，在神的塑像前顶礼膜拜，祈求幸福。庙堂的各种庆祝仪式（包括跳印度舞）一般持续5天。

大宝森节，是印度教徒的重要祭祀节日，时间在印度历10月月圆之时，公历在1—2月间。许多信徒在节前斋戒，沐浴3天或7天，戒食肉类和鱼，禁止房事，戒烟戒酒。节日当天参加游行时，在柏鲁马庙集合。

一些信徒光着上身，胸和背部插满针签，扛着木拱，赤脚步行约 4 公里至齐智庙，敬苏巴马尼亚神。有的表示忏悔以求赎罪，有的为了答谢神恩。沿途有信徒替他们洗脚，为他们唱歌、跳舞、击鼓、吹喇叭，为他们助威。苦行者扛着木拱到达齐智庙后，先在庙内绕 3 圈，把木拱放在神坛前。由祭司把苦行者身上的针、银箭和钩等物拔掉，用"圣灰"擦伤口。至此，整个仪式才告结束。

踏火节，是印度教徒的另一个重要祭祀节日，在屠妖节前 10 天左右举行，是为了向女神玛里安曼表示敬意，也是为了纪念一位叫德劳芭迪的女英雄。参加踏火节的教徒要先修行 5 个多月，参加仪式前要斋戒、沐浴、颂经。踏火时，先将两脚在盛满牛奶的奶缸内浸泡一会，然后走过正在燃烧的火坑。周围的信徒和观礼者不停地向火中撒盐，以使火烧得更旺。走过火坑后，踏火者再把脚浸入牛奶缸中。所有踏火者走过火坑后，仪式结束。

印度人的其他重要传统节日还有九宵节、丰收节、蛇神节等。

6. 礼仪与禁忌

印度人在日常生活中常遵循以下礼节：脱鞋示敬。进入印度人房间或印度教庙宇须先在门外脱鞋，以示对主人或神灵的虔敬；合十问候。亲友相见或告别时，要双手合十于胸前，并互相问候"纳玛斯戴（您好）！"；合十俯首。拜见尊长或参拜神像时，必须郑重地双手合十，并俯首肃立片刻，以示崇高的敬意；合十点首。如果谁在公共场合受到众人的热烈欢呼或欢迎，他必须长时间地行合十礼，频频点头致意。

印度教教徒历来敬牛如神，所以禁止杀牛，忌吃牛肉。

7. 印度人的文化、建筑、艺术

印度人的文学、艺术、舞蹈等都有浓郁的宗教色彩。他们生活俭朴，但寺庙建筑精美考究，尤其是雕刻艺术更是精湛无比。

小印度是新加坡印度族群的聚居地。早在 100 多年前新加坡开埠初期，已经有大量印度移民到此参与筑路、造桥等工程，当时印度侨民多聚居于实龙岗一带。小印度极具印度文化色彩，在这里，空气中充满着印度香料的神秘香味和花环所散发的茉莉花香，泰米尔歌曲不绝于耳。金碧辉煌的印度餐馆供应五花八门的佳肴，有美味可口的素食和辛辣够劲的咖喱鱼头。小印度也售卖各式各样的印度传统物品和廉价货品。从实龙岗路的竹脚中心到沿街的小型店铺，可以找到金光炫目的首饰、轻如柳絮的纱丽服饰、色彩缤纷的上等丝料、精致美观的银与铜器等。

小印度中心有述说历史文化的陈列品，有几座兴都庙，如斯里尼瓦沙柏鲁马兴都庙、维拉玛卡里雅曼兴都庙等。

七　中新文化交流与合作

中国与新加坡在人才培训领域的合作十分活跃，主要项目有中国赴新加坡经济管理高级研究班、中央党校中青年干部培训班赴新考察、两国外交部互惠培训项目等。2004 年 5 月，两国决定成立"中国—新加坡基金"，支持两国年轻官员的培训与交流。2007 年 7 月，双方签署《关于借鉴运用新加坡园区管理经验开展中西部开发区人才培训合作的谅解备忘录》。

1992 年，两国科技部门签署《科技合作协定》，次年建立中新科技合作联委会。1995 年成立"中国—新加坡技术公司"，1998 年设立"中新联合研究计划"，合作项目共计 18 个。2003 年 10 月，中国科技部火炬中心驻新代表处正式挂牌成立。

1999 年，两国教育部签署《教育交流与合作备忘录》及中国学生赴新加坡学习、两国优秀大学生交流和建立中新基金等协议，中国 15 所高等院校在新加坡开办了 20 个教育合作项目。目前中国在新加坡的各类留学人员约有 4 万人，新加坡在中国的留学生约有 3200 人。2011 年 5 月 10 日，"2011 中国教育展"在新加坡国立大学举行，进一步增强了两国民众之间的相互了解，特别是加深了新加坡民众对中国高等教育的了解，为新加坡青年朋友了解留学中国有关情况提供一个直接的机会。2011 年，新加坡宗乡总会设立了"中国深造奖学金"，鼓励本地学生到中国的顶尖大学求学，目的是与中国顶尖大学合作培养更多对新中两国有较深入认识的毕业生，打造"两国通"人才，为新加坡与中国的合作和交流服务。

1996 年，中国与新加坡签署《文化合作谅解备忘录》。2006 年，两国政府签署《文化合作协定》。双方合作项目每年逾 200 项。两国在文化艺术、图书馆、文物等领域的交流与合作不断深入。

1997 年 10 月，新加坡国家馆与中国国家图书馆签署了合作意向书，计划两个馆将通过电子网络连接起来，分享资料与资源，为两地使用者提供 24 小时的资料检索服务。1998 年 5 月，全世界的华文网际网络用户都能通过新加坡国家馆网址进入中国国家图书馆，遨游中国书海。

新加坡和中国文物部门已合作推出多项重要展览，其中包括故宫文物展览，2011年6月24日至10月16日，新加坡亚洲文明博物馆与陕西省文物局在亚洲文明博物馆联合举办"兵马俑与秦文化"展览。这是秦始皇陵兵马俑首次在新加坡展出，促进了中新文化交流。

为纪念辛亥革命100周年，2011年10月8日晚，"文化中国·辛亥百年"艺术团在新加坡宗乡会馆联合总会大礼堂与当地社团的演员们进行"新中文化交流演出"，来自中国的艺术家们为新加坡观众奉献了多首风格各异的歌曲、极具少数民族风情的舞蹈、令人叹为观止的魔术和民族乐器二胡独奏等节目，新加坡方面的演员也精心准备了独唱、合唱、舞蹈等节目。艺术家们精彩的表演获得了观众的好评。2011年10月8日晚，中新两国艺术家共同策划、运作和编排的大型情景歌舞史诗《辉煌新加坡》在新加坡嘉龙剧院首演。该剧分别从发现新加坡、历史新加坡、成长新加坡、美好新加坡和辉煌新加坡5个篇章，讲述了新加坡的历史和传说，展现了新加坡的变迁和文化，反映了新加坡人民不屈不挠的抗争精神和现代新加坡的美好画卷。

第四篇

穆斯林文化

第十一章　穆斯林文化

从地理上看，东南亚地区分为大陆与群岛两大部分。群岛即马来群岛，由于东马来西亚位于加里曼丹岛上，而西马来西亚位于马来半岛，所以也可以把整个马来西亚一起归入整个群岛来看。这一部分从族群看，大体上以马来人为主，包括印度尼西亚、马来西亚、文莱、菲律宾、东帝汶5国。如果从文化，尤其是从宗教看，群岛地区可分为伊斯兰教文化国家和天主教国家，前者包括印度尼西亚、马来西亚和文莱3国，为群岛的西部和南部，后者则包括菲律宾、东帝汶2国。菲律宾位于群岛的东北部，即菲律宾群岛。东帝汶则在群岛东南的东帝汶岛上。印度尼西亚、马来西亚、文莱三国的共同特点是：同岛同种、同文、同宗教。

一　同岛同种

（一）区域地理特点

印度尼西亚、马来西亚（东马）、文莱3国均位于马来群岛上，只有西马来西亚是在中南半岛南端的马来半岛上。该地区最大的海岛，也是世界第三大岛——加里曼丹岛①，面积73万平方公里，分属印度尼西亚、马来西亚和文莱。岛的南部是印度尼西亚的东、西、中、南加里曼丹四省，北部是马来西亚的沙捞越和沙巴两州，两州之间是文莱。文莱整个国家完全位于加里曼丹岛上。在这个意义上，印度尼西亚、马来西亚、文莱三国不仅同属于马来群岛，更是同在一个海岛上。三国连成一片，尤其是共有加里曼丹岛。

马来群岛和马来半岛位于亚洲大陆与澳洲大陆、太平洋与印度洋之间

---

① 也叫婆罗洲。

的十字路口，海岛之间形成很多海峡，有著名的马六甲海峡、巽他海峡等，是沟通亚洲中部到亚洲南部、非洲、欧洲的重要通道。随着经济社会的发展，群岛与半岛的沿岸地区建成了很多港口，成为亚非欧交流的重要海上驿站。地理交通的便利为人类的迁移和文化的交流提供了前提。

（二）马来人为主

印度尼西亚、马来西亚、文莱三国以马来人为主，见下表。

2010 年印度尼西亚、马来西亚、文莱马来人口数

国家	人口（万人）	主体民族	占比
印度尼西亚	23800	马来人约 2 亿多	90%
马来西亚	2831	马来人约 1500 万	66.7%
文莱	41	马来人约 25 万	66.7%

该地区的马来人大体可分为从外面移居来的马来人和当地的原住民两大类。马来人甚至还可以分为原始马来人和续至马来人。续至马来人占绝大多数，分布在各主要岛屿的沿海平原、城镇以及居民比较集中的地方。一些是原住民，即"小黑人"，以及一些从外面迁移来得比较早的原始马来人被视为土著部落，居住在偏远的地方。

据考，在公元前 3000 年前后，大量的原来居住在中国的南方蒙古人迁移到马来群岛。这些南方蒙古人在中国的时候已经接触了一些汉人的文化，比原来居住在马来群岛的原住民文化程度要高。来到马来群岛后，他们有的与原来的原住民融合，有的则在农耕条件比较好的地方居住下来，把原来的原住民挤往偏僻的地方。后来，这一波移民无论是相对独立居住发展的，还是与原住民融合的，都成为了原始马来人。

到公元前 1000 年前后，又有一批批的数量很大的原来居住在中国的南方蒙古人迁移到马来群岛。后来的南方蒙古人在中国的时候比前一波迁移者接触到了更多的汉人文化，比已经居住在马来群岛的原始马来人文化程度更高。这些续至的马来人来到印度尼西亚群岛后，他们有的与原来的原始马来人融合，有的则在农耕条件比较好的地方居住下来，把原来的原始马来人挤往偏僻的地方。

无论是续至马来人，还是原始马来人，以及两者融合体，都已经构成

了今日马来群岛族群的主体。他们是以稻作为主，大米是主食，都或多或少保留了万物有灵、多神崇拜和祖先崇拜等原始的信仰崇拜。

二　同文

这里所说的印度尼西亚、马来西亚、文莱同文，即印、马、文三国的语言文字和古典文学大体上一致的。

（一）马来语

1. 广义马来语与狭义马来语

由于该地区族群以广义的马来人为主，所以他们当地的语言也是以广义的马来语为主。

马来语有广义和狭义两种。广义上的马来语泛指南岛语系印度尼西亚语族语言，狭义上的马来语指一种使用于马六甲海峡附近国家和地区的语言。狭义上的马来语（Bahasa Melayu）在语言分类上是属于南岛语系的印度尼西亚语族。

使用广义马来语的国家包括马来西亚、新加坡、文莱、印度尼西亚、东帝汶，这5国将马来语作为国语。文莱和新加坡，他们所使用的马来语被简单称为 Malay（马来语）或者是 Bahasa Melayu（狭义马来语）。

真正使用马来语的是马来西亚、文莱、印度尼西亚三国。根据马来西亚、印度尼西亚和文莱三国共同达成的默契，马来语是以廖内语（Bahasa Riau）为准。

其实，印度尼西亚、马来西亚、文莱三国也广泛使用英语。

2. 印度尼西亚语与马来语的异同

马来西亚的马来语与印度尼西亚语是近似的语言，相互之间可以粗通，语法大体一样，多数词汇也一样。马来语和印度尼西亚语之间的差别，大体上类似英式英语（British English）和美式英语（American English）之间的差别，只是在书写系统的拼音和语汇上有一些不同。造成这种差别的主要原因，是由于印度尼西亚语从爪哇语和荷兰语中借用了不少词汇。比如说，马来语中的"邮局"是 pejabat pos，但是在印度尼西亚语中则是"kantor pos"，这是借用荷兰语的"kantoor"而产生的词汇。

在20世纪以前，马来西亚和印度尼西亚在书写系统上的差别，是当时统治两地的不同殖民政府——英国殖民政府和荷属东印度公司所造成的。19世纪，英国人基于罗马字母设计了现在普遍使用的马来文字，而印度尼西亚文则是由荷兰人设计的。

1972年印度尼西亚颁布了精确拼音方案，采用了比较接近英式的拼音方法，从而缩小马来语和印度尼西亚语中书写系统的差异。

（二）马来古典文学

马来古典文学是产生于苏门答腊、马来半岛、加里曼丹等马来民族聚居地区的古代文学，大约是19世纪以前的文学作品。现在的印度尼西亚、马来西亚、文莱三国都把它看作是本国文学的组成部分。马来古典文学可分为两大类：民间口头文学和书面文学。马来古典文学体裁有：诗歌，如马来班顿四行诗和夏伊尔诗；故事、传奇，如《杭·杜亚传》；伊斯兰教故事、小说；外来小说和"吉塔吉塔"（关于国王大臣的道德才识），等等。

马来古典文学受外来文化的深刻影响而形成。由于历史上的对外交流，该地区先是受印度文化的深刻影响，所以先期的马来古典文学很多作品是取材自印度古典文学作品《摩诃婆罗多》、《罗摩衍那》等。然后是受阿拉伯伊斯兰教文化的深刻影响，最初是一些伊斯兰教传教士和商人把伊斯兰教的先知故事介绍过来，后来又把阿拉伯和波斯的神话故事和传奇小说引入马来地区。

马来古典文学名著有《杭·杜亚传》（歌颂马来民族英雄）、《马来纪年》（既是历史著作，也是古典文学著作）等。

三　同宗教

马来群岛历史上一度接受了印度文化的影响，居民普遍信奉印度教、佛教。到了13世纪以后该群岛的居民逐步接受伊斯兰教。西方人到来后，菲律宾、东帝汶人逐步皈依天主教，而印度尼西亚、马来西亚、文莱三国则以信奉伊斯兰教为主。

（一）世界三大宗教之一的伊斯兰教

"伊斯兰"系阿拉伯语音译，信奉伊斯兰教的人统称为"穆斯林"。7世纪，伊斯兰教由麦加人穆罕默德在阿拉伯半岛上首先兴起，原意为"顺从"、

"和平"，指顺从和信仰创造宇宙的独一无二的主宰安拉及其意志，以求得和平与安宁。起初，伊斯兰作为一个民族的宗教，后来作为一种宗教、文化和政治的力量，以至于一种人们生活的方式，在世界范围内不断地发展。

伊斯兰教主要分为逊尼和什叶两大派系，逊尼派被认为是主流派别，也被称为正统派，分布在大多数伊斯兰国家。中国的穆斯林大多是逊尼派。什叶派的信徒主要分布在伊朗，其他一些国家和地区，如伊拉克等国和地区也有什叶派穆斯林存在。两派的分别主要体现在对穆圣继承人合法性的承认上。

穆斯林的教义包括"六信"、"五功"等。"六信"主要是在理论上信安拉、信天使、信经典（《古兰经》）、信先知、信后世、信前定；"五功"则是在实践上，伊斯兰教徒必须遵行的善功和五项宗教功课，即念"清真言"、礼拜、斋戒、天课、朝觐，简称为"念、礼、斋、课、朝"。

（二）马来群岛皈依伊斯兰教及其世俗化特点

马来群岛的马来人是来自亚洲中部的南方蒙古人种，迁徙到该地区之前已濡染了一定的汉文化，比较明显的是不少人还保留了祖宗信仰的习俗。在13世纪前该地区受印度文化的影响，尤其是佛教和印度教。

伴随着一些信奉伊斯兰教的阿拉伯、印度商人到来，13世纪伊斯兰教在东南亚海岛影响迅速扩大，15世纪出现了强大的伊斯兰教王国——马六甲，到16世纪伊斯兰教在东南亚岛国已成为占主导地位的宗教。

输入伊斯兰文化最早的是苏门答腊岛北端的亚齐地区，至今那里依然是伊斯兰化最彻底的地区。这是由于地理位置便利的原因，作为马来群岛的西大门，西亚以及印度（古吉拉特）的穆斯林商人首先是到苏门答腊岛的北端。伊斯兰教在马来群岛传播是一个逐步的过程，首先是在港口、沿海地区，然后再深入内陆和内地；先进入民间，然后被当地统治者所接受。最后几乎征服了整个印度尼西亚群岛。据发现的墓碑记载，东南亚海岛地区第一个伊斯兰教统治者是苏门答腊岛马利克王朝的苏丹马利克·阿斯·萨利赫，墓碑所记载的日期是伊斯兰教历696年，即公元1297年。

13世纪末后，伊斯兰教加速在马来群岛的传播。中国人马欢1413—1433年曾随郑和下西洋，所著的《瀛涯胜览》记载：苏门答腊岛北端的南勃里（即南巫里）"其国边海，人民止千家有余，皆是回回人"，"国王亦是回回人"。16世纪，东南亚伊斯兰化中心有三个，其中两个在印度尼西亚，一个是苏门答腊的亚齐，另一个是爪哇。到 17 世纪上半期，伊斯兰教几乎被印度尼西亚各个岛屿民众所接受，除巴厘岛外。

在世界的大宗教中，伊斯兰教是政治性最强的，甚至体现在信徒的日常服饰上。不过，相比较中东伊斯兰教国家，东南亚的伊斯兰教国家具有较多的世俗性。除文莱是政教合一的国家，印度尼西亚和马来西亚都奉行政教分离的政策。三国对伊斯兰教的极端势力都采取坚决的高压的打压政策。

在印度尼西亚，穆斯林分为虔诚的穆斯林和名义的穆斯林，前者约占30%；后者占大多数，约占 70%。名义穆斯林对伊斯兰教教义不求深入的理解，也不严格遵守伊斯兰教教规，除信仰安拉外，还信奉祖先和多种神灵。他们的排他性比较少，较有包容性，能与其他宗教平等相处，只重视宗教的形式，通常是以家庭为宗教的活动单位。

（三）三国伊斯兰教文化之差异

从整体上看，印度尼西亚、马来西亚、文莱都是以信奉伊斯兰教为主，不过三国相互之间在一些细节上还是有所区别的。

在宗教与政体的关系上，文莱作为一个绝对君主制的国家，实行政教合一，国王就是苏丹。印度尼西亚和马来西亚都奉行政教分离的政策。马来西亚在族群的构成上，马来人占的比例相对要低一些，但是马来西亚把伊斯兰教立为国教。在人口的绝对数上，印度尼西亚是世界上穆斯林人口最多的国家，但印度尼西亚并没有规定伊斯兰教为国教，而是奉行"建国五基"。

印度尼西亚和马来西亚是两个重要的伊斯兰教国家。就信教人口的绝对数和比例来说，印度尼西亚都是伊斯兰教最重要的国家。而在宗教的地位和作用上，伊斯兰教在马来西亚显得更重要。在宗教的地位上，马来西亚的伊斯兰教高于其他宗教，而印度尼西亚则实行各种宗教平等的政策；在宗教的作用上，马来西亚的伊斯兰教超出个人事务范围，渗透政治、经济、文化、社会等多方面，而印度尼西亚的则只限于个人事务范围。

在一般的伊斯兰教习俗上，三个国家不少方面是相同的，但也有一些是不一样的。如在婚姻问题上，《古兰经》上说："与你选择的女人结婚，一个、二个、三个、四个。"马来西亚和文莱的马来男子都可以有 4 个合法的妻子。娶第二个妻子，要征得第一任妻子的同意，娶第三位妻子，要征得前两位妻子的同意，如果再娶第四位妻子，则要争得前面三位妻子的同意。而印度尼西亚则不一样，1973 年 12 月 1 日颁布《婚姻法》，规定实行一夫一妻制。

四　中印文化

从族群和宗教角度来考察，该地区除了马来穆斯林文化外，还有华人文化和印度人文化等。

（一）华人与中国文化

印、马、文三国都有很多的华侨华人，印度尼西亚 1000 多万人，只占全国总人口的约 4%；马来西亚华人约 600 万人，占总人口的四分之一；文莱约 4 万人，占总人口的 10%—15%。

当地的华侨华人主要集中在城镇，以信奉儒学传统和佛教为主，也有不少人是信奉三教合一的儒释道，还有崇拜妈祖、大伯公、土地神、关公等，在家供奉祖先神位、灶君爷，每逢初一、十五，上香祭拜。当地华人的节日一如中国，最隆重的是春节，还有元宵、端午、中元、中秋等。

此外，该地区还有一种土生华人文化现象值得关注。

马来西亚把土生华人称为"峇峇"和"娘惹"。他们的祖先（基本是男的）是从中国来的，然后与当地土著女性结婚后生子育女，这些人的后裔男的被称为"峇峇"，女的被叫作"娘惹"。据考，18 世纪前后，从中国来的华人基本上是男子，没有华人女性伴随，他们在马来半岛经商或从事种植业，只好就与当地的马来人女子结婚，繁衍后代。"峇峇"和"娘惹"的外表与当地的马来人很相似，人们习惯称他们为土生华人，与通常的华人有所区别。这些被称为土生的华人，相互之间通婚，婚俗上多保留华人的传统，形成一个相对独立的群体。他们居住在吉兰丹州、马六甲古城等地。

通常这些"峇峇"和"娘惹"在文化上仍然保持中国的根，都认祖归宗，拜神祭祖。宗教信仰上也主要是信奉佛教和道教等。他们保留着浓厚的中国意识，父亲是一家之主。而生活上，他们主要是随母亲，饮食习惯，包括语言几乎也都是讲当地的马来语，甚至也讲一点父辈祖籍方言，而不太讲中文普通话。穿衣上，男的穿纱笼，女的穿马来长裙。吃饭跟当地马来人一样，习惯手抓饭。"峇峇"和"娘惹"体现了中国文化与马来文化相互渗透，熔为一炉，形成独特的"峇峇"文化。这种"峇峇"和"娘惹"情况在印度尼西亚等其他东南亚国家也存在，只是在马来西亚比较突出。

（二）印度文化

公元初年佛教、婆罗门教（即后来的印度教）就已传入该地区。

公元初年，佛教从印度传到了印度尼西亚。最初，佛教在印度尼西亚的影响不如婆罗门教。到公元 5 世纪以后，佛教影响超过了婆罗门教。7 世纪末，中国唐朝高僧义净访问室利佛逝王国（今苏门答腊岛），见到当地的情况是"僧众千余，学问为怀，并多行钵。所有学读，乃与中国无殊。沙门轨仪，悉皆无别"。[①] 巨港是室利佛逝王朝的经济文化中心，也是一个佛教传播的中心。义净曾在那里研习和翻译佛经多年。今日印度尼西亚佛教早已不是举国信奉的宗教，只有后来的华人信奉。不过，佛教已在印度尼西亚留下了浓墨重彩的一笔：婆罗浮屠。[②] 它几乎与柬埔寨的吴哥寺庙同时期建造，大约为公元 8 世纪后期到 9 世纪初。这个时间正好是古代统治印度尼西亚中爪哇的夏连特拉王朝（778—864 年）。这是一座世界上最大的佛塔，位于日惹市西北 41 公里处的一座山丘上。佛塔为实心，无梁、无柱、无窗，用 200 万块火山岩石砌成。塔按"天圆地方"和佛教"三界"意念设计。塔分塔底、塔身和顶部三部分，共 9 层。塔底为正方形，每边长 123 米，塔高 42 米。基层为"欲界"，第 2—6 层为"色界"，也是方形。第 7 层以上为"无欲界"，呈圆形，围绕主塔建有 72 座钟形小塔，塔内各置一尊精美佛像。佛塔不仅是一座宗教建筑，也具有很高的艺术价值。塔的四周还刻有许多造型栩栩如生的浮雕。

婆罗浮屠被誉为与中国长城、柬埔寨吴哥、埃及金字塔齐名的东方古迹。1814 年被欧洲人重新发现。古籍对婆罗浮屠没有多少记载，不知道具体是何人何时建造的，这些谜题有待后人去探讨和解读。不过，对比柬埔寨的吴哥，似乎婆罗浮屠不是专门为皇家或社会精英建造的神庙，因为没有皇家举行仪式的地方，四周没有围墙和阻挡性的建筑物，也许这是一

---

① 《海南寄归内法传》，转引自上揭书。
② 1991 年被联合国列入世界文化遗产名录。

座为庶民百姓而建的佛教建筑。

9—10 世纪，爪哇的印度教势力东山再起，当时的马打蓝王朝国王建造了印度教的普兰班南寺庙群①。该寺庙群位于日惹市东面 18 公里处。寺庙既是国王和王室成员的陵墓，也是为了供奉湿婆、毗湿奴等神，是印度尼西亚甚至是东南亚规模最大的印度教陵庙。普兰班南寺跟柬埔寨的吴哥古迹相似，都是用石头砌成，刻有很多浮雕。

作为一个国家整体，到 13—15 世纪后，印度尼西亚全境几乎伊斯兰化了。但是，印度尼西亚的局部地区依然保持印度文化的影响到现在。今天，虽然印度尼西亚信奉印度教的信徒仅为 400 万人左右，但毕竟是东南亚地区信奉印度教人数最多的国家。印度尼西亚的印度教主要集中在巴厘岛，岛上寺庙林立，几乎家家有庙，村村有庙，被称为"神明之岛"。巴厘岛的印度教已与印度的印度教有所不同，融合了当地原有祖先崇拜、自然崇拜和佛教的一些成分。当地人除了信奉湿婆、毗湿奴、梵天等印度教之神外，也崇拜太阳神、月亮神、山神、海神、风神、火神等。巴厘人把原有的文化与印度文化相结合，形成具有当地特色的"巴厘印度教"。

马来西亚第三大族群印度人，主要是信仰印度教。

---

① 1991 年与婆罗浮屠一起列入世界文化遗产名录。

第十二章　印度尼西亚文化

　　由于本土的原生性，以及在不同的时期受到外来文化一波一波的影响，印度尼西亚的文化呈现出一个多元化的特点。可以这样说，如果将印度尼西亚的文化看作一种类似层积岩的结构，那么，它的第一层，是基于当地原生文化的原始信仰；第二层是印度文化，其以婆罗门教湿婆神崇拜为代表；第三层是伊斯兰文化和西方文化。然而，它在表象上不是那样清晰，而往往又被看作是一种笼统含糊、界限不明的融合体。

一　文化基础与背景

　　印度尼西亚，全称印度尼西亚共和国（The Republic of Indonesia），地处亚洲的东南部，位于东经95°至141°，北纬6°到南纬11°之间。印度尼西亚的国土横跨地球赤道两侧，南北两端的距离将近2000公里，东西延伸比较长，大约有5100公里。印度尼西亚是一个群岛国家，其由17508个大小岛屿组成，目前约有6000个岛屿有人居住。印度尼西亚的国土总面积为1904443平方公里，居东南亚国家之首。与东帝汶、马来西亚、巴布亚新几内亚接壤，与泰国、新加坡、菲律宾、澳大利亚等国隔海相望。

　　印度尼西亚是人类最早的发源地之一，在爪哇岛曾发现了"直立爪哇人"，距今有50万—60万年。此外，还发现了"猿人"、"古人"、"新人"（智人）的原始人类三阶段的原始人类的化石和其他遗物。有关印度尼西亚居民的构成，其呈现出多元的特征。大约从公元前4万年起，印度尼西亚的原始居民就已经进入氏族社会。最早的原始居民是维达人、尼格利陀人和美拉尼西亚人，而构成印度尼西亚现代居民的祖先古印度尼西亚人（或称澳斯特尼亚人），是在公元前2500年到公元前300年陆续从亚洲大陆东南部迁入的。由于迁移时间的先后和在印度尼西亚居住的地点的不同，形成不同的风俗习惯和语言。但他们的共同点是种植稻谷、信仰"万物有灵"，崇拜祖先灵魂等。在印度尼西亚的许多地区发现了青铜器，特别是在巴厘岛等地方发现青铜鼓，表明了他们与亚洲大陆的一些文化有联系。

印度尼西亚很早就出现了国家。大约在公元前 2 世纪后半期，在印度尼西亚爪哇岛上出现最早的国家"叶调"（可能是爪哇的古名），又被称为"耶婆提"、"阇婆"等名。到公元 5—7 世纪，出现了许多知名的国家，如古戴（建国约在 5 世纪，位于婆罗州东部的三马林达），多罗磨（也称达鲁马，建国于 5 世纪，位于西爪哇），婆利（建国于 6 世纪，位于婆罗洲），诃陵（建国约在 7 世纪，位于中爪哇，又称阇婆或耶婆提）和马来由（或称未罗游或未罗瑜，建国在 7 世纪前后，位于苏门答腊中部）等。7 世纪时，以苏门答腊巨港为中心出现了印度尼西亚历史上第一个强大的帝国——室利佛逝，其疆域"东西千里，南北四千里而远"，曾占领整个苏门答腊，控制了马来半岛，9 世纪与中爪哇另一个强国山帝联姻合并，势力更加强大。14 世纪，爪哇出现了印度尼西亚历史上第二个强大的帝国——满者伯夷（麻喏巴歇），其疆域扩大到整个印度尼西亚，成为 14 世纪东南亚最强大的国家。

从 15 世纪开始，欧洲一些国家开始侵入印度尼西亚。1512 年，葡萄牙人首先以武力侵占了盛产香料的印度尼西亚马鲁古群岛。1596 年 6 月，荷兰人组织的第一支殖民先遣队首次闯入印度尼西亚。1598 年，荷兰第二支远航队在印度尼西亚的万丹登陆；1602 年，荷兰将在印度尼西亚的各殖民公司合并为"荷兰东印度公司"。1606 年，荷兰侵占安汶，1619 年占领爪哇的椰加达，改名为"巴达维亚"，设立总督府，开始了统治印度尼西亚的殖民历史。荷兰在印度尼西亚采取了"垄断贸易制度"、"食物定额纳税制和强迫供应制"的统治制度。英国是继葡萄牙、西班牙侵入印度尼西亚的殖民者之一。从 1605 年起，英国就与荷兰为争夺印度尼西亚进行了多次的较量。1780—1784 年，在第四次英荷战争中后，英国夺取了荷兰在苏门答腊的据点，控制了欧洲与东方的海上通道，迫使荷兰东印度公司垮台。1811 年，英国攻占爪哇，开始了对印度尼西亚的短暂统治。在英国殖民官员莱佛士的治理期间，采取自由资本主义政策，对印度尼西亚实施了土地国有、改土归流等措施，这些措施对印度尼西亚后来的影响较大。

1814 年，英国与荷兰签订《伦敦条约》，规定拿破仑战争结束后要把战争中占领的荷兰殖民地归还荷兰。1816 年，荷兰重返印度尼西亚，刚开始取消了英国所推行的自由资本主义措施，而实行强制种植制度，但这些措施引起当地王公和人民的反对，经常爆发武装起义。如 1825—1830 年的日惹王子蒂博尼哥罗领导的反荷起义。面对这种状况，荷兰从 19 世纪 50 年代起对统治下的印度尼西亚实行了新的殖民政策：一是全面实施对印度尼西亚的占领，这个过程于 1911 年得以完成；二是在政治上由直接统治到间接统治；三是在经济上发展大种植园和近代化的工业；四是调整教育政策，建立土著学校。荷兰的这些新政策，影响了印度尼西亚的发展进程，既促进了印度尼西亚民族主义的觉醒与兴起，出现了"崇知社"（1905 年）、"伊斯兰联盟"，也催生了许多印度尼西亚的精英领袖，如苏加诺等（民族党）等。1941 年 12 月 8 日太平洋战争爆发后，印度尼西亚在日本南进战略中占有重要的地位。日本认为印度尼西亚地处控制欧非两洲海上咽喉的要道，也是日本急需的石油、橡胶等战略物资的产地。1942 年 3 月初，日本开始进攻爪哇，3 月 9 日日军占领爪哇，荷兰军队投降，日军顺利占领印度尼西亚。日本占领印度尼西亚后，对印度尼西亚的抗日力量和进步的华侨进行残酷镇压。推行"亚洲的文明、亚洲的领袖、亚洲的保护者"的"三亚运动"。不过，日本占领者对印度尼西亚民族主义者苏加诺和哈达进行争取和拉拢。1944 年 9 月日本改变对印度尼西亚的政策，允许将来给予印度尼西亚"独立"，宣布成立"印度尼西亚独立准备调查委员会"。1945 年 8 月 15 日，日本宣布无条件投降。1945 年 8 月 17 日上午 10 点，苏加诺在其住宅前举行独立仪式，宣读了独立宣言，向全国和全世界宣布印度尼西亚独立。

印度尼西亚文化是一种以信仰神道为基础的、融合了万物有灵以及多元宗教信仰的文化体系。换句话说，从印度尼西亚文化的发展进程来看，其不仅具有本民族文化的独特性，而且还先后受到了各种外来文化的影响。据资料显示，印度文化是最早的外来文化。公元 1 世纪前后至公元 7 世纪，被称为"印度化"时期，其最明显的标志是产生于公元 4—5 世纪时期的印度尼西亚最古老的古戴王国、多罗磨王国和诃陵王国信仰婆罗门教，其后来留下的碑文据考证都是梵文，文字采用的是南印度的钵罗婆字母，而石碑上刻有标志笈多王朝时期流行的印度教神像。7 世纪在苏门答腊巨港建立的室利佛逝王国，不仅是东南亚国际贸易中心，也是受到印度佛教的影响而兴起的东南亚重要的佛教中心。7世纪后，随着阿拉伯、波斯和印度的伊斯兰教商人来到印度尼西亚的苏门答腊等地区经商，伊斯兰教也开始传入当地，并逐渐向印度尼西亚的爪哇岛等其他地区传播。至15世纪末，爪哇岛上第一个伊斯兰王朝——淡目王朝（1478—1568年）建立，伊斯兰文化从此在印度尼西亚占主导地位。在印度尼西亚的外来文化中，中国文化和西方文化对印度尼西亚的文化也具有一定程度的影响。

二 潘查希拉

潘查希拉（Pancasila）一词，源于梵文。"Panca"的意思是"五"，而"Sila"的意思是"准则"或"行为"。一般认为，潘查希拉作为"五基"（Lima-Dasar，即"五项基本思想"）是苏加诺于1945年6月1日提出来的。印度尼西亚独立后，潘查希拉便成为"印度尼西亚共和国的国家基本原则"的专门术语，并为人们广泛接受至今。潘查希拉作为印度尼西亚的立国基础和指导思想，既有着其本土的文化根源，深深扎根于爪哇文化，又融合了其他外来文化元素。

（一）潘查希拉的提出

在日本占领印度尼西亚时期，由于苏加诺领导的印度尼西亚独立运动的发展壮大，印度尼西亚人民民族意识不断高涨，日本占领当局不得不让苏加诺成立"印度尼西亚独立准备调查委员会"。1945年6月1日，苏加诺在全体会议上发表演说，阐述立国的理论基础。他提出印度尼西亚必须是建立在神道、民族主义、人道主义、民主协商和社会正义五项原则基础上的国家。这是苏加诺根据印度尼西亚的国情，以及受到印度尼西亚国内外思潮的影响而提出的。

苏加诺提出的建国五原则，印度尼西亚语称之为"潘查希拉"，其核心其实是"互相妥协，共同建国"思想的体现。换句话说，潘查希拉实际上是印度尼西亚当时各种文化和政治思潮的集中体现。从宗教来看，印度教、佛教、伊斯兰教和基督教先后传播到印度尼西亚，虽然伊斯兰教最终取得主导地位，但是其他的宗教仍然具有不可忽视的作用。苏加诺将神道这一原则列为五项原则的头一条，可以看做是既考虑到伊斯兰教是作为印度尼西亚占 80% 以上的人所信仰的宗教，而又把宗教信仰自由作为神圣不可侵犯的原则。因为从 20 世纪初期开始，印度尼西亚的伊斯兰教徒继承了马打蓝王朝奉行的教义，最早掀起了反抗殖民统治斗争，并组织了第一个政党伊斯兰教联盟，为争取印度尼西亚民族独立做出了重要贡献。代表伊斯兰界利益的人士在讨论印度尼西亚将建成什么样的国家时，曾坚持印度尼西亚需建成为"伊斯兰国家"，或至少必须建立以伊斯兰教为"国教"的政体，但代表中等资产阶级和受过西方教育的知识分子坚决反对。为使各方互相妥协，特别是考虑到伊斯兰界人士的情绪，苏加诺便把"神道"这一原则作为五项原则的头一条，但不把信仰伊斯兰教作为必须信奉的义务，而是把宗教信仰自由作为神圣不可侵犯的原则。①

（二）潘查希拉的哲学内涵

印度尼西亚是一个多元宗教的社会，大多数民众不是信仰伊斯兰教，便是信仰佛教、印度教、基督教，以及自然神灵等。正因为如此，印度尼西亚社会所呈现出来的这种宗教性的特点，正好与潘查希拉的第一条，即神道原则十分吻合。换句话说，神道原则正是印度尼西亚人的社会价值观、人生观的一个集中反映。

从历史发展演变来看，印度尼西亚民族统一体的形成经历了由孤立或分散的王国割据，到诸如室利佛逝、满者伯夷（麻喏巴歇）统一王朝的兴起，以及西方殖民者的东侵与占有，再到 20 世纪初"亚洲觉醒"中的印度尼西亚民族独立运动。在印度尼西亚民族独立运动时期，宗教民族主义、社会主义和爪哇地方民族主义三种思潮并存，他们既有过矛盾也有过分离，但最终还是形成了多元性的民族主义。

就印度尼西亚的民族性格来说，印度尼西亚社会是一个崇尚和谐，重礼貌、礼节、道德和等级观念浓厚的社会。印度尼西亚的主体民族爪哇人相信一切动植物包括人和其他物体都有灵魂，他们认为任何会动的东西都是有生命的，而且是有法力的，拥有邪恶或善良的灵魂。他们自古就信奉和睦原则，认为社会的和谐安宁是常态，是自然而然存在的，和谐原则首先并不跟内心态度或精神状态有关，而是要维护交际中的和谐，避免公开

---

① 周南京、孔远志主编：《苏加诺·中国·印度尼西亚华人》，香港社会科学出版社有限公司 2003 年版，第 21 页。

的冲突。他们还认为等级制度是自然而然的，每个人都有义务维护它，而且做人处事都要与之相符合。按照等级制观念，地位较低的理应尊重地位较高的，反之如果面对比自己地位低的要采取的是长辈、负责的态度，而特别重视和推崇的礼貌原则是维持和贯彻爪哇社会尊卑等级观念的手段之一。[①]

潘查希拉的哲学价值内涵丰富，其中首要的价值是作为印度尼西亚民族的一员，无论是人口众多还是人口稀少，无论是处于富裕还仍然面临贫困，在一个国家的构成中人人都是平等，印度尼西亚各民族既被赋予至高无上的神道信仰，也被赋予具有人道的、开明的和社会正义的权利和义务。潘查希拉的另一个价值还表现在其作为一种哲学，蕴含了可以构成印度尼西亚民族所具有的意识形态和思维方法，它是在印度尼西亚社会文化发展中所凝聚的民族文化精华。归根到底，潘查希拉作为一种价值体系，它是崇高的印度尼西亚民族文化价值观念在历史长河中的具体化，同时也源于与之相适应的而完全融合为印度尼西亚文化之外来文化的诸种因素。潘查希拉的价值观念被视为人民之生命，民族之灵魂，同时体现着民族个性和国民特性，或称之为民族之真谛。[②]

三　宗教信仰

宗教是每个民族的文化内容之一。在印度尼西亚，由于民族的多样化，以及各民族社会发展历史进程的不同和外来宗教的影响，印度尼西亚的宗教呈现出多元化的特点，既有对各民族原始宗教的传承，也有对外来宗教的接纳与发扬光大。

（一）原始宗教

印度尼西亚的原始宗教也具有多元化的特征。不过，总的来看，印度尼西亚的原始宗教是建立在万物有灵论的基础之上。换句话说，印度尼西亚的原始宗教是主要体现在对自然神灵的崇拜，他们认为自然界的万物都

---

① 朱刚琴：《潘查希拉的提出及其文化根源》，《东南亚研究》2008 年第 2 期。

② ［印尼］潘仲元：《印度尼西亚瑰宝》，古华民等译，暨南大学出版社 2007 年版，第 29 页。

是有灵魂的。印度尼西亚的原始宗教主要表现在以下方面:

其一是精灵崇拜。从民间宗教学的观点来看,精灵崇拜是万物有灵论的重要内容。在印度尼西亚的某些民族看来,万物世界无处不有精灵。他们认为,这些精灵一般是存在于神与人之间的超自然体中。这些精灵神通广大,可以永恒,其地位虽低于神却高于人。精灵可以分为两种,一种为善良的精灵,它可以帮助人类做好事;另一种是邪恶的精灵,人们称之为"妖怪",是因为这种精灵会危害人类的安全。例如,印度尼西亚有不少的人还相信,如果在古老的榕树下许愿,榕树的精灵就会帮助他实现其愿望。印度尼西亚的托拉查族在收获稻谷时,总是不敢大声讲话。他们认为,如果肆意大声喧哗和吵闹,会赶走藏在稻谷中的精灵,从而造成歉收。

其二是图腾崇拜。这种信仰也是源于先民对大自然的崇拜。因为在原始社会时代,人们认为一定种类的动物或自然物同其氏族有某些特殊关系,便将其作为崇拜之物,这类崇拜物就成为了某个氏族的图腾。例如,分布在印度尼西亚西苏门答腊省中部和西部沿海高原地带的米南卡保人,是以"牛"为图腾的民族,其所修建的房屋两角翘起,形成牛角状,而且还在屋顶上竖着一对对牛角。据说,米南卡保人家庭每增加一代人,便在屋顶上增加一对牛角。这样,人们只需看某家屋顶上的牛角,就知道这家有几代人了。

其三是祖先崇拜。祖先崇拜是农业民族的一个很重要的特点。在印度尼西亚也不例外,印度尼西亚有许多是以农业为主的民族。一般认为,印度尼西亚人对祖先的崇拜源于原始社会,而且这种观念一直流传至今。特别是在印度尼西亚的乡村,祖先崇拜仍然盛行。人们奉献供品,并用水和花瓣洒(撒)在祖先或故人的坟墓上,用黄色、白色、红色的布幔遮盖,人们在那里聚集诵经祈祷和祈求福佑。许多乡村的村口或村中央,会树立着象征祖先的木雕像,这些木雕像既有男子雕像,也有女子雕像。印度尼西亚的一些民族,如巴达克人经常举行祭祖仪式。他们认为,祖宗可以庇护生者,也可以降祸于活着的子孙后代,因此必须时时记得祭祀祖先。

其四是神灵崇拜。这种崇拜是印度尼西亚人原始灵魂观念的一种表现,即迷信各种妖魔鬼怪。这种神灵崇拜的流行,也附带着饶有特色的咒语出现。在印度尼西亚,传说中有长着厚厚绒毛貌似巨人的魔鬼(genderuwo)、恶魔(jurig)、爱偷小孩或纠缠产妇的女鬼(kuntilanak)、传说由自己念咒语而变成的动物妖精（如猴精、猫头鹰精等，leak）。一些物品中也有神灵，如佳美兰（gamelan）铜锣，有的也具有超自然力，能在特定的时间内演奏。有的曲剑会飞翔，在空中从一个地方飞到另一个地方。除了曲剑之外，还有其他武器或物品被认为具有超自然力，自身拥有力量，能够保护或者神化人。为了驱赶妖魔鬼怪，印度尼西亚人还制作了护身符（jimat）和编造咒语（jampe）。比如，为了防范妖魔鬼怪入侵住宅，在庭院的 4 个角落放置供品和花卉。

（二）印度教

印度教，是印度尼西亚宗教体系中的一个重要组成部分。虽然印度尼西亚目前信仰印度教的人数并不是很多，但印度教对印度尼西亚古代文明的发展影响极大。一般认为，印度教传入印度尼西亚的时间是在公元元年前后，而传入印度尼西亚的印度教主要是婆罗门教。

一些古文物印证了婆罗门教在印度尼西亚一些地方传播的情况。比如在加里曼丹的三马林达发现用印度南部的钵罗婆字母写的四块梵文碑铭。经鉴定，这些碑铭被认为是古戴王国牟罗跋摩国王在公元 400 年间建立的。碑文记载着这位国王赠送婆罗门许多头牛的事迹。碑铭中有"高贵而又有名的牟罗跋摩陛下赐给众婆罗门黄牛 2 万头。就像圣火给安置在'婆罗羯湿婆罗'这个神圣的土地上。为了纪念圣王陛下发菩提心，行大善事，由来此土地上的众婆罗门建立此碑"等字样。此外，在发现碑铭的地方，还发现两尊笈多式佛像，毗湿奴神像。在爪哇等地，也发现了许多与婆罗门教有关的文物。如在西爪哇的茂物、丹绒布碌等地发现的 5 世纪的四块碑铭，从这些碑铭的内容，以及古印度尼西亚的许多王国崇拜婆罗门教，婆罗门受到国王的格外恩宠来看，都表明了婆罗门教在印度尼西亚一些地区的影响。

印度的婆罗门教，是在公元 1 世纪前后从印度的科罗曼得海岸，通过马六甲而传入印度尼西亚。公元 4 世纪，印度婆罗门教传入爪哇，自沿海逐步深入内地。印度尼西亚的婆罗门教徒主要信奉湿婆神，也信奉毗湿奴，也就是说湿婆神或毗湿奴神是印度尼西亚婆罗门教徒所崇拜的神灵。上面提及的古戴王国，以及 5 世纪在爪哇出现的婆黄国，9 世纪产生的马打蓝王国等国都信奉湿婆神，被称为信奉湿婆教的王国。比如，在中爪哇的葛都附近的章加尔出土了公元 772 年建造的碑铭。这些碑铭记载了建碑者马打蓝王国散查亚世系诸王都奉湿婆教为国教。

现仍保存完好的普兰巴南印度教陵庙，是印度婆罗门在古印度尼西亚兴盛的一个重要标志。印度教陵庙位于印度尼西亚中爪哇日惹附近的普兰巴南，其建造于公元856年，它是马打蓝王国散查亚王朝的拉卡伊比国王下令兴建的，主要用于供奉湿婆神。普兰巴南印度教陵庙由250座建筑物组成，雄伟瑰丽的建筑石壁上刻有反映印度史诗《罗摩衍那》内容的浮雕。在这庞大的陵庙建筑群中，最大的陵庙是湿婆陵庙，位于陵庙群的中央。这也可以说明，湿婆神对于印度尼西亚的印度教徒来说是处于首要地位的。

目前，印度尼西亚人信奉印度教的人数有300万—400万，其教徒主要集中在巴厘岛，以及龙目岛等地。巴厘的印度教，由于同当地的文化和宗教相结合形成了具有特色的"巴厘印度教"。在巴厘岛，印度教庙宇随处可见，故巴厘有"庙宇之岛"的称号。

（三）佛教

佛教是印度的宗教之一，其传入印度尼西亚有悠久的历史。印度尼西亚的佛教不仅与印度有密切的关系，也受到了中国文化的影响。

据说，佛教传入印度尼西亚的时间是在公元1世纪。最早传入的地区是苏门答腊、爪哇等地，佛教在这些地区的传播是渐进的。中国的高僧法显412年由斯里兰卡经过爪哇的诃陵（又称阇婆或耶婆提）时，发现"其国外婆罗门兴盛，佛法不足言"。不过到了435年，该国国王遣使与中国通好，递交的国书上有"礼敬一切种智安稳天人师，成等正觉，转尊法轮，度脱众生"等语，说明该国已成虔诚的佛教王国。7世纪后，佛教在印度尼西亚获得较大的发展。兴起于650年左右的室利佛逝王国，位于苏门答腊南部的巨港，其人民信奉上座部佛教，它既是当时东南亚的国际贸易中心，又是东南亚重要的佛教中心。当时号称佛学七大师之一的印度高僧夏基阿基尔特（Syatyakiti），以及印度那烂陀高僧达摩婆罗（Dharmapala）等曾到室利佛逝登坛讲学，宣传佛教。立国于7世纪中叶的爪哇夏连特拉王国，早先信奉婆罗门教，而后也转变为佛教的国家。夏连特拉王国于760年前后，在中爪哇日惹附近兴建了迄今世界上最大的佛塔——婆罗浮屠，它是夏连特拉国王为收藏释迦牟尼佛一部分骨灰而建造的。婆罗浮屠是一座大乘教陵庙，其构造象征了大乘佛教的某些理论，又具有祖先崇拜的含义①，其实这座陵庙也是印度婆罗门教与佛教的结合体。印度尼西亚著名的佛教陵庙还有中爪哇的卡拉珊陵庙（Candi Kalasan）、萨里陵庙（Candi Sari）、湿雾陵庙（Candi Sewu）、巴旺陵庙（Candi Pawon）、东爪哇的加高陵庙（Candi Jago）、宋勃拉宛陵庙（Candi Sunberawan），以及苏门答腊的巴东拉瓦斯（Padang Lawas）陵庙群等。

印度尼西亚的佛教虽然与印度有着密切的关系，但其在发展中也受到了中国文化的影响。671 年至 695 年，中国的佛教僧侣义静取经往返于中国、印度尼西亚间，曾三次在室利佛逝羁留，共 10 余年。在这期间，到室利佛逝的中国僧侣还有 10 多人，其中运期、怀业还留在了室利佛逝。而在爪哇地区，中国的法显高僧在 417 年就到达了那里。这些僧侣不仅成为较早侨居当地的华僧，而且还成为佛教的传播者。

据估计，全印度尼西亚的佛教徒应该有 100 万—500 多万，目前信奉佛教的大多为印度尼西亚的华人。印度尼西亚宗教部设有"佛教事务局"，隶属于"印度教、佛教社会指导总局"。

（四）伊斯兰教

伊斯兰教虽然不是印度尼西亚本土产生的宗教，但在印度尼西亚的 2 亿多人口中，信奉伊斯兰教的却占了 88%，从而使伊斯兰教成为印度尼西亚的主流宗教。印度尼西亚伊斯兰教属逊尼派。

学者们研究，阿拉伯穆斯林商人是在印度尼西亚传播伊斯兰教的先行者。伊斯兰教最先传入印度尼西亚的地方是苏门答腊北部，因为印度尼西亚第一个伊斯兰教王国（即须文达那—巴塞王国）和第一个穆斯林居民点（今亚齐地区的克什乌玛威附近）都出现在那里。② 有关这方面的情况，中外古籍及当地所发现的碑铭都有较翔实的记载。比如著名的旅行家马可·波罗 1292 年曾到苏门答腊西北沿海的八儿剌，他在游记中写到该国"居住在港口城镇的人，其中很多人受到常来贸易的撒拉逊商人的影响，改信回教"。③ 摩洛哥旅行家伊本·白图泰曾于 1345—1346 年到过须文达那—巴塞

---

① 梁志明等主编：《东南亚古代史》，北京大学出版社 2013 年版，第 226 页。

② 乌卡·詹特拉沙斯米达：《伊斯兰教在印度尼西亚和东南亚的传入和发展》，雅加达玛萨贡基金会 1985 年版，第 4 页。

③ ［意］马可·波罗：《马可·波罗游记》，陈开俊等译注，福建科学技术出版社 1981 年版，第 208 页。

王国，他称其为"Sumatra"。他曾在那里见过当时的苏丹马利克·扎希尔，认为"他是一位高尚大方的君主，他信奉沙菲仪教派，热爱法学家们，并出席他们的讲学集会"。① 而中国古籍《元史》也记载，至元十九年（1282年），元朝遣使访问巴塞王国，巴塞王"遣其臣哈撒、速里蛮入朝"。② 另外，后人在苏门答腊发现了一块墓碑，墓碑的主人是 1292 年去世的须文达那——巴塞第一个国王。该墓碑上刻有伊斯兰教历 635 年和伊斯兰教名"苏丹·马立克沙"等字样。这一文物表明，该王国已经伊斯兰化了。

至于印度尼西亚主要岛屿的伊斯兰教化，大约经历了几个世纪的时间。1527 年，以淡目王国为核心的爪哇北部伊斯兰教诸王国，消灭了佛教国家满者伯夷王朝，标志着爪哇岛的全面伊斯兰教化。16 世纪中叶，由于爪哇淡目伊斯兰王国的影响，伊斯兰教传入加里曼丹，从而使伊斯兰教遍及印度尼西亚主要岛屿。由于伊斯兰教在印度尼西亚的全面普及，越来越多的居民开始信奉伊斯兰教，信奉唯一的真主、古兰经，相信死后复活和来日审判，恪守五功。随着社会的发展和进步，印度尼西亚伊斯兰文化逐步同印度尼西亚传统文化融为一体，影响着印度尼西亚的政治、经济、教育、道德规范和习俗。

（五）天主教和基督教

印度尼西亚的天主教和基督教，是西方人传入的外来宗教。据说，早在 13 世纪，意大利天主教传教士巴特尔·约翰纳斯（Pater Johanes）在前往帝汶岛途中曾在爪哇停留。不过，天主教在印度尼西亚大范围的传入是在 16 世纪，主要是由葡萄牙人进行的。印度尼西亚东部的马鲁古群岛，是葡萄牙人首先传入天主教的地区，后来葡萄牙人又在东努沙登加拉、帝汶岛等地传播天主教。

基督教是由荷兰人传入印度尼西亚。基督教在印度尼西亚的传播，与荷兰人在印度尼西亚建立殖民统治密不可分。1604 年荷兰人在雅加达建立了基督教堂，并将基督教经典《新约》和《旧约》译成马来语，加紧向印度尼西亚各岛传播基督教。1802 年荷兰海牙成立了"荷属东印度新教会事务委员会"，统一管理荷兰统治下的印度尼西亚基督教的活动。

---

① ［摩］伊本·白图泰：《伊本·白图泰游记》，马金鹏译注，宁夏人民出版社1985年版，第536 页。

② 宋谦、王炜：《元史》卷二一〇。

荷兰人在印度尼西亚传播基督教的早期，曾对天主教进行了排斥，其目的是肃清葡萄牙殖民者残余势力。后来，随着欧洲局势的变化，以及荷兰人在印度尼西亚统治的逐渐稳固，1808 年荷属东印度总督达恩·得尔斯宣布新的宗教政策，赋予印度尼西亚各种宗教同等的权利。自此，被排斥了两个世纪的天主教在印度尼西亚又重新开展活动。目前，印度尼西亚 6.1% 的人口信奉基督教（新教），3.6% 信奉天主教。信奉基督教的主要分布在苏门答腊北部的巴达克地区、苏拉威西的米拉哈撒地区、马鲁古群岛的安汶等地，信奉天主教的地区是佛罗勒斯岛、帝汶岛、马鲁古群岛、中爪哇和伊利安查雅。

四　语言、文学、艺术

印度尼西亚是一个多民族的国家，许多民族有自己的语言、文学、舞蹈和戏剧等，从而构成了印度尼西亚文化的多样性。

（一）语言与文字

印度尼西亚是一个多岛屿的国家，由于地理上的分隔，以及各民族发展的路径不同，从而形成印度尼西亚语言复杂、多样性的特点。

在印度尼西亚，通行的语言是印度尼西亚语。印度尼西亚语属于南岛语系，是在马来语的基础上发展起来的，基本词汇和语法结构和马来语相同。在印度尼西亚民族觉醒运动时，民族主义领导人就决定使用马来语作为通用语。1928 年 10 月 28 日印度尼西亚各族青年在《青年宣言》大会上庄严宣布："我们印度尼西亚的语言是印度尼西亚语。"印度尼西亚独立后，政府规定印度尼西亚语为全国通用语。一切公文、法令都用印度尼西亚语书写，报纸杂志、各种出版物、宣传媒介、学校都使用印度尼西亚语。从 20 世纪 60 年代初到 70 年代，印度尼西亚的语言学界就印度尼西亚语进行了几次拼音改革，并举行了有关印度尼西亚语的研讨会和专题座谈会，这些都对印度尼西亚语的发展起了积极的促进作用。在印度尼西亚语中，有大量的外来语如英语，以及很多方言如爪哇语、米南加保语被吸入，从而使印度尼西亚语的内容愈加丰富。[①]

---

① 温北炎：《印度尼西亚经济与社会》，暨南大学出版社 1997 年版，第 19—20 页。

　　除印度尼西亚语为通用语外，印度尼西亚尚有 400 多种语言（包括方言）。主要的语言有爪哇语、巽他语、米南加保语、巴达克语和马来语等。在大的语言中又有小方言，如雅加达语又有别于爪哇语，而各种语言的拼读和拼写又都不相同。

　　印度尼西亚的文字大多以拉丁文拼写。除印度尼西亚文外，还有马来文、巴达克文、巴厘文等。也有一些民族与地区，只有语言而无文字，如马鲁古群岛上的居民，就无本民族的文字。

（二）文学

　　"印度尼西亚"这个国家名称虽然出现得较晚，但印度尼西亚的文学与印度尼西亚这个国家的历史发展一样悠久。换句话说，印度尼西亚文学是产生在印度尼西亚领土范围内的从古到今的所有文学，是由过去的各族语文学和现代的印度尼西亚语文学所组成，是从长期分散的各族语文学于 20 世纪民族觉醒后走向统一民族的文学。

　　1. 口头文学

　　口头文学，是印度尼西亚文学最初的表现形式。口头文学产生于印度尼西亚原始社会过渡到奴隶社会时期，它属于口头创作，尚无文字记载，是印度尼西亚本土原汁原味的文学，其主要有神话传说、咒语歌谣等。

　　（1）神话传说

　　印度尼西亚古代口头文学中的神话传说，又可以分为解释性神话、唯美性神话、民间故事和动物故事。

　　解释性神话主要有宇宙起源神话、人类起源神话和景物起源神话三类。宇宙起源神话非常简朴，有神的创世神话和物的创世神话两种。神的创世神话，在印度尼西亚的东部群岛、苏门答腊和其他一些地区都有流传。比如流传于苏门答腊的创世神话说宇宙是由女神创造出来的，而流传于印度尼西亚东部群岛的创世神话，则认为宇宙是天上的太阳神和地下的大地神共同创造出来的。物的创世神话，是指非神的创世神话，这种物既可以是生物也可以是非生物。人类起源神话分为神造人形和物造人形两种。常见的神造人型神话中，神或用泥土或用植物来造人。比如塞兰岛的乌尼瓦勒人，是由太阳神图瓦勒用香蕉花造出来的。而物造人形神话的物多为与人关系密切的植物或动物。如弗罗列斯的一个神话说，人是从竹子出来的，男人出自竹之上节，女人出自竹之下节。景物起源神话，是包括人类起源之外的各种动植物的起源，以及各种自然景象由来的描述。

唯美性神话是反映人的生活风貌，表现人的思想感情和最初的审美感。印度尼西亚唯美性神话大多来源于古代的生活实践，特别是一些反映人们与天斗与神斗的神话较多。如苏拉威西流传的稻米来源神话、加里曼丹的稻谷神话等，这些神话往往带有绝地通天的情节，把人与自然的斗争拟人化和神话化。另外，有关自然景物的神话在唯美性神话中也占有很大的比重。如西爪哇巽他地区流传的"桑古里昂"、苏门答腊多巴湖的"鱼变美女"，这些神话既含有人兽相通的原始古朴思想，又含有更深刻和更广泛的社会意义。如对忘恩负义和忤逆不孝的行为进行严厉谴责的"马林·昆当的故事"、爪哇的"千岛"和南加里曼丹石头山的由来神话传说等。

民间故事，在印度尼西亚的口头文学中是非常丰富多彩的。从民间故事的主题上看，歌颂忠贞爱情和宣扬善恶报应的占有较大的比例。这类故事的人物性格比较鲜明，情节起伏跌宕，大多以善恶有报和有情人终成眷属为结局，反映了早期印度尼西亚人的价值观和审美取向。一些较有代表性的民间故事有爪哇巽他地区流传的《迷途黑猴》、巴厘的《查雅布拉纳》、苏拉威西的《马鲁奴亚和乌兰昆陶》等。在印度尼西亚的民间故事中，还有一类是人们所喜闻乐见的笑话故事。这类故事不但能起娱乐解颐的作用让人开怀大笑，而且还能"振危释惫"、痛砭时弊，发人深思。这些以笑话为表现形式的故事，具有巧妙的戏剧结构和夸张的喜剧人物，以此讽刺某些人的愚昧落后，暴露统治者的残暴无知等。

动物故事，是印度尼西亚口头文学中寓意较深刻、传播较广，并具有很高文学价值的作品。动物故事往往借动物界弱肉强食的现象，以此反映人类社会的阶级矛盾和斗争，表现抑强扶弱，伸张正义、为被压迫者除暴安良的主题。动物故事的艺术特点，主要表现在其由许多相对独立的故事情节所组成，故事中总是有正反两方面的形象。正面的形象一般是弱小的动物，如小鹿、小山羊等，它们善良机智，团结友爱，富有同情心和正义感，而那些扮演反面形象的则是在丛林中称王称霸的猛兽如老虎、鳄鱼等，它们凶暴贪婪，欺压弱小，但又十分愚蠢。故事里，弱小动物不断遭到凶暴猛兽的侵袭，但通过弱小动物之间的精诚团结与合作，以及发挥它们的聪明智慧，一次又一次地挫败了猛兽们的侵扰，以强败弱胜而告终。比较有代表性的动物故事有《聪明的小鼷鹿》、《鳄鱼恩将仇报》等。

（2）咒语歌谣

在古代，印度尼西亚人十分信奉万物有灵，并相信超自然的力量，以为人们发出的呼声能唤起超自然的力量，而且认为这种具有魔力的有声语言，能召唤神灵去为人们效劳，帮人们禳灾祛病，因此印度尼西亚古代的咒语便这样产生了。

咒语有咒词，而念咒词的人，则被认为是具有魔力的人。专职念咒的人，被奉为"巴旺"（祭师），他们往往在族群中具有很高的威望。巴旺在念咒语时，常常不断地念相同的句型，这不但会产生一种音响和节奏的效果，而且还能起到反复强调的作用，从而化解一切不利的因素。比如在一首《解毒咒》里这样写道："毒藤，亦无毒；毒物，亦无毒；毒蛇，亦无毒；毒树，亦无毒。啊！一切有毒的，亦无毒。"咒语常采用比喻、夸张、排比，以及拟人化的手法。咒语虽然从表面看来，不过是呓语式地反复念诵的求神祷辞，但它应该是印度尼西亚诗歌的最初胚胎，是流传久远、最原始的诗歌雏形。

2. 书面文学

印度尼西亚书面文学大约是从5世纪出现的，因为从这个时期起印度尼西亚开始形成了国家。可以说，印度尼西亚的书面文学是在印度文化、阿拉伯文化和伊斯兰文化影响下产生和发展起来的。一般认为，印度尼西亚的书面文学有宫廷文学和大众文学之分。

（1）宫廷文学

大约5世纪，在印度尼西亚的加里曼丹和西爪哇地区就出现了古戴王国、多罗磨王国。8世纪时，苏门答腊巨港一带崛起了印度尼西亚历史上最大的佛教王国室利佛逝。此后，马打蓝王朝、夏连特拉王朝、谏义里王朝和新科沙里王朝等相继兴起。为了能从意识形态上巩固王朝的统治基础，这些王国的统治者建立和发展了宫廷文学。

印度尼西亚的宫廷文学，既表现出较强的地域性特征，又体现了浓厚的外来宗教色彩。在早期宫廷文学中，古爪哇语文学具有代表性。现今已发现的古爪哇文学作品有"篇章文学"、"格卡温文学"等，其内容大多取材于印度两大史诗《摩诃婆罗多》和《罗摩衍那》里的故事，借古喻今为当时的君主歌功颂德。早期宫廷文学的写作形式，是仿效印度梵文而写作的文体。公元13世纪后，随着伊斯兰传入印度尼西亚，宫廷文学被注入了伊斯兰文化的元素。伊斯兰化时期宫廷文学的主要内容集中在两个方面：一是有关王朝的兴衰史，尽量把王族的世谱与伊斯兰的先知英雄挂上钩，把皈依伊斯兰教的过程神圣化；另一方面是有关宗教的经典和教法教规的论述，把伊斯兰教思想贯彻到朝野的各个领域。伊斯兰化时期宫廷文学的表现体裁为历史传记文学和宗教经典文学，前者的代表作是《巴塞列王传》（*Hikayat Raja-raja Pasai*），后者的代表作是《一千个问答》（*Hikayai serbu Masalah*）。

（2）大众文学

从新科沙里王朝后，特别是在麻喏巴歇王朝时期，源于爪哇民间唱词的"吉冬"诗体兴起，从而标志着大众文学的产生。因为这种诗体更适合爪哇语言的特点，因而更容易为广大民众所接受。从这个时期起，民间文学故事如《班基故事》、散文《爪哇诸王志》等大量涌现是文学走出宫廷而日益世俗化和普及化的重要表现。

13世纪、14世纪伊斯兰教流传到印度尼西亚群岛，伊斯兰教文化对印度尼西亚的大众文学产生了深远的影响。在伊斯兰文学的影响下，印度尼西亚的大众文学出现了两种主要的文学体裁：一种是散文体裁，被称为"希卡雅特"（Hikayat）的传奇故事，其代表作是《杭·杜亚传》。"希卡雅特"作品以主题鲜明，人物形象突出，故事情节起伏跌宕和语言通俗而备受市民阶层的喜爱。一种是诗歌体裁，叫"沙依尔"（Syair）的长叙事诗，代表作有《庚·丹布罕》和《猫头鹰之歌》。"沙依尔"作为一种长叙事诗诗体，其格律是四句式的民歌体，但无比兴之说，每节押一个韵脚，可根据叙事的需要一节一节地延续下去，长短不限，视叙述故事的需要而定，有的可达数千行乃至上万行。到了近现代，沙依尔诗体仍然被广泛地采用，在相当长的一段时间内，成为印度尼西亚诗歌创作的主流。

在荷兰统治印度尼西亚时期，印度尼西亚的大众文学进入一个过渡阶段。这一时期西方的文化开始冲击印度尼西亚文学，催生出了近现代大众文学。此外，随着大量华人的涌入，中国的章回小说也被翻译成马来文，对印度尼西亚华人马来语文学产生了直接的影响，反过来也对印度尼西亚近现代大众文学的发展起到直接的推动作用。在反荷兰殖民主义的斗争中，这个时期的大众文学烙上了时代的印记，出现了许多揭露殖民主义的黑暗，反映殖民者贪婪、印度尼西亚人民生活苦难和革命者形象的作品。

（三）音乐、舞蹈

印度尼西亚是一个多民族的国家，各民族都能歌善舞，许多民族有其独特的乐器，其舞蹈种类也丰富多彩，各具特色。一般来说，印度尼西亚最典型的音乐是甘美兰音乐，而印度尼西亚的舞蹈以爪哇舞和巴厘舞蹈最富代表性。

加美兰或甘美兰（Gamelan），原意是"敲打"。也就是说加美兰音乐是以打击乐器为主组成的音乐。加美兰音乐演奏的乐器有锣、鼓、木琴、弦乐及管乐等。这些打击乐器由14种组成，其中有凸心云锣、凸心排锣、卧式锣、大锣、中锣、小锣等，管弦乐器有木琴、三弦、琵琶、筝、洞箫等。加美兰音乐是多声部音乐，其复杂的声部最多可达到20多个。不过，欣赏的时候，还是能听出一个基本旋律是核心声部，其他的声部只是众星捧月般环绕装饰着这个核心声部。加美兰的乐队可大可小，乐器数量的伸缩性很大，数十件乐器在辉煌的王宫里演奏，数件乐器在街头表演也可。加美兰音乐在王宫演奏尽显庄严、隆重，而在街头演出，也会形成如泣如诉、充满了人间情感的缠绵与悠扬的场景。加美兰音乐的演奏，既有震耳欲聋的铜质乐器声响，也有优美而细微的轻音乐，这不仅可以刺激听众的五感，又可使听众沉浸在冥思遐想之中。目前，加美兰音乐流行于爪哇、巴厘、马都拉、里南等地。加美兰音乐是印度尼西亚最富代表性的本土音乐，也是世界民族音乐中的奇葩。

爪哇舞蹈大多为古典舞，集爪哇诸宫廷舞之精华而成。这种古典舞主要分布在中爪哇和西爪哇，中爪哇古典舞有日惹和梭罗两派，西爪哇古典舞产生于万隆地区，以巽他族为中心，自成流派。爪哇古典舞大多模仿动物的形态，实际上是万物有灵崇拜的表露。流传至今的爪哇族古典舞蹈作品，主要有模仿大象的《乌格尔·卡迪·峨林》，模仿鸷鹰的《安路达》等。爪哇舞蹈典雅而庄重，其动作柔和、缓慢。

巴厘舞蹈分为四类：一是宗教性古典舞，常在陵庙等圣地演出；二是自然舞，模仿动、植物动作；三是娱乐性舞，最初在农场盛行，后来逐渐流传到城市；四是历史题材舞，其特点是动作流畅、活泼、轻盈，舞蹈内容丰富。从巴厘舞蹈的内涵来看，其深受印度文化的影响。舞蹈内容大多取材于印度史诗《罗摩衍那》和《摩诃婆罗多》。舞蹈的基本造型是保持腰、臀的侧曲，眼睛左顾右盼，手掌随音乐左右摆动，手指颤动。巴厘舞蹈除了表现史诗故事外，还保留着一些古老的祭祀舞蹈。如山哈央舞，是在发生流行病或遇其他灾难时跳的，通过舞蹈沟通人神。伴唱者唱着神名，扮演各种神的舞蹈者依次上场，向人们洒圣水，表示保佑。①

（四）戏剧

印度尼西亚的戏剧相对较少，这可能与该国的伊斯兰化有关。不过，戏剧作为人们最为喜欢的消闲娱乐方式依然找到了替代方式，那就是哇扬（wayang）。

在印度尼西亚，所有的戏剧表演，不论是画卷戏、木偶戏、影戏，还是由人扮演的戏剧统统都叫"哇扬"。也就是说，哇扬戏不仅仅指皮影戏，而且也包括其他各种形式的影戏，甚至还包括人偶戏。

可以毫不夸张地说，印度尼西亚是世界上最大的哇扬戏王国。其哇扬戏的种类简直难以计数。这一方面因为它的种类确实繁多，至少也有几十种；另一方面，学者们分类的标准各异，致使说法不一，使人颇感混乱。概括起来，印度尼西亚的哇扬戏的类别可以有以下几种划分方法：第一，按历史时期划分，有古典哇扬戏（Wayang Purwa）、古代中期哇扬戏（Wayang Madya）、古代后期哇扬戏（Wayang Wasana）和现代哇扬戏（Wayang Modern）。这里的古典、古代中期和古代后期是根据印度文化影响时期而言的。第二，按内容划分，有史诗哇扬戏（Wayang Purwa）、佛教哇扬戏（Wayang Buddha）、贵族哇扬戏（Wayang Menak）、史记哇扬戏（Wayang Babad）、（基督教）天启哇扬戏（Wayang Wahyu）、鼷鹿故事哇扬戏（Wayang Kancil）等。第三，按哇扬的材料和质地分，有画卷哇扬戏（Wayang Beber）、木偶哇扬戏（Wayang Golek，后称 Wayang Tengul）、皮影戏（Wayang Kulit）、柯里提克哇扬戏（Wayang Klitik），面具哇扬戏（Wayang Topeng）、人演哇扬戏（Wayang Wong 或 Wayang Orang）。此外，还有纸哇扬（Wayang Kertas）、棕榈叶哇扬（Wayang Rontal）、草哇扬（Wayang Rumput）、石头哇扬（Wayang Batu）等。第四，按地名、历史王国划分，如爪哇哇扬戏（Wayang Jawa）、井里汶哇扬戏（Wayang Cirebon）、巴达维亚哇扬戏（Wayang Betawi）、马都拉哇扬戏（Wayang Madura）、巴厘哇扬戏（Wayang Bali）、淡目哇扬戏（Wayang Demak）等。此外，还有从哇扬的发明人、哇扬的功能等角度命名的，五花八门，不一而

① 古小松主编：《东南亚民族·马来西亚、新加坡、印度尼西亚、文莱、菲律宾卷》，广西民族出版社 2006 年版，第 199 页。

足。印度尼西亚哇扬戏的上述分类从不同角度反映了各种哇扬戏的特点，也显示了印度尼西亚哇扬戏历史之久、分布之广和内容之丰富多彩。

（五）建筑

印度尼西亚的民族分布在不同的岛屿，由于地理与气候的不同，形成了别具一格的建筑，而由于外来宗教文化的影响，印度尼西亚的建筑又呈现出某种宗教文化的色彩。印度尼西亚人的建筑主要有民宅和宗教性建筑。

1. 民宅

印度尼西亚的民用建筑虽风格各异，但有共同之处，即建筑多为木头，房屋较大，屋顶多为尖形，并配有多种形状的雕刻物。房屋很少用铁钉，多是咬合和捆绑。房身离地面较高，一是防水，二为防兽。有的房屋多建在水上，称作"高脚屋"和"浮脚楼"。比如，苏门答腊米南加保人的住房便十分别致，尖而高大的屋顶压在短粗的木桩上，屋长约几十米，分上下两层。上面住人，下面用作牲口棚，上下楼备有竹梯，供小家庭居住。屋顶是牛角式的，两边对称。爪哇岛爪哇人住的房屋称为"大屋顶"。这种大屋顶房屋很独特，大屋顶用椰树叶等热带植物叶子垒成，四周无墙壁，大屋顶下一方殿堂，四周用笔直的圆木大柱支起屋顶，屋顶是一排排整齐的圆木，这种木料，经年不开裂或虫蛀。房屋构造不用一颗铁钉，全用木楔，屋子通风，采光好、凉爽，是热带居民的最佳安乐窝。

2. 宗教性建筑

由于外来宗教的影响，印度尼西亚的许多建筑被赋予了宗教文化的元素。换句话说，印度尼西亚既有世俗或民间形式的建筑，也有宗教性建筑。这种宗教性建筑，以建立在印度尼西亚日惹地区的婆罗浮屠最为著名。

婆罗浮屠是印度尼西亚佛教建筑与雕刻艺术的杰出代表，堪称世界上最大的佛教建筑遗址，是与中国长城、埃及金字塔、柬埔寨吴哥窟齐名的世界四大奇迹之一。婆罗浮屠是一座庞大的阶梯式锥形实心建筑，没有门窗，也没有梁柱，完全用附近河流中的安山岩和玄武岩砌成，据说造塔用去了200多万块石头（另一说法是220万块石头），光佛塔底层的巨石，每块就重达一吨。而且是根据印度的窣堵波而建，且试图在整体上造就一个立体的曼荼罗，其形式呈现大乘佛教与密教的结合。

婆罗浮屠佛塔建于 8 世纪中叶至 830 年期间，正值印度尼西亚夏连特拉王朝统治初期。它巍然屹立在印度尼西亚中爪哇墨拉比火山山麓，分上下两个部分，建立在一座长 123 米、宽 113 米呈矩形的小山丘上，整个建筑用岩石重叠砌成。周围山环水抱，林秀泉清，古木参天，显得格外壮观。

婆罗浮屠佛塔下部由五层四方形台基构成。每层台基边长分别为 100 米、89 米、82 米、69 米和 61 米。四层都有石砌回廊和栏杆。平台圆形通道分别宽 6.4 米、5.8 米，等距分设 72 座石塔，塔上置坐沉思状佛像一尊。每层的石塔数量不等，大小不一，形状别致，设计巧妙，身临其境，仿佛踏入塔的王国。平台顶上的主塔直径为 16 米，塔顶距山丘底部 42 米。塔座上有象征佛教的莲花石雕图案，工笔细腻、线条流畅，富有浓郁的民族色彩。婆罗浮屠佛塔凝结着古代印度尼西亚劳动人民的聪明才智，显示了能工巧匠的创造才能和丰富想象力；人们从远处翘首眺望，整个塔身上石块鳞次栉比、气势不凡，在近处凝眸细端，形象逼真的精雕石刻使人流连忘返。

五 传统习俗与节庆

印度尼西亚是一个多民族、多宗教、多元文化的国家，有着淳朴的民俗。由于印度尼西亚各民族经济生活、社会变革、民族心理、信仰、语言、艺术等文化传统制约，加之各岛的地理特点，各地和各部族形成并保留了自己的习俗，从而使印度尼西亚的民俗文化多姿多彩。

（一）饮食文化
印度尼西亚人民经历了自然饮食和调制饮食的状态，从最原始的自然采集、渔猎、生食阶段发展到调制食物、熟食阶段，他们用自己的智慧创造了具有鲜明特色的饮食文化。

1. 喜爱酸、甜与辣味

印度尼西亚的自然植物丰富，盛产诸如酸果、青芒果等各种水果、辣椒等物品，印度尼西亚还是举世闻名的香料之国。因此，印度尼西亚人烹调时的调味料，除葱、姜、蒜、食盐和味精外，多喜欢放胡椒、豆蔻、虾酱、椰浆、酸果、青芒果、橘子叶、酸小杨桃、干辣椒等，其中椰子和辣椒为印度尼西亚菜的主要配料，而辣椒酱则是餐桌上常见的作料。

2. 手撕、手抓饭的食法

原始的用手撕、手抓饭的食法，一直为印度尼西亚人所保留。无论是在当今农村，还是现代都市，无论是"上等人"还是"下等人"，在日常用餐时，至今还是习惯用手抓饭吃。用餐时，先将手指用清水刷净，然后把拇指以外的四指并拢，将盘中饭菜扒开一个口，按实后，加上拇指把饭菜捏成团送入口中，或者把白米饭捏成团蘸作料吃。有时分餐，有时同抓一盘饭。盛饭的工具，城乡不同。城市一般用碗盘，农村习惯用芭蕉叶。佐菜的菜肴多种多样，主要有鱼、肉和蔬菜、水果等。目前，城里的一些人逐渐改为用刀叉等用餐工具，而农村地区还普遍使用手撕、手抓饭的食法。

（二）服饰文化

印度尼西亚人的服饰，因各民族的生活习惯不同而各具特色。一般来说，印度尼西亚各民族穿的服饰大致分为对襟、斜襟、前襟、后襟，裙、裤各不相同。

爪哇人传统的民族服装，主要有巴迪克上衣和纱笼。女性的巴迪克上衣是对襟长袖，下身围色彩艳丽的纱笼，男性巴迪克上衣着有领对襟长袖，下身围带格图案的纱笼。爪哇妇女喜欢用丝绸披肩。男性喜欢在头上包扎各式头巾或戴黑色无边小礼帽。由于天气炎热，男女平时都不穿袜子，只穿拖鞋或木屐。

巴厘人传统的巴迪克上衣较短，前襟角与后襟边是平的，穿时用长巾围裹腰部，衣服上秀有花卉图案，色彩鲜艳。巴厘成年妇女用有色彩的格子布裹身，多从腰部围起，上半身半裸露，配以长及膝盖或脚面的纱笼。

印度尼西亚许多地方流行缠头的习俗。头巾长2.5米、宽1米左右。男子缠头巾较短，开头比较简单。常见的形状是四角对折，男后女前打结，米南加保妇女习惯把头缠成牛角状，但不同地区形状有别。武吉丁宜地区的牛角很尖；帕亚昆地区呈钝角；而巴图桑卡尔地区的几乎是平角，其形状如同刚冒尖的牛角。缠头时，里面要垫上白布，以便撑起"牛角"，所缠"牛角"的饰物亦有所区别，未婚女子的"牛角"带悬穗，而已婚的妇女则不带。巴厘男子则用布沿头的四周缠一圆圈，右上角有一缠好的布角向上伸出，头发露在外面。①

（三）丧葬文化

印度尼西亚的民族多样，宗教与文化多元，而反映在丧葬习俗上也不尽相同。一般来说，印度尼西亚主要实行土葬和火葬。

土葬，是印度尼西亚信奉伊斯兰教民族所采用的丧葬形式。当伊斯兰家庭中有人去世，家里的人都会到附近的清真寺报丧，而护寺人则会将去世者的消息公布在公告牌中以告知众人。根据伊斯兰教的规定，去世的教徒应在6小时内下葬。而在下葬前要举行宗教仪式。这种仪式分为三个步骤。第一步，是将去世者置于灵堂之中，在其身上盖上一块白布，随后将一把用于"驱魔"的大剪刀放在去世者的肚子上。这时，灵堂四周保持肃静，人们为去世者朗诵《古兰经》第一章"法帝哈"，为去世者"超度亡灵"，同时依次告别；在告别仪式结束后，先为去世者净身，即清洗尸体，清洗完毕后用白布将尸体裹紧，最多裹7层，只露出面部。在入棺之前，将棺内垫上白布，并将一些香料散在露出的面部上，随后将面部缠上布，并将缠严的尸体放入棺中。入棺后，在尸体上再蒙一层白布，并盖上棺盖。棺盖盖好后，需在上面盖数层白布，并在最面上一层的白布上写上《古兰经》的有关章节。这时，长老为去世者进行祷告。第二步，是在长老为去世者祷告后，众人将棺柩送至墓地，将其放入墓穴。在埋上土之前，由去世者的家属或护寺人跳入墓穴，打开棺盖，将一团泥土放入棺内，并把嘴贴在去世者的耳部念经。第三步，是念完经后，送葬的人们封棺、埋土和立碑。最后由葬礼主持人在墓前展席跪坐，带领送葬的人为去世者亡灵朗诵赞美诗。在举行葬礼的时候，参加葬礼的人们不能哭泣和落泪。去世者埋葬后的不同天日，如3天、7天、14天、40天、100天及1000天，去世者的家人应该举办规模不等的祭宴，每年的开斋节也要举行扫墓和散鲜花。②

火葬是印度尼西亚丧葬文化的另一种形式。许多民族如巴厘人、苏门答腊的卡罗人、巴布亚人等实行火葬。在这些实行火葬习俗的民族中，巴厘人的仪式较为特别。巴厘人在进行火葬前要做许多准备，如制作木牛、

---

① 梁敏和、孔远志编著：《印度尼西亚文化与社会》，北京大学出版社2002年版，第278页。

② 同上书，第299—300页。

火葬塔、死者像等。葬礼前夜，亲属们要为其通宵举行仪式。葬礼当天要请高僧念经，在尸体上洒香水，然后将尸体和所有祭品都烧掉，再将骨灰撒入大海，最后所有的人跳入大海中净身。巴厘人认为，人死后可以超脱凡俗，升入天堂。他们把丧事视为喜事，死者的灵牌供奉在家庙里，每逢节日加以祭奠。

（四）节日文化

印度尼西亚是一个主要信仰伊斯兰教的国家，因此有关伊斯兰教的节日较多，而一些非伊斯兰信徒也有着自己独特的节日，从而造成印度尼西亚的节日文化丰富多彩。

信仰伊斯兰教的民族主要有爪哇人、巽他人、马来人和亚齐人等。这些民族的伊斯兰节日主要有：

"开斋节"，根据伊斯兰教的规定，在每年的伊斯兰教历 9 月，穆斯林必须斋戒一个月，在这个月内白天禁食，晚上进餐。这一个月的斋戒，也称为"斋月"。斋月后的第一天，定为开斋日，也称为"开斋节"。这个节日的时间是在伊斯兰教历的 10 月 1 日，人们在这一天穿上新衣服，相互祝贺，表示互相忘记旧日恩怨，从头做起。

"古尔邦节"，又称"宰牲节"。人们在这个节日，要盛装打扮，举行会礼，有经济能力者宰牛待客馈赠亲友，以示纪念，有钱人则前往麦加朝圣。

一些非伊斯兰教的民族也有自己的节日，比如巴厘人的宗教节日有200 多个，每逢节日，巴厘人载歌载舞加以庆祝。像巴厘人的"智慧节"，这个节日有这样的传说，即创造之神大梵天的妻子婆罗室划底聪明伶俐，智慧过人，被称为"智慧女神"，是她把知识带给人间，为人类造福。为此，巴厘岛居民在每年的 2 月 11 日举行仪式，纪念其功德。这一天，巴厘岛各学校都举行多种多样的活动，老师教育学生应如何热爱知识并为获取知识而勤奋学习。[1]

此外，还有印度尼西亚的国庆节（8 月 17 日）、民族节（5 月 20日）、英雄节（11 月 10 日）等。这些节日都要举行各种仪式，加以隆重纪念。

---

[1]　孙福生等编著：《印度尼西亚》，广西人民出版社 1997 年版，第 268 页。

六　教育、科技、通信

印度尼西亚是一个多元文化的国家，其教育也呈现出这种特点。随着印度尼西亚社会经济发展，印度尼西亚的科技通信从以往的较为落后，逐渐向取得长足的进步发展。

（一）教育

从印度尼西亚的教育发展史来看，由于受到外来文化的影响，印度尼西亚教育经历了宗教教育、殖民教育和国民教育三个阶段。

从公元1世纪起，相继影响印度尼西亚的婆罗门教、印度教、佛教在传播其宗教的同时，也开展了学校式的教育。比如，在一些宗教场所附近就建有"巴德波干"（Padepokon），这虽然是一些传教的中心，其实也扮演着教育的功能。9世纪以后的室利佛逝王朝，以及麻喏巴歇王朝作为该地区佛教的中心，吸引了不少亚洲各国的学生和学者前来印度尼西亚的巨港、日惹学习和进行交流。就前伊斯兰时代的教育来看，教育的对象似乎大多局限于上层社会，不过前伊斯兰时代的教育影响是不可否认的。正如学者们所说的，古代的婆罗门的教义为上层社会印度教人士在他们完成人间的任务后规定了静思的生活，这种生活方式倾向于在森林里隐居。这种幽静的生活远离尘世和诱惑，为沉思存在与否的秘诀、沉思相对真理和绝对真理以及沉思与宇宙灵魂的统一创造了难得的良好环境。一些偏僻的森林寺院吸引了大批来自远方的徒弟，因此这样的寺院发展成为教育中心。正如我们所观察到的一样，古代爪哇似乎广泛地追随印度的这种传统，迪恩高原等地成了社会上层人士非常重要的教育中心。为了交学费，学徒们从事所有要求他们做的清杂事务。他们绝对遵从古鲁（宗教老师），在森林里辛勤第开垦田地，或者在田园里劳作。①

伊斯兰教自13世纪传入印度尼西亚后，在各乡村建立了伊斯兰的清真寺和小礼拜寺，这些都成为教育活动的场所。在这些宗教场所，许多来做礼拜的穆斯林在教职人员的指导下学习宗教圣书。与前伊斯兰时期不同

①　［新］尼古拉·塔林主编：《剑桥东南亚史》（第一卷），贺圣达等译，云南人民出版社2003年版，第274—275页。

的是，虽然伊斯兰化教育时期还存在着一种等级制，即上层人士仍然属于受教育的主角，但下层民众也开始成为受教育的部分了。

16 世纪后，葡萄牙、荷兰人相继侵入印度尼西亚。葡萄牙人最先到达这里，他们的传教士就把基督教传入印度尼西亚，学校也随着建立起来了。传教士们不仅传教，还教朗读、习字和算术。17 世纪初，荷兰人刚开始殖民印度尼西亚时期，实行了一整套的殖民政策，把印度尼西亚人民视为"下等人"，同时把众多土著民信奉的伊斯兰教视为"下等宗教"加以贬低和歧视。在当时开办的学校中不允许开伊斯兰教课程。为此，土著伊斯兰教徒不得不自办伊斯兰教学堂和学习诵经的古兰经学校（又称伊斯兰私塾）。在荷兰人稳定统治时期，印度尼西亚的学校教育分为两类：第一类是宗教性质的学校，这既有荷兰人办的基督教学校，如荷兰人在安汶创办的教会学校，其主要为基督教徒而办，同时也有印度尼西亚原住民建立的诸如德宛托罗举办的达满西斯瓦学园，伊斯兰教师联合会和穆罕默德迪阿协会等团体举办的伊斯兰学校。这些学校主要收容农村和为数众多的平民子女就学。第二类是世俗的学校，这是荷兰殖民者在欧洲启蒙思想运动和工业革命后被迫使其产生出来的。在欧洲自由化思想的影响下，荷兰人开始为原住民提供一些教育经费，进行启蒙教育，给当时的印度尼西亚创办了一些新式学校。这种真正传播文化科学知识的学校，实行两种学制。一种是为荷兰人子女而设的教育，以及为当地封建贵族或是基督教的原住民子女而设的教育。另一种是为原住民平民所设的学校。前一种所开办的学制为六年，后一种的学制起先是四年，后延至六年。这些殖民政府所办的学校，有些是以荷兰语授课，有些是以马来语授课。由于授课语言的不同，决定了学校地位的高低。[①] 荷兰殖民时期，还在印度尼西亚建立过各种类型的教师进修学校，以满足不同类型学校的要求。它可概括为主要的两类：一是荷式学校教师培训学校；二是农村学校教师培训学校。[②]

日本侵占印度尼西亚时期，他们用一套迎合印度尼西亚社会各阶层需要的教育制度取代了原来的殖民地教育制度，印度尼西亚语作为唯一的教学用语，而日语则作为必修课程来讲授。由于日本在统治印度尼西亚时期，早就禁止使用荷兰语，希望能及时地以日语取代之，但在过渡时期，

①　温北炎：《印度尼西亚经济与社会》，暨南大学出版社 1997 年版，第 189 页。
②　[澳] 黄开济：《印度尼西亚教育》，《东南亚研究》1984 年第 2 期。

由于日语尚未来得及推广，只能使用印度尼西亚语，同时日本殖民者提倡在最遥远的乡村使用印度尼西亚马来语，这在客观上推动了印度尼西亚学校采用印度尼西亚语教学，并使这一语言逐渐地取得了牢固的立足点。

1945 年 8 月 17 日，印度尼西亚获得独立。在独立初期，政府将小学到大学的学习时间由原来的 14 年缩短为 12 年，取消了荷兰语作为教学用语。这一时期，印度尼西亚教育战略不明确，基本沿用了殖民时期的教育模式。1950 年政府颁布了《基础教育法》，旨在实行小学 6 年制义务教育。为提高国民素质，政府开展了大规模的扫盲运动，但收效甚微。新秩序时期，政府重视发展教育，1969 年 10 月成立了教育发展局，负责研究、规划和协调教育工作。1973 年，政府发布命令，每年从石油收入中划出特别经费，用于发展教育。1978 年政府宣布减免小学生的学费。自80 年代，印度尼西亚政府大规模兴建小学校、招聘教师，扩大招生规模，于 1984 年 6 月在全国开始对 7—12 岁的儿童实行强制性初级教育。1989 年 3 月 27 日通过了《印度尼西亚国家教育法》，教育宗旨为"实现以建国五基为本的繁荣公正社会"。在实施国民教育中，实行义务教育制度，宪法规定，所有儿童在满 6 岁时，有最低享受六年义务教育的权利。[①]

印度尼西亚的教育制度，主要借鉴美国式的教育制度。印度尼西亚各类学校的学制是：学前教育即幼儿园 2 年；初等教育即小学 6 年（学生的年龄 7—12 岁）；中等教育分为初中和初中中技（学生的年龄 13—15 岁）以及高中和高中中技（学生的年龄 16—18 岁），学制均为 3 年；高等教育即高等院校，学制 5 年（学生的年龄 19—23 岁）。所以印度尼西亚的学制可以概括为"6、3、3、5"制，从小学到大学共 17 年。大学毕业生毕业后还可考入研究生班。

印度尼西亚的学校分为国立和私立两类。国立学校由政府主办，多数为中小学，幼儿园和高等院校较少，办学质量较高。私立学校主要由政党、社团、私营企业和基金会创办，中小学较少，幼儿园和高等院校较多，办学质量一般较差，接受政府文教部和创办单位的双重领导。

独立以来，印度尼西亚的高等院校也获得了不断发展。目前，印度尼西亚国立高等院校已发展到 49 所，私立高等院校 950 所。主要的国立大学有设在雅加达的印度尼西亚大学、设在万隆的班查查兰大学、设在日惹

---

① 梁敏和：《印度尼西亚教育简史、现状及面临的问题》，《东南亚研究》2003 年第 1 期。

的加查马达大学、设在泗水的艾尔朗卡大学、设在登巴萨的勿达雅纳大学以及设在乌戎潘当的哈沙努丁大学等。这些大学都是综合性的文理科大学。此外，较为闻名的学院有万隆的万隆工学院、雅加达附近的印度尼西亚工学院以及茂物的农学院等。主要的私立大学有雅加达的印度尼西亚基督教大学，万隆的天主教大学、伊斯兰大学等，这些大学也是综合性的文理科大学。①

（二）科技与通信

印度尼西亚的科技与通信发展，是在独立以后才开始的。科技与通信的基础主要是在建国初期通过对德、意、荷、英等殖民者的企业的没收、购买发展起来。

为了发展科技，印度尼西亚在建国初期大量建造学校，普及小学义务教育及发展中等职业教育，以及增建和扩建大学，使大学的数量由独立前的几所增加至几十所，为国家科技发展培养专用技术人员。在 70 年代，利用石油业的兴起和收入，将获得的国民收入的一部分资金投入到科技事业发展中，同时借助当时日本、中国台湾等地区的产业转移，引进了一些科技含量较高的企业。这个时期，印度尼西亚大力发展化工工业，同时还发展重工业，开展自己汽车工业的征程，建立起自己的飞机维修与制造中心。1976 年，印度尼西亚拥有了第一颗人造卫星，国家科技水平有较大的提升。

印度尼西亚科技真正得以发展的时期，是在 20 世纪 90 年代。1994年印度尼西亚政府制定了第一个科技长远发展规划，其主要内容是通过技术引进，优先发展十大战略公司，以飞机制造业为龙头，带动国家高科技产业的发展，赶上发达国家技术水平，实现印度尼西亚工业化的目标。为了保证此计划的顺利进行，1995 年科技部制定了科技支持国家工业发展的五项指导原则，为了加强国家对科技发展的指导作用，同年改组新一届国家研究理事会，在科技发展经费方面，政府给予了极大的重视和支持，逐年增加科技费用投入。1995—1996 年度科技经费拨款 1. 16 万亿印度尼西亚盾，比 1994—1995 年度增加了 30%，占国家预算支出的 1. 52%，占

---

① 《印度尼西亚文化教育》，http://id. mofcom. gov. cn/aarticle/ddgk/zwjingji/201005/20100
506903966. html。

国内生产总值的 0.31%，此预算还不包括政府用于航空、核能、国防、通信等特殊技术项目开发的经费。[①] 在国家资助科技发展的政策的影响下，集科研、教育、生产三位一体的塞尔彭科学园顺利建成，其已成为印度尼西亚发展高科技的中心。1995 年 50 周年国庆前夕，由印度尼西亚国家航空工业公司设计和制造的 N—250 商用客机试飞成功，它标志印度尼西亚在航空工业领域上已达到一定先进水平。1997 年 11 月 13 日，耗资 1.73 亿美元的印度尼西亚第一颗多媒体卫星 CAKRAWARTA—1（信息武器 1 号卫星）在法属圭亚那库鲁发射中心，用阿丽亚娜 44L 火箭发射成功。该卫星是由美国轨道科学公司设计的，有 5 个 S 波段脉冲转发器，能同时传输 40 个数字频道，用于商业、实况转播、电视、多媒体、通信和环境监测等，覆盖印度尼西亚和整个东南亚。[②]

　　1997 年亚洲金融危机对印度尼西亚经济是一个沉重的打击，也波及印度尼西亚的科技工作，科研机构普遍经费不足，影响了印度尼西亚的科技的进一步发展。在金融危机结束和国内政局逐渐走向正轨后，印度尼西亚政府于 2000 年颁布了《2000—2004 年印度尼西亚科技发展的战略性政策》，明确规定了包括将科技资源作为国家发展的动力、科研机构的重新定位等内容的六大战略目标。在这项发展战略的指导下，印度尼西亚政府加大了科技费用的投入，2000 年印度尼西亚政府投入的科技研究费用只有 6000 亿盾，到 2004 年增加到 9830 亿印度尼西亚盾，比 2000 年增加了 63.8%。2004 年印度尼西亚研究与技术部颁布了《2005—2025 年印度尼西亚科技发展远景》，同时制定了《2005—2009 五年科技发展规划》。为了鼓励创新，印度尼西亚总统于 2005 年签署了第 20 和 23 号政府法令，明确规定在技术开发和转让过程中，应提高对研究人员的奖励。

　　为了让科技发展布局平衡，印度尼西亚研技部根据各地不同的特色对研发中心设立进行统一规划，目前确定在巴厘岛和西努沙登加拉设立旅游产业研发中心，在北苏拉威西设立海藻研发中心，在北苏门答腊设立棕榈研发中心，在泗水设立热带疾病研发中心，在东爪哇省设立咖啡可可研发中心。目前，热带疾病研发中心和咖啡可可研发中心已于 2012 年 12 月初

---

　　① 林振史、夏陶昭：《1995 年印度尼西亚科技发展综述》，《全球科技经济瞭望》1996 年第 8 期。

　　② 秦申、蓝关月：《1997 年印度尼西亚科技发展综述》，《全球科技经济瞭望》1998 年第 3 期。

正式成立，其他研发中心正在筹备过程中。印度尼西亚致力于发展国家创新体系和区域创新体系建设，把促进产学研结合作为科技工作的重点，期望通过在地方设立科技研发中心，推动当地优势产业与研发机构强强联合，从而提高科技在社会经济发展中的支撑作用。①

　　20 世纪 90 年代开始，以建设计算机网络为主要内容的"信息高速公路"热潮席卷全球之际，印度尼西亚也紧跟世界潮流，积极发展信息产业，着手兴建本国的信息高速公路。为了加强对信息业的发展和管理，1999 年印度尼西亚众议院通过了新的《电信法》。根据新的《电信法》，印度尼西亚电信管制机构分为三家，分别是通信信息部（MOCL）、邮政电信总局（DGPT）和印度尼西亚电信管理委员会（ITRB）。其中通信信息部拥有监管印度尼西亚电信产业的最高权力，主要工作是制定和颁布电信发展政策及产业治理。邮政电信总局是 MOCL 的下属部门，管理无线电频率的使用与分配。2005 年，印度尼西亚政府对原来的通信与信息部进行了改组升级，把原来隶属于印度尼西亚交通部的邮政与通信总局与该部合并为通信与信息技术部。在印度尼西亚政府的一系列相关政策的促进下，印度尼西亚成为信息业增长较快的地区之一。2005 年，移动电话用户、互联网用户和固定电话用户分别为 4698 万户、1500 万户和 870 万户，印度尼西亚已经成为亚洲第 4 大移动通信市场。据 IDC 报道，2008 年印度尼西亚制造业在通信与 IT 业的投入达 6.3 亿美元。自 2009 年第一季度至 2010 年第一季度，TELKOM 的固定宽带用户数量增长了 79%，而移动宽带用户则取得了 607% 的增长。②

---

　　① 《印度尼西亚将新建 9 个重点科技研发中心》，http：//www.twwtn.com/Park/48_163586.html。

　　② 《印度尼西亚 TELKOM 携手阿朗融合 IP 与光网络》，http：//www.enet.com.cn/article/2010/0908/A20100908722717.shtml。

第十三章　马来西亚文化

马来西亚位于东南亚的中心部位，其族群由马来人、华人、印度人和原始土著构成。马来西亚文化包含了缤纷多样的马来文化、华人文化、印度文化以及原始的土著文化。因此，可以说马来西亚文化是东南亚文化的一个缩影。马来西亚文化丰富纷呈，从族群到其信仰，虽有竞争，但大体也和谐相处。尽管马来西亚前总理马哈蒂尔说过："我们必须承认一个惊人的现实，在马来西亚从未有过真正的种族和谐。各族之间相互容忍和适应，这是事实。虽然彼此之间存在着一定程度的互让精神，但却不是和谐的。"[①] 但应该说，马来西亚的族群关系总的来说要比很多国家和谐得多。

一　国情

（一）地理位置重要

马来西亚位于东南亚的中心部位，是大陆半岛与海岛的组合，由中南半岛南部的马来半岛南部（惯称西马）和加里曼丹岛北部的沙捞越、沙巴（惯称东马），以及上千个岛屿组成，把东南亚大陆的中南半岛与东南亚海岛部分的马来群岛连在了一起。西马与东马相隔最窄处750公里。东马与印度尼西亚、文莱同在加里曼丹岛上，北面环抱文莱，南面与印度尼西亚为邻，东面隔海与菲律宾南部岛屿相望。西马隔马六甲海峡与印度尼西亚苏门答腊岛相望，北面与泰国为邻，南端柔佛州新山市与新加坡由一道长1056米的长堤相连接。可见，马来西亚的地理位置非常重要，扼守亚洲、太平洋到印度洋、非洲、欧洲的战略要道。

---

① 马哈蒂尔·穆罕默德：《马来人的困境》第4页，吉隆坡。1970年英文第一版，1981年再版。转引自贺圣达《东南亚文化发展史》，云南人民出版社1996年版，第470页。

马来西亚面积 33 万平方公里，分为 13 个州和 3 个联邦直辖区，西马有雪兰莪、森美兰、霹雳、彭亨、柔佛、玻璃市、吉打、吉兰丹、丁加奴、马六甲、槟榔屿 11 个州，下设县和乡；东马有沙捞越和沙巴 2 州，下设省和区。3 个直辖区为吉隆坡（也是首都）、布特拉加亚、纳闽。著名的历史文化名城有马六甲、槟城等，这些都集中在西马。西马的经济发展、城市化程度比较高，东马发展缓慢，人口稀少。

（二）人口及族群

马来西亚 2010 年有 2854 万人，以马来人占优势，马来人、华人、印度人三大族群为主体。在马来西亚旅游的宣传品中，人们常常会看到五位代表不同族群的靓丽少女，她们分别代表马来人、华人、印度人、"娘惹"、土著部族。其实，马来西亚有 32 个民族，其中人数最多的是马来人、华人和印度人。人们把"峇峇"和"娘惹"称为土生华人。除马、华、印三大族群外，马来西亚还有两类土著居民，一类原始马来人，另一类是比原始马来人更早就已居住在当地的土著居民。

马、华和印三大族群主要居住在西马，有小部分居住在东马。在东马，少数民族占的比例比较大，达当地人口的半数以上。在沙巴的总人口中，63% 是原住民（其中将近一半是卡达山杜顺人），15% 是华人，马来人只占 9%。在沙捞越则马来人占到了 22%，华人占 28%，原住民占 50%（其中约三分之一是伊班人）。

马来人是马来西亚人数排在首位的族群，占全国总人口的约三分之二。马来西亚的马来人与印度尼西亚的马来人最接近，他们都生活在马来半岛到苏门答腊岛、爪哇岛、加里曼丹岛沿海，构成一个马来人居住圈。同时，他们也与印度尼西亚的爪哇人、巽他人、马都拉人，以及菲律宾的比萨扬人、他加禄人很接近，是泛称的马来人。它们是公元前 1000 年前后从中国迁移而来的南方蒙古人，在马来群岛与当地土著部族及早年前来的原始马来人融合的后裔，即所谓的续至马来人。

马来西亚的宪法规定了马来人享有特权，包括在教育、政府雇员、土地保留、语言等，马来语是国语，伊斯兰教是国家的宗教，只有马来人才能当国家元首。在行政官僚系统中马来人占压倒性多数，包括外交服务部门，马来人与非马来人的比例是四比一。在军队和警察队伍中，马来人也是占优势地位，75% 的军官是马来人（1981 年），60%—70% 的警官是马来人（1989 年）。

华人有 600 多万，约占总人口的四分之一。中国人很早就来到了马来西亚，而移民的高峰是英国殖民时期，当时开采矿产和开拓种植园需要大量的劳工，这样中国华南地区的大量劳工就来到了马来西亚。二战之后中国移民马来西亚基本停止，目前的马来西亚华人 90% 以上是在当地出生的。马来西亚华人主要分布在西马，尤其是马来半岛的西岸。槟榔屿、雪兰莪、霹雳、森美兰、马六甲、彭亨等州有较多的华人，华人占这些州总人口的三分之一到三分之二。东马华人约占马来西亚华人总数的 12%，主要居住在沙捞越州。华人比例有减少的趋势。20 世纪 40 年代，华人一度占到马来亚总人口的 44%。

马来西亚把华人与当地马来人结合所生"峇峇"和"娘惹"也归为华人，称他们为土生华人。

印度人有 180 多万，占总人口的 7% 左右。印度人大量移入是在 19 世纪后半期，那时英国殖民者要开办种植园和矿山，就到印度招募劳工。印度人的大多数是泰米尔人，约占总数的 80%，其余的是马拉亚兰人、泰卢固人和旁遮普人。

原始马来人的祖辈是在公元前 3000 年前后从中国移居到马来群岛的南方蒙古人。他们来到马来群岛与当地的土著居民融合后繁衍的后裔就是原始马来人。居住在东马的班查尔人、伊班人、达雅克人、卡扬人、梅拉瑙人、克拉比特穆鲁特人、普兰人、佩兰人、卡达山人、巴召人、依达汗穆鲁特人，以及在西马的贾昆人都是原始马来人。

在西马北部的霹雳州、吉兰丹州和吉打州的森林里，还居住有东南亚地区最原始的，也称为"小黑人"的部落，如塞芒人。他们属于尼格罗—澳大利亚人种尼格利陀类型，身材矮小，皮肤深褐色，鼻梁低凹，嘴唇宽厚，男子身高约 1.52 米。

在独立建国后，马来西亚一直都强调马来人的特殊优先地位，使非马来人抱怨说"马来西亚只是马来人的马来西亚"。20 世纪 90 年代，马来西亚政府提出了"马来西亚是马来西亚人的马来西亚"的理念，以促进马来西亚的民族和谐，社会稳定，共同发展。从"马来西亚只是马来人的马来西亚"到"马来西亚是马来西亚人的马来西亚"，虽然仅是字面的细微区别，但标志着马来西亚政治、经济、社会进步达到了一个新的境界。马来西亚的国徽饰带上赫然写着一句格言："团结就是力量。"

（三）轮流坐庄的君主制国家

马来西亚领导人经常声称马来西亚是一个民主国家。不管怎么说，马来西亚的政治体制在世界上是独一无二的，实行君主联邦议会内阁制。马来西亚的政治体制有两大特色，一是轮流坐庄的君主制，二是马来种族特征。

作为一个君主立宪制国家，马来西亚不仅与本地区的文莱、泰国和柬埔寨不同，甚至与世界上的其他君主制国家都不同，君主不是世袭的，而是在各土邦的苏丹中轮流选举产生。马来西亚由 9 个苏丹国和 4 个州组成，而象征国家最高权力的马来西亚国家元首是在 9 个世袭苏丹中轮流选举产生，每 5 年选举一次。

1957 年，英国殖民当局与马来亚联盟党通过谈判制定了马来亚的《独立宪法》，后来该宪法经过了多次修改。宪法规定，最高国家元首拥有最高的立法、行政、司法权，兼联邦武装部队总司令，根据议会提名任命总理等。最高国家元首更多还是象征性的，实质行政权属于由总理领导的内阁。1993 年，马来西亚对宪法进行了修改，废除了最高元首和苏丹们的司法豁免权。可以说，马来西亚的君主们是世界上最平民化的。

根据宪法，马来西亚政治体制结构是立法、行政和司法三权分立，联邦议会、内阁和最高法院分别是马来西亚的最高立法、行政、司法机构。

马来西亚议会也实行两院制，有称为下院的众议院，有议员 193 人；有称为上院的参议院，有议员 69 人。相比较众议院更为重要，总理和大多数内阁成员来自众议院。参议院主要是起到审核和保护各州利益的作用。

马来西亚政府内阁由总理、副总理和各部部长组成。总理必须是本国出生的公民。内阁成员由国家元首根据总理建议任命。内阁集体对议会负责。马来西亚与泰国相似，内阁中财政部和内政部比较重要。财政部负责制定财政政策，国家银行隶属于财政部。内政部也是重量级的，它控制警察和执行各种约束政治活动的法律。马来西亚的行政部门权力还有很重要的一项是通过立法手段来行使行政权力，最重要的是宣布国家进入紧急状态的权力。紧急统治期间，任何政令都免于司法检查。

在东南亚的国家中，有不少是有军人干政的历史和惯例的，但马来西亚是例外之一。马来西亚是稳定的文人治军，所有国防部部长均为文人出身。

在地方政权方面，由于马来西亚实行君主立宪式联邦制，各州都有自己的宪法，有一定的自主权，同时也受中央的控制。州的宪法和法律凡与联邦宪法和法律相抵触的，一律无效。在西马 11 个州中，有 9 个州的首脑为世袭的苏丹，他们有选举和被选举为国家元首的资格。马六甲和槟榔屿两个州的首脑为州长。东马的沙巴和沙捞越两个州地位很特殊，由于州内少数民族和土著人数较多，所以该两州享有比西马各州更多的自治权，不过，其首脑也称为州长。马来西亚联邦有两个直辖区：吉隆坡和纳闽，其行政首长称为市长，由内阁联邦直辖区部委任和领导。

马来西亚虽然不是一党执政，但多年形成了以马来人为主的巫统（全称马来民族统一机构，United Malays National Organization，UMNO）主导的国民阵线执政。1946 年成立的巫统拥有 270 万名党员，是马来西亚第一大党，一直掌握内阁中的主要职位。作为马来西亚第二大党、成立于 1949 年的马华公会，以及民政党和代表印度人利益的印度人国大党也是国阵的成员。1999 年，伊斯兰教党、民主行动党、国民公正党和马来西亚人民党四个政党组成了一个称为替代阵线（简称替阵，BA）的联盟，以共同的纲领参与选举竞争。有专家认为，自此，马来西亚将形成国阵与替阵（后来改称为民联）两大政治联盟体制。

（四）新兴的工业化国家

尽管马来西亚的人口在东南亚排在第六位，但无论是经济总量，还是人均国民生产总值，马来西亚在东南亚 11 国中都是排在第三位。经济总量排在印度尼西亚、泰国之后，人均国民生产总值则排在新加坡和文莱之后。如果把人均 GDP1000—10000 美元的国家放在第二层次的话，则马来西亚是东南亚第二层次中的排头兵。人均 GDP 比紧随其后的泰国高出近一倍。2010 年，马来西亚的国民生产总值达到 2478 亿美元，人均为 8628 美元。

马来西亚拥有丰富的锡、石油等矿产资源和橡胶、棕榈等热带作物资源。在西方殖民者侵略之前，当地主要是自然经济，加上位于交通要道上，当地的贸易也比较活跃。18 世纪末英国人入侵后，看中了当地的矿产和热带作物资源，因而逐步把当地的经济（主要是锡和橡胶）纳入了资本主义的经济体系。

　　1877 年，马来西亚引进橡胶种植成功。到 20 世纪 20 年代，橡胶成了马来西亚的主要农作物，全国一度有 70% 的人口以橡胶业为生，马来西亚也多年成为世界最大的橡胶生产和出口国。20 世纪 80 年代，马来西亚的橡胶种植面积一度达到 200 万公顷，1988 年产量高达 166 万吨。近年来，由于工业化进程的推进，尤其是棕榈油产值高于橡胶，马来西亚已逐步减少橡胶的生产，其橡胶生产和出口大国的地位已被泰国和印度尼西亚所取代。2010 年泰国、印度尼西亚、马来西亚的橡胶产量分别为 325 万吨、274 万吨和 94 万吨，马来西亚的橡胶产量占世界总量的比重已下降至仅有 9.1%。

　　马来西亚独立 50 多年来，农业、工业和服务业协调发展，其比例为 10.4∶41.7∶47.9。在农业方面，棕榈油、橡胶、胡椒在世界上都很有地位，其产量和出口量都居前列。2011 年马来西亚棕榈油产量达到 1890 万吨，占世界总量的 38.9%。在工业方面，马来西亚主要有电子、汽车、石油化工、钢铁、纺织、采矿等产业。服务业比较发达，尤其是旅游已经成为支柱产业，2010 年接待国际游客达到 2457 万人次。在对外贸易方面，主要出口电子产品、棕榈油、石油化工产品、天然气等，进口则有机械运输设备、燃料、食品、烟草等，前五位贸易对象国为新加坡、中国、日本、美国、泰国。

　　《世界经济论坛》（WEF）最新报告显示：在全球 142 个经济体中，马来西亚在全球竞争力排名由 2010 年的第 26 位升至第 21 位，获得 5.08 分，2010 年得分为 4.88 分。

二　历史与外来影响

　　马来西亚位于世界的十字路口，历史上对外交流频繁。2010 年英国《经济学人》信息部合作编写的一份报告显示，中国香港的全球化指数位居榜首，其后依次是爱尔兰和新加坡，马来西亚排在第 12 位。

（一）历史脉络

　　从公元初年到 16 世纪西方殖民者到来之前，马来半岛上曾出现过羯茶、狼牙修等古国或初步具备国家雏形的部群体。这些国家一般为马来人所建，曾北面臣服扶南、暹罗，南面臣服苏门答腊的室利佛逝以及后来的满者伯夷。国家的规模不太大，以农业和贸易为主，受印度文化的影响。

马来西亚历史上最重要的古代国家是马六甲王国。据传说，15世纪初，苏门答腊王子拜里迷苏剌建立了以马六甲为中心的马六甲王国。由于这里是印度洋与太平洋的交通要道，中国人、暹罗人、菲律宾人、印度人、阿拉伯人、波斯人都来此交易纺织品、香料、茶叶等。交通、贸易、文化的迅速发展，马六甲很快就成了亚洲的一个贸易中心，成为该地区的重要强国，其版图一度包括了苏门答腊北部和大半个马来半岛，为现代的马来西亚奠定了基础。从1402年到1511年，马六甲王国存在了109年。

1511年，葡萄牙人东来，出兵攻占了马六甲。1641年，荷兰人联合当地人攻占了马六甲，结束了葡萄牙人长达130年的统治。

1824年，荷兰与英国签订伦敦协定，以马六甲海峡为界，北面包括马六甲等地归属英国管辖，南面包括苏门答腊岛等岛屿归荷兰管辖。自此，英国人采取各种手段，一步一步把马来半岛的其他地区、新加坡岛以及加里曼丹岛北部的沙捞越和沙巴变为自己的殖民地，到20世纪初马来亚包括含槟榔屿、马六甲、新加坡的"海峡殖民地"，含霹雳、雪兰莪、彭亨、森美兰的马来联邦，含玻璃市、吉打、吉兰丹、丁家奴、柔佛的马来属帮，以及沙越和沙巴等五个部分。

二战期间，日本1942—1945年短暂占领马来亚。日本战败后，英国人恢复其殖民统治。

1957年，包括马来联邦与马来属帮的马来晋代从英国的殖民统治下独立出来，成立联合帮。1963年9月16日，马来亚联合帮与新加坡、沙捞越、沙巴组成马来西亚联邦。1965年，新加坡从联邦独立出来。

（二）中国文化影响

据考，在公元前3000年前后和公元前1000年前后，先后有两批规模很大的原来居住在中国的南方蒙古人迁移到马来半岛和马来群岛，成为如今人们分别所称之的原始马来人和续至的马来人。这些南方蒙古人在中国的时候已经接触了一些汉人的文化，比原来居住在印度尼西亚群岛的原住民文化程度要高。

后来又有大量的华人移居马来半岛和马来群岛，华人成为仅次于马来人的第二大族群，他们带来了中华的文化。历史上马来半岛的满剌加（马六甲）王国与中国联系密切。明朝郑和七下西洋，五次驻马六甲。

1405 年明成祖册封拜里米苏剌（PARAMESWARA）为满剌加国王，并赠予诏书和诰印。1411 年至 1433 年间，拜里米苏剌及其后人曾多次访问中国。

（三）印度文化影响

马来半岛和马来群岛西部濒临印度洋，自古就与印度通过海上往来。佛教、印度教来自印度。很多文艺作品的故事情节来源于印度的古典文学。

自古以来，许多印度人移居马来亚。在英国殖民时期，作为英国殖民者的藩属领地——印度南部泰米尔纳德邦的泰米尔人陆续来到马来西亚从事贸易、管理和劳力。战前 45% 的铁路工人来自印度和斯里兰卡，此外还有商人、传教士、洗衣工、理发师和金银匠等。印度人成为马来西亚的第三大族群。

作为印度教的前身，婆罗门教在公元初年就与佛教一起传入了马来半岛。在 8 世纪前后，婆罗门教吸收了一些佛教和耆那教的教义而进行改革，并改称为印度教。马来西亚具有一定的印度教传统，但今日马来西亚印度人信奉的印度教主要还是后来 19 世纪大量的印度人移居马来西亚而带来的。此前，马来半岛的主要居民是马来人，他们早在 15 世纪以后就已皈依伊斯兰教了。

（四）阿拉伯文化影响

马来人的伊斯兰化来自阿拉伯世界和南亚次大陆印度穆斯林的商业活动。马六甲是马来西亚最古老的城市，由来自苏门答腊的逃亡王子拜里米苏拉创建于 1400 年，曾是满剌加王国的都城，也是东西方贸易的枢纽和伊斯兰教的传播中心。

马来西亚很多古代的神话故事来自阿拉伯文化。

（五）西方文化影响

马来西亚成为英国殖民地多年，至今仍是英联邦成员之一。在英国的统治下，当地采用了西方的政治体制和教育制度，大量精英从西方留学回来。西方文化带来了深刻的影响。

英语成为马来西亚重要的交际语言。EF 英孚教育机构发布的全球首份《英语熟练度指标报告》显示，在调查采样的 44 个母语非英语的国家及地区中，亚洲地区在私立英语培训方面花费大量精力，仅马来西亚挤入前 10 位。

三　文化政策及语言、科技、教育

（一）宗教文化政策

1. 强调民族团结

马来西亚主要由马来族、华族和印度族三大民族组成，是一个多元种族、多元文化、多元宗教的国家。起草和实施国家文化政策对于马来西亚这个发展中的、有着不同风俗和传统的多元民族国家来说是必要的，这个政策就是创造一个团结的国家并在国际上维护国家的特征。政府努力塑造以马来文化为基础的国家文化，重视马来语的普及教育。1971 年，马来西亚政府在马六甲召开第一次国家文化大会。在这次国家文化大会上产生了国家文化三大原则：一是，国家文化必须以本地区土著文化为核心；二是，其他文化如果恰当与适合，可以被接纳为国家文化；三是，在国家文化建设中，回教应成为重要的部分。

2. 加强文化交流

旅游有助于提高本地的文化意识。因此，1987 年成立文化旅游部就是发展文化和旅游的重大举措，负责执行国家文化政策与战略的主要政府机构，其职能是促进文化和旅游业的发展，同时还规划、协调、评估其政策与计划。

3. 多宗教并存

马来西亚允许信仰多种宗教，以伊斯兰教为国教，其他还有佛教、道教、印度教、天主教等。别的宗教不得向信仰伊斯兰教的人传播。跟新加坡差不多，马来西亚的三大族群，其宗教信仰都不一样，马来人主要信奉伊斯兰教，华人主要信奉儒释道，印度人主要信奉印度教。

（二）语言

作为一个多民族国家，马来西亚的语言也是丰富多样的。马来西亚把马来语作为国语，英语作为第二语言普遍在商务活动中得到使用，如在学校、新闻、商业团体作为交际语言。各族群均可使用本族群的语言。

马来人一般使用马来语，但有很多方言。马来西亚独立后，在马六甲—柔佛方言的基础上，形成和确定了全国通用和标准的马来语。马来西亚规定政府、学校、新闻和商业团体使用标准的马来语。马来语的基本语序与汉语一样，是主语—谓语—宾语，而定语则是倒置的。由于长期受外来文化的影响，马来语吸收了大量的梵语、阿拉伯语、汉语、英语的词汇。马来文是 14—15 世纪在古爪哇文的基础上创造的。后来马来西亚成为英国殖民地后，借用罗马字母进行改造，马来文成了拉丁化的文字。1956 年 9 月 16 日第三届马来文学与语文大会通过了规范的现行的马来文。1967 年，当议会通过《国家语言法令》后，马来语就被宣布为马来西亚官方语言，各族语文可自由运用和发展。由于人种、地理、历史交流等缘故，马来语和印度尼西亚语大体可以相通。

华人一般使用华语，同时由于华人来自广东、福建、海南等地，他们在居住区和家庭内也常用祖籍方言，如福建话、广东话、客家话、潮州话和海南话。

印度人的成分主要是泰米尔人，所以他们大多讲泰米尔语，一些人讲印地语、乌尔都语。

（三）教育

古代的马来亚教育是伴随着佛教、印度教、伊斯兰教的传播而进行的。寺庙既是宗教活动的地方，也是接受教育的场所。

19 世纪西方殖民者来了之后，外国人举办了一些教会学校。1941 年创办了马来亚大学，自此，马来亚有了高等教育。

独立后，马来西亚的教育发展比较快，1960 年颁布《义务教育法》，对 6—15 岁的儿童实行全民义务教育。马来西亚的学制为"六三四四"制，即小学 6 年，初中 3 年，高中 4 年，大学 4 年。各类学校一般都实行英语和马来语双语教学，有些学校实行英语、马来语、华语或泰米尔语三语教学。

马来西亚拥有良好的教育制度，除政府设立的公立学校外，国内主要城市都有声誉良好的国际学校，并以英语为主要授课语言。美国、英国或其他国家的国际学校都设有学前至中学的课程，而且还有不少私立大学与世界知名的大学合作开办课程，提供国际级的教育服务。马来西亚重要的大学有 9 所：（1）马来亚大学，规模最大，创办于 1962 年，位于吉隆坡；（2）马来西亚国民大学；（3）马来西亚理科大学；（4）马来西亚农业大学；（5）马来西亚北方大学；（6）马来西亚技术大学；（7）国际伊斯兰大学；（8）马来西亚沙捞越大学；（9）马来西亚沙巴大学。

马来西亚与中国签署了双边大学学位互认协议书，马来西亚宣布承认146所中国大学学士或以上学位文凭，并在2011年4月28日之后生效。

（四）传媒

马来西亚有英文、马来文、中文、泰米尔文报刊120多种。其中，现以《新海峡时报》名称在马来西亚独立出版的报纸，是当今马来西亚发行量最大的报纸。其前身是英国海峡殖民地政府在马来亚创办的著名英文报纸《海峡时报》。《马来使者报》是马来西亚发行量最大的马来文综合新闻类报纸，1939年创刊。

四 穆斯林文化

（一）马来人以信奉伊斯兰教为主

1. 伊斯兰的传播

10世纪前后，一些阿拉伯商人和印度商人到马来半岛从事贸易，伊斯兰教也就随之而传入马来半岛。当时该地区主要还是信奉佛教和印度教，一直到15世纪，马六甲王国建立，开国之君拜里米苏刺羡慕阿拉伯商人之富有，从而也随之改为信奉伊斯兰教，并下令全国都要信奉伊斯兰教。由于当时马六甲贸易兴盛，是东西方往来的中心，因而也成了传播伊斯兰教的中心。中国人马欢于1412—1433年间，先后三次到马六甲停留，见到该国"国王、国人皆从回回教门，持斋受戒诵经"。

由于国王信仰伊斯兰教，因而伊斯兰教就成了马六甲王国的国教，国王称为苏丹。后来马来半岛和马来群岛大部由信仰印度教、婆罗门教，改为信仰伊斯兰教，马六甲王国起了传播的中枢作用。

2. 伊斯兰教为国教

16世纪后，西方人来到马来半岛，他们倡导基督教，但由于保留马来上层的权力，不干预当地的伊斯兰宗教事务，所以马来人地区的伊斯兰教几乎没有受到大的影响。

马来人占马来西亚总人口的一半以上。1957年马来亚独立后，宪法规定伊斯兰教为国教。马来西亚的伊斯兰教属于逊尼派，跟邻近的印度尼西亚的伊斯兰教相似，马来西亚的伊斯兰教也带有较多的世俗成分。信奉伊斯兰教的马来西亚人，不吃猪肉，不能喝酒，每天从早到晚要做5次礼拜。女的在公共场所不能露出胳膊和脚，要戴头巾。男的还在孩提时即六七岁就要做传统的割礼。开斋节是马来人最隆重的节日。每年伊斯兰教历的9月是斋月，伊斯兰教信徒白天要禁食。斋月结束后的次日即为开斋节。节日期间，人们请客送礼，探亲访友，用最丰盛的饭食菜肴招待亲友。

　　尽管马来人皈依了伊斯兰教，但由于他们的祖先是公元前从亚洲中部迁移过来的，迁移前已接触了汉文化，而且从公元初到10世纪前后，佛教和印度教也影响到马来人居住的地区，所以至今，他们在信奉伊斯兰教的同时，也带有万物有灵、祖先崇拜等原始宗教，以及佛教和印度教的痕迹。

（二）马来语

　　马来西亚的马来语是在19世纪，英国人基于罗马字母设计出来的。马来西亚独立后，鉴于马来人是马来西亚人数最多的族群，即把马来语定为国家的官方语言。

　　为了缩小马来语和印度尼西亚语在书写上差异，马来西亚与印度尼西亚在1972年对两者的书写系统进行了统一。不过，由于某些历史上的原因，这两种语言的某些词汇还是有差异。

（三）马来文学

　　由于族群人数占比大等因素，马来文学和华文文学构成了马来西亚文学的主体。

　　马来文学大体可以分为古代文学、近代文学和当代文学三部分。古代文学也称为传统文学，带有宗教和皇家的色彩，与印度尼西亚的古代文学密不可分。古代文学大体又可分为两段：从公元初到13—14世纪，受印度文化的影响，照搬古代印度史诗《罗摩衍那》和《摩诃婆罗多》的传说故事，甚至一些故事情节雕刻在马来西亚庙宇的石碑上。15世纪以后，随着伊斯兰教的传入，马来文学作品吸收了波斯、阿拉伯文学的内容。在古代文学中，马来文学最杰出的作品是15世纪记述马来亚历史的史诗《马来亚纪年》。该书对马六甲王朝的建立和发展，对马来民族皈依伊斯兰教以及马六甲地区的生活进行生动的描写和记述。书的作者是马六甲人，但姓名和生卒年月不详。

近代文学主要是指在 19 世纪马来亚成为英国殖民地后，人们把西方和阿拉伯的文学作品翻译成马来文的文学，因而也叫翻译文学。

当代文学主要是指二战结束后，特别是马来亚独立后，一批批本土作家成长起来，大量的本土文学作品问世，文学本土化已成为主流。

五　华人文化

马来西亚在全球最宜华人移居的国家中排名第 6。多个世纪以来，马来西亚华人在此安居乐业，也形成了繁荣的华人文化。宗教信仰上保持祖先崇拜、儒释道等，节日一如中国，最隆重的是春节，还有元宵、端午、中元、中秋等。

（一）以佛教为主的多种宗教信仰

华人一度在马来西亚占了总人口的三分之一。虽然马来西亚华人的祖先很早就已来到马来半岛，但大量的到来还是 18 世纪末 19 世纪初英国人占领马来亚之后。他们大多来自中国的福建、广东、广西、海南等地。按照他们祖籍和所讲的方言，在马来西亚的华人社会中，逐渐形成福建、广州、潮州、客家、海南 5 个大的帮派体系，并成立了很多会馆和宗祠。通过组织各种活动，传承祖籍国及宗亲文脉，交流信息，以利于互相帮助，扎根当地，扩大发展。

1. 传承祖籍国的信仰

祖先崇拜是海外华人任何时候到任何地方都不会忘记的。马来西亚华人在保持家祭的同时，也崇拜妈祖、大伯公、土地神、关公等，在家供奉祖先神位、灶君爷，每逢初一、十五，上香祭拜。

在传承祖籍国和宗亲文脉的同时，华人也把儒释道及一些地方信仰带到了马来亚。

2. 以信仰大乘佛教为主

公元初年到 10 世纪前后，马来西亚当地居民接受了来自印度佛教的影响，后来他们多数皈依了伊斯兰教，信奉佛教的马来人已很少。华人信仰的佛教主要是来自祖籍国，因而他们信奉的佛教主要是大乘佛教。20世纪 50 年代后，马来西亚的佛教有了大的发展。1960 年成立了马来亚佛教总会，总部设在槟城，各地设有分会。佛总会开办了马来西亚佛学院，出版有《无尽灯》等佛学杂志。槟城和吉隆坡是马来西亚佛教的两大中心。槟城有著名的佛教极乐寺，寺内有一尊 13 层楼高的观音塑像，吸引了马来西亚乃至东南亚各地的信众。槟城邻近泰国，除了极乐寺，还有泰式的卧佛寺。

3. 具有特色的德教

马来西亚华人除了信奉佛教，还创立了融道教、佛教、儒教、基督教和伊斯兰教为一体的德教，崇拜五大教派的教主，而以老子为主，同时还崇拜八仙。德教提倡以道德感化人，劝人弃恶从善。德教有十大教纲，包括"孝"：恭尊父母，养尽其乐，顺承亲意，祭尽其礼；"悌"：敬重兄长，视为手足，兄友弟恭，荣辱相关；"忠"：竭诚尽力，坚志贯彻，事有负责，正直无私；"信"：诚实真意，履约善后，言行相顾，保持永恒；"礼"：规矩准绳，纲纪守施，举止温良，以维正风；"义"：公正合宜，交友顾爱，财取有道，助人至诚；"廉"：清而莫贪，生活严肃，操持高洁，俭可养廉；"耻"：情欲羞耻，安分守己，真彻觉悟，戒生妄意；"仁"：博爱无私，罔伤生灵，民胞物兴，宜体天心；"智"：智明达理，明辨是非，奋发自励，知所适从。该教是当地华人李怀德于 1952 年创立的，在马来西亚全国有约 60 个分支组织。

（二）华人教育

马来西亚华文教育在东南亚乃至全世界首屈一指，是除中国大陆、台湾、港澳地区以外唯一拥有小学、中学、大专完整华文教育体系的国家。

据马来西亚教育部提供的最新资料，马来西亚有华文小学 1290 所，华文独立中学 60 所，华文大专院校 3 所（南方学院、韩江学院、新纪元学院）。除此之外，还有 153 所国民小学提供交际华文课程，78 所国民改制型中学设有华文必修课程，24 所寄宿中学向马来学生提供华文课程，16 所师范学院开办中小学中文教师培训课程，马来亚大学、博特拉大学、国民大学等国立大学也设有中文系，其中马来亚大学还设有中国问题研究所。全国就读华文学校的人数超过 20 万人，其中华文独中在校学生 6 万多人。近年来，不仅是华裔子女进华校，一些马来人、印度人的子女也开始到华校读书。每年就读华文独立中学的马来学生有 5000 多人，就读华文小学的非华裔学生近 7 万人。

由于历史和种族的因素，马政府对华文教育仍采取限制政策，华文教育在马来西亚始终是一个十分敏感的课题。马政府长期致力于发展马来语成为唯一教学媒介语。前两年，马政府又提出用英语作为数理科教学用语。这些都对华文母语教学产生重大冲击。不过，随着中国的和平崛起，近年来马来西亚的华文教育有加强的趋势。

（三）语言文学

华人一般使用华语，同时由于华人来自广东、福建、海南等地，他们在居住区和家庭内也常用祖籍方言。马来西亚人认为，除中国本土外，马来西亚的华语是最纯正的。中国人常常会把马来西亚的歌手误以为是国内的。

马来西亚的华人文学也大体可以分为三种情况：一是把中国的古典名著介绍过来，如《三国演义》、《水浒传》、《西游记》等。华人曾锦文翻译的《三国演义》共30卷，长达4622页，出版于1892—1896年间，是《三国演义》最早的马来文译本。马来西亚甚至有研究《红楼梦》、《三国演义》、《孙子兵法》的学术团体。二是1919年中国五四运动后，华人把中国的新文学介绍到马来西亚。三是马来亚独立后诞生了一批华人作家，也创作了大量的反映本地生活的文学作品。

（四）华文媒体

华文已成为马新闻媒体的主要语言之一。目前马全国中文报纸、杂志几十家，马国家新闻社提供中文资讯服务，国家电视台开设了华文新闻，播放华语影片，Astro卫星电视设有多个华语频道。

《南洋商报》和《星洲日报》是马来西亚主要的华文报纸，分别创刊于1923年和1929年。《南洋商报》是在世界上特别是在华人中很有影响的中文报纸。马来西亚创刊最早的华文报纸是《光华日报》，创办于1910年。

由于华人众多，马来西亚许多地方还有中文书店。首都吉隆坡的苏丹街和思士街集中有10多家华文书店，甚至有中华书局和商务印书馆等老牌子的书店。

（五）"峇峇"与"娘惹"

"峇峇"与"娘惹"是马来西亚一个很特别的群体，他们是18世纪以前从中国来的男性与当地土著女性结婚后生育的后裔。他们的外表与当地的马来人很相似，饮食与穿着也与马来人很接近。不过，他们依然自称为华人，保留华人的传统，相互之间通婚，文化上保持中国的根，认祖归宗，拜神祭祖，主要信奉佛教和道教，讲有一点父辈祖籍方言的"峇峇"马来语。

在 20 世纪 60 年代以前，峇峇、娘惹在马来西亚为土著身份，后由于一些政治原因而被归类为华人（即马来西亚华人），从此失去了土著身份。

六　印度人文化

马来西亚的印度人中，以泰米尔人为主，约占 80%，马拉雅兰和泰卢固人约占 14%，其余还有北方的旁遮普人、孟加拉人和古吉拉特人。他们的文化背景并不相同，按宗教来划分，80% 为印度教徒，其他还有锡克教徒、穆斯林和基督教徒。各宗教的恪守者都分别遵守各自的宗教节日和生活习俗。

根据信仰的不同，印度人的服饰呈多元化特征，在吉隆坡随处都可以看到包头留须的锡克教徒男子，配饰各色披肩、眉间涂饰朱砂的印度教徒，以及戴各色头巾、穿着严实、长袍裹体的穆斯林妇女。

（一）印度人的宗教信仰

1. 以信奉印度教为主

印度教与其他宗教所不同的是，它没有教祖，没有至高无上的经典，也没有教会组织，但供奉较多的神灵，主要有湿婆神、毗湿奴神、姆鲁卡神。同时，人们还供拜村镇神、家族神和一些个人神。印度教提倡通过做瑜伽等苦行修炼来达到梵我如一的至高的终极理想。

马来西亚全国有 1.8 万座印度教庙宇。

2. 少部分印度人信仰伊斯兰教

马来西亚穆斯林自 1947 年印巴分治后又分裂为亲印派和亲巴派。在以马来人为主的佳米寺北约 100 米处著名的商业街小印度，泰米尔穆斯林于 1863 年就建有清真寺，这就是今天的印度清真寺（Masjid India），与佳米寺遥相呼应，在一份出版于 1889 年的地图上时任职于吉隆坡土地局的 W. T. Wood 曾经标出了印度清真寺的地标。在马来人进入城市之前，马来西亚很多城市中的小清真寺其实都是殖民政府机构中的印度雇员所建。

（二）文化教育

印度人作为英殖民政府开发马来亚的廉价劳动力，一直希望有一天能衣锦还乡，荣归故里。不过，马来西亚独立后，越来越多的印度人加入了当地国籍，实现了国家认同的转变，但仍保持着对印度的感情和文化联系。马来西亚的一些印度人文化社团经常邀请印度的老师到马来西亚教授传统舞蹈和音乐，穆斯林也从印度邀请宗教学者或阿訇主持宗教仪式及讲座，印度的电影明星在马来西亚印度人中间受欢迎的程度不亚于在印度国内。尽管历经了百年的落地生根，印度人对印度的感情和政治联系仍根深蒂固。

印度人各种族仍保留着自己的语言，而且族群内部的种姓区分意识仍旧存在。泰米尔语和印地语是使用比较多的两种语言，但其方言几乎涵盖了印度所有的方言。因受殖民教育，个别印度人的英语水平很高。印度人中低层民众多选择在泰米尔文学校就读，虽步履艰难，但坚持母语教育。上层一般接受英式教育，以英语教学，或者将子女送往印度接受母语教育。印度清真寺中使用双语（泰米尔语和英语）解释《古兰经》。

（三）节日

屠妖节是印度人和印度教信徒一年中最隆重的节日，时间是每年印度历 8 月 14 日，公历在 10—11 月间。屠妖节是人们庆祝光明战胜黑暗，善良战胜邪恶的节日。过节前，印度人家家户户打扫干净，点上油灯，迎接幸运女神的降临。

七 土著文化

这里说的土著包括"小黑人"和原始马来人。马来西亚大多数的土著族群和原始马来人一般仍然坚持原始的信仰崇拜：万物有灵和多神崇拜。

（一）"小黑人"

据考，"小黑人"是居住在中南半岛和南洋群岛最早的族群。由于蒙古人种的南下，"小黑人"一方面与新来者融合，也有一些被挤到了越来越偏远的山区。在马来西亚的塞芒人、塞诺人等属于"小黑人"。

塞芒人主要分布在靠近泰国南部的马来西亚北部山区和西部沼泽地带，多在吉兰丹、彭亨、霹雳、吉打等州境内，包括梅尼人、贾海人、门里人、门戈斯人、莫尼克人、卡雷人等支系，他们属尼格罗—澳大利亚人种尼格利陀类型。塞芒人男子平均身高150厘米，女子高142厘米，肤色褐黑，毛发略带鬈曲。他们使用塞芒语，属南亚语系马六甲语族，与塞诺语相近，现逐渐改说马来语。

塞诺人又称萨凯人，主要分布在马来西亚霹雳州东南部和彭亨州西北部等地的密林地带，他们包括塞迈人、特米亚尔人、普来人等支系，属尼格罗—澳大利亚人种，为尼格利陀人和原始马来人的混血后裔。塞诺人身材矮小，男子平均身高150厘米，女子高142厘米，皮肤为褐色，毛发呈波状。他们使用塞诺语，属南亚语系马六甲语族，分为4种方言，多借用马来语词汇。

(二) 原始马来人

原始马来人是大约7000年前从亚洲中部南下的蒙古人种的后裔，一般居住在东马和西马的偏远地区。马来西亚的原始马来人包括西马的雅昆人、东马的伊班人和卡达山人等。

雅昆人主要分布在马六甲地区，属蒙古人种马来类型，为原始马来人的后裔。他们使用雅昆语，属南岛语系印度尼西亚语族。

伊班族人主要分布在东马的沙捞越州，属蒙古人种马来类型，其语言属南岛语系印度尼西亚语族。伊班族有一个牢不可破的传统，就是待嫁新娘除了必须准备一般婚礼所需的嫁妆外，她还必须在婚前学会纺织手艺，织成一匹称为 Dua Kumbu 的布。正因为纺织是出嫁的必然条件，外人一走进伊班族的长屋，触目可及便是妇女坐在纺织机旁，不辞劳苦地织布。

在古老的长屋里，人们还会见到用草绳吊起的骷髅头，这就是传说中的"猎人头"。早在一个半世纪以前，伊班族人就有猎取人头的风俗。男孩年满18岁时，就必须设法猎取一个敌人的头颅挂在门外，以示长大成人。据说悬挂头颅越多的人家，来求亲的女孩子就越多。虽然猎人头的风俗早已绝迹，但那些早年留下来的头颅依然保存在一些长屋中。这些头颅骨当年以火烤或风干等方式进行"清理"，被套在吊网中，悬挂在房檐下。按照伊班人的传统，这些头颅骨是不可以用手随便触碰的。尽管已过了上百年，看上去仍然令人毛骨悚然。伊班人用丰收舞来表现欢庆丰收的喜悦心情，由一名壮士和三名少女合跳，她们在稻谷收割后一边舂米，一边唱歌。威武勇猛的伊班壮士则跳跃、旋转、穿梭在盾和剑之中。

卡达山人主要分布在沙巴州，属蒙古人种马来类型，其语言属南岛语系印度尼西亚语族。卡达山人是当地原住民联合而成，是马来西亚沙巴州内最大的族群，大部分居住在沿海的城市及内陆地区，如兵南邦（Penampang）、下南南（Inanam）、担布南（Tambunan）、万劳（Kota Ma-rudu）、兰瑙（Ranau）等。他们主要从事打猎、种植水稻等农业活动，近年来也涉及商业甚至政治活动。

卡达山人主要保持传统信仰，也有信奉基督教、天主教、回教的。五月的丰收节是他们最重要的节日，会举行各式各样的活动。

第十四章　文莱文化

文莱是南海边上一个袖珍国家，其文化以"马来、回教、君主"为特色而著称。

一　国情

（一）地理与资源

文莱达鲁萨兰国（Negara Brunei Darussalam），简称文莱，位于亚洲东南部的加里曼丹岛①的西北部。地处北纬 4°2′—5°3′、东经 114°4′—115°22′。北面濒临中国南海和文莱湾。陆地面积 5765 平方公里。东、南、西三面与马来西亚的沙捞越州接壤，并被沙捞越州的林梦分隔为不相连的东、西两部分。北面隔海与菲律宾、中国和越南相望。

文莱陆地海拔在 300—500 米之间，地势东高西低。北部是平原，南部是丘陵，东部多为沼泽地，西部沿海为狭长平原。东南部与马来西亚沙捞越交界的阿干山海拔 1808 米，为全国最高峰。主要河流有马拉奕河、都东河、淡布隆河和文莱河。这些河流发源于南部山区，由南向北流入大海。马拉奕河为全国最大河流，全长 32 公里。海岛岸线长约 161 公里。有 33 个岛屿，总面积 79.39 平方公里。大部分岛屿分布在文莱河下游或河口地区。靠近海边的地带是长满红树林的淡水沼泽，约占陆地总面积的 10%。近海海底平缓，海水较浅，海面平静，素有"少女海"之称。

文莱气候属热带雨林气候。终年炎热多雨，没有明显的干旱季节。各地年平均降雨量在 2500 毫米以上。年平均气温 28℃，各月温差不大。空气湿度较大，达 67%—91%。

---

① 旧称婆罗洲。

据文莱经济策划及发展局（JPKE）2012年4月24日公布的第五次正式全国人口及房屋调查初步结果，2011年，文莱全国人口为39.3162万人。在文莱现有人口中，男性占51.5%（20.2668万人），女性占48.5%（19.494万人）。[1] 文莱主要民族有20个。马来人（7大土著合称，包括文莱马来人、都东人、克达岩人、马来奕人、比沙雅人、姆鲁人和杜顺人）人口达26.94万人（2009年），占总人口的66.71%；华人人口达4.46万人（2009年），占总人口的11.2%；其他种族约占22.09%（2007年）。

文莱的矿产资源主要有石油和天然气。据文莱官方2010年公布的数据，石油蕴藏量14亿桶，天然气储量约3900亿立方米，是东南亚第三大产油国和世界第四大液化天然气出口国。除陆地油田外，现有7个海上油田，90%的石油和几乎全部商用天然气出自这7个海上油田。建筑业是第二大产业，近年随着文莱加大基础设施建设投入发展较快。探明储量较大、具有经济价值的矿产资源还有金、煤、汞、锑、铅、矾土和硅。[2]

（二）历史

文莱建国于公元4世纪，有着悠久的历史。

从4世纪到9世纪，为独立王国时期，共400余年。在这一时期，文莱国土辽阔，国力强盛，物产丰富，民众殷实。与中国的封建王朝常有往来，当时中国的史籍称其为婆罗国和渤泥。

从9世纪中叶到10世纪后期，为室利佛逝占领时期，共约150年。文莱的经济及社会遭到严重破坏，对外交往受到影响。

从10世纪到14世纪30年代止，为恢复时期，共300余年。当时的文莱幅员广阔，人口众多，物产丰富，重视商业，崇尚佛教，对外贸易发达，交往频繁。

从14世纪中到15世纪初，为麻喏巴歇（又译满者伯夷）帝国占领时期，共50年左右。在这一时期，文莱丧失大部分领土，成为麻喏巴歇的附属国。

15世纪初，文莱国王麻那惹加那去世后，他的儿子遐旺·阿拉克·

---

[1]　据中国驻文莱大使馆经济商务处网站2012年4月25日报道。

[2]　文莱易华网，2010年7月报道。

贝塔塔尔继承王位，投靠马来半岛南端的信奉伊斯兰教的满剌加国。1414年，娶国王满剌加国苏丹的女儿为妻，并被该国苏丹授予穆罕默德的称号，因而皈依了伊斯兰教，并将文莱改为苏丹国，贝塔塔尔成为该国的第一世苏丹。以后的文莱君主都使用"苏丹"这一头衔。

从 15 世纪末到 17 世纪初，即第五世苏丹博尔基亚到第九苏丹哈桑在位的 100 多年，文莱国力强盛，成为当时东南亚较有影响的国家。

进入 17 世纪后半期，文莱苏丹国进入长期衰弱时期。相继被葡萄牙、西班牙、荷兰、英国侵入。文莱苏丹对边远地区的统治已经名存实亡。

1847 年 5 月，英国迫使文莱签订了不平等的《英国和文莱友好通商条约》，文莱由一个独立自主的主权国家变为受英国支配的半殖民地。

1888 年 9 月 17 日，英国政府与文莱、沙捞越及北婆罗洲三方会谈签订了保护协定，协定规定文莱接受英国的保护，文莱从此沦为英国保护国。

1941 年 12 月 8 日到 1945 年 6 月，文莱被日本占领。

1946 年英国恢复对文莱的控制。1959 年英国与文莱签订协定，规定国防、治安和外交事务由英国掌管，其他事务由文莱苏丹政府管理。1971年英国与文莱重新签约，规定除外交事务和部分国防事务外，文莱苏丹政府行使其他所有内部自治权。1978 年文莱苏丹赴伦敦就文莱主权独立问题同英国政府谈判，缔结了友好条约。

1984 年 1 月 1 日，英国放弃了其掌管的文莱外交和国防权力，文莱宣布完全独立。

（三）国体政体

文莱是伊斯兰教绝对君主制国家。君主（苏丹）拥有行政、立法、司法全部权力，同时也是宗教领袖。设宗教、枢密、内阁、立法、世袭等5 个委员会协助苏丹理政。

文莱议会称立法委员会。文莱政府设首相署、国防部、财政部、外交和贸易部、司法部、教育部、交通部、宗教部、文化青年体育部、内政部、发展部、卫生部、首相署能源部、工业和初级资源部等机构。文莱司法体制以英国习惯法为基础。中央设有司法会议，其主要职能是代表苏丹执行司法权力，各级法院的法官都由苏丹任命。审判机关遵循审判独立原则，由最高法院、高等法院、上诉法院及地方法院组成。另设宗教法院，负责审理有关伊斯兰教的案件。

文莱国家元首是苏丹·哈吉·哈桑纳尔·博尔基亚·穆伊扎丁·瓦达乌拉，1967 年 10 月 5 日即位，兼任首相、国防大臣和财政大臣。

文莱行政划分为区、乡和村三级，有 4 个区：文莱—摩拉（Brunei-Muara）、马来奕（Belait）、都东（Tutong）、淡布隆（Temburong）。区长和乡长由政府任命，村长由村民民主选举产生。文莱主要城市是首都斯里巴加湾市，位于文莱河畔，是文莱的政治、经济、文化和交通中心。

（四）经济

文莱的主要产业是石油和天然气开采业，增加值约占国内生产总值的 67.4%。工业基础薄弱，经济结构单一，以石油和天然气开采与生产为主。近年来，文莱实行经济多元化战略，以减少对油气产业的依靠，重点发展重工业和轻工业、制造业、科技、电子、运输通信、餐饮业、旅游业、游乐设施、社会福利等九大项目。截至 2013 年 3 月 31 日，文莱约有 6000 家企业，其中，中型企业 1787 家，占 33%；小型企业 3560 家，占 65%。中小企业领域的就业人口占全国人力市场的 70%。[①]

文莱的对外贸易主要出口原油、石油产品和液化天然气，进口机器、运输设备、食物、药品等。文莱不设国家中央银行，其货币名称为文莱元，与新加坡元实行 1∶1 汇率挂钩。

文莱人的生活水准较高，是世界上拥有私车比例最高国家之一。至 2012 年，每 2.65 人拥有 1 辆汽车，根据世界银行排名居全球第 9 位。

二 伊斯兰教

文莱文化的一个重要特点是，在全球化的背景下，极力维护伊斯兰教文化的地位，无论世界风云如何变化，伊斯兰教的独特地位都不会改变。伊斯兰教是文莱的官方宗教，全国 64% 的人口是穆斯林。最大穆斯林族群是马来人，遵从逊尼派中的沙菲仪派。

文莱宪法规定，伊斯兰教为国教，实行君主立宪制，苏丹为国家元首。规定在进行现代化建设的同时必须保持伊斯兰教原则。伊斯兰教在国

---

① 据中国驻文莱大使馆经济商务处网站 2013 年 4 月 2 日报道。

家政治生活中占有重要地位。苏丹下设由伊斯兰教高级学者组成的宗教理事会，协助苏丹领导宗教。政府为清真寺、宗教学校和印刷出版伊斯兰经籍设有宗教基金。

14 世纪末，文莱被爪哇的麻喏巴歇王国占领，沦为附属国，居民多信佛教。此间，来自印度、阿拉伯和波斯的穆斯林商人已在沿海地区进行贸易。15 世纪初，马六甲苏丹国兴起后，文莱依附该国，伊斯兰教传教师和商人将伊斯兰教传入，一些贵族和商人多改奉伊斯兰教。15 世纪中叶，该国国王已改奉伊斯兰教，国王改称苏丹，建立了政教合一的苏丹国，并宣布脱离马六甲国而独立。苏丹为宗教和行政领袖，宫廷设枢密院和 4 位大臣，协助苏丹处理政务。苏丹推行伊斯兰教法，设立教法官，建清真寺和宗教学校，传播伊斯兰文化。16 世纪初，在第五世苏丹博尔基亚执政时，国势昌盛，经济发展，伊斯兰教文化得到广泛传播。由此伊斯兰教文化成为文莱文化的主要特征。

文莱在文化教育上，推行伊斯兰化政策。2001 年，文莱政府制定了一项新政策，对教育制度进行了重大改革。文莱原来的教育分属两个系列，一部分属于宗教事务部管辖，一部分属于教育部管辖。新的政策是把原来属于宗教事务部管辖的宗教学校全部交由教育部管辖。这就把原来的双轨制改单轨制。这项新政策已于 2002 年实施。所有学生必须修读伊斯兰教课程。对于办学经费，马来语学校、英语学校和阿拉伯语学校，由政府全额拨给；而华语学校，政府只拨给一部分办学经费，另一部分则主要靠当地华人社团资助。文莱政府认为，把宗教教育和普通教育合并的新政策实施后，文莱可以培养出德才兼备同时具有宗教精神的人才。文莱政府在文化教育工作中有一条最主要的国策是更严格地信奉传统的伊斯兰教教规。强调用伊斯兰教来教育国民，特别要求在学生中进行马来回教教育。根据文莱苏丹的旨意，文莱教育部决定在全国中小学、学院与职业技术学校的学生开展诵读可兰经的活动。文莱苏丹在 1989 年 2 月的一次讲话中强调："国家的成就归于那种以文莱的价值观念为基础的、遵循伊斯兰教教义的传统制度。"因此，文莱"必须谨防我们那种根深蒂固并且协调融合的生活方式，受到任何势力的威胁"。文莱人向来讨厌暴力，苏丹常在重大场合告诫人民"爱好和平，讲究奉献"，这才是伊斯兰教的真谛。

三 语言与艺术

世界是多样性的，每一个国家和民族都有其语言或者文字，作为一个多民族的国家，一般来说都是以占主体的民族作为其国家的官方语言。文莱是一个以马来人为主体的多民族的国家，所以，在文莱使用的主要语言是马来语，马来语被定为文莱国语。同时英语和华语也在社会中使用广泛。

（一）语言

文莱的主要语言有：

1. 马来语

文莱马来人大多是 13—15 世纪来自苏门答腊和马六甲等地迁徙的移民后裔。到了 20 世纪初，为开采石油和发展种植业，又有大批马来人从邻近的沙捞越和沙巴地区迁入。此外，移居文莱的菲律宾比萨扬人、他加禄人，印度尼西亚的爪哇人、杜松人、卡达扬人和伊班人等也有不少融合到马来人中。马来语原来使用阿拉伯字母，现已改用拉丁字母。1984 年 1 月，文莱独立时，把马来语定为国语。

马来语属于马来—波利尼西亚语族。19 世纪，英国人基于罗马字母设计了现在普遍使用的马来文字。马来语的语法与西欧语言有着根本的不同。马来语没有词前缀和词后缀，属于分析语。而相应的功能则由附加单词来实现。名词的复数形式则由简单地将该名词重复说两次来实现。马来语中的许多单词源自梵语、阿拉伯语、英语和汉语。现在马来语已逐渐变成为一种混合语。文莱马来语与马来半岛和印度尼西亚人讲的马来语相同。这种语言主要用于沿海地区和东部地区。从 20 世纪 30 年代起，在文莱政府中拉丁化的写法已完全取代阿拉伯化的写法。

2. 华语

中国与文莱都是亚洲历史悠久的国家，自古以来两国人民之间就有着传统的友好往来。早在 6 世纪，随着航海和贸易事业的发展，中、文两国人民就开始了来往。在其后的 1000 多年中，除了被英国等殖民者占领而使两国交往被迫暂时中断外，大部分时间两国一直保持友好往来。根据史籍记载和考古发现，早在明朝时期，就已经有华人移居文莱。自 19 世纪下半叶起，有更多的华人为谋生而来。华人的到来必然带来了中国的文化，华人本身也需要对其子女进行教育。文莱的华文教育创办于1922年，第二次世界大战初期已经初具规模。文莱政府对华文教育的政策是允许其合法存在，给予部分资助，但逐步加强管理和同化。华文在文莱使用也相当普遍，尤其是在商业界里。由于大多数华人是从中国东南沿海的广东和福建移民过去的，因此，客家话和闽南话都比较流行。

文莱的华语可分为方言与普通话两种。现在文莱的华语学校都以普通话作为教学手段。普通话已发展成为商业用语以及各种方言集团之间交流的媒介物和普通华人居民联系的手段。在年轻人中使用普通话更为普遍。目前，由于受到经济全球化和区域一体化的影响，在华人中学习英语的人数日益增多，再加上出国留学和对外贸易的需要，有的人不愿意用华语，而改用英语。20世纪90年代以来，特别是进入21世纪后，中国的和平崛起，全世界各国与中国的交往越来越密切，文莱与中国建交后，两国关系密切，各方面交往越来越多，华语在世界上和文莱受到了重视，在文莱的华人也开始恢复学习华语，随着越来越多的中国人到文莱进行经贸合作和旅游，在文莱讲华语的人也多了起来。此外，在文莱农村中的华人，由于他们接触外界少，使用客家话的人依然占大多数。

3. 英语

从1847年5月至1984年1月，文莱是受英国支配的殖民地。所以，英语在文莱也被广泛使用。过去只限在文莱国内的欧洲人、上层人物、城市人和教会学校使用，现在使用范围正在不断扩大，并已被引入马来语学校和华语学校。在政府机关中，英语也逐步有代替马来语的趋势。自从2004年11月在南宁举办的第一届中国—东盟博览会以来，文莱的政府官员都讲英语，他们散发的有关文莱的资料也全部是英文，可以看出在文莱使用英语已经比较普遍。

4. 原住民语言

在原住居民中除马来语外，尚有5种主要的原住民语言，即伊班语、巴曹语、杜逊语、穆鲁特语与加央语。这5种语言，除伊班语已开始用拉丁文来拼写成文字外，其他4种目前没有书面语。

在语言和文学研究方面，由于文莱人口少，政府对这方面投入的人力和物力不是很大。1961年，文莱政府建立了一所语言和文学研究所。该所是一个研究、出版机构，负责研究马来民族的语言、文学和艺术，出版本地作家用马来语撰写的著作。所内设有图书馆。该所首任所长穆罕默德·贾米利以收藏和出版文莱历史文献而闻名。

（二）艺术

文化艺术来源于生产和生活。文莱各民族在生产和生活中创造了自己的文化艺术，各民族都有自己的民间艺术，而且多姿多彩。由于资料所限，这里主要介绍文莱马来人的民间艺术。

1. 舞蹈

文莱马来人的民间艺术中的舞蹈具有浓厚的民族色彩，多在喜庆之日演出，用打击乐器伴奏，通常以男女之爱、丰收的喜悦、劳动的欢乐等为主题。文莱的舞蹈有：

莎玛林当舞。此舞蹈是根据歌曲"西蒂·莎玛林当"创作而成。演员是几位年轻貌美的姑娘，表现莎玛林当姑娘的美丽贤淑、温柔和孝顺，是马来人心目中理想的姑娘形象。

安丁舞。安丁舞分巴安丁舞、南榜安丁舞和普通安丁舞3种。过去表演安丁舞是为了敬鬼求神，除灾祛病，节目达到高潮时，舞蹈表演者做出失去自控状，与鬼神直接对话，动作奇特，语言难懂。现今仅在喜庆或娱乐时演出，通常用歌曲伴唱。

阿都—阿都舞。此舞蹈是克达扬人的传统民间舞蹈，多在庆典中演出，也常在收获后表演，表达人们丰收后的喜悦和对来年的祈望。舞者多为青年男子，衣装艳丽，威武潇洒，每人手持两半椰壳，交相碰击，使舞蹈气氛欢快，节奏轻松。

吉宾舞。此舞蹈一般在庆典、仪式上演出，也在舞台上表演。舞者由6对男女组成，所用乐器取决于伴奏的歌曲，一般是小手鼓、阿拉伯式六弦琵琶、提琴等。

阿代—阿代舞。此舞蹈是根据文莱渔民最喜欢的歌曲"阿代—阿代"编成的。演员扮作渔民，一边摇橹，一边唱歌，表达他们对生活、对劳动的热爱和对真主的感谢。歌词通常是传统的马来板顿诗。舞者多为成对的男女。

波纳里舞。此舞蹈常在喜庆或向神灵还愿时演出。演员为三对青年男女，有时只由男青年或女青年组成。以提琴、手鼓、大鼓伴奏。表演时，男女演员互对诗歌，在嬉笑欢乐中展露真挚的爱情。

色卡普舞。此舞蹈与菲律宾的竹竿舞基本相同，只是不用竹竿，而用木杆。据考证，色卡普舞是马来奕区夸拉巴莱村的第四代子孙创作的，伴奏的大鼓称"沙比高图"。跳色卡普舞最初是安慰死了族长一类大人物的家庭。后来只在娱乐或举行庆典、婚宴时演出，与文莱马来人其他舞蹈不同的是，色卡普舞不以歌曲伴唱，只用"沙比高图"大鼓伴奏。

2. 金银工艺

文莱的民间有各种能工巧匠，其中以金银器匠最有名。金匠村在文莱制作金银器历史最久，技艺较高。根据有关历史记载，早在 15 世纪初，金匠村一名叫瑟贾普的村民开始向爪哇人和中国人学习制作金银器，后来世代相传，技艺不断提高。至今，金匠村依然是文莱的金银器制作中心。这里打制的金银器有手镯、耳坠、戒指、香炉、蒌叶盒、钵、矛、盾及其他各种结婚首饰。文莱的金银器造型美，做工细，十分精巧别致，在东南亚享有较高的声誉。

3. 建筑风格

在文莱，大街小巷的各式建筑无不散发着浓郁的伊斯兰气息和文莱的文化特色。其外形大多以不同风格的清真寺为造型，或在室内装潢上采用伊斯兰风格。一出首都机场，首先映入眼帘的就是有着巨大的圆形金顶和镂空的乳白色尖塔的奥玛尔·阿里·赛福鼎清真寺，是首都斯里巴加湾市的象征，也是东南亚最美丽的清真寺，寺内的两个祈祷大厅，可同时容纳 1 万多名善男信女同时祈祷，是文莱伊斯兰文化中心。坐落于博尔基亚大道旁的哈桑纳尔·博尔基亚清真寺、文莱皇家陈列馆、努洛伊曼皇宫，无不富丽堂皇、用料考究，尽显雍容华贵的气势。由苏丹自己出资修建的博尔基亚清真寺由主体建筑和 4 个顶尖圆塔组成，主体圆顶与配塔均镀有 24K 纯金。寺内有两个祈祷大厅，分别可容纳 6000 名男女同时祈祷。男祈祷厅的水晶镀金吊灯重达 3.5 吨。具有马来传统风格的镀金镂空外墙使整个清真寺显得庄严肃穆。

文莱还拥有世界最大的传统水上村落——"水乡"。这座建在文莱河上、面积达 2.6 平方公里的水乡迄今已有数百年历史，曾被跟随麦哲伦远航的意大利旅行家安东尼·帕加塔描写成"东方威尼斯"。水乡的房屋多是用混凝土木桩固定在水中的高脚木屋，别具一格。从东到西，数千间由水泥桩和木桩支撑起来的木板房屋形成连绵数公里的水上村落，蔚为壮观。木板铺的人行道把各家木屋串联在一起，外出时可乘坐木舟、舢板或汽艇，水陆往来十分方便。尽管水乡屋内已经换上舒适的现代化设施，布置可称得上豪华，但仍散发着浓郁独特的文化韵味。

四　传统习俗与节庆

文莱是一个多民族的国家，由于其民族来自各方，各民族的历史背景不同，各民族的经济、宗教、文化、风俗、习惯也不同。文莱是一个伊斯兰教的国家，加上马来人占大多数，所以，文莱的宗教和马来民族传统习俗节庆都体现了较浓厚的伊斯兰教文化，有一些独特的习惯和风俗。在文莱，跳舞、赌博、饮酒等都要禁止，也不存在所谓的"夜生活"，这点是文莱各民族必须遵守的。外国人也必须遵守其风俗习惯。

（一）姓名与称谓

马来人的名字通常由两部分组成。前半部分是自己的名字，后半部分是其父名，中间用 bin（意为"之子"）或 binti（意为"之女"）断开。一般男性名字前面尊称阿旺（Awang），朝圣过的男子通常在名字前加阿旺·哈吉（Awang Haji）。女性一般在名字前加尊称达扬（Dayang），朝圣过的通常称达扬·哈贾（Dayang Hajjah）。皇室成员及与皇室有亲戚关系的人的名字前加本基兰（Pengiran），非皇室成员的达官显要和有功人士被苏丹赐佩欣（Pehin）或达图（Dato）等封号，他们的夫人被称为达丁（Datin）。当面称呼时，可简单称本基兰、佩欣、达图、达丁、阿旺、哈吉、哈贾等。

（二）风俗习惯

1. 衣着

由于生活在热带，所以马来族人无论男女老幼都穿着宽敞透气的纱笼。男子戴无边小圆帽，妇女则缠传统的头巾。2000 年，在文莱举行的第八次 APEC 领导人非正式会议上，各经济体国家领导人穿的是具有马来族风格的蓝衬衫。

外国游客到文莱旅游在衣着方面要注意：女士衣着要庄重大方，衣服要长袖，裤、裙都要长过膝盖；进出清真寺要脱鞋，女性要包头巾、穿长裤（寺庙提供）；男士不可穿浴袍、短裤或宽松的 T 恤，这些衣着只能在海边或游泳池出现。此外，在进入清真寺或私人住所之前，一定要脱鞋。

2. 饮食

文莱马来族人信仰伊斯兰教，不吃猪肉，常吃牛肉和鱼，主食是大米。他们习惯于吃抓饭，而且吃饭只能用右手，如果天生是个左撇子，必须事先向同桌吃饭的人说明，以表示歉意。另外，文莱是禁酒国家，在文莱没有酒卖，游客只能携带 275 毫升酒入境自用，但不能在公共场合饮酒。斋戒月中在日出到日落期间，在回教徒面前进食是很不礼貌的，游客最好在国际饭店的隔间或私人房间用餐。

3. 婚姻

文莱马来族人的婚姻也体现了伊斯兰教文化的浓厚色彩，男女之间的结合，需要经过"媒妁之言"、"父母之命"的阶段，但他们之间必须"情投意合"，很少有"逼婚"现象。对于信仰伊斯兰教的马来族人来说，一个男子可以同时拥有 4 个合法妻子。不过，按照伊斯兰婚姻法的规定，迎娶新妻子要得到原来妻子的同意，而且还得平等对待 4 个妻子，否则以犯罪论处。

文莱地处热带，人的生理成熟较早，所以，马来族人大都有早婚的习俗，少男少女在十五六岁的时候就开始择偶。找到理想的对象，双方及父母均同意后，才开始说亲，筹备婚礼。马来族人的婚礼隆重盛大，一连举行 7 天。

令世人瞩目的是，2004 年 9 月 9 日，30 岁的文莱王储穆赫塔迪·比拉迎娶 17 岁少女萨拉·萨莱赫。文莱王室为他们举行了近年来亚洲规模最大、最豪华的婚礼，婚礼从 8 月 24 日开始到 9 月 10 日结束，整个婚礼持续了 19 天，花费 100 万美元。

4. 日常礼节

参观清真寺或到马来人家做客时，进门前要脱鞋示尊重和清洁，不要从正在做祷告的教徒前走过，不要碰触《古兰经》。非穆斯林不能踩清真寺内做祈祷用的地毯。去别人家做客，进门之前一般还要摘去太阳镜，对主人奉上的点心、饮料必须要吃一点、喝一点，以表示领受主人善待之意。

在指人或物时，不能用食指，而要把四指并拢轻握成拳，大拇指紧贴在食指上。马来人习惯指人指物都用大拇指。他们认为，用食指指指点点是极不礼貌的。在正式场合下，不要跷二郎腿或两脚交叉。

左手被认为是不洁的，在接送物品时要用右手，招呼人或出租车时也不能用食指，要挥动整个手掌。在文莱以右手掌敲左手心也是一件粗鲁的行为。

不少马来人不愿与异性握手，所以，除非他（她）们先伸出手来，不要主动与他（她）们握手。不要用手去摸他人的头部，此举被认为将带来灾祸。

文莱是一个名副其实的"礼仪之邦"。很多外国游客对文莱民众宁静而悠闲生活的节奏叹为观止。也许是由于穆斯林的天性，这里看不到人们为了一点小事争吵或大打出手。无论男女，说话声总是那么的轻柔，脸上总是挂着迷人的微笑，态度总是那么的谦虚与虔诚。

文莱的礼仪也影响到政府，凡是政府各部门组织的各项正式活动，对应邀来宾都表示热情欢迎，由于文莱富有，对来宾总是有茶点招待，走的时候一定会给与会者一个纸袋，里面除了活动材料之外，必定会有饮料、点心等吃的东西。文莱人说，只要客人来了就是很大的善意，因此，一定要客人能够吃食品。作为客人也要吃上一块点心和接受礼物，这样才表示友善。

（三）重大节日

文莱的主要节日有：新年元旦（1 月 1 日）、国庆节（2 月 23 日）、文莱皇家武装部队庆祝日（5 月 31 日）、苏丹陛下华诞（7 月 15 日）、斋戒月（回历 9 月）、开斋节（回历 10 月初，根据观察新月定）、穆罕默德先知诞辰日（6 月 15 日）、回历新年（4 月 6 日）、华人春节及文莱达雅克人的稻米收获节等。从节日可看出文莱是个多民族和睦相处的国家，无论是哪个民族的传统节日，其他民族的人都会一起共享，互致祝福。其中最隆重、最有特色的节日是：

苏丹陛下华诞。现任文莱苏丹哈桑纳尔·博尔基亚的出生日是 7 月 15 日。每当苏丹诞生日来临时，文莱政府和居民都要举行各种庆祝活动，国内的报纸、电台和电视台要为此发表社论或播送专题节目。文莱的驻外使馆也要举行盛宴，以示庆祝。

国庆节，定在 2 月 23 日，是文莱全国性的各族人民的节日。这一天，一般要在首都斯里巴加湾市举行盛大的游行庆祝活动。同时，在首都和全国各地还要举办各种纪念性展览和念诵《古兰经》等活动。

开斋节。开斋节是文莱马来人的新年，是最重要的节日。每逢伊斯兰教历 9 月，文莱全国穆斯林都要实行长达一个月的白天禁食（即斋戒月，胆敢破戒的人会受到谴责和唾弃），斋戒月后的第一天，便是开斋节。文莱人的真诚友善在开斋节表现得淋漓尽致，最能体现文莱人的真诚和友善的是"开门迎宾"了，在开斋节的头 3 天，家家户户都敞开大门，欢迎客人光临。即使是陌生人，也要请吃正餐，小孩子则要给红包，临走时还要送给客人礼物。而且皇宫也不例外。每逢开斋节，皇宫对平民百姓开放 3 天，任何人都可以排队进去和国家元首苏丹握手，每位客人都会受到款待，离去时还会有一份礼物相赠。

中国春节。由于深受马来文化特别是开斋节的影响，当地华人在欢度中国传统节日时也同样会"开门迎宾"，就连中国驻文莱使馆也入乡随俗，在春节期间选定一天作为"开门迎宾"日，并登报向社会各界发出邀请。文莱苏丹也应邀请出席文莱华人社团举行的春节团拜会。

达雅克人的稻米收获节。在每年的收获季节，文莱土著达雅克人都会举行一种源自刀耕火种时代的庆祝丰收的仪式。节日持续 3 天，邻村客人到达的第三天是庆典的高潮。节日的食品是一种用米、肉做成，用竹叶包裹的圆形粽子，蒸熟之后，本族人欢聚一堂共同食用，以庆祝本族人口繁荣、五谷丰登，并有感谢神灵和加强全村团结之意。

（四）宫廷文化生活

文莱是一个伊斯兰教绝对君主制国家，文莱的皇宫博物馆、皇家典礼厅、努洛伊曼宫、赛福鼎清真寺等体现了伊斯兰教文化的风格。皇宫博物馆展示的是文莱的国王、王后及王妃的生活状况，人们从这里足以瞥见文莱的富有和宫廷文化。努洛伊曼皇宫（Istana Nurul Iman）是世界最大的皇宫，是文莱苏丹的住所，是举行国宴的地方。金碧辉煌的宫殿十分华贵。据报道，在努洛伊曼皇宫里，有 1700 多个房间。皇宫有三扇门，左边一扇、中间一扇、右边一扇，如果你看到哪个人走哪扇门，你就能分辨出他的身份。左边的一扇门是文莱最有身份的皇室的人走的，国王、皇后及和他们有血缘关系的人；中间的门是各国外交使节、首相、部长走的门；右边的门是没有当上部长的工作人员、百姓等走的门。这也是在文莱流传的人生奋斗的三扇门。皇宫一般是在文莱的国庆日或在回教历法的初二、初三、初四开放让民众参观。此时开放 3 天，每个人都可以趁此机会排队进去和苏丹握手，还可以得到免费的礼物，12周岁以下的孩子还可以拿到"红包"。

　　文莱王室礼仪陈列馆（Royal Regalia）坐落在文莱首都斯里巴加湾市的中心苏丹街，是一座具有浓郁伊斯兰风格的双层白色建筑，其前身为丘吉尔纪念馆（丘吉尔纪念馆是文莱前任苏丹奥马尔·阿里·赛福丁下令建造的）①。1992年4月，为庆祝现任苏丹博尔基亚登基25周年，将纪念馆改建为王室礼仪陈列馆，旨在让臣民了解王室礼仪的庄严和神圣。王室礼仪陈列馆现已成为文莱王室博物馆，是文莱著名的旅游景点之一。王室礼仪陈列馆于1992年4月动工，当年8月建成。王室礼仪陈列馆建筑风格之独特及竣工速度之快，都是文莱建筑史上少有的。陈列馆一楼分为中央大厅和后侧厅两部分，二楼则分为左、右两个展厅，展厅的主题分别为王室礼仪（苏丹博尔基亚1968年加冕礼）、苏丹登基银禧（1992年）纪念、宪法发展与历史、王室历史和御用物品等四大部分。王室礼仪陈列馆的中央大厅笼罩在状如王冠的穹窿屋顶下，这一设计蕴含了苏丹至高无上的权力象征意义。白色屋顶外饰以金色方格和太阳花纹，在蓝天晴空的映衬下分外醒目，流露着一种大气、内敛的气质；穹窿顶内是一盏彩色玻璃的吸顶灯，四周是放射状的白色线条。中央大厅四周以29根圆柱支撑，代表现任苏丹为第29世苏丹。大厅内陈列着苏丹1968年登基大典中的各种御用品，其中最显眼的莫过于苏丹登基时乘坐游街的龙辇。龙辇全长十多米，通体黑底金饰，沉稳而不失华贵。车头为鱼鳞和卷云状装饰，主车体由7个等分方格和1个大方格及御座组成，方格上布满了跳跃活泼的卷草纹，御座周边则用谷穗、花朵和王室徽章装饰。龙辇两侧有车轮，游行时前有侍卫以红绳引持缓缓开道，车体后的左右扶手则是侍卫掌握平衡所用。②

　　龙辇的四周陈列了登基大典中所用的其他仪仗物品，并配以马来文和英文的简单介绍，如横架在龙辇前开道所用的双头巨矛，还有镀金长矛和盾牌等。仪仗队中当然少不了"皇家乐团"，乐团以传统鼓、双簧管、传统锣组成。仪仗队中还有其他造型各异的镀金矛、银矛、铜矛和相配的盾

---

　　①　该馆位于斯里巴加湾市区，纪念馆的入口处有一座英国前首相丘吉尔的塑像。馆内陈列着丘吉尔的一双鞋，收藏有丘吉尔和希特勒的演讲录音带。

　　②　该龙辇的仿真品在2005年中国广西南宁举行的中国—东盟博览会上，被文莱政府当作贺礼赠予博览会组委会，成为中国和文莱友谊的象征。

牌，以及大型烛台，王室宝剑、花瓶等，还有相当数量的黄、白、青、黑、红五色华盖，显示不同等级和身份。其中，黄色为苏丹的御用色。一楼的后侧厅是苏丹登基银禧纪念展厅，以仿真模型、照片、文物和纪录片结合，真实地展现了 1992 年 10 月 5 日庆祝现任苏丹登基 25 周年的一系列活动。尤其引人注目的是以 1∶1 的比例模型，再现了苏丹乘坐龙辇走上街头，千万国民空巷迎接的盛大场面：龙辇前后各有数十名身着红、黑色军服的士兵，周围还有若干扛彩旗、撑华盖、举蜡烛的皇家侍从。簇拥在街头两侧的文莱臣民，举着五颜六色的标语牌和小彩旗，高呼着"服从真主、效忠苏丹、热爱国家"的口号。

努洛伊曼宫每逢开斋节对外开放 3 天，苏丹携王室主要成员接见前来贺节的民众。展厅中的缩微模型展现了王宫宴会厅等建筑及富丽堂皇的布景陈设。苏丹接受的各种礼品按时间顺序摆放，多为各国的工艺品。

二楼左侧是宪法发展和历史展厅，其中以大量的资料、图片、录像与录音展现了文莱 1847 年与英国签订第一个《文莱英国友好合作条约》到 1984 年文莱举行独立庆典的历史，其中突出再现的是 1959 年文莱第一部宪法成文的过程及 1984 年独立时的重要场景，无声地诉说了这个国家追求独立和进步的进程。

二楼右侧是王室历史和御用物品展厅，主要以图片、实物和录像展示了苏丹的家谱和生平，介绍了苏丹受教育情况，喜好的运动，赴麦加朝圣以及被立为储、结婚和登基仪式等。主要展品有：登基大典御座，苏丹与皇后的王冠、礼服、登基诰文和祷文等。

（五）博物馆

文莱重视博物馆建设，早在 1963 年政府就出资数百万文莱元在首都斯里巴加湾市附近的哥达谈都建立了文莱国家博物馆，该馆距离市区约两公里，位于一个山坡上，风景极佳。这个博物馆占地 8 英亩，馆内外铺砌着大理石，选用上乘建筑材料。楼分为上、下两层。展览室里的所有数字、图片均分别有马来文和英文说明。当人们踏进博物馆入门大厅时，一幅巨型油画映入眼帘。斯里巴加湾市街景及"水上人家"住户在这幅油画中得到清晰的表现。其余各层展览室，陈列着渔网、打渔人家生活之景物、实物，一座甘榜土著房子的全景和设备，家禽和器物等。博物馆的楼上展厅布置细腻、分门别类。文莱的油田，无论是鸟瞰图片、石油的起源、提炼石油的过程，还是矿石底层蕴含石油的科学分析、图片数字等，都在耀眼的灯光下清晰地展现在人们的眼前，其他各展室还陈列着艺术品、古剑古刀、拐杖、铜器、铁器和木器等。也有中国的宋、元、明、清至民国初年流传到文莱的陶器、瓷器、玉器和象牙雕等。用具器皿包括茶具、茶壶、碗碟、匙、缸、钵、水烟器；摆设方面则有狮、虎、龙、凤和麒麟等动物；人物则有仙女、寿仙翁、罗汉和佛像等。总之，文莱国家博物馆陈列着对考古学、人类学颇有价值的以及反映北加里曼丹各民族文明等方面的丰富收藏品。

二楼有沉船文物展厅，这里有许多中国明代瓷器。据介绍："这些明代青瓷器是 1997 年在距离文莱海岸 32 海里处的一艘沉船上发现的。据专家考证，这艘沉船可能来自广东。船上有 13500 件瓷器，其中 60% 的瓷器来自中国。在文莱发现的许多中国文物都证明，文中两国人民有着1000 多年的友好往来历史，包括人员和贸易的往来。我们眼前的这些古瓷器就是文中两国人民历史上密切交往的证据。"

五　教育、通信

（一）教育

文莱设立教育机构始于 20 世纪初，主要是由英国创立的一些学校，培养当地一些人员到殖民统治机构任职，为英国殖民统治服务。文莱独立后，政府大力发展教育事业，教育经费一直由政府每年财政预算支出。目前，文莱有两种类型的学校，即政府学校和非政府学校，绝大多数学校是由政府设立的国立学校，另外还有少数教会学校和私立学校。政府实行11 年（小学至高中）的免费教育，并资助留学费用。但华文学校的经费只有一部分由政府拨给，另一部分则要依靠当地华人社团和私人资助。截至 2010 年年底，共有学校 258 所，其中，小学 203 所、中学 34 所、技术和职业大专学校 16 所、大学 5 所。在校学生总数为 111920 人，教师人数为 10162 人。由于文莱政府重视教育，文莱人文化素质较高，10 岁以上居民的识字率位居世界前列，女性识字率为 95.4%，男性识字率为97.7%。40 岁以下的文莱人，都具有良好的英语和电脑知识。根据联合国教科文组织公布的数据，文莱教育发展程度居全球 127 个国家第 34 位。根据世界经济论坛全球竞争力报告，文莱初等教育质量居全球 142 个国家

第 20 位，高等教育和培训质量为第 28 位，初等教育入学率几乎为
100%。但文莱居民接受高等教育的比例仅为 17%，低于东盟 30% 的平均
水平。

文莱政府规定国家教育的宗旨与目标是：（1）采用双语（马来语和英
语）教育制度；（2）加强宗教（回教）教育，通过学校的公民和马来回教
君主皇国概念课程（MIB）把回教教义规定在国家教育制度里；（3）给予
每位少年儿童 11 年（6 年小学，5 年中学）的基本国民教育；（4）通过利
用相同的课程纲要与考试，确保每位学生得到一致水平的教育；（5）通过
国家教育制度树立国家特殊形象，培育效忠祖国，造福社会英才。

文莱的教育制度主要是依照英国模式建立，并依照英国的教学大纲进
行教学。小学学制 6 年，初级中学 3 年，中级中学 2 年，高级中学或大学
预科 2 年。只有修完 13 年学业的青年，才有资格进入高等学校继续深造。

（二）新闻媒体

文莱的新闻业统一由政府新闻局管辖，政府的新闻政策经由新闻局贯
彻。新闻局下设新闻部、联络部、国际联络部及行政部。文莱政府对新闻
媒体的政策是严格管理。2001 年制定了新的报业法。新的报业法规定，
文莱本国的报业每年进行一次审核，取得许可证才允许经营；报业公司的
负责人必须是文莱公民或文莱永久公民；本地报业有关从业人员，不经内
务部批准，不得从国外接受资助；要取得报纸营业执照，必须交纳一定的
保证金；如违反新法律，最高罚款可达 4 万文莱元和判 3 年监禁；内务部
长有权拒绝发放、撤回执照或暂停报纸出版，或撤销进口报纸。

文莱新闻社是文莱唯一的官方新闻机构，创建于 1959 年。作为亚
洲—太平洋广播联盟（亚广联）的成员，文莱新闻社可以与该组织的成
员国相互提供新闻，由于地域及历史原因，文莱与马来西亚通讯社联系密
切。此外，文莱还大量采用西方通讯社的新闻。

文莱的主要报纸有：《婆罗洲公报》，日报（英、马来文），创办于
1953 年，日发行量 7 万份；《文莱灯塔》，周报（马来文），每周三出版，
发行 4.5 万份。目前，有 3 家马来西亚中文日报《联合日报》、《诗华日
报》和《星洲日报》设有文莱新闻版，在文莱发行。2006 年 6 月，《文
莱时报》（*Brunei Times*）英语日报开始发行。

相对于报纸而言，文莱的电视和广播业比较发达，普及率也比较高。

1980 年启用的位于斯里巴加湾市中心的广播电视大厦设备齐全，拥有 3 个电视制作室，一个配备全套录音设备的剧场，备有流动摄像器材，设有电影、录像的剪辑室、配音室和一个彩色电影研究室、三间播音室。此外，广播电视大厦内还设有控制室、零备件修配室、图书参考室和节目管理办公室等。文莱电视台采用三波段、高频率、彩色画面，通过五频道和八频道传送。此外，文莱还建有电视转播台，使全国各地电视收视效果良好，并使得邻近的马来西亚的沙捞越和沙巴地区的居民也能看到文莱的电视台节目。在文莱也能看到马来西亚电视台的节目。文莱的广播电视人口覆盖率比较高。晚上看电视节目已成为文莱居民的主要娱乐方式。苏丹王宫的众多房间一共有 1800 多部彩色电视机。文莱的广播电视台由政府主办，创建于 1957 年 5 月，是文莱唯一的广播电视台。文莱电台拥有两个广播网，一个用马来语和方言广播，一个用英语、华语和廓尔喀语广播，现每天播音超过 30 小时。电视台从 1975 年起开设彩色电视频道，播放马来文和英文节目。文莱电视台近年来也重视与外国同行进行交流活动，1996 年，文莱政府还批准设立中文广播电台，每天播放 5 个小时的综合节目，既丰富了华侨华人的文化生活，又弘扬了中华文化。2006 年 1 月 20 日，文莱首家中文资讯网——易华网（www.e-huawang.com）网站开通。该网的宗旨是真挚为文莱华人社会以及社群服务，协助文莱华人放眼天下，聚焦文莱。看电影是文莱最主要的业余休闲活动之一。虽然文莱电影院不多，但观影条件好，票价便宜，好莱坞影片上映速度快，广受文莱人和旅居文莱外国人的欢迎。

六　对外文化交流

文莱独立后，奉行不结盟和同各国友好的外交政策。主张国家无论大小、强弱，都应相互尊重。

文莱在首都斯里巴加湾市设有 2 所阿拉伯语学校和 1 所阿拉伯语预备学校，培养宗教教职人员，并派留学生到马来西亚、印度尼西亚、巴基斯坦、埃及等国家的宗教大学学习。注意加强同世界伊斯兰国家的友好联系，派出代表参加世界伊斯兰组织召开的会议，成为"伊斯兰世界联盟"和"伊斯兰发展银行"组织的成员国。

文莱特别重视与同种、同文的邻居马来西亚的文化交流与合作，文莱很多年轻人到马来西亚各种学校学习，每年大部分文莱人去马来西亚办事和旅游。2011 年，到马来西亚旅游和办事的文莱人达到 1239404 人次①，如果按照文莱 40 万人口计算，每一个文莱人去马来西亚办事及旅游 3 次以上。可见，文莱与马来西亚交流与合作最密切。

　　尽管 21 世纪以来，全球化发展迅速，但文莱始终能够保持伊斯兰教文化的特色，不受外来的不良影响。文莱独立以来一直保持社会稳定，是东南亚国家中最稳定的国家之一。

---

①　文莱易华网 2012 年 2 月 10 日根据马来西亚旅游局提供的数字报道。

第五篇

天主教文化

第十五章　天主教文化

16 世纪欧洲列强凭借其领先的航海技术和冒险精神，从西面和东面两个方向来到了东南亚。欧洲人的到来，不仅带来了东西方的相互贸易，也带来了西方的文化，包括宗教、政治体制、文学艺术、生活方式等。经过约 4 个世纪的殖民侵略和统治，东南亚地区在固守原有文化的同时，或多或少也吸收了西方文化。尤其是在宗教方面，很多人皈依了天主教，其中菲律宾和东帝汶两国则是变成了以信仰天主教为主的国家。

一　传教、贸易、殖民地：西方人来到东南亚

葡萄牙一马当先。在众多侵略、占领东南亚的西方殖民统治者中，葡萄牙尽管国家不大，但它是一马当先，首先来到了东南亚。1511 年葡萄牙人占领马六甲，在马来群岛各地建立贸易站，但由于本国人口少、实力弱，难以长期支撑，加上粗暴传教，反而使更多的当地人皈依伊斯兰教。葡萄牙统治马六甲达 130 年。到 17 世纪末，几乎丧失所占的东南亚领地，仅剩帝汶岛的一部分。

西班牙跨太平洋而来。紧随葡萄牙之后到东南亚的是西班牙人。与葡萄牙人往东跨印度洋来到东南亚不一样的是，西班牙人是从美洲往西跨太平洋而来到东南亚。西班牙的麦哲伦率领的船队，1521 年横跨太平洋，从东面来到马来群岛。1529 年，葡、西两国签订协定，西班牙放弃摩鹿加群岛，葡萄牙允许西班牙征服菲律宾群岛。西班牙人认为，要长期占领菲律宾，唯有改变当地人的心态，也就是要让菲律宾人信奉天主教。经过西班牙在菲律宾 300 多年①的殖民统治，菲律宾已经成为亚洲一个天主教

---

① 公元 1571—1898 年。

人口最多的国家，也是东方西化程度最高的国家。西班牙人 1565 年征服宿务岛，1571 年征服马尼拉，马尼拉成为传播天主教的总部，使当地的穆斯林逐渐消退，到 1878 年苏禄苏丹最终投降。西班牙殖民者很重视传播天主教，梵蒂冈派驻马尼拉的大主教的地位往往高于西班牙派驻菲律宾的大总督。由于西班牙殖民者吸取在中美洲的殖民经验教训，对菲律宾的统治很多是基于宗教的考量，尽可能不屠杀当地人，不极端地剥削劳动力，不开采矿藏，不建立种植园等，致使一直到西班牙人在 19 世纪末结束在菲律宾的殖民统治时，当地的经济形态没有大的改变。

荷兰人唯利是图的殖民统治。16 世纪末，荷兰人和英国人同时来到马来群岛从事香料贸易。1602 年，荷兰成立"联合东印度公司"，与此同时，英国人也成立"东印度公司"。1623 年荷兰人杀害了安汶岛上的英国人，迫使英国人专心于印度的殖民统治，荷兰人垄断了印度尼西亚群岛的贸易。尤其是 1641 年，荷兰人从葡萄牙人手中夺去了马六甲，从而控制了马六甲海峡和巽他海峡。早期，荷兰人在东南亚的活动主要是为了贸易，而不把重点放在领土上，也不关切传播宗教和当地人的福利。荷兰人主要是通过与当地的土著君王签订协约来控制该地区的行政。只要威胁到其贸易利益，荷兰人就会全力以赴加以干涉，甚至兼并其土地。到 1770 年，荷兰确立了在印度尼西亚群岛的权威。一直到 18 世纪末，由于荷兰人只顾自己的经济利益，很少直接管控当地居民，所以当地居民的经济、文化生活未受到欧洲文明大的影响。伊斯兰教在印度尼西亚群岛得以不断的传播扩张。

英国人海陆进占东南亚。英国人很早就来到了亚洲，但到东南亚是在葡萄牙、西班牙、荷兰之后。在大陆上，英国人很早就认为缅甸是在印度殖民统治的延伸。1753 年，英国东印度公司就派军队攻占内格瑞岛。为了征服缅甸，英国人发动了三次英缅战争，第一次是 1824—1826 年，第二次是 1852 年，第三次是 1885 年，缅甸终于成为英国的殖民地。至此，英国拥有了包括今天缅甸、马来西亚、文莱、新加坡等的殖民地。在海岛方面，1819 年，莱佛士宣称与柔佛苏丹达成协议，柔佛把新加坡岛割让给东印度公司。1826 年，英国与荷兰签订伦敦条约，荷兰把马六甲割让给英国，从此英国一直支配马来半岛。而英国则承诺不与新加坡海峡以南的君王签订任何条约，为荷兰统治印度尼西亚群岛铺平了道路。

法国人建立印度支那联邦。英国人侵略亚洲，尤其是侵占中国后鼓舞了法国人。法国人侵占越南，目的是在此立足后占领华南，与英国人争雄。其实，法国人来到东南亚是比较早的。只不过，最初法国人比较热衷于传播宗教。17世纪法国人就已来到越南传教。越南宽容天主教的传播，18世纪末越南就已有25万人信奉天主教。在西方列强纷纷殖民占领亚洲的大背景下，1858年借口越南迫害传教士，法西联军炮轰岘港。1962年迫使越南割让嘉定三省，5年后占领整个湄公河三角洲。1885年3月18日，中法战争中中国军队打败法国人，赢得镇南关大捷，但是6月9日的中法天津条约，中国却承认了法国对越南的宗主权，从此越南沦为法国殖民地，越南结束了897年的作为中国的藩属国的历史。19世纪以前，越南已是东南亚政治最先进的国家。法国人在侵占越南的同时，也染指柬埔寨和老挝。1863年法国强迫柬埔寨成为自己的保护国，1884年柬埔寨沦为法国的殖民地。1887年10月，法属印度支那联邦正式成立。1893年老挝也沦为法国的殖民地，并加入印支联邦。

到19世纪末，整个东南亚先后沦陷为欧洲列强的殖民地。

二　西方文化对东南亚的影响

（一）东南亚社会文化发展进程的改变：转向西化

由于西方殖民者的侵略统治，使东南亚地区的社会文化发展进程由东方传统逐步转向西化，这也成东南亚古代史与近代史的分水岭，结束了中国与东南亚地区古国的千百年来的宗主国与藩属国的关系，除泰国外，整个东南亚都成了西方列强的殖民地。

过去该地区都是一些封建社会的国家，自给自足的经济形态。西方人来了之后，引进西方的资本，开发当地的资源，输入宗主国的商品，资本主义因素萌芽滋生，使当地的封建社会逐步走向衰亡。

在文化方面，过去东南亚地区受中国文化和印度文化影响两千来年，随着西方人占统治地位，西方文化也逐步灌输给东南亚人。

（二）西方文明的输入

文明从广义上包括政治制度、经济发展方式、科学文化等。

西方殖民侵略以前，东南亚地区的古国都是一些封建王朝，王族统治。西方殖民者入主之后，逐步改变了该地区的政治生态。菲律宾等一些国家开始是殖民总督的管制下，后来逐步独立建立议会共和制；柬埔寨等一些国家逐步走向君主立宪制。马来西亚更是创造了一种轮流坐庄式的君主立宪制；越南等国成为共产党领导下的社会主义国家。在后来的政治改革过程中，越南也引入了立法、行政、司法等政治管理的理念，虽不搞三权分立，却明确说是三权分工；至今最后仅有小小的文莱保持绝对君主制。

过去该地区基本是自给自足的农耕社会，有一些对外贸易，但几乎没有现代工业。西方殖民者建立统治后，把该地区纳入了宗主国甚至西方的生产体系中，使东南亚的经济发展方式由自然经济向商品经济发展转变，工业和商品贸易得到大的发展，形成了产业工人队伍。

语言文字、生活习俗、宗教信仰等是普罗大众日常生活天天面对的。西方殖民者为了确立自己牢固的殖民统治，就要着手改变这些生活基本面的东西。现代的科学文化发端于西方，西方殖民者来到东方后，也把西方先进的科学文化带到了东南亚，包括教育、通信等。

（三）语言文化的改变

语言文字、教育体系、新闻通信都是文化传承和发展的重要载体。西方殖民者要灌输意识形态，发布政策法令，就要有一套自己能运用的语言文字、教育体系、新闻通信，因而殖民者把西方的拼音文字、大学教育、现代的新闻通信手段都带到了东南亚。

过去越南等国家长期使用汉字，或使用以梵文为基础的东方语言文字。西方人来到东南亚，先是一些传教士用西文字母记录当地的语音，然后结合各地的语言，把当地的语言文字变成拉丁字母的文字，如越南语、马来语、印度尼西亚语等。甚至在菲律宾更直接大面积推广英语①，后来的新加坡虽然百分之七八十的居民是华人，但他们也把英语作为社会主要使用的语言。一些国家虽然不明确英语的官方地位，但英语被广泛使用，如马来西亚等。

在西方人来到东南亚之前，该地区的教育还比较落后，受中国的影响，越南的教育是比较先进的，主要是实行科举制度，其他一些佛教国家

---

① 菲律宾以他加禄语为国语，这是用拉丁字母拼音的文字，以马来民族语言为基础，很多词汇来源于梵语，后来吸收很多西班牙语、英语、阿拉伯语和中国闽南方言的词汇。英语和他加禄语均为菲律宾的官方语言。

则办的是寺庙教育。西方人的到来，把西式教育也带到了东南亚。持续了1000多年的越南科举1918年寿终正寝了。很多东南亚国家的现代教育是从教会学校开始，逐步建立起从小学到中学、大学的西式教育体系。现在东南亚国家的很多大学，尤其是一些著名大学基本都是从殖民地时期开始创办的，如新加坡国立大学、马来亚大学①等。这些大学一般都是模仿西方的专业设置，聘请西方的教师，甚至直接使用英语和法语教学。

东南亚部分著名大学

大学	国家	地点	创办时间	发端
新加坡国立大学	新加坡	新加坡	1905 年	海峡殖民地及马来联邦国立医科学校、莱佛士学院
马来亚大学	马来西亚	吉隆坡	1905 年	海峡殖民地及马来联邦国立医科学校、莱佛士学院
河内国家大学	越南	河内	1906 年	前身为印度支那大学
菲律宾大学	菲律宾	马尼拉	1908 年	
德拉萨大学	菲律宾	马尼拉	1911 年	1910 年建立的德拉萨书院（天主教学校）
仰光大学	缅甸	仰光	1920 年	1878 年成立的仰光学院
印度尼西亚大学	印度尼西亚	雅加达	1950 年	1851 年建立的医疗助理学校
雅典耀大学	菲律宾	马尼拉	1959 年	1859 年成立的基督教会小学

除了殖民者在殖民地建立大量的学校之外，大量东南亚青年也到英国等欧洲国家去留学。具有讽刺意味的是，这些学成归来的青年以及在殖民者创办的学校里成长起来的年轻人，后来很多成了埋葬东南亚地区殖民制度的掘墓人，如缅甸的国父昂山将军、越南的长征等。

东南亚现代的新闻通信也是在殖民地时期发展起来的，尤其是一些英文报刊的创办，如新加坡的《海峡时报》、泰国的《曼谷邮报》、印度尼西亚的《雅加达邮报》等已成为很有影响的报纸。

（四）生活习俗的变化

西方殖民者来到东南亚，不仅改变了当地的政治制度、经济形态和文

---

① 新加坡原来同属马来西亚联邦，1965 年从马来西亚联邦独立出来。新加坡国立大学和马来亚大学均发端自1905 年设立的海峡殖民地及马来联邦国立医科学校、莱佛士学院，1949 年合并为马来亚大学，校址在新加坡。1959 年马来亚大学在新加坡和吉隆坡分设两个自治学院。1962 年马来亚大学新加坡部分改名为新加坡大学，吉隆坡部分保留原名为马来亚大学。

化教育，而且使老百姓的日常生活都有一定变化。东南亚地区作为一个稻作文化区，千百年来是以稻米为主食。西方人来了之后，把西餐也引入了东南亚。不少普通居民也制作面包，食用面包，喝啤酒、咖啡等，这些生活方式和习惯明显是从欧洲引进的。

除了人们在一些正规场合吃西餐、穿西装外，东南亚一带的建筑风格也有显著的变化。自古以来，东南亚一带以干栏式建筑为主，或者是砖瓦房子。在欧洲殖民者统治时期，在东南亚许多地区建设大量的哥特式等的欧式建筑。越南人至今仍流传着描绘人间理想的生活是："吃中餐，娶日妻①，住洋房"。

（五）亚洲最西化之菲律宾

从西班牙到后来的美国，在菲律宾的殖民统治达4个世纪，所以包括西方的政治制度、宗教（主要是天主教）、语言都很容易在菲律宾生根。到20世纪前半叶，西方人离开时，菲律宾不仅成了东南亚受西方文化影响最大的国家，也是亚洲最西化的国家。

1. 菲律宾人几乎都讲英语

虽然菲律宾是一个亚洲国家，当地的民间一般使用土著语言，1959年菲律宾政府宣布以他加禄语为国语，但由于历史上的西方殖民影响，官方常常使用英语，官方文件、议会辩论、报刊、电视、电台等用的都是英语。这使得菲律宾人几乎都会英语，上至政界上流，下到车夫百姓，常常都用英语交流。菲律宾人常说自己是世界上仅次于美国，使用英语人数第二多的国家。

说来有点奇怪，西班牙在别的殖民地往往会推行西班牙语，但在菲律宾的300年殖民统治中，却没有强推西班牙语，仅有一些上层人士会西班牙语。只是到了宗主国换人来后，美国人才大力推广英语，使英语成了菲律宾的日常交际用语。

掌握英语对菲律宾人很重要，因为有了英语这个沟通与交际的工具，所以菲律宾人走遍天下，使菲律宾成了世界上的劳务输出大国，每年从世界各地寄回菲律宾的劳务收入就是数以百亿美元计。尤其是菲律宾女佣是各地家政服务最具竞争力者。她们英语流利，不仅沟通容易，从事家政服

---

① 即娶日本人为妻。

务，而且还可以教小孩英语，真是一举多得，非常受欢迎。

2. 美式教育

西班牙殖民统治前期，殖民者是推行愚民政策，不让大多数菲律宾人接受教育。19 世纪中叶，为了培养为殖民统治服务的人才，西班牙殖民统治者开始教育制度改革。1863 年，菲律宾开始推行普及初等教育制度。但到 19 世纪 70 年代中，适龄儿童仍有一半未能入学。

19 世纪末，美国占领菲律宾，开始推行美式教育制度。1901 年，殖民当局颁布教育法令，将教会与学校分开，制定公立中小学发展规划，采用英语教育，使用美国教材。1908 年，菲律宾成立了第一所国立大学——菲律宾大学。

1946 年，菲律宾独立后，继续沿用美式教育，实行公立教育与私立教育互补的体制。公立学校包括国立、省立、镇立、村立四级。由于菲律宾实行义务初等教育，所以公立小学基本上是免费的。私立学校则包括有教会、社团、家族、企业、私人办的学校。政府在学校积极推进英语和菲律宾语双语教育。

在亚洲，菲律宾的科学技术研究开展是比较早的，早在 1903—1935 年，菲律宾就成立了菲律宾科学协会、菲律宾公共卫生学会、马尼拉医学协会、国际麻风协会、菲律宾防癌联盟、菲律宾大学附属医院。著名的国际水稻研究所就设在马尼拉。

3. 音乐与电影发达

菲律宾人能歌善舞，极富音乐天性，酷爱音乐。加上西班牙殖民者到来后，带来了华尔兹、玛祖卡、雷塔等舞曲和波尔卡舞、"矛"舞、双人里加敦舞等。20 世纪美国人来后，又让菲律宾的音乐添上一点轻柔曼妙。

最初，西班牙人到菲律宾传经布道，伴以弹奏吉他，吸引民众，慢慢菲律宾人也爱上了吉他。菲律宾人能歌善舞，男的弹奏吉他，女的翩翩起舞。尤其是在婚恋习俗里，吉他是个不可或缺的东西。男女相亲相爱，鲜花和戒指固然重要，但吉他更为传情，吉他就是月下老人。一弹一听，男的渐渐就成了新郎，女的就成了新娘。

弹吉他，听吉他，做吉他，卖吉他，菲律宾有个"吉他之乡"——宿务。岛上居民，80% 的会弹吉他，甚至有不少人以制作吉他为生。在宿务，吉他成为人们表达情感的主要工具，爱与恨，快乐与悲伤，都用吉他来传达。漫步街头，椰影绰绰，到处都有弹唱吉他的人。男男女女，老老少少，三五成群，或坐或站，边走边弹，边弹边唱。吉他手、歌唱家就是这样弹唱出来的。菲律宾大部分优秀的音乐家和演艺人才来自宿务。宿务有很多制作吉他的厂家，当地的镶贝吉他、四弦琴、五弦琴、曼陀林均用手工制作，享誉世界。人们到宿务旅游购物，首要的就是带上一把吉他。

在菲律宾的乐器上，如果说吉他是舶来品，那么竹乐器就是菲律宾的土特产了。菲律宾盛产竹子，竹管经制作，可吹奏或敲击出美妙的音乐。菲律宾的竹乐器有"崩崩"、"都拉里"、"底邦克隆"、"达姆嘎底"等。世界上专门以竹子乐器为演奏工具组成的乐团只有在菲律宾才有。乐团中演奏主旋律的"达姆嘎底"，是一种带有竹筒共鸣管的竹板琴，琴的音位排列与钢琴键盘相似。一位名为底亚哥·塞拉的西班牙神父制作了一架世界最大的竹子管风琴，创造了破天荒纪录。竹子管风琴高 5.17 米，长4.11 米，宽 1.45 米，差不多有两层楼那么高。该琴使用了 1032 根管子，其中竹子管 902 根。现竹子管风琴坐落在马尼拉的郊外的一座教堂里。

菲律宾是亚洲最早发展电影业的国家之一，国人酷爱电影，不仅爱看电影，也爱表演和制作电影。早在 20 世纪的 20 年代，菲律宾就已开始拍摄制作电影故事片，80 年代一度创下年摄制电影 500 部的纪录。电影明星埃斯特拉达曾竞选成功担任菲律宾的总统，只是后来因腐败丑闻而被拉了下来。菲律宾全国有大小影院 1200 家，每天的观众约达 165 万人次。

从 1982 年开始，菲律宾还举办起了一年一度的马尼拉电影节，活动内容包括影片评奖、影片观摩、电影讨论会、影片贸易四个部分。电影节设有"亚洲电影集锦"专题。中国的《城南旧事》、《三个和尚》和《孔雀公主》曾获取了马尼拉电影节的大奖。

三　天主教文化

（一）天主教

基督教是世界三大宗教之一。中国有句古话"至高莫若天，至尊莫若主"，因而明末耶稣会传教士将其翻译为天主教，后"天主教"由总称变成基督宗教之一派。基督宗教发源于公元 1 世纪巴勒斯坦的耶路撒冷地区犹太人社会。公元 313 年，君士坦丁大帝颁布米兰诏书，允许罗马帝国信仰基督教。391 年，罗马皇帝狄奥多西一世宣布基督教为国教。

基督宗教的创始人是耶稣，出生在犹太的伯利恒，母亲名叫玛利亚。

耶稣 30 岁左右（公元 1 世纪 30 年代）开始在巴勒斯坦地区传教。耶稣创造的基督宗教的主要思想两个方面："全心、全灵、全意、全力爱天主在万有之上"和"爱人如己"，他宣讲天国的福音，劝人悔改，转离恶行。

天主教认为，宇宙万物都是天主创造的。据载：天主用 5 天时间创造出了自然界的万物，第 6 天造人，第 7 天歇息。与中国人的说法"人之初，性本善"不一样，天主教认为，人的本性是有罪的。天主教宣扬天主造了人类的始祖亚当和夏娃，本来他们被安置在伊甸园，过着无忧无虑的生活。后来夏娃和亚当偷吃了伊甸园内知善恶树上的果子，被驱逐出乐园来到地上。而且亚当和夏娃的罪一直承传给他们所有的后代，即人类的原罪，要通过洗礼才可去掉原罪。

天主教把世上的人分为善的与恶的，基督审判地上的活人和死人，善人可以进入天堂获得永生，恶人将被打入地狱永远受罪。在天堂和地狱之间，还有炼狱。那些有一定的罪的，不必下地狱，但要等到把所有罪过炼洗干净后，才能进入天堂。天主教号召人们要忏悔、赎罪，对自己所受的苦难做到忍耐、顺从，多祈祷，积极面对自己的生活。善人会得享永福，恶人将受永苦。

每年 12 月 25 日，是教徒们庆祝耶稣基督诞生的日子，即圣诞节。这一天，全世界的基督宗教教会都会举行隆重的礼拜仪式。

（二）天主教在东南亚的分布

早年天主教主要在西方国家，16 世纪后西方列强在东南亚的殖民活动，把天主教也带到了东南亚。

经过 3 个世纪的传播，天主教已成为东南亚继伊斯兰教、佛教之后的三大宗教之一，几乎所有东南亚国家都有天主教徒。按人口比例，新加坡大约有 15%、印度尼西亚接近 10%、文莱 9%、越南 8%、缅甸 4%、柬埔寨和老挝 2%、泰国 1% 的国民信仰天主教。马来西亚也有数十万的天主教徒。而在菲律宾、东帝汶，天主教则占主导地位。

如果按人口数量，菲律宾是绝对数最多的；印度尼西亚其次，人数在 2000 万左右；越南则排在第 3 位，约有 600 万人。

（三）亚洲仅有的两个天主教国家

16 世纪欧洲列强西班牙入侵菲律宾，把西方的天主教带到菲律宾，并逐渐发展成当地占主导地位的宗教。天主教徒占菲律宾人口的 80% 以上。东帝汶天主教徒更是占到 90% 以上。

在西班牙人入侵菲律宾的时候，该地区刚刚开始接受伊斯兰教的影响，而且主要是在其南部靠近加里曼丹岛的苏禄群岛。此前，菲律宾群岛主要是受中国文化和印度文化的影响。由于菲律宾在马来群岛的东部，离印度遥远，印度文化的影响应该说要比中南半岛、马来群岛的东、中部要小，所以今天菲律宾的印度文化的痕迹并不显著。菲律宾有一些华人信奉佛教，不过他们的佛教是中国传去的。从西班牙传入 500 年来，天主教一直对菲律宾的政治和社会产生巨大影响。1986 年总统马科斯和 2001 年埃斯特拉达被赶下台，菲律宾主教联会（CBCP）都发挥了重要作用。

16 世纪，西班牙人前来菲律宾，一方面是要探索新的航线，另一方面就是要拓展新的殖民地，还有一个很重要的目的就是要传播西方的宗教天主教。就在麦哲伦 1519 年第一次探索亚洲新航道时，率领的除了 265 名水手外，还有 7 名神父。自此，西班牙殖民者每次出兵攻占菲律宾时，都会带上传教的神父教士。每占领一个地方，他们就强迫当地居民信仰天主教，对那些不服者则以"异教徒"罪名处死。1565 年黎牙实比率领西班牙军队侵入菲律宾，随行出征的有 5 名教士，当年在菲律宾中部的宿务岛建立了教堂，在当地传播天主教。1569 年，西班牙侵略者在菲律宾建立起了政教合一的殖民主义统治。1571 年西班牙殖民者占领了马尼拉，即把马尼拉作为传播天主教的大本营，设立"奥古斯丁会"，向整个菲律宾传播天主教。1576 年，菲律宾只有 13 名传教士。1581 年、1596 年西班牙分别向马尼拉派驻了主教和大主教。西班牙在殖民统治菲律宾 3 个世纪的时间里，大约派出了 1 万名天主教传教士。天主教在菲律宾传播很快，到 1750 年接受洗礼的人达到 91 万。当时菲律宾人口约为 150 万，天主教徒约占 61%，可见当时菲律宾信奉天主教的人数之多，比例之大。

起初，西班牙在菲律宾传播和发展起来的是罗马天主教。1898 年，美国与西班牙战争后，菲律宾沦为美国的殖民地。于是，美国把基督教新教传入菲律宾。到 1990 年，菲律宾的基督教新教信徒约有 150 万人，占菲律宾人口的 4% 左右。天主教在菲律宾已根深蒂固，社会上还是以原来的天主教为主。

在菲律宾，几乎大小岛屿、城市乡镇，都有教堂。菲律宾有四座巴洛克风格的天主教堂已列为世界文化遗产，分别坐落在马尼拉、圣玛丽亚、帕瓦伊和米亚高。教堂成为人们社会生活不可缺少的地方。礼拜日信徒们到教堂来做礼拜，读《圣经》，唱圣歌。人们结婚的婚礼在教堂举行，牧师为新郎新娘祝福，从此，他们就建立永恒的婚姻关系了。即使是最简单的婚礼，只要双方父母到教堂聚在一起，相互抽几口纸烟，也就成礼了。

菲律宾还拥有世界上最长的圣诞季，从 12 月 16 日就已开始。在菲律宾，与基督教相关比较重要的节日是复活节。这是菲律宾一个全国性的节日，在每年的 3 月举行。

本篇主要是介绍东南亚地区受西方文化影响，但人们也应了解，在菲律宾等海岛地区也创造了灿烂的地方文化。如菲律宾吕宋岛北部的科迪威勒山的巴纳韦梯田，它与另一处中国云南靠近越南老挝边境地区的云阳哈尼族梯田相似。巴纳韦梯田绵延 5 座山头，方圆 400 多平方公里。从山脚到海拔 1500 米的山上，垂直距离达 420 米，梯田面积大的有 2600 平方米，小的仅 4 平方米。层层梯田，绵亘不绝，铺盖在群山之上。插秧之时，波光粼粼；收获季节，流金溢彩，蔚为壮观。为了稳固田埂和水渠，防止水土流失，当地人从远处运来石块，垒砌石墙。所有梯田、灌渠的石墙连起来，总长达到约 2 万公里，石方用量超过了金字塔。创造这被誉为"世界第八奇观"的是菲律宾伊富高人。据传，伊富高人是原始马来人的后裔，其祖先在两千多年前迁入菲律宾群岛。原始马来人迁到东南亚之前是居住在中国南方的蒙古人种，那么伊富高人的祖先在迁移到马来群岛前应该也是居住在中国南方的蒙古人种，他们曾在中国南方长期居留，他们与也创造了中国南方各地的梯田文化，包括两广、云贵地区，尤其是世界奇迹"哈尼族梯田"的中国云南南部的居民是有所联系还是纯属巧合，值得人们探究。据考，中国哈尼族梯田已有近 3000 年的历史，菲律宾伊富高人的巴纳韦梯田则有近两千年的历史。

第十六章　菲律宾文化

菲律宾是一个多民族融合的国家：印度佛教在这里驻足，中国道教在这里闪光，更有西方天主教在这里生根发芽……总之，走进这个国度，你会有如走进一个多元文化的陈列室，感受着这方水土的历史与传奇。

一　文化基础与背景

（一）地理

菲律宾共和国位于亚洲东南部，北隔巴士海峡与中国台湾省遥遥相对，南和西南隔苏拉威西海、巴拉巴克海峡与印度尼西亚、马来西亚相望，西濒中国南海，东临太平洋。是一个群岛国家，共有大小岛屿7107个。这些岛屿像一颗颗闪烁的明珠，星罗棋布地镶嵌在西太平洋的万顷碧波之中，菲律宾也因此拥有"西太平洋明珠"的美誉。该国分吕宋、米沙鄢和棉兰老三大部分，是东南亚国家联盟（ASEAN）主要成员国，也是亚洲太平洋经济合作组织（APEC）的24成员国之一。菲律宾大部分由山地、高原和丘陵构成，北部属海洋性热带季风气候，南部属热带雨林气候，年平均气温27℃，年降水量2000—4500毫米。

作为东南亚岛国，菲律宾的吕宋岛、棉兰老岛、萨马岛等11个主要岛屿占全国总面积的96%。地震频繁，多火山，全国有52座火山，其中活火山11座。除吕宋岛中西部和东南部外，平原均狭小。海岸线曲折，长约18533公里，多优良港湾。森林占全国土地面积的40%以上。主要矿藏有铁、铬、锰、金和铜等。主要作物有椰子、甘蔗、蕉麻、烟草、香蕉、菠萝、芒果、稻、玉米等。稻田三分之一以上集中在吕宋中央平原。工业有食品、采矿、纺织、冶炼、汽车装配和化学等。刺绣工艺著名。椰干和椰油输出占世界首位，香蕉、芒果、木材、铁、铬等在世界市场上也较重要。

（二）历史

14 世纪前后，菲律宾出现了由土著部落和马来族移民构成的一些割据王国，其中最著名的是 14 世纪 70 年代兴起的海上强国苏禄王国。1521 年，麦哲伦率领西班牙远征队到达菲律宾群岛。此后，西班牙逐步侵占菲律宾，并统治长达 300 多年。1898 年 6 月 12 日，菲律宾宣告独立，成立菲律宾共和国。同年，美国依据对西班牙战争后签订的《巴黎条约》占领菲律宾。1942 年，菲律宾被日本占领。第二次世界大战结束后，菲律宾再次沦为美国殖民地。1946 年 7 月 4 日，美国被迫同意菲律宾独立。

菲律宾在很早以前，是以吕宋、麻逸、苏禄、胡洛等地的名称闻名的。麦哲伦奉西班牙殖民主义者之命踏上这个群岛时，正好是天主教宗教节日，于是就为群岛起了一个有宗教意义的名称——圣拉哈鲁群岛。后来因为麦哲伦干涉岛上内争被当地人民杀戮，所以这个名称也就被人们遗忘了。1542 年，西班牙著名航海家洛佩兹继麦哲伦之后第二个来到这个群岛。为了在亚洲炫耀西班牙帝国的"功绩"，便按照西班牙皇太子菲律普的名字，把群岛命名为菲律宾群岛。1898 年 6 月，菲律宾人民推翻西班牙殖民者的统治，宣布独立，将国名改为菲律宾共和国。1946 年 7 月，菲律宾又摆脱了美国的殖民统治，宣布独立，国名仍称为"菲律宾共和国"。

菲律宾马来族占全国人口的 85% 以上，包括他加禄人、伊洛戈人、邦班牙人、维萨亚人和比科尔人等；少数民族及外来后裔有华人、阿拉伯人、印度人、西班牙人和美国人；还有为数不多的原住民。有 70 多种语言。国语是以他加禄语为基础的菲律宾语，英语为官方语言。国民约 84% 信奉天主教，4.9% 信奉伊斯兰教，少数人信奉独立教和基督教新教，华人多信奉佛教，原住民多信奉原始宗教。菲律宾人口已超过 1 亿[①]，是全球人口最多的 20 个国家之一，也是东南亚地区人口增长率最高的国家。

（三）政治

菲律宾独立后共颁布过三部宪法。现行宪法于 1987 年 2 月 2 日由全

----

① 2011 年。

民投票通过，由阿基诺总统于同年 2 月 11 日宣布生效。该宪法规定：实行行政、立法、司法三权分立政体；总统拥有行政权，由选民直接选举产生，任期 6 年，不得连选连任；总统无权实施戒严法，无权解散国会，不得任意拘捕反对派；禁止军人干预政治；保障人权，取缔个人独裁统治；进行土地改革。

菲律宾议会也称国会，是最高立法机构，由参、众两院组成。参议院由 24 名议员组成，由全国直接选举产生，任期 6 年，每三年改选 1/2，可连任两届。众议院由 250 名议员组成，其中 200 名由各省、市按人口比例分配，从全国各选区选出，25 名由参选获胜政党委派，另外 25 名由总统任命。众议员任期 3 年，可连任三届。

菲律宾政府实行总统制。总统是国家元首、政府首脑兼武装部队总司令。菲律宾司法权属最高法院和各级法院。最高法院由 1 名首席法官和 14 名陪审法官组成，均由总统任命，拥有最高司法权；下设上诉法院、地方法院和市镇法院。检察工作由司法部检察长办公室负责。

菲律宾有大小政党 100 余个，大多数为地方性小党。

（四）经济

菲律宾在二战后的 20 世纪 50—70 年代，与日本、缅甸同属亚洲最富国之一。进入 20 世纪末 21 世纪初，很多邻国发展超越了菲律宾。菲律宾的产经结构以农业及工业为主，尤其着重于食品加工、纺织成衣以及电子、汽车组件等轻工业。大部分的工业集中于马尼拉大都会的市郊。此外，宿务大都会近来也成为吸引外国及本地投资的另一个地点。菲律宾的矿业有很大的潜力，拥有大量储备的铬铁矿、镍及铜。近来在帕拉湾外岛发现的天然气，也是菲律宾丰富的地热、水力及煤炭等能源储备的一部分。

菲律宾经济是出口导向型经济。第三产业在国民经济中地位突出，同时农业和制造业也占相当比重。20 世纪 60 年代后期采取开放政策，积极吸引外资，经济发展取得显著成效。1982 年被世界银行列为"中等收入国家"。

二　一个东方国家的西化

菲律宾是亚洲地区最早受到西方文化影响的国家，也是东西方文化交

融的中心之一。从 1565 年到 1946 年的 381 年中，菲律宾经历了西班牙和
美国的长期殖民统治，这两个国家在政治、社会、文化及宗教等多方面影
响了菲律宾本土民族同时，中华文化、马来文化、墨西哥文化、伊斯兰文
化也增添了菲律宾文化的异域色彩，菲律宾多元性的民族语言宗教文化对
其教育体系和教育方式也产生深远影响。

（一）早期巴朗盖社会

1. 菲律宾社会的形成历程

在远古冰河时期，菲律宾与亚洲大陆有"陆桥"相连。至少在 2.2
万年以前，群岛上已有人类活动。今日海胆人（或称小黑矮人）的祖先
在 2 万年前从南方进入菲律宾（属旧石器中期）。公元前 6000—前 1500
年，先后有两批蒙古利亚种的古印度尼西亚人来到菲律宾，他们使用磨光
的石器工具，掌握简单制陶技术，开始从事原始农业（属新石器时期）。
构成现代菲律宾居民多数的祖先马来人是从公元前 300 年到公元 1500 年
分 3 批进入菲律宾的。菲律宾原始社会的瓦解开始于第一批马来人进入菲
律宾时期（公元前 300—前 200 年）。他们已能制造青铜工具，采用灌溉
技术，开辟梯田，种植水稻。土地、牲畜和房屋的私有现象已经出现。第
二批马来人来自印度化程度较高的马来半岛和苏门答腊地区，带来了先进
的生产技术和与之适应的生产关系，直接促进菲律宾群岛原始社会的解体
和奴隶制的确立。

第二批马来人是乘船（当地人称这种船为"巴朗盖"）来到菲律宾群
岛的。上岸后将建立的居留地称为巴朗盖。巴朗盖是古代菲律宾社会的基
本社会组织。每一个巴朗盖由 30—100 户组成，人数不等，其首领称达图
或罗阇。巴朗盖社会由贵族、自由民和奴隶三个基本阶级组成。由于生产
发展和战争的需要，各个巴朗盖之间又逐步组成巴朗盖联盟，这是最早出
现的奴隶制国家形式。根据中国史籍记载，早在 10 世纪以前，菲律宾民
都洛岛就出现一个麻逸国。成书于 13 世纪的《诸蕃志》有麻逸国奴隶殉
葬的记载。据菲律宾史籍，最早的巴朗盖联盟是 12 世纪建立于班乃岛上
的"马迪亚斯"。

第三批马来人在 14—15 世纪从已伊斯兰化的马来半岛和苏门答腊迁
入。他们促进了伊斯兰教在菲律宾的传播，在苏禄岛、棉兰老岛以及吕宋
岛创立一些伊斯兰苏丹国。这些伊斯兰苏丹国实行政教合一的政治制度，

属于早期封建制国家。

2. 古籍和学者眼中的菲律宾巴朗盖社会

有关菲律宾群岛历史的文字记载，最早的当属中国史籍。在《宋史》、《文献通告》、《宋会要辑稿》、《岭外代答》、《诸蕃志》和《元史》、《岛夷志略》等一批宋、元史籍中，就曾提到麻逸（又称摩逸、麻叶）、三屿（又称三岛）、白蒲延、麻里噜、蒲端和苏禄等"国"。据中外有关学者考证，他们的具体地理位置，除了蒲端和苏禄是在南部的棉兰老岛和苏禄群岛外，其余都在菲律宾群岛的北部。如麻逸位于今民都洛岛；三屿（三岛）为马尼拉湾北岸的加麻延及其湾口以南的巴拉延和巴亚兰吉三港的总称；白蒲延即菲律宾群岛北部的巴布延群岛；麻里噜即吕宋林牙因湾西北口的巴林瑙港。

到中国明代中叶以前，原先宋、元史籍中所载的古国，除了南部的苏禄外，其余在中国明代的史籍如《明史》、《明实录》、《明会典》、《殊域周咨录》和《东西洋考》中均已消失，但却又有合猫里（猫里务）、冯嘉施兰、吕宋和古麻剌朗（或麻剌）、网巾礁老、沙瑶、呐哔见于记载。据学者考证，合猫里、冯嘉施兰和吕宋，均在现今菲律宾群岛的吕宋岛；古麻剌朗、网巾礁老、沙瑶和呐哔等则分布在南部的棉兰老岛上。

西班牙人入侵前的班乃岛上的一部民间史话《马拉塔斯》也说，大约1250年时，婆罗洲的10位马来酋长带领所辖民众，航海北上而到菲律宾的班乃岛，来到一个叫阿提王国的首府所在地，向阿提王买了一片低地定居。后来，这批马来移民在今安蒂克省的马兰杜格建置了首府，并把势力扩大到吕宋的八打雁沿岸，后来，其中一位首领苏马贵耳把其治下的咸蒂克（安蒂克）与另两名酋长治理的怡朗怡朗（伊洛伊洛）和阿克兰两地联合成一个邦联，用马查—阿斯山之名，称为"马查—阿斯邦联"，后来成了菲律宾群岛上最大的邦联。

以上记载表明，最晚从10世纪起，菲律宾群岛上一些地方已经出现了"国"或"邦联"等政治中心。但是，这些"国"、"邦联"或其他政治中心到底有多大规模？其具体情况到底如何？这些记载中都几乎没有提及。中国史籍一般只是笼统地称为"小国"。

另一些早期到达菲律宾群岛的西班牙人的记载中还提到，这种巴朗盖的规模一般只是30—100家，人口不超过1000人，有一些稍大的巴朗盖，如宿务、马克坦、马尼拉、维甘等处，则各有2000多家居民。

菲律宾政治学者科尔普斯认为：在菲律宾的历史上不存在严格意义上的政治体制。但是，14 世纪时，在棉兰老岛以及苏禄诸岛，随着伊斯兰教徒的出现，形成了以罗和伊斯兰教教主为首的教阶制集团，其他地区一般只有大督（即首领、酋长）这样的首领，这些以大督作为首领的巴朗盖不是政治集团，而是以家族为基础的集团。大督是由集团居住地的创始人和与之有血缘关系的人担任和继承。

（二）中国文化的传播和影响

1. 中华文化传入

中国与菲律宾的友好往来源远流长，两国之间的文化接触据说早在公元前 3000 年就已开始，当时的新石器文化从中国南部直接传到菲律宾沿海，菲律宾史前祖先使用的圆形或椭圆形石斧就是在这个时期引进的。而中菲两国之间的频繁交往和接触则至少可以追溯至 14 世纪前。从那时起，便有中国商人坐船乘北风季节来到菲律宾，他们以丝绸、陶器、黄金、象牙与珍珠交换菲律宾的蜂蜡、燕窝、柚木、藤条等。两国人民的往来不但给对方带来了各自的产品，也给两国人民带来了友谊。后来双方商业往来逐渐频繁，许多中国商人就留在菲律宾。

现今菲律宾的华人主要来自中国的福建、广东两省。华人中绝大部分是土生土长的华裔，分布在各个岛屿的商业中心，多数集中在马尼拉市，其中有相当一部分是华菲混血后裔。他们多数是商人、手工业工人、小业主，也有大实业家。在大城市，华人经营的餐馆极受欢迎，生意兴隆。华人保留了本族语言、风俗习惯和宗教信仰，他们庆祝自己的传统节日，出版华文报纸，办华文学校，喜爱华语电影和戏剧。1986 年的《菲律宾共和国宪法》承认华人的现有菲律宾国籍，允许未入籍者申请加入。

如今华人与土生菲人和睦相处，大大促进了菲律宾经济的发展。中国文化很大程度上也对菲律宾文化产生了影响。菲律宾华文教育本身就是多元化社会的产物。在西班牙统治时期，殖民政府对华侨实行种族歧视和压迫政策，全菲律宾没有一所正规的华文学校，也根本谈不上华文教育。1898 年，菲律宾沦为美国的殖民地。由于美国对教育的重视，华侨学校也应运而生。华文教育以 1899 年创办"小吕宋华侨中西学校"为发端，至今已有 100 多年的历史，经历了创办、发展、复办、繁荣、鼎盛、衰弱（菲化）、振兴七个发展阶段。20 世纪 50 年代，华文教育机构达 88 所。

可后来学校数量与规模不断减少，进入低潮。近 30 年来，随着中国经济在世界的崛起，海外华人随国力进步，他们以能说汉语为荣，以为华人而自豪，华文教育在菲律宾也得到快速发展。在菲律宾 9000 多万人口中，华族约 300 万人，为了传承华族文化，全菲由各类侨社兴办的华校有 170 多所，仅首都大马尼拉就有 70 多间，其中位于巴石河北岸的华人区里，集中了华校 15 所之多。

2. 中华神"漂洋过海"走进菲律宾

中国人移居海外，把故乡的神明也带到异国，是一个饶有兴味的文化传播现象。

菲律宾华人的祖籍 85% 是闽南，因而菲岛的华人传统文化带有浓厚的闽南乡土色彩，闽南地方神漂洋过海南渡菲岛，也在情理之中。

菲律宾首都大马尼拉地区分布着数十处的闽南地方神庙，它们多数是 20 世纪 60 年代以后才兴建的。华人移居菲岛已有数百年历史，为什么直到近二三十年才出现地方神庙？那是因为直到 20 世纪 60 年代菲律宾华人社会才由移民社会转变为定居社会。在此之前，华人的取向仍是隔海的故乡和祖国，乡土神的祭扫一直在故里举行。

闽南地方神南下菲岛，为适应菲华社会的新环境，在保持其本质特征的同时，还作出种种调适。如各神庙往往以某个地方神为主神，又连带地供奉着佛、道乃至天主、基督等各种宗教的神明。在菲国颇有名气的马尼拉大千寺，其正殿弧形三阶梯式的神坛上，供奉着三排总计为 65 尊的神像，几乎网罗了世界各主要宗教的神明。而本寺主神广泽尊王则处于第二排正中位置，为众神所拱卫。在异国的宗教氛围中，该庙表现了极大的适应性。又如各神庙的占卜等活动，不似故乡多与福、禄、寿有关，而是多与经商、做生意有关。不少生意人来本庙抽签，问某一笔生意该不该做，抽到好签就做，抽不到好签就不做。

闽南地方神庙在菲岛建立后，还把中华传统文化的传播，从宗教领域扩展到饮食、音乐、戏剧、医药、建筑等领域。马尼拉青阳石鼓庙在庆祝该庙主神顺正府大王公诞辰之日大宴宾客，人们在这里可以享受到纯粹的闽南家乡菜肴。席间还有南音的演唱和演奏，缕缕乡音绕梁，气氛浓烈。石狮城隍公圣诞之期，在该庙所在街口搭棚演戏数日，所演皆闽南郊剧。闽南村落历来有以寺庙为中心演出戏剧的传统，无怪乎有人在华文报上著文：此情此景，使"海外久滞不归之客，恍如身在故乡之中"。供奉医药之神吴真人的马尼拉保安富，对前往求医求药的人一律免费诊视施药。

马尼拉闽南地方神庙的建筑风格各异，有纯粹中国庙宇式的，也有中西合璧式的。有的庙宇看似新颖，却仍蕴含着传统的构思。如大千寺的正殿是一幢高约三层的圆形建筑，屋顶呈草帽状，正中突起的圆锥柱是中空的，里头装有玻璃天窗。它使人想起北京天坛的祈年殿，隐约透露出中国人"天圆地方"的观念。还有不少神庙乃是建于现代化大楼的顶层，登临其间，不禁使人有升入九重天俯瞰人间的奇妙感觉。闽南地方神庙靠宗亲和同乡在菲岛得以建立和维持，作为联系菲岛与故乡的精神纽带而存在，成为华人的保护神和华人团结的象征。

（三）印度佛教文化之影响

以"缘起正法"为中心理论，而主张思想要自觉反省，行为要因果自负，生命应同情互爱，社会应平衡互惠的佛教，是公元前 6 世纪出生于古印度王族的释迦牟尼所开创。现今菲律宾土语中仍保留有若干梵语，当地出土的文物中更有佛像、莲花等雕刻品，都可作为古代菲律宾确曾有过佛教的证明。

远在 8—13 世纪，建都在印度尼西亚苏门答腊的室利佛逝王朝，是一个崇信佛教的大帝国。佛教曾跟随其帝国的政治势力，伸展到过菲律宾南端的苏禄及棉兰老群岛，不过，流行时间短促，佛教未及生根成长，回教势力东来，继而西班牙殖民主义入侵，在教育、宗教方面，菲人几乎全盘接纳了西班牙的教化，由印度尼西亚传入，流行不久脆弱的古代佛教即在菲完全消失，为人所遗忘。

近代的菲律宾佛教，是从中国传来。完全是另起炉灶，与上述古代佛教毫无关系。中菲两国在地理上相隔一衣带水，其文化（特别是农业与商贸）关系源远流长。早在周、秦时期，中菲两民族就有交往。至明、清时期，商贸更为繁密。福建沿海一带居民，大量南渡，在菲定居，佛教亦跟随这些移民而传来菲律宾。

华侨移居海外，便把家乡的佛像一起带来侨居地供奉，早晚上香祷祝，祈求平安。早期的佛教，只局限于家中自行膜拜，可称为民间家庭式的信奉活动。

后来，在华人聚居的地区，渐有供奉佛菩萨圣像的香火庙出现，因没有僧人住持，没有佛教的经典、行仪及教义宣扬，仅属民间习俗聚会式的信仰活动。早期（约 20 世纪初）在马尼拉市怡干洛街的观音堂、路夏义街的南海佛祖圆通寺、三宝颜市的福泉寺等，皆是当时华人聚集膜拜的地方。

（四）西班牙殖民统治时期

15 世纪末 16 世纪初，欧洲海上强国葡萄牙和西班牙的冒险家纷纷探寻到东方的新航路。1521 年麦哲伦首次航行抵菲律宾的萨马岛，后为拉普—拉普所杀。1565 年黎牙实比率军占领菲律宾宿务岛。西班牙殖民者以优势兵力，利用当时菲律宾尚未统一的机会，于 1571 年占领马尼拉。此后相继侵占菲律宾大部分土地，建立殖民统治。

西班牙的殖民统治是封建专制统治，西班牙驻菲律宾总督是殖民当局首脑，独揽行政、司法和军事大权。殖民者推行赐封制度，封君滥用征税的权力，对菲律宾人民横征暴敛。为防止其他欧洲国家的竞争和保护宗主国商人的利益，殖民者在菲律宾实行经济闭锁政策和垄断政策。天主教会占据了最肥沃土地，不仅向居民征收什一税，还控制教育等各种文化事业，成为殖民统治的支柱。

从历史来看，菲律宾的天主教化是近代欧洲海外扩张与天主教东传运动的结果与产物，一方面，西班牙的殖民扩张主义在推动天主教的海外传播方面起了重要的作用；另一方面，作为天主教东传运动的重要组成部分，天主教内在的普世主义精神与文化性质，也促使天主教在菲律宾的传播过程中，自觉或不自觉地遵循文化传播本身的特点与规律，适应菲律宾的社会状况，并与菲律宾传统宗教习俗和民间文化相互调和，最终促成天主教在菲律宾发生显著的变化，并推动了菲律宾民俗天主教的形成。可以说，天主教能成为今天菲律宾大众的信仰，天主教的文化适应与宗教调和是一个重要根源。

（五）美国殖民统治时期

1. 殖民政策

美国在菲律宾采取了不同于老殖民者的新殖民主义政策。在政治上全面引进美国式的资产阶级政治、司法和教育制度，力图培植本地地主资产阶级亲美集团，逐步扩大后者参与政治的权利，最终给予政治独立，但保持自己的控制权。在经济上用自由贸易和限制贸易的不同方式，用关税和外贸为杠杆，使菲律宾依附美国市场，成为美国资本的原料产地和商品市场。1902 年美国国会通过菲律宾法案，宣布结束军事统治，在菲建立以美国人为主的文官政府。1916 年通过琼斯法案，扩大本地人参与政治的机会，企图以此缓和菲律宾人的反美情绪。1934 年通过泰丁斯—麦克杜菲法案。宣布在菲实行 10 年自治过渡体制，1935 年菲律宾自治政府成立。

自治政府为了缓和国内阶级矛盾，推行资产阶级改良主义政策。但并未触及农村的封建土地关系，也未能解决日益严重的失业问题。一度缓和的工农运动从 1938 年起又趋高涨起来，共产党在工农运动中的影响也逐步扩大。1940 年奎松政府宣布取消"八小时工作法"等法令，成立镇压工农运动的准军事部队，自治政府的政策趋向反动。

1941 年 12 月 7 日太平洋战争爆发。1942 年 5 月，驻菲美军先后投降，日本军国主义侵占整个菲律宾。自治政府流亡美国。日本在菲岛建立法西斯统治，严禁一切抗日言行，凡反对日军者均被处死刑。在经济上，控制菲岛的工业交通、矿业和公用事业，不顾当地气候条件，强迫菲律宾人种植棉花。搜刮粮食以供军用。大量菲律宾人不得不以糠菜充饥，在马尼拉，不少人因饥饿而死亡。

1943 年 10 月 14 日，在日本导演下，菲律宾宣布"独立"，原司法部长劳雷尔出任伪总统。日本占领期间，菲律宾人民对占领者进行英勇抵抗。1942 年 3 月 29 日建立菲律宾共产党领导的菲律宾人民抗日军。广大华侨也积极参加抗日斗争。1945 年 1 月美军在人民抗日武装配合下重返菲岛。同年 8 月 15 日，日本无条件投降，17 日伪政府宣布解散。

为了保证战后对菲律宾的控制，美国大肆镇压菲共领导的人民抗日军武装力量，同时积极扶植以罗哈斯为首的菲律宾地主资产阶级右翼集团。1946 年 7 月 4 日美国宣布给予菲律宾独立，同时，两国签订"总关系条约"和"贸易协定"（又称贝尔协定），美国保持在菲律宾的经济和政治方面享有特权地位。

2. 美国文化的影响

1898 年，西班牙在美西战争中失败。根据美西《巴黎条约》将菲律宾割让给美国。同年 6 月 12 日，菲律宾在美国扶持下宣布"独立"，阿吉纳尔多出任菲律宾第一共和国首任总统。此后，菲律宾人民争取真正民族独立的斗争此起彼伏，未有间断。1935 年 11 月，美国被迫允许菲律宾成立"自治政府"，并答应 10 年后允许菲律宾正式独立。1941 年太平洋战争爆发后，日本侵略军于 1942 年 5 月占领马尼拉。1945 年二战结束后，美国重新统治菲律宾，恢复了菲律宾"自治政府"，1946 年 7 月 4 日菲律宾获得独立。美国统治菲律宾时代推行普及教育，重视保健和民主制度。菲律宾学者阿贡西洛在其著作中指出："美国对菲律宾社会进步的最大、最持久的贡献不是物质利益方面，而是在教育、卫生。"

个人自由和政治觉悟方面，根据 1935 年的美国宪法，美国国会在菲律宾全国的公立学校中实行免费教育。这种美式教育也强调民族主义，学生在学校鼓励学习自己国家的民族英雄。这个时期，职业技术教育和成人教育得到重视，学生们在学校学习一些生存技术如缝纫、烹饪、耕作等技术。这个时期，私立教育也得到了发展。1941 年，在 400 所私立学校学习的人数达到了 1 万人。英国著名东南亚问题专家霍尔认为：普及教育是美国在菲律宾的最大成就。有人说，教堂和传教士是传播西班牙文化的官方工具，而美国人传播美国文化的同等工具则是校舍和教师。美国人用他们的方法，在几十年间所取得的社会进步，超过了西班牙三个多世纪的统治结果。菲律宾的教育体制沿袭了美国模式。美国人注重发展菲律宾英语化教育的目的是多方面的，其长远目的是通过普及英语，传播美国和西方思想文化，从而使美国的影响深深扎根于菲律宾社会中。美国在 1898 年占领菲律宾后，广泛推广英语，免费向菲律宾学生提供英语课本，又从本土请来英语教师，殖民政府的各种考试都用英语进行。到美国统治结束时，菲律宾约有 40% 的人说英语。

美国几十年的统治和极力推广，使英语在菲律宾深深地扎下了根，英语成了菲律宾人最一般的社交语言，在所有的外来语中英语最为流行，是半官方语言，被工商界、政府、学术机构广泛使用。英语同时被作为教学语言。到 20 世纪 20 年代，许多菲律宾作家已经用英语来创作文学作品，并在美国出版，得到美国文学界的赞誉，英文报刊和书籍广泛发行。

随着美国在菲律宾殖民统治的建立，美国基督教各个派别的传教士也进入到菲律宾，他们以极大的热情在菲律宾民众中传教，在全国范围内与天主教徒争夺教众，到 1918 年，菲律宾已经有 30 万人改信了基督教。

美国人利用新闻媒介在菲律宾宣扬美国文化，他们在菲律宾发行一系列报纸、杂志，如《菲律宾每日公报》、《海外新闻》、《菲律宾自由报》等，随时将美国国内的流行时尚介绍到菲律宾。美国还在菲律宾建立起美国式的旅馆、剧院和商店等，向菲律宾人展示美国人的生活方式。美国文化也增加了对快餐连锁店的需求，以至遍布菲律宾各地。菲律宾喜欢聆听最新的美国音乐，看美国电影，跟着美国音乐舞蹈，追捧好莱坞明星。

此外，菲律宾还受到墨西哥文化、印度尼西亚文化和伊斯兰文化的影响。

三　大多数人信奉天主教

菲律宾人对宗教的虔诚尽人皆知，他们主要有原始信仰、天主教、伊斯兰教等。

（一）原始宗教信仰

菲律宾的少数民族多信仰原始宗教。他们相信万物有灵，崇拜自然神，尤其崇拜鳄鱼和鸟类，认为有一种神鸟是伟大全能的创造之神，它创造了天、地和人，称为巴塔拉。各个民族又崇拜不同的部落神，如伊迪安那尔是他加禄的农业女神；西达帕是米沙鄢的死神；阿波拉基是班诗兰的战争神；达郎是伊洛卡诺的美丽女神；基杜尔是卡林迦的雷神；达拉戈是巴戈博的战争神；科尔约是伊富高的地震神；拉拉翁是米沙鄢的火山女神。他们还相信灵魂不死，祭拜祖先神。一般用木、石，有的甚至用黄金制成祖先的偶像供奉在家里。祭祀时，杀猪宰鸡上供，由一个女巫做司仪。然后举行宴会，唱歌饮酒。此外，他们还有许多充满幻影和恐怖的活动，除迷信一些自然现象外，还迷信妖巫，相信护身法宝或符咒的魔力，如认为可刀枪不入，涉河不湿，佩戴一种仙草可以隐身，用魔针刺一玩具可以致人死亡等。原始宗教至今在农民和少数民族中仍有较大影响。

（二）天主教

菲律宾基督新教有宗派 95 个，独立宗派有 355 个，圣公会有宗派 1 个，天主教有宗派 1 个，新兴宗派有 45 个。有 8 种语言的足本《圣经》译本，52 种语言的《新约圣经》译本，37 种语言的非足本《圣经》译本。新教教会有基督复临安息日会、基督联合教会、神召会、卫理公会、宣道会、浸信会联会、神的教会（克利夫兰）、四方福音会、基督教会等；独立宗派教会有阿格里巴教徒（也称菲律宾独立教会）、耶稣神迹军团、好牧人教会等；新兴教派教会有耶和华见证会、摩门教等。新教中包括成立于 1914 年的基督教会。政府对宗教原则上采取政教分离、宗教信仰自由的政策。1521 年，麦哲伦（Ferdinand Magellan）随西班牙远征队率先将天主教传入菲律宾，当时随队神甫佩德罗·德·瓦尔德拉马曾在利马萨瓦岛海滩主持天主教礼仪。1565 年，西班牙国王腓力二世（1527—1598 年）派遣莱加茨佩率领一支舰队驻扎在宿务，乌尔达内塔神甫和 5 名奥斯定会传教士在菲律宾建立根基，开始正式传播罗马天主教，并使当地异教徒皈依基督教。1569 年，西班牙国王腓力二世正式在马尼拉城设立总督府，菲律宾成为西班牙殖民地，全体居民被迫改信天主教。莱加茨佩于 1571 年又在马尼拉建立起第二个教区。1810 年，西班牙人占菲律宾人口的 1%，在马尼拉以外的地区，西班牙的权威只投注在几位传教士身上。自天主教奥斯定会最早在菲律宾设立传教点后，方济各会、多明我会、耶稣会以及后来的回忆派（Recollects）4 个教团陆续至菲律宾传教。至 18 世纪，尤其是 19 世纪，各教团作为大地主拒绝与人民共享财富，作为修士制度的监护人拒绝接纳菲律宾人加入教会，引起人民的敌意。后由于 3 位菲律宾教士被诬陷煽动 1872 年加维特地（Cavite）起义而被处决后，反教会和要求独立的愿望联合造成 1896 年革命。1898 年，西班牙殖民统治结束，菲律宾被割让给美国，菲律宾天主教徒超过 90%，经常参加宗教活动的有 7%。经过改革，天主教重新赢得群众的信赖，大主教在社会生活中扮演主要角色。菲律宾习俗、家庭或地方之节日多与教会圣日一致。神职人员要参加婚宴和洗礼仪式，并受到社会的尊重。涉及家庭之民事法规的许多条款多来自教会法典。只有在二战日本人占领期间，菲律宾人才被允许离婚。天主教会一贯以教育改革社会，兴办约 1300 所学校，包括大学、神学院、中学和小学，开设医院、麻风病院和许多天主教慈善机构。但天主教采取保守主义政策，菲律宾人通常将修士集团视为富人阶级。1960 年，罗马教宗把菲律宾人桑托斯升任为枢机主教，1969 年，提升罗萨尔斯，由此改变了菲律宾宗教由外人控制的局面。1976 年，桑托斯去世后，菲律宾神职人员的数目持续增加。天主教会是全国最大的教会组织，设大主教 2 名，划分为 60 个教区，其中包括大主教区 13 个，主教区 32 个，大修院区 11 个，代牧区 4 个；拥有各类学校 1700 多所，其中普通大学 5 所，神学院 12 所，1611 年创立的马尼拉圣托马斯大学学生达 3.2 万多人。菲律宾天主教主教会议是全国性统一组织和最高权力机构，另一全国性天主教教会组织是菲律宾大修院院长联合会。自 1902 年，菲律宾与罗马教廷一直保持外交关系，1951 年双方外交关系升格为大使级。罗马教宗保罗六世和继任教宗约翰—保罗二世曾访问菲律宾。

新教自 1873 年由英国圣经会等传教士传入。1901 年底，美国侵占菲律宾，接管教会。在美国麦金莱（William McKinley）总统决定占领菲律宾以使其人民"基督化和文明化"后，新教开始发展。新教各派在此期间先后传入，循道宗 1898 年传入，长老会 1899 年传入，北方浸礼会 1900 年传入，联合弟兄会 1901 年传入，基督门徒会 1901 年传入，圣公会 1901 年传入，公理会 1902 年传入，基督教宣教联盟 1902 年传入，基督复临安息日会 1905 年传入等。新教教徒在伊富高人之间和米沙鄢地区兴办医院和学校。新教二战后发展迅速。1948 年，联合长老会、公理会、兄弟会、使徒会、卫斯理宗独立教会和其他小教会成立菲律宾基督联合教会（UCC），为最大的新教教会组织，教堂 2800 座，总部设于马尼拉。新教全国性联合机构包括菲律宾福音教会联合会、菲律宾全国基督教协进会（1963 年）。二战后，灵恩派发展较快。1973 年 12 月，首届亚洲大学生宣教会议在菲律宾碧瑶召开，来自 25 个国家和地区的 788 人与会，提出"一个主、一个人类、一个使命"的宣教口号。1902 年前，天主教教士格里哥利奥·阿格里巴在吕宋岛北部创立菲律宾独立教会，即"阿格里巴教"。他们在做礼拜时以地方语言取代拉丁语，并在圣人日历中加进民族英雄的名字。该派后分化成两派。此外菲律宾形成民族教会，即菲律宾人建立的基督教独立组织，其中包括在"菲律宾化教会运动"（即"政教分离运动"）时期创立的菲律宾独立教会，1961 年与美国圣公会共融。1914 年，费利克斯、马纳罗创立独立的菲律宾新教组织"基督会"（又称"基督教会"）。在 40 多万菲籍华人和华侨中影响最大的是罗马天主教，最大的组织是"海外传教使团"（即"中国内地会"）。新教各派拥有大学、神学院、圣经学校等 80 多所。一些教会组织出版杂志。神学思想上，解放神学和保守派之间存在巨大分歧。

16 世纪以来，天主教在菲律宾的广泛传播是在地理大发现之后欧洲殖民主义海外扩张、欧洲天主教"泛东方传教运动"背景下发生的，它无疑离不开西班牙在菲律宾殖民统治的建立和罗马天主教会的大力支持。宗教传播也是一种文化传播。

（三）巴乔人的宗教信仰

菲律宾南部的巴乔人遵守伊斯兰教的习俗，如进行祈祷、不吃猪肉、举行伊斯兰教式婚礼和割礼等。同时，他们认为人死后还有灵魂存在，成为精灵，而祖先的灵魂大部分是邪恶的精灵，并且疾病、灾祸和厄运是由三种主要的恶灵作祟引起的。这三种恶灵是"乌马格"、"棚瓜"和"赛坦"。他们认为，乌马格是人的灵魂，人死后离开身体，在墓地、红树林的沼泽区和其他地方徘徊。当人受到惊吓，或胸部和腹部受到重击时，也会导致灵魂出窍。有时候死者的后代会为死者寻找失落的灵魂，但死者的灵魂往往不合作，甚至给人带来厄运。如果一个人生前作恶，或者埋葬时没有洗净，死后的灵魂就称作"棚瓜"，它出没于陆地，晚上出来吓人，所以巴乔人总是害怕在晚上上岸。"赛坦"则常常导致人们死亡或患精神病。为了对付这些恶灵，便有一些半职业性的巫师产生，负责执行各种仪式。这些巫师或宗教师分为两种：一种是称为"伊玛目"的男性宗教师，负责照料守灵、埋葬、婚礼和祭祀祖灵等仪式。另一种称为"津"的性别不拘的巫师，专门对付使人生病的恶灵。巴乔人生活在海上，但死后并不实行海葬，而是土葬，葬在专门做墓地的小岛上。虽然这种墓地之岛并非神圣的禁地，但是因为巴乔人害怕祖灵，总是避免接近它。由于巴乔人的宗教迷信，对祖先的灵魂充满了恐惧，而不是崇拜。

四　语言、文学、艺术

（一）语言

菲律宾有70多种语言，其绝大部分属于马来—波利尼西亚语系。在这些语言中，他加禄语为全国通用语言。菲律宾使用的文字为拉丁字母拼音的文字，大部分其他方言也采用拉丁字母拼音。

菲律宾流行三种官方语文，即以他加禄语为基础的菲律宾语、英语和西班牙语，其中比较通用的是英语。

（二）菲律宾文学

1. 独立前的文学

菲律宾古代有丰富的口头文学和成文的文学作品，包括戏剧、史诗、抒情诗、神话以及反映古代马来人朴素的哲学观点的谜语、谚语等。古代的《祈祷诗》、《暖屋歌》和代表穆斯林—菲律宾文学的抒情诗《我的七爱之歌》、《送别歌》与代表菲律宾高原文学的伊富高族的著名叙事诗《阿丽古荣》、《邦都地方的狩猎歌》和《孤儿之歌》等，以及古代民间故事《麻雀与小虾》、《安哥传》和《世界的起源》等，对菲律宾后世文学都有重要影响。

16 世纪西班牙殖民者侵占菲律宾后，压制菲律宾民族文学的发展。凡是不能容于西班牙传教士的书籍和著作，都当作"魔鬼的工艺"加以焚毁。1593 年西班牙殖民者为了麻醉菲律宾人民，出版了基督教教义书，同时还大量传播欧洲中世纪的骑士诗歌和祈祷书、圣徒传、描写耶稣遇难的戏剧以及反穆斯林的戏剧《摩罗—摩罗》等。在西班牙统治的 330 多年期间（1565—1898 年），菲律宾文学基本上是中世纪骑士文学，多数作品以中世纪的欧洲为背景，主题是歌颂骑士的勇武和男女的爱情。有些作品描写穆斯林与天主教徒的斗争，实质上反映了菲律宾人民反对西班牙殖民统治的斗争。

菲律宾他加禄语爱国诗人弗朗西斯科·巴尔塔萨尔（1788—1862 年）在狱中所写的著名长诗《弗罗兰第和萝拉》（1838 年），袭用骑士诗歌的形式，以反抗异族侵略、反对民族叛徒和歌颂爱情与自由为主题，被誉为菲律宾近代文学的第一篇杰作。它因语言生动、流畅，成为他加禄文学中最流行的叙事诗。巴尔塔萨尔也因此被人誉为"他加禄诗人之王子"。

19 世纪菲律宾人民和西班牙殖民统治者之间的矛盾日益尖锐化，民族独立运动不断高涨，这时出现了一批反对殖民主义的爱国诗人和作家。他们当中最杰出的是何塞·黎萨尔（1861—1896 年）。此外，还有不少诗人和作家用庄严的词句来赞美祖国和抨击殖民主义。工人出身的诗人安德列斯·波尼法秀（1863—1897 年）于 1896 年 8 月发动著名的"卡蒂普南"武装起义，后被人陷害而英勇牺牲。他留下的诗歌《对祖国的爱》表达了为祖国献身的决心。

1901 年菲律宾沦为美国的殖民地之后，英语逐渐代替西班牙语，出现了不少用英文创作的小说，它们继承了民族主义文学的传统，具有独创性和强烈的吸引力。在第二次世界大战以前，第一部用英文写的长篇小说是佐伊罗·M. 加朗的爱情小说《忧伤之子》（1921 年）。他的另一部小说《娜迪娅》（1929 年）描写菲律宾青年保尔·达兰德与波兰姑娘娜迪娅的恋爱悲剧，反映了种族歧视与恋爱自由等社会问题。

1946 年 7 月 4 日菲律宾独立以后，政府逐步推广一种菲律宾国语，即以他加禄语为基础的菲律宾语，已有一些作家运用它从事翻译和创作。

2. 现代小说

现代菲律宾文学中以英文创作的小说较为出色，它的发展经历了三个时期：

第一个时期，从1908年至1924年，称为"模仿时期"，作者大多数是大专学生，创作大多模仿美国的小说。这一时期的作家帕兹·马奎斯·贝尼特兹和乔治·博科波在创作上较有成就。前者写了《死的星星》和《丘陵之夜》等小说，并有选集《菲律宾人的爱情故事》出版，后者有《发光的符号》出版。

第二个时期，从1924年到1935年，称为"实验和独创的时期"。这时期共有两批作家：第一批的主要代表是克莱门西达·乔文·科莱科，她的代表作是1924年发表的小说《他的归来》。另外还有何塞·维拉·潘加尼班等作家。潘加尼班于1927年发表短篇小说《心爱的人》。第二批都是青年作家，虽然他们受到欧洲文学的影响，但他们的作品却有浓厚的乡土色彩。其中比较杰出的有卡洛斯·布罗山、曼纽尔·E. 阿贵拉、何塞·加西亚·维拉和阿马多尔·T. 达格奥等人。卡洛斯·布罗山（1914—1956年）擅长写作讽刺小说。曼纽尔·E. 阿贵拉（1911—1944年）的成名之作是短篇小说集《兄弟利昂携妻而归》（1940年），收有30篇小说，都以菲律宾的北部地区为背景，着重描写农民、渔夫、佃户和无产者的生活与斗争。阿贵拉于1944年因从事抗日活动，惨遭日军杀害。

第三个时期，从第二次世界大战前夕到20世纪60年代，被称为"更伟大的独创时期"。这时期出现了一批青年作家。其中著名的有尼克·华奎因、内斯多尔·V. M. 刚萨雷斯、史蒂文·贾维拉纳、克利玛·坡罗丹·杜维拉等人。这个时期的文学运动的主流仍然是爱国的民族主义文学，作品的主题多数是宣扬热爱家乡，热爱民主与自由，歌颂纯洁的爱情，反对异族侵略等。例如刚萨雷斯（1915—　）的长篇小说《四月的风》（1940年）、《沐恩的季节》（1956年），史蒂文·贾维拉纳（1918—　）的小说《没有见到黎明》（1947年），以及埃迪尔伯多·K. 廷波的《夜里的警戒》等。1959年成立的国际笔会菲律宾分会于1960年和1961年主办"斯通希尔小说奖"，选出尼克·华奎因的《有两个肚脐的女人》（1961年）和克利玛·坡罗丹·杜维拉的《敌人的手》（1961年）两部小说为得奖作品。这一时期的作品还有比恩维尼多·N. 桑托斯写的关于旅美菲侨的短篇小说集《你们，可爱的人们》（1955 年）及其续集《兄弟，我的兄弟》（1960年）和《苹果的香味》等具有强烈民族意识和乡土色彩的作品以及幽默小说家阿历山德罗·R. 罗彻斯以菲律宾的民族风俗（斗鸡）为题材的活泼有趣的短篇小说。

3. 菲华文学

菲华作家多数来自福建闽南地区，深受闽南文化的影响和熏陶，根植于他们灵魂深处的闽南情结给菲华文学打下闽南文化的鲜明烙印。菲华作家作品中所透露出的闽南文化的传统性、世俗性、宽容性等精神特征和价值观念，对我们深入认识菲华文学与中华民族文学的血肉联系在世界华文文学中的特殊意义都具有丰富的启迪作用。

早在西班牙人统治的 16 世纪，即中国明代的万历年间，为适应中菲两国民间日益繁荣的商业贸易，西班牙殖民政府特地把马尼拉辟为对华贸易的商埠，华商由此成为西班牙人和菲律宾人商业贸易的重要对象。"也就在这个时候，中国东南沿海，尤其是福建省籍人开始大量渡海到菲律宾谋生，参与了菲律宾的开发，对菲律宾经济发展和社会建设作出了极为重要的贡献。"其中所指的"福建省籍人"其实大多是闽南人。菲律宾有代表性的华文作家如施颖洲、林健民、潘葵村、邵建寅、吴新钿、施约翰、施柳莺等都来自闽南地区（或厦门、或漳州、或泉州，包括晋江、石狮、南安、惠安等地），深受闽南文化的影响和熏陶。

菲律宾华文文学与中国文学同文同源，是世界华文文学的重要组成部分。由于历史、政治、经济、地理、文化、风俗等多种因素的影响，菲律宾华文文学无论在内容还是形式上，都有别于中国文学，具有自己的特色，这一点在语言方面表现尤为突出。其中最为明显的是：它具有鲜明的菲律宾本土色彩。黄梅在《西棉旧事》中写道："在那幽静却灿烂的小城，留下不少年轻的足迹，并烙印在平白的心版上，鲜明得如同马尼拉湾的落日，轮廓分明，印象清晰。"马尼拉湾的落日是菲律宾的一大美景。蓝天碧海上驮着一轮鲜红的落日，确实"轮廓分明"，令人难忘。作者以此来比喻西棉小城在自己心目中的深刻印象，给人以耳目一新的感觉。董君君的《她又来了》中有这样一段文字："她满头白发蓬松……多皱的脸上，老人斑像菲律宾地图上的千岛浮现海面。"菲律宾由 7107 个大小岛屿组成，素称"千岛之国"，作者以"千岛"来形容主人公脸上的老人斑之多，形象而又诙谐。

（三）电影

菲律宾是亚洲最早拥有电影的国家之一，产片数量在亚洲也名列前茅。19 世纪末马尼拉已有人放映卢米埃尔兄弟的影片，20 世纪初，美国人曾到菲律宾拍片。1917 年，菲律宾人 J. 内波穆塞诺和他的弟弟们创建了菲律宾第一个电影公司——马来亚电影公司，并拍摄了一部根据音乐喜剧改编的故事片《乡村姑娘》（1919 年），在放映时请演员在银幕后配对白、歌曲和音乐。马来亚电影公司在 20 年代的头 5 年垄断了菲律宾的电影生产，并在 1930 年摄制了根据 J. 黎萨尔的小说改编的影片《不许犯我》，颇受欢迎。1932 年，马来亚电影公司的 J. 内波穆塞摄制了菲律宾第一部有声故事片《金色的匕首》。有声片的出现提高了电影的娱乐价值，观众剧增，使电影生产有利可图。于是电影公司纷纷成立，电影事业兴旺起来。有人把 1934—1941 年称为菲律宾电影的黄金时代。由于美国的殖民统治，在这个阶段生产的菲律宾影片，如滑稽片、武打片、歌舞片、爱情片等，都完全抄袭美国影片，像好莱坞一样也以明星为中心，用一些皮肤白皙、漂亮诱人的混血女郎招徕观众。

菲律宾全国有电影院 1200 家，每天观众约 165 万人。外国片从战后就泛滥菲律宾影院，但由于政府采取措施，进口影片从 20 世纪 50 年代的每年 800 多部下降到目前的每年 300 部。即使如此，进口影片的数量仍然比国产片多。

（四）戏剧

16 世纪中叶前，菲律宾已有皮影戏"卡利洛"和诗歌体的对歌辩论"杜普洛"与"卡拉格丹"，在庆丰收或办大事时演出。西班牙殖民统治时期盛行宗教剧，第一部有文字记载的戏是 1598 年在宿务市上演的一出喜剧。当时民间流行 3 种戏，即"晚餐室戏"，表演耶稣的生平及其受难；"摩罗—摩罗戏"，表演不同宗教之间的爱情故事；音乐喜剧"萨雪拉"，是西班牙传统小歌剧，1878 年由西班牙达里奥·赛斯佩迪斯剧团首次在马尼拉上演。著名文学家何塞·黎萨尔于 1880 年创作了音乐喜剧《巴石河畔》。19 世纪末，音乐喜剧改用菲律宾语演唱，逐渐取代"摩罗—摩罗戏"，并成为激励人民起来反抗外国殖民统治的有力手段。1901 年美国侵占菲律宾后，音乐喜剧的题材仍具有强烈的民族主义思想，如帕·赫·帕布罗泰创作的《热爱祖国》、托·雷米西奥的《自由》以及塞·雷耶斯的《没有受伤》等。塞·雷耶斯曾组织"他加禄语音乐喜剧大剧团"，并著有《新浮士德》和《菲律宾之魂》等48部音乐喜剧。梅纳·克里索罗哥用伊洛戈语创作的小歌剧《高尚的竞赛》是伊洛戈语文学的名作。1936年美国有声电影传入菲律宾后，戏剧趋于衰落。

　　1946年菲律宾独立后，先后成立了"音乐喜剧基金会"和"东南亚文化巡回表演团"等团体。著名的音乐喜剧有《明达莫拉》等。1962年12月著名剧作家威·玛·格雷洛创办流动剧团并任导演，长期在全国各地演出，在培养人才、普及民间戏剧等方面作出了重大贡献。格雷洛著有8部剧作集，其中名作有《三只老鼠》等悲剧。1973年成立的以罗·克·卡皮奥为团长的东方艺术戏剧演出团经常演出《黑暗中的孤独》和《顿洛区的纽约人》等名剧。这些话剧批判崇洋媚外奴化思想，倡导高尚情操和爱国主义精神。奥诺弗里·佩桑汉领导的马尼拉大学青年剧团用他加禄语创作，实行自编、自导、自演。其中由波尔·杜莫尔创作的《白鸟》和《对赛拉比欧老人的审判》闻名全国。前者以象征性手法改编古老传说；后者描述一个老乞丐，因为流露出内心的爱和仁慈而被一群乞丐弄瞎眼睛。其他第一流的剧团还有竞技剧团、菲律宾保留节目剧团和菲律宾剧人剧团等。在剧本创作方面，从20世纪50年代以来，由于"阿伦娜剧作奖"和"卡洛斯·帕兰卡文学纪念奖"的评选活动和剧作家的努力，出现一批优秀作品，其中有尼克·华奎因歌颂马尼拉古城的《菲律宾艺术家的肖像》（1952年），阿·弗罗伦蒂诺的描写青年工人马里奥为了生病的女孩，私摘一颗苹果而被解雇的《世界是一颗苹果》（1954年），阿·伊·克里斯托巴尔的描述民族英雄波尼法西奥被谋杀的《审判》（1963年）和罗兰托·提尼欧的《贫民窟的生活》等。另有一批女剧作家也有不少著作获奖，如维·莫莲诺的揭露贪婪米商的《伪爱国者》（1967年）、阿·格·乌兰莎的再现民族英雄何塞·黎萨尔在就义前与母亲、爱人告别情景的《临刑前的黎明》（1958年）以及艾·阿尔芳的描写贫民生活的《大米》和《乞丐》（1962年）等。

（五）舞蹈

1. 民族民间舞蹈

　　民族及民间舞蹈是菲律宾文化的一部分，由南部到北部，每个地方都有标志着其传统文化特色的民族舞。被视作国舞的"Carinosa"是菲律宾人的求爱舞，同时亦反映了菲律宾人友善、可爱及热情的民族特征。

菲律宾最有代表性的民间舞蹈，也是它独立后整理加工的舞蹈。这种舞蹈把外来风格与本民族风格融为一体，具有浓郁的生活气息，表现了久经苦难的菲律宾人民乐观、热情、豪爽的性格。它深受人民群众喜爱，并得到广泛的推广普及。乡村舞蹈中著名的有竹竿舞、班当果舞、鸭子舞、索毕利舞、捕虾舞、长凳舞等。

2. 北部山区舞蹈

北部山区现在仍为酋长部落，信仰多神教，歌舞是人们生活中不可缺少的组成部分。在种稻、收割、婚嫁、驱病和丧葬活动中，都有歌舞相随。这种舞蹈，女性含蓄庄严，男性威武彪悍，反映出艰苦生活的长期磨难。不同部落，舞蹈动作大同小异，表现出文化、宗教信仰的一致性。经专业人员的加工提炼，创作出《水罐舞》、《婚礼舞》、《节日舞》等，都已搬上舞台，以其浓郁的土风色彩吸引着观众。

3. 南部棉兰老等地区的穆斯林舞蹈

该地区的文化属公元初期受印度文化影响而形成的马来文化圈。当地人主要信仰14世纪传入的伊斯兰教，因而舞蹈也受到伊斯兰文化的影响，带有浓郁的宗教色彩。这里除了民间土风舞外，还保留了宫廷舞蹈，代表剧目为《辛基尔》，是由王族史诗改编的，表现王子寻妃的经历。舞蹈高雅端庄，表演者面部表情庄严，眼帘低垂，感情内蕴，显示了伊斯兰文化的神秘色彩。其他舞蹈还有克扎都拉套舞、碧拉舞、昆套欧舞和长甲舞等。该地区的舞蹈注重手臂和手指的动作，韵律柔韧细腻，屈膝，脚趾上翘，有时还向两侧出胯，舞姿呈曲线形。

4. 西班牙风格舞蹈

从节奏到舞姿，都具有西班牙舞蹈开朗、泼辣的特点，但较西班牙舞蹈更为轻盈、柔美。表演者身着菲律宾化的西班牙服装，通常手持竹制响板。其主要舞蹈有求爱舞、亚来舞、巴爱巴爱得马尼舞等。

菲律宾还有其他一些不同种族的舞蹈，如分布在巴丹、赞巴尔斯和塔尔拉克等山区土著黑人宗教舞蹈和充满生活情趣的哑剧性舞蹈土豆舞、蜜蜂舞等。在棉兰老岛、苏禄群岛散居的非穆斯林教派人，也有自己的土风舞。

（六）音乐

菲律宾位于太平洋西部的菲律宾群岛上，除了最早的居民尼格利陀人外，大多为先后来自印度尼西亚的马来人，在历史上他们有着和东南亚马来群岛其他国家一样的马来音乐文化，并受到了阿拉伯、印度和中国音乐的影响。16世纪被西班牙占领后，西方音乐大量传入，形成了菲律宾音乐文化的多种形态。

1. 北部山区音乐

吕宋岛北部山区的伊戈罗特、卡林加和伊富高等多种民族，他们的音乐活动常常是集体性的，并和劳动、宗教、祭祀、喜庆节日等礼仪习俗联系在一起。传统的歌唱形式多为领唱和合唱。独唱部分，演唱者经常运用颤抖的声音表现高超的技艺；合唱部分则强调母音以增强节奏感。音乐大多为五声音阶。最重要的乐器是锣和鼓，普遍都有锣乐队。锣，称"贡沙"，由青铜或黄铜制成的平面锣，用手或锣槌敲击，节奏复杂多变。此外，还有各种竹制的乐器，如竹鼻笛、竹弦琴和竹口弦等。

2. 中部地区音乐

菲律宾中部诸岛和吕宋岛平原地区是经济文化最发达的地方，受外来的西班牙、美国文化影响较大。西班牙和欧洲的霍达、华尔兹、马祖卡、方丹戈等舞曲传入后与马来人文化长期接触，交流融合，已经具有菲律宾的特色。菲律宾人还创造了昆地曼、巴里套等歌曲体裁。昆地曼是一种抒情歌曲，题材内容大多与爱情和祖国的命运有关，其旋律哀怨动听，在一定程度上表现了菲律宾人民过去悲惨的生活和对美好生活的渴望与追求。巴里套是流行于中部海岛的歌舞，特点是明快、轻盈、快三拍的节奏。内容既有爱情方面的，也有叙事的，巴里套表现了菲律宾人无忧无虑、诙谐、幽默的性格。也有人认为它是在霍塔、波莱罗舞曲的基础上加以变化而创造出来的。19世纪末西班牙的轻歌剧"萨尔斯委拉"传入菲律宾后，很受欢迎。菲律宾的作曲家也创作了大量菲律宾化的"萨尔斯委拉"，这种音乐剧拥有优美动听的曲调，丰富多彩的舞蹈，传奇性的故事和喜剧性的诙谐色彩，因此很快传遍了全国各地。

3. 南部地区音乐

棉兰老岛和苏禄群岛有100多万信奉伊斯兰教的居民，他们保持着传统的音乐文化。无论是可兰经或史诗的吟唱，以至爱情歌曲，都具有阿拉伯音乐的特点。普遍使用的曲调乐器称为"库林唐"，是一种编锣，由7—8个大小不同的带有乳突的锣组成，按音高顺序平列在木制的共鸣箱上，用两根木槌击奏。它主要演奏传统乐曲，也为舞蹈伴奏。它作为菲律宾民族乐器的代表，还用于大型管弦乐队中。居住在这一地区的非穆斯林居民，大多是居住在山区的各个部族。歌唱常在祭神、治病活动中进行，多为合唱，音域较窄，音程变化细微复杂，有丰富的表现力。歌唱部分有时模仿拨弦乐器的节奏韵律，产生一种近似乐器的效果。南部地区的锣中间有隆起的乳突，称为“阿贡”，被人们看作是神、权力、财富的象征，举行祭祀仪式时，人们把装饰华丽的锣悬挂起来，按照严格的规定敲击，有时也用于巫术和驱魔治病等活动。此外，两根弦的弹拨乐器“可恰皮”、笛子以及各种竹制打击乐器都十分流行。

（七）西班牙遗产——菲律宾教堂建筑风格

菲律宾全国各地散布着众多的天主教堂，被称为“东方的梵蒂冈”。在首都马尼拉，当年西班牙殖民者居住的城中城的心脏位置，屹立着一座历经地震、台风和战火而不倒的教堂，它就是拥有 400 年历史，并于 1993 年被联合国教科文组织列入世界遗产名录的圣奥古斯丁。

自 16 世纪 70 年代西班牙开始对菲律宾的殖民统治起，马尼拉和其他地方就开始矗立起座座教堂，圣奥古斯丁教堂是最早建成的教堂之一。最初，圣奥古斯丁教堂是用竹子和泥巴建造的，1574 年被入侵的海盗烧成灰烬。此后两次重建又都毁于火灾，殖民当局最后决定用石头重建圣奥古斯丁。终于在 1607 年建造成了这座高大宏伟的全石料教堂，一并建成的还有第一修道院。此后，又修建了第二修道院，并在之后的岁月里不断对圣奥古斯丁进行扩建。圣奥古斯丁逐渐成为马尼拉乃至整个菲律宾的宗教和文化中心。

圣奥古斯丁由教堂和修道院组成。巴洛克风格的礼拜堂是整个圣奥古斯丁的精华。走进礼拜堂，仰头看穹顶，《圣经》中的人物经由技艺高超的意大利画师的手精心绘出，栩栩如生，立体感很强。高大的柱子从顶部到底座都雕刻着玫瑰形饰物，唱诗班阁楼的顶部装饰着拿着喇叭的天使，高高的穹顶上垂下来的巨大枝形吊灯更增添了几分庄重肃穆。圣奥古斯丁曾经收藏了大量的法衣、黄金圣杯、白银十字架、象牙雕像、金线绣花的丝绸披风和油画，当时就连欧洲也没有几座教堂和修道院在这方面能与之媲美。不过，这些珍贵藏品却在历次战争中流失了。圣奥古斯丁有 4 个庭院，其中的第四个院子是著名的布兰科植物园，是西班牙人曼纽尔·布兰科在此任职期间潜心研究菲律宾药用植物的地方。他于 1837 年出版了

《菲律宾的花草》一书，这本凝结他多年心血的著作，得到了科学界的一致赞誉，被视为圣奥古斯丁在文化和科学研究方面的巅峰。

在 400 年的漫长岁月里，圣奥古斯丁见证了菲律宾跌宕起伏的历史，也经历了一次次的灾难。1581 年，在此召开的第一届全国教区主教大会讨论了菲律宾奴隶制的废除；1585 年，向日本派遣传教士的决定在此作出；1953 年，菲律宾国会第一次全体会议在此召开。英西战争、美西战争、日本占领菲律宾以及日美之间的战争，都将圣奥古斯丁置于枪林弹雨之中，圣奥古斯丁珍藏的大量圣器、油画、雕塑、地图、典籍、家具被洗劫一空！战争结束时，圣奥古斯丁已是一片破败景象，第二修道院变为一片废墟，其余建筑残缺不全，270 件油画以及众多的圣坛、家具、钟表、古董也没了踪影。

二战结束后，圣奥古斯丁得以重修。教堂和第一修道院恢复了当年的面貌，在第二修道院的废墟上清理出了布兰科植物园。1965 年，为了纪念天主教在菲律宾传播 400 年，圣奥古斯丁展出了全国各地建于 16 世纪到 19 世纪之间的百座教堂照片，由此萌发了创建一个博物馆的想法。此后，圣奥古斯丁不断收集在几次战争中失去的各类珍贵藏品。现在，圣奥古斯丁不仅是教堂、修道院，还是收藏众多菲律宾、西班牙艺术珍品的博物馆，是展示菲律宾历史文化瑰宝的重要场所。

五　传统节庆与习俗

与所有多民族国家一样，菲律宾有着丰富的饮食、服饰、婚姻、节庆文化。每一个节庆、每一种服饰、每一样食品以至于富有浪漫色彩的婚礼，都包含着一个故事、一种风俗。

（一）节庆

除夕新年（12 月 31 日—1 月 1 日）：街道上到处施放烟火，充满热闹欢乐的气息。除夕新年与家人团聚是菲律宾的传统。

巴丹日（纪念二战阵亡战士）：4 月 9 日。

圣周节（3 月 15 日）：菲律宾在复活节期间举行圣像游行和耶稣受难剧，封斋期戒律。因宗教纪律而自我鞭笞者和忏悔者为了履行一年一度的誓愿而鞭打自己。

复活节：当黎明时分，由 1 个小女孩扮演天使，将覆盖在圣母玛利亚和复活的基督身上的白纱，轻轻掀起来，这时大家共同欢唱哈里路亚。

五月花节：每天下午小女孩手捧花束献给圣母玛利亚，在五月的最后一个星期日，举行圣母像大游行，少女穿上白色缀满鲜花的长袍，跟随在圣母像之后。

国庆节（6 月 12 日）是菲律宾独立纪念日，纪念菲律宾在 1898 年 6 月 12 日脱离西班牙独立，结束长期的被殖民统治。

英雄节（纪念国父黎刹殉难）：9 月 1 日。

万圣节（11 月 1 日）：为纪念已逝去的亲人，全家到墓园去献花和燃烧蜡烛，并通宵守夜，这一天变成家庭团聚的日子。

圣诞节（12 月 25 日）：菲律宾在黎明前举行弥撒敬礼，圣诞节这天，大家互相赠送礼物，家人欢聚团圆。

（二）礼节礼仪

菲律宾上层社会的人，由于受西方社会的影响，很盛行女士优先的风气。他们无论做什么事，一般都习惯对女士给予特殊的关照。但是在农村，女子多于男子，妇女的地位却很低下。其上层社会的生活方式局限模仿，他们最喜欢美国人的生活方式。他们家庭观念很强，一般都喜欢别人谈论和赞美他们的家庭。上层社会人士普遍喜着西装。他们最爱茉莉花，认为茉莉花芳香四溢，给人以幸福和美好的印象。人们都尊其为国花，并视其为纯洁、情操和友谊的象征。好客的菲律宾人，在迎接宾客时，往往把茉莉花串成美丽的花环，敬献给客人，以表示他们对来访客人的一片纯真友谊之情。

菲律宾人在社交场合与客人相见时，无论男女都习惯以握手为礼。在与熟人或亲朋好友相见时，一般都很随便，有的男女之间相逢时，常以拍肩膀示礼。年轻人与长辈相见时，则要吻长辈的手背，以示对老人的敬重；年轻姑娘见长辈时，则要吻长辈的两颊为礼；如果晚辈遇见长辈时，说话前要把头巾摘下放在肩上，深深鞠躬，并称呼长辈为“博”（意为大爷）。伊斯兰教徒见面时，要施双手握手礼，在户外相见若没戴帽子，则必须用左手捂头。菲律宾的一些原始部落的人与客人相见时，行握手礼的方式很独特，一握过手就转身向后走几步，意思是向对方表明身后没有藏刀。他们认为这才是真诚的、真正的握手。

（三）饮食

菲律宾人的主食是大米、玉米。农民在煮饭前才舂米。米饭是放在瓦缸或竹筒里煮，用手抓饭进食。菲律宾人最喜欢吃的是椰子汁煮木薯、椰子汁煮饭，然后用香蕉叶包饭。玉米作为食物，先是晒干，磨成粉，然后做成各种食品。城市中上层人士大多吃西餐。菲律宾穆斯林人的主食是大米，有时也吃玉米和薯粉，佐以蔬菜和水果等。按照伊斯兰教教规，他们不吃猪肉，不喝烈性酒。他们和其他马来人一样喜欢吃鱼，不喝牛奶。烹调很简单，喜欢使用刺激性的调味品。

菲律宾人副食以各类蔬菜、海鲜、蛋禽及肉类为主。菜肴喜多放调料，尤喜香辣调味品。菲律宾三宝颜市沿海及苏禄海域的巴交族人，惯以木薯、鱼类为食。他们很少吃大米。虽然不忌食牛肉、羊肉、猪肉，但多数人却厌食用肉类。他们喜食各类水果，尤其偏爱甘蔗。菲律宾人在日常生活中嗜嚼槟榔。在他们待客中，也总少不了以槟榔来招待。伊戈罗特人除有此俗外，还喜欢咀嚼烟叶。他们习惯吃西餐，但对中餐也感兴趣。上层人士用餐惯使刀叉，农村人及穆斯林信徒惯用右手抓食。

（四）服饰

西班牙殖民者入侵菲律宾前，菲律宾人穿用棉纱、麻纤维制成的衣服。男人穿的上衣称"康岗"，无领、短袖，下身用一条叫"巴哈"的布裹着腹部，上衣下摆略低于腰。衣服的颜色多为蓝色或黑色，只有尊长着红色的衣服。现在菲律宾人的服装变化很大，西装在中上层人士中广泛流行，而老百姓的衣着则比较简单。男子上身穿衬衣，喜用白色，下身穿西装裤；女子喜欢穿无领连衣裙。大部分青年着西式皮鞋，老年人仍穿用木头、麻或草做成的拖鞋。

菲律宾穆斯林男子着短外衣和宽大的长裤，围一条"纱笼"（一种花围裙）作为腰带。到麦加朝圣过的信徒头上围一条白色头巾或戴一顶白帽子。妇女穿紧身的短袖背心，钉上两层金属纽扣，穿紧脚口的宽大裤子，或穿裙子。妇女像马来人一样结发型，有时裹着颜色鲜艳的头巾，她们戴手镯、项链和耳环。

少数民族的穿戴各不相同。如伊富高人男子往往上身袒露，下身围一条 T 形花布；女子穿着类似裙子，颜色鲜艳。丁冈人衣服极为简单，男子普遍仅在腹部围一块布，有的也穿前襟分开的上衣；女子穿短上衣，用布缠绕腹部。矮黑人的服装最为原始，男女均用布或树叶围于腰间。

（五）婚姻

"千岛之国"菲律宾有着星罗棋布的岛屿、樯橹连云的港湾、蔚蓝明净的海水、洁白绵长的沙滩，浑然天成的自然景观显得浪漫非凡。东西方文化在这里融合，古老民风民俗在这里延续，而这个美丽国度中那种独具特色时尚婚礼形式更是一直吸引着来自各个国度的新婚佳人。

菲律宾是一个新旧交错、东西文化交融的国家。因在历史上曾被西班牙统治几百年，所以从建筑到民风都颇具西欧情调。麦哲伦环球航行将天主教带入这个亚洲岛国，西方文明就这样渐渐走进了普通人灵魂和日常生活。与大多数西方国家相似，菲律宾人婚礼仪式通常在教堂里举行。除了周日做礼拜，现在教堂都可以包场以举办隆重婚礼。在菲律宾，人们多喜欢在5月丰收节时候举办婚礼，寓意吉祥幸福。因为结婚时间段比较集中，婚礼现场人群把街道拥堵得只能缓缓前进。新郎新娘乘坐彩车队徐徐行驶，围观者报以热烈掌声和欢笑声，相遇车辆鸣喇叭表示祝贺，人们沉浸在喜气洋洋的气氛之中。

菲律宾各个民族的传统婚姻习俗差异很大。一般菲律宾人多半是自由恋爱结婚。有抢婚一说，在广大农村则流行男青年弹吉他用歌声向他所倾心的姑娘求爱。在恋爱中，男子多赠女方以化妆品、水果、花束等，花的颜色则以白色和黑色为佳，茶色和红色乃属禁忌之色。结婚仪式均在教堂中举行。

和中国习俗不一样，在菲律宾参加婚礼的人们服装不是黑色就是白色。原本传统教堂婚礼上新娘应该身穿白色婚纱，新郎则身着别致菲律宾传统礼服（barong），这种礼服是一种透明系扣男式衬衣，通常用来参加特殊聚会或重大场合。如今看来，更多年轻新婚夫妇现在已经放弃了传统服饰而选择了更多色彩斑斓同时具有浓厚民族特色的礼服，新娘们在这样礼服衬托下更加笑靥如花、娇艳，让人眼前不由得为之一亮，衷心赞叹菲律宾深厚、美丽的民族文化。

菲律宾穆斯林的婚姻由父母决定。男方须通过媒人向女方家庭提出求婚，并交付聘金。婚礼仪式由伊斯兰阿訇主持，并举行盛大宴会款待客人。

土著人的婚俗多种多样。居住在北吕宋高山地区的伊戈罗特人的婚姻主要有两种方式：父母主婚或自由试婚。一般来说，较富裕的家庭，为了使自己家庭的财产、地位不致旁落，在儿女幼时即由双方父母做主订婚。到了十四五岁时，便正式成婚，如果婚后一方表示不满意，只要女方尚未受孕，便随时可以分开，男女另找对象。不能生育的，也随时可以分开。由于这些民族认为结婚的最大目的就是生儿育女，因此，在青年男女正式结婚前，接连试婚好几次的现象屡见不鲜。巴交人允许多偶婚，堂兄弟姐妹则禁止通婚，如具有后一种关系的人要结婚，必须做一些"预防"措施和仪式，如将一些贵重物品丢入海中等。矮黑人的男子求婚，必须以弓箭射女子在远处安置的竹筒，如果没有射中，说明男子没有能力养活妻子，就难以达到求婚的目的。

六 教育、通信

虽然菲律宾谈不上是教育水平高的国家，但却是世界上创办大学最早的国家之一。同时，菲律宾在教育普及率和文化普及率上是当今世界上最高的国家之一，英语普及率更可谓非英语国家之首。

（一）教育

1. 西班牙教育模式的引入

菲律宾的祖先很崇尚教育，无论男女，都会用自己的字母阅读和书写。

西班牙殖民统治之前，菲律宾没有正规的教育体系。口头传统以诗歌、曲艺、歌曲和舞蹈等形式代代相传，教育以家庭教育方式为主。父亲教儿子如何寻找食物和获得其他生活必需品，母亲教女儿家务活，教育的目的是培养未来的好丈夫和好妻子。

西班牙统治时期的菲律宾形成了正规的教育体系，教徒开创了建立从小学到大学的教育体系之先河。学校分男校和女校，以教授宗教教义为主，而只有富有的菲律宾人和西班牙殖民者的孩子才有机会入学。殖民教育给菲律宾带来了很多不利的影响。

1863 年，距麦哲伦首次抵达菲律宾群岛约 342 年后，西班牙颁布的教育法令，规定在菲律宾实施小学义务教育，政府应在每一个镇建立学校接受菲律宾学生。西班牙语被确定为教学语言。到 19 世纪末，各级各类在校学生约 20 万人。师范学校的建立给男性提供了三年的师范教育机会，培养小学教师。这段时期，涌现了大批的菲律宾知识分子。西班牙统治时期，修道士主宰教育，他们拥有大学、中学、小学，有牧师上课，控制和维护学校的各种规章制度，并强加于学生。从小学到大学，传教士们强调天主教教育，小学生学习基督教的教义，阅读西班牙书籍和学习极少的母语。即使在大学，授给学生的科学和数学知识也极少。最初的学校只为西班牙人开放。

到了 19 世纪后期，学校也只招收少量富裕家庭的菲律宾男孩。西班牙统治时期，菲律宾建立了三所大学，但只有一所保存至今，那就是 1611 年建成的圣托马斯大学。它是菲律宾最好、最古老的大学，比美国最古老的大学哈佛大学还早 25 年。西班牙殖民教育对菲律宾造成的影响是传教士们把天主教教义强加于学生，通过学校教育传道。这种教育最大的失败是阻止菲律宾人学习其他的知识体系，除了少量教授西班牙语、拉丁语、菲律宾语以外，主要课程都是宗教、数学，科学课程完全被忽略。在整个西班牙统治时期，教育仅是西班牙人的特权。少数接受了教育的菲律宾人成了直接推动菲律宾政治体制改革的先锋。

2. 美国教育模式的引入

美国统治时期，教育得到高度重视，包括公民的权利和义务在内，传播民主和塑造良民是美国在菲律宾教育的重点。大众教育使美国语言和文化得到广泛传播。为了实现人人都有受教育的权利，美国在菲律宾广建公立学校。菲律宾士兵志愿者成了第一批教师。他们的另一个任务是在军队驻扎所在地修建校舍。当时军事当局在菲律宾开办的学校大约有 1000 所，到 1900 年 9 月 1 日注册学生约 10 万人。1901 年第二届菲律宾委员会拟定了公立学校制度，通过建立公立教育制度的第 74 号法令，设立公共教育局，由总学督和 4 名委员组成委员会领导。该法令规定从美国聘请 1000 名教师来菲律宾，同时规定所有的公立学校必须用英语教学。1901 年 8 月，一支 600 人的正规教师队伍从美国到达菲律宾接替士兵们的教学任务。7 岁以上的学龄儿童都要求入学，书本和学习用具都是免费的。美国统治时期的教育分小学、中学、大学三个阶段，宗教不再列入教学内容。美国政府还在非天主教区、山区修建学校。这个时期菲律宾人的阅读和写作能力都很强，美国人还表彰优异成绩的学生，把他们送往美国继续深造，帮助他们成为他们所希望的领域或行列的专家。因为政府支付所有费用，作为回报，他们完成学业回到政府部门工作。

菲律宾宪法规定，中小学实行义务教育。政府重视教育，鼓励私人办学，为私立学校提供长期低利息贷款，并免征财产税。

3. 高等教育

菲律宾的高等教育有着悠久的历史，亚洲的第一所大学就在菲律宾马尼拉，即圣托马斯大学，已有约400年的历史。菲律宾的高等教育直接受到美国的影响，采用与美国相同的教育体制。

菲律宾教育国际化程度很高。来自世界70多个国家的学生在菲律宾留学深造。菲律宾大学的医学护理专业更是闻名遐迩，每年为韩国、日本、新加坡、中国台湾、中国香港等国家和地区培养了大批医术精湛的牙科医生。在菲律宾留学掌握了英语语言，拿到学士学位后，可以很轻松地转往美国或其他国家就读更高一级的学位。菲律宾的高等教育十分普及，全国高等院校近1200余所，使得每一个学生都有接受正规高等教育的机会。著名高等学府有菲律宾大学、阿塔尼奥大学、东方大学、远东大学和圣托马斯大学等。这些有声望的大学授予的学位文凭受到世界的普遍承认，因而这些大学的入学竞争很激烈，学生必须有优秀的学业成绩和良好的英语水平才能被录用，外国学生入学需要参加入学考试。

菲律宾政府规定英语为官方和商业用语，学校的教学语言也为英语。菲律宾是世界上最多人使用英语的国家之一，英语基本识字率达93%，在亚洲排名第一。

在菲律宾可用最低成本获得美国式的教育，菲律宾的大学注重培养学生的创造性学习能力，提高学生的全面素质，教育直接与国际接轨。

菲律宾的高等教育机构可分为公立和私立两大类。私立教育机构扮演了非常重要的角色，为国内外学生提供了广泛的教育机会。

（二）新闻出版

菲律宾主要英文日报有《马尼拉公报》、《菲律宾星报》、《菲律宾询问日报》、《自由报》、《马尼拉时报》、《马尼拉纪事报》；菲文日报有《消息报》、《菲律宾快报》。

菲律宾华文日报有《世界日报》、《商报》、《菲华时报》、《菲律宾华报》、《联合日报》和《环球日报》等。

菲律宾通讯社是官方通讯社，成立于 1973 年 3 月 1 日，与中国、马来西亚、印度尼西亚、泰国、巴基斯坦及日本等 15 个国家和地区的通讯社建有新闻交换关系，与美联社、路透社均有工作联系。

新闻组织有全国新闻记者俱乐部、新闻摄影家协会、出版者协会等。全国有 257 家出版机构。

全国有 629 家广播电台，137 家电视台，其中广播局和人民电视台属官方性质，其余均为私人所有。菲律宾广播电台、电视台使用的语言主要是英语、他加禄语和华语。主要的电视台有 GMA、ABS—CBN、ABC、STUDIO23、NET25、QTV 和 PBO 等。

历史上没有独特而统一的菲律宾文化，一个主要原因是因为菲律宾是个岛国，各地有太多不同的语言，仍然用的现有 70 多种，相互难以交流，文化发展有局部性。另一个主要原因是菲律宾自古以来有很多移民，受到各种东方和西方文化的影响，包括中国、印度、马来西亚、印度尼西亚、美国和西班牙。

菲律宾文化深受中国、马来文化的影响，曾有原住民和马来移民建立过一些封建、割据的王国。近代则成为了西班牙和美国的殖民地。由于西班牙 300 多年、美国近 50 年的殖民统治，菲律宾的主流文化是欧美式的，大城市的居民多讲英语，信仰基督教，小城市和乡村的居民讲西班牙语，信仰天主教。

当然，菲律宾文化的西班牙特色依然存在。菲律宾人的姓名大多沿用西班牙语，菲律宾音乐的曲调、节奏、旋律及感情色彩，都与西班牙音乐有许多相似之处。同时，受大量中国移民的影响，菲律宾人的饮食、起居等生活习惯也有很多华人文化的踪迹。

第十七章　东帝汶文化

文化是由人们在自然环境和人文环境中创造出来的，自然地理环境是文化产生的物质基础，人文环境是文化创造与发展的社会条件。东帝汶文化是在东帝汶自然地理环境和人文环境中产生与发展起来的，了解东帝汶文化有必要首先对东帝汶自然状况和人文状况作一番了解。

一　文化背景

（一）东帝汶国情

1. 自然地理

东帝汶位于印度尼西亚努沙登加拉群岛最东端帝汶岛上，面积 14874 平方公里，包括帝汶岛东部和西部北海岸的飞地欧库西，及附近的阿陶罗岛和东端的雅库岛。西部与印度尼西亚西帝汶接壤，南与澳大利亚相望。

东帝汶大部地区属热带雨林气候，平原、谷地属热带草原气候，年平均气温 26℃，年平均湿度为 70%—80%。年平均降水量 1200—1500 毫米，但地区差异较大：北部沿海地区每年 5—11 月为旱季，12 月至次年 5 月为雨季，年降水量为 500—1500 毫米；南部沿海地区 6—12 月为旱季，12 月至次年 2 月及 5—6 月为雨季，年降水量为 1500—2000 毫米；中部山区年降水量为 2500—3000 毫米。

2. 人文状况

东帝汶行政区划主要分地区、县、乡三级。最高一级行政区划是地区，全国共 13 个地区：帝力（Dili）、包考（Baucau）、里奎萨（Liquica）、劳滕（Lautem）、博博纳罗（Bobonaro）、埃尔梅拉（Ermera）、艾莱乌（Aileu）、艾纳鲁（Ainaro）、马纳图托（Manatuto）、维克克（Vique-que）、科瓦利马（Cova Lima）、萨梅（Same）、安贝诺（Ambeno）或称欧库西（Oecusse）；区以下是县，全国共 65 个；县以下是乡，全国共 443个。

2004 年，东帝汶拥有 923198 人口，其中 78% 为土著人（巴布亚族与马来波利尼西亚族的混血人种），20% 为印度尼西亚人，2% 为华人。马来波利尼西亚族中较大的族群有：最大的族群是德顿人，人口约 100000人，主要分布在帝力周围及北部沿海地区；其次是玛姆巴（Mambae）人，人口约 80000 人，主要分布在中部山区；再次是图库德德（Tukudede）人，人口约 63170 人，主要分布在毛巴拉（Maubara）和里奎萨地区；迦罗里（Galoli）人，人口约 50000 人，主要分布在玛姆巴、马卡萨的部落地区；科马克（Kemak）人，人口约 50000 人，主要分布在汶岛北中部；拜科诺（Baikeno）人，人口约 20000 人，主要分布在帕特马卡萨（Pante-makassar）附近地区。

巴布亚主要部落有：布纳科（Bunak）部落，人口约 50000 人，主要分布在帝汶岛中部；法塔鲁库（Fataluku）部落，人口约 30000 人，生活东帝汶东部圣保罗（Los Palos）地区；此外，还有分布在帝汶岛最东端的马卡萨（Makasae）部落①。

2005 年，东帝汶拥有 947000 人口，在世界 193 个国家中列第 153 位，男女性别比为 108 个男性对 100 个女性。近年来，东帝汶人口增长迅速，年均增长 3.2%，相当于平均每年增加 31000 人口。

东帝汶人口还有一个特点，即人口年轻，平均年龄 21 岁：超过 35%人口在 14 岁以下，约 60% 在 15—64 岁之间，仅有 3% 的人口超过 65 岁。东帝汶城镇化程度不高，2005 年，只有 8% 的人口生活在城镇。城镇化以每年 4.22% 的速度增长。②

由于历史原因，东帝汶族群状态复杂。到 2002 年国家取得独立之初，78% 的东帝汶人口为帝汶人，20% 为印度尼西亚人，2% 为中国人。③

东帝汶是东南亚国家中华侨华人数量最少的国家。从事檀香木贸易的中国澳门商人和台湾商人来到帝汶最早是在 17 世纪初。1935 年，东帝汶华人共有 3500 人，占总人口的 0.17%；1950 年有 3128 人，占比 0.7%；

---

① 东帝汶政府网：http://easttimorgovernment.com/demographics.htm。
② Timothy L. Gall and Jeneen M. Hobby, *Encyclopedia of the Nations*：*Asia & Oceania*, Twelfth Edition, Thomson Gale, pp. 181–182.
③ Ibid. , p. 182.

1960 年有 5000 人，占比 1%；1974 年有 9500 人，占比 1.5%。葡属时期华人人口少，而且变化不大。但在印度尼西亚占领期间，华人大量外迁，华人人口急剧减少[①]：1979 年，华人大约有 3 万人[②]；1983 年，华人只有约 1 万[③]。东帝汶华侨华人多来自广东和澳门一带，以商业（零售业）为主。

2002 年 3 月 22 日，《东帝汶民主共和国宪法》颁布，规定东帝汶实行议会共和制，总统经直接选举产生，任期 5 年；总理是政府首脑，由议会选举中得票最多或占议会多数席位的政党联盟指定，并由总统任命。2002 年马里·阿尔卡蒂里被任命为第一任总理，在此期间，东帝汶经历了"2001 年和平之年，2002 年恢复之年，2003 年是稳定之年，2004 年是改变之年，2005 年是巩固之年"，2006 年爆发独立以来的最大骚动，阿尔卡蒂因而辞职。夏纳纳·古斯芒于 2007 年于 8 月 8 日出任总理，组成新政府。

西方殖民者东来是因其丰富的资源，尤其是香料。殖民者在东帝汶落脚，并进行长达数百年的殖民者统治，政治压迫和经济剥削，再加上较高的人口增长造成东帝汶经济发展相当落后。经济以农牧业为主，农业是国家经济的主要成分，农业人口占总人口达到 90%，主要农产品有稻谷、玉米和薯类等，粮食不能自给。出口的咖啡、椰子和紫檀木称为"帝汶三宝"。2002 年东帝汶被联合国评为世界最不发达的国家之一。

（二）东帝汶简史

长期以来，弱小的东帝汶被世界历史所遗忘，东帝汶历史，尤其是葡萄牙殖民统治以前的历史仍有不少未知。40000 年前，东帝汶出现了人类足迹[④]，从 16 世纪起便开始了长达 400 多年的葡萄牙殖民统治，期间还经历了荷兰、英国和日本的短暂统治，从 1975 年起开始了 24 年之久的印度尼西亚占领，外族统治和占领成为东帝汶近现代历史的主要组成部分。

1. 殖民统治时期

16 世纪前，帝汶岛曾先后由以苏门答腊为中心的室利佛逝王国和以

①　华人经济年鉴编辑委员会：《华人经济年鉴 2009—2010》，中国华侨出版社 2010 年版，第 10 页。

②　《各国概况》编辑组编：《各国概况》，世界知识出版社 1979 年版，第 187 页。

③　《各国概况》编辑组编：《各国概况》，世界知识出版社 1983 年版，第 42 页。

④　东帝汶第四届宪法政府：《东帝汶文化政策》。

爪哇为中心的麻喏巴歇（满者伯夷）王国统治。古代东帝汶与中国也有历史交往，宋代赵汝适于 1225 年著《诸蕃志》一书，记述有"底门国"已有国王，底门国即今帝汶，无东西之分。14 世纪，元代航海家汪大渊著《岛夷志》，记述"古里地闷"即今帝汶。15 世纪，明代郑和下西洋，翻译官费信著《星搓胜览》，记述的"吉里地闷"即今帝汶。①

1515 年，为了寻找檀香木，葡萄牙殖民者到达帝汶岛。1566 年，葡萄牙人被安置在索洛岛上，在索洛岛，葡萄牙水手和当地妇女通婚，形成了一个新的群体即托巴斯（Topass），这类人群有两个特点：使用葡萄牙语、马来语和当地语言，虔诚地信仰天主教。

1613 年，荷兰势力侵入索洛岛，托巴斯人迁至佛罗瑞斯岛（Flores）拉兰图卡作为新据点，从此控制着索洛岛、拉兰图卡和帝汶之间的贸易。1641 年，葡萄牙在欧库西建立据点。1642 年，为了加强对檀香木贸易的控制，葡萄牙殖民者进攻了帝汶岛中南部王国。葡萄牙殖民统治的方式是间接统治，葡属帝汶总督在 17 世纪才第一次派驻。

1777 年，葡萄牙把帝汶岛分为东、西两个省：主要是维克诺人（Vaiqueno，即贝克努人）的西部塞维奥省，包括 16 个小王国；东部贝鲁省，包括 46 个王国。

18 世纪，英国殖民者曾短暂控制西帝汶。1816 年，荷兰恢复对帝汶岛的殖民地位。1859 年，葡、荷签订条约，重新瓜分帝汶岛。帝汶岛东部及欧库西归葡萄牙，西部并入荷属的室利佛逝王国和以爪哇为中心的麻喏巴歇（满者伯夷）王国统治。东帝汶置于葡萄牙殖民统治之下后，东帝汶人民曾掀起了多次反抗殖民统治运动，但没有动摇殖民统治根基。

二战时期，澳荷盟军认识到东帝汶的重要位置，于 1941 年 12 月占领葡属帝汶。1942 年 2 月，日本占领东帝汶。在三年半的占领期间，日本不仅带来了慰安妇问题，还摒弃殖民教育体系，推行日语教育。不仅如此，东帝汶还面临着严重的生存问题，战争不仅夺取了 40000—70000 名东帝汶人的生命，而且东帝汶人因为战后初期大饥荒而看不到战争结束的喜悦。

二战后，澳大利亚曾一度负责管理东帝汶，但不久后葡萄牙便恢复对

---

① 王成安：《慢慢独立路 十年发展篇——东帝汶政治经济发展评述》，载李保平、陆庭恩、王成安主编《亚非葡语国家发展研究》，世界知识出版社 2006 年版，第 2—3 页。

东帝汶的殖民统治，1951 年将东帝汶改为葡属海外省。1960 年，第 15 届联合国大会通过 1542 号决议，宣布东帝汶岛及附属地为"非自治领土"，由葡萄牙管理。

2. 印度尼西亚统治时期

1974 年 4 月 25 日，葡萄牙国内发生政变，独裁政权被推翻，葡萄牙开始了民主化和非殖民化进程，葡属殖民地开始纷纷独立。1975 年 8 月 16 日，主张独立的东帝汶独立革命阵线（原东帝汶社会民主协会，1975 年 9 月改名，简称革阵），主张同葡萄牙维持关系的民主联盟（民盟）、主张同印度尼西亚合并的东帝汶人民民主协会（民协）三方因政见无法统一而爆发内战。同年 11 月 28 日，东帝汶独立革命阵线单方面宣布东帝汶独立，东帝汶民主共和国成立。

东帝汶民主共和国成立之后，印度尼西亚怀疑执政的东帝汶独立革命阵线与葡萄牙共产党及印度尼西亚共产党有密切关系，恐东帝汶内战蔓延至印度尼西亚本土，于 1975 年 12 月出兵占领东帝汶。同月，联合国大会通过决议，呼吁各国尊重东帝汶的领土完整和人民自决权利，要求印度尼西亚撤军。对此，印度尼西亚未予理会。1976 年 7 月 5 日，印度尼西亚国会通过法案，总统苏哈托宣布东帝汶为印度尼西亚第 27 个省，称为"东帝汶"（Timor Timur）。印度尼西亚占领虽然只有 24 年，但却采取了许多同化性质的措施，对东帝汶后来的发展产生了巨大影响。

此后国际社会各种力量为东帝汶问题积极进行磋商，联合国大会多次审议东帝汶问题，1983 年至 1998 年，在联合国秘书长斡旋下，印度尼西亚与葡萄牙进行了十几轮谈判。

进入 20 世纪 90 年代，东帝汶国内局势更加不稳定，要求独立的呼声更加强烈，反印度尼西亚运动不断高涨，特别是 1999 年的帝力事件，影响颇大。90 年代后期，亚洲金融危机爆发，印度尼西亚受到了严重的冲击，哈比比总统在 1998 年 6 月 9 日表示，将考虑给予东帝汶"特殊地位"和更大的自治权，但他仍坚持东帝汶是印度尼西亚的一部分。同年 8 月，在联合国的主持下，印度尼西亚和葡萄牙两国达成协议，同意先讨论东帝汶的自治问题。

1999 年 5 月 5 日，印度尼西亚、葡萄牙和联合国三方就东帝汶举行全民公决签署了三个协议：东帝汶实行特别自治的宪政框架、东帝汶人民对自治方案进行直接投票的安排和操作程序。8 月 30 日，东帝汶在联合国主持下举行全民公决，78.5％居民赞成独立。印度尼西亚哈比比总统当日表示接受投票结果。由于东帝汶局势恶化，联合国安理会通过决议授权成立由澳大利亚为首的约8000人组成的多国部队于9月20日正式进驻东帝汶，接替印度尼西亚驻军。10月20日，印度尼西亚最高权力机构人民协商会议批准了东帝汶要求独立的全民公决结果。11月，东帝汶成立具有准内阁、准立法机构性质的全国协商委员会（NCC）。2000年7月成立首届过渡内阁。2001年8月，东帝汶举行制宪议会选举，9月15日成立制宪议会和第二届过渡内阁。2002年4月，东帝汶举行总统选举，独立运动领袖夏纳纳·古斯芒当选。2002年5月20日，东帝汶民主共和国正式宣布独立，为全球第192个独立国家。

东帝汶在殖民时代开始前，处在印度尼西亚范围内的王国统治下。伴随着西方殖民者的东来，葡萄牙和荷兰在帝汶竞争，最终划定了各自的殖民统治范围，这种以人为划定的边界代替自然边界造成了严重的后果，成为后来帝汶岛动荡的根源。二战时期帝汶岛被日本占领，后短暂由澳大利亚占领和管理。在近代现代非殖民化运动中，东帝汶受到印度尼西亚和澳大利亚的巨大影响，甚至可以说东帝汶的独立在很大程度上是外来势力相互作用的结果。

（三）东帝汶文化区位

分析文化区位可以从纵向和横向两个角度进行：纵向分析就是以本体为唯一参照，历史地分析本体文化的渐变；横向分析就是以本体为参照之一，现时地分析外来文化的融入。

东帝汶历史是一部充满未知和殖民的历史。殖民统治建立之前的古代历史，所知甚少，充满未知。但是从语言的角度，我们可以看到东帝汶历史上与马来群岛联系密切，如德顿语"Malae"一词用以指代所有的外来人，如很多词汇来自马来语①。

西方殖民者到来之后，东帝汶文化发展的自然趋势被打破，宗教信仰更变，风俗习惯随之而变，语言文字虽未如东南亚其他国家那样巨变，但却吸收了许多外来词汇，殖民教育体系建立，客观上也促进了文化的发

---

① Kerry Taylor Leech, "The Language Situation in Timor-Leste", *Current Issues in Language Planning*, Vol. 10, No. 1, February 2009, p. 29.

展。日本占领时期，大力推行日本文化，葡萄牙殖民教育体系被废除，虽然日占不久，但其影响不容忽视。

印度尼西亚占领时期，由于推行同化政策，印度尼西亚文化大量涌入东帝汶，东帝汶文化发生巨大变化，这种变化表现在语言、族群、音乐、教育等诸多方面。

横向地看，弱势的东帝汶位于国土面积 190 万平方公里、人口超过 2 亿的印度尼西亚和面积近 770 万平方公里、人口超过 2000 万的澳大利亚之间，是东方亚洲文明和西方澳洲文明的交会处。就如流水从高处往低处流这样的亘古不变的道理一样，文化的传播同样也由更发达的文化更多地"流向"相对欠发达的文化。当代东帝汶文化与印度尼西亚、澳大利亚的文化互动更主要的是邻国文化进入东帝汶。

二　以天主教为主的宗教

东帝汶约有 91.4% 居民信奉罗马天主教，2.6% 信奉新教，1.7% 信奉伊斯兰教，0.3% 信奉印度教，0.1% 信奉佛教。[1] 东帝汶天主教现有帝力和包考两个教区，帝力教区主教为里卡多，包考教区主教为纳西门托。天主教信仰为全国绝大多数人的信仰，伊斯兰教处于绝对少数地位，但由于曾受世界上最大的穆斯林国家的占领，东帝汶政府对伊斯兰教采取谨慎的态度。

东帝汶实行宗教信仰自由，《宪法》第 12 条第 1 款规定"国家承认和尊重各自宗教信仰的自由，但是各个宗教的教法与法规必要符合宪法和法律"，第 12 条第 2 款同时补充"国家促进不同宗教的合作，旨为东帝汶人民的安康"。

（一）天主教传入之前的原始宗教信仰

在西方殖民者到来之前，东帝汶以万物有灵信仰为主。葡萄牙殖民统治建立后，万物有灵信仰融入了天主教信仰的某些方面，直到印度尼西亚

---

① 《世界知识年鉴》编辑部：《2005/2006 年世界知识年鉴》，世界知识出版社 2006 年版，第 74 页。另据美国《国际宗教自由年度报告 2007 年》指出，东帝汶人口的 98% 信仰天主教，1% 信仰新教，不足 1% 信仰伊斯兰教。

统治建立后仍一直拥有广泛的信众。

（二）天主教的传入及现状

天主教是在东帝汶拥有最大信众的宗教，由前宗主国葡萄牙传入。天主教传入东帝汶与葡萄牙殖民统治的逐步确立密切相关，同时其广泛传播却和印度尼西亚占领时期的同化政策密切相关。

葡萄牙殖民者到达东帝汶后，天主教没有立即得到传播。直到 16 世纪末期，第一个葡萄牙主教达到，天主教才在东帝汶开始广泛传播。随后，东帝汶文化发展以相反于印度尼西亚文化的趋势发展，这或许是东帝汶可以从印度尼西亚独立的文化基础。

天主教信众的激增发生在印度尼西亚占领期间，天主教信仰人数激增主要是由于印度尼西亚推行同化政策。当时印度尼西亚只承认官方公认的五大信仰[①]，而不承认东帝汶传统信仰，这意味着万物有灵信仰是违法的。东帝汶天主教直接接受梵蒂冈天主教皇领导，天主教成为万物有灵信仰者的避难所。

天主教在东帝汶争取独立过程中发挥过积极的作用。科斯塔·鲁比斯曾作为东帝汶罗马天主教会主教直言印度尼西亚当局侵犯人权的行为，后在雅加达的压力下由卡洛斯·贝洛接任东帝汶天主教会主教。印度尼西亚政府原以为新任主教会忠诚印度尼西亚，但是没想到贝洛主教不仅如前任那样批评印度尼西亚，而且还写信给联合国秘书长，要求公投。由于为了东帝汶独立而不懈努力，贝洛和独立后东帝汶第一任外交部部长若泽·拉莫—奥尔塔于 1996 年同时获得诺贝尔和平奖。

（三）其他宗教情况

东帝汶的宗教信仰除了主要的天主教外，还有部分信徒信仰新教、伊斯兰教、印度教和佛教，信仰人口分别占总人口的 2.6%、1.7%、0.3% 和 0.1%。

伊斯兰教。伊斯兰教的传播主要是由于印度尼西亚占领时期实行同化政策造成的。由于经历了世界上最大的伊斯兰教信仰国家的统治，因此即

---

① 苏哈托时期，印度尼西亚官方承认的五大宗教信仰是伊斯兰教、天主教、基督教、印度教和佛教。

使取得了独立，东帝汶对伊斯兰教仍采取谨慎的态度，以免造成邻国不满。例如，东帝汶政治的重要领导马里·阿尔卡蒂里就是一名穆斯林。

三　语言、文学、艺术

（一）语言

1. 语言概况

东帝汶语言主要分为奥斯特罗尼西亚语系和非奥斯特罗尼西亚语系（或巴布亚语系）。澳大利亚语言学家、人种学家和历史学家杰弗里·赫尔在《帝汶的语言：1772—1997》一书中指出东帝汶的奥斯特罗尼西亚语系有：

（1）德顿语及其变体（帝力德顿语、特里克德顿语和贝鲁德顿语）；

（2）哈本语（Habun）、卡瓦米那语（Kawaimina）；

（3）迦罗里语；

（4）阿塔乌然（Atauran）、达杜阿（Dadua）方言属于韦塔语（Waterese Language）；

（5）卢瓦伊亚语（Lovaia）；

（6）玛姆巴语；

（7）依达拉卡语（Idalaka）；

（8）科玛克语；

（9）拓克德德语（Tokodede）；

（10）贝卡思语（Bekais）；

（11）贝克努语（Baikenu）。

非奥斯特罗尼西亚语系，或称为巴布亚语系有布纳科、马卡萨、马卡勒若（Makalero）和法塔鲁库。马卡萨语和布纳科语是巴布亚语系中使用者最多的语言，贝克努语、玛姆巴语和德顿语是奥斯特罗尼西亚语系中操用者最多的语言。赫尔认为，德顿语和帝汶岛上奥斯塔罗尼西亚的其他语言都是古帝汶语，而古帝汶语源自苏拉威西岛东南部布通地区。大约从13世纪起，帝汶岛上的方言不断受摩鹿加中部地区的语言影响，15世纪开始受马来语影响。①

---

① Kerry Taylor Leech, "The language situation in Timor-Leste", *Current Issues in Language Planning*, Vol. 10, No. 1, February 2009, pp. 11 – 12.

东帝汶本地方言多、差异大，以德顿语为例，就分为帝力德顿语，其使用范围在首都及其附近，在德顿语中拥有最多的使用者，因此是现代德顿语的标准；特里克德顿语，受现代印度尼西亚语影响较小，被认为是较为正统的德顿语；贝鲁德顿语，使用范围仅限于与西帝汶边境地区。

2008 年 10 月 9 日，《东帝汶宪法》颁布，《宪法》第 13 条规定"德顿语和葡萄牙语是东帝汶民主共和国的官方语言，德顿语和其他国语受国家的保护和发展"。国语实际包括德顿语在内及其他土著语言。

2. 外来语言

东帝汶语言形势的复杂状况不仅在于土生语言的多样性，还在于外来语言在东帝汶起着举足轻重的作用。东帝汶政府采用"Timor-Leste"，作为葡萄牙语和英语的国名。Leste 是葡语"东"的意思，而 Timor 本来是印度尼西亚语 Timur，也是"东"的意思。① 从语言角度看，这深刻反映了东帝汶的语言状况。

东帝汶《宪法》第 159 条规定"印度尼西亚语和英语，与官方语言一同作为行政人员的工作语言被认为是必要的"。由此不难看出，语言形势的复杂局面，三大外来语言对东帝汶有着巨大影响。

东帝汶的外来语言主要有作为官方语言的葡萄牙语，作为工作语言的英语和印度尼西亚语，还有少部分人讲中文。此外，马来语言在历史上对东帝汶也产生了很大的影响。直到 19 世纪初，马来语词汇组成德顿语的大部分，地名、数字和职位词汇，特别是渔业和农业词汇大量借用马来语，这说明历史上马来群岛与东帝汶有着密切的关系。

葡萄牙语在东帝汶的广泛影响建立在殖民统治基础上。在葡萄牙殖民者到来和殖民统治初期，主要通过与当地人通婚来稳固在当地的立足点，这也间接地促进了葡萄牙语在当地的使用。殖民统治建立，宗主国通过建立服务殖民统治的教育体系，推广葡萄牙语。1981 年，印度尼西亚禁止在学校、政府、新闻媒体和人群使用葡萄牙语，以割断东帝汶与殖民宗主国的联系。

印度尼西亚占领期间推行同化政策，东帝汶的语言状况发生了巨大变化，印度尼西亚语强制推行，其他外来语言则被严格限制，甚至禁止使用。作为同化政策的一部分，印度尼西亚语在教育领域中强制推行使用印

---

① 孙大英主编：《东南亚各国历史与文化》，广西人民出版社 2012 年版，第 364—365 页。

度尼西亚语，不懂印度尼西亚语的东帝汶教师被印度尼西亚军人取代，教授东帝汶学生学习印度尼西亚语，这对东帝汶的未来发展造成巨大影响。

汉语作为移民语言，主要在华侨华人当中使用。由于东帝汶的华侨华人人数是东南亚国家最少的，汉语的使用范围因此非常有限。再加上，殖民统治的压制，特别是印度尼西亚占领导致大量华侨华人被迫离开，汉语使用人口锐减。

（二）文学：以追求独立的诗歌为主

东帝汶文学以传说和诗歌为主。2010 年 7 月，上海世博会东帝汶馆内，一个巨大的鳄鱼木雕悬挂中央，演绎鳄鱼和男孩的传说故事，表达鳄鱼与东帝汶人民的特殊联系。鳄鱼是东帝汶的标志，也是帝汶岛口口相传的起源。在东帝汶，流传着帝汶岛起源的美丽传说：很久以前，一个小男孩偶然救起一条奄奄一息的小鳄鱼，并和它结下深厚友谊。小鳄鱼带着感激离去。若干年后，小鳄鱼长成一条强壮的大鳄鱼，他们再次相遇，大鳄鱼让当年的小男孩坐上它的脊背，带他在大海中乘风破浪，一连玩了好几年。后来，鳄鱼说："现在我寿命将近，为了报答您当年的救命之恩，我将变成一座岛屿，让您和您的子孙世代居住。"鳄鱼死后，它的躯干变成了美丽的帝汶岛。相传这就是帝汶岛的起源，而这个小男孩也成了东帝汶人的祖先。[1]

近现代文学以诗歌为主，以追求国家独立为宗旨，主要反映东帝汶社会现实，揭露殖民统治的黑暗。东帝汶最著名的文学作家是夏纳纳·古斯芒，他不仅是东帝汶人民的"独立之父"，被称为东帝汶的曼德拉，同时还是东帝汶文学作家最著名的代表。

1974 年，夏纳纳·古斯芒从葡萄牙名诗人贾梅士的史诗《葡国魂》中得到启发，创作了一首诗歌《莫比利迪亚兹》，获得东帝汶诗歌创作奖。1992 年至 1999 年，古斯芒被印度尼西亚软禁，期间学习了英语、印度尼西亚语和法律，还绘画作诗，出版有诗集《东帝汶：一个民族，一个国家》，描述了东帝汶人文历史、风情地貌；自传《抵抗就是胜利》。

东帝汶著名作家还有：

路易斯·卡多佐，东帝汶当代作家，其作品以葡萄牙语创作，代表作

---

[1]　庞希云主编：《东南亚文学简史》，人民出版社 2011 年版，第 453 页。

是《跨越》，该小说以自己幼年时和一个年轻男人在印度尼西亚占领之前发生的故事，以及在葡萄牙流浪的生活。

费尔南多·塞尔文（1917—1993 年），东帝汶诗人、作家，一生大部分时间生活在葡萄牙，作品主要反映东帝汶传统，体裁有传奇、民间传说。

佛朗西斯科·科斯塔，东帝汶国歌《祖国》作者，最著名的诗歌是《寂静的一瞬》（*A Minute of Silence*），短小精练，描写朴素的自然，悼念牺牲的爱国者，意蕴悠长。其作品是多以大量德顿语创作的诗歌。1975 年印度尼西亚入侵的同一天去世。

此外，还有庞特·皮瑞华（Ponte Pedrinha）、乔治·巴罗斯·杜特（Jorge Barros Duarte）、乔治·劳滕（Jorge Lauten）、阿丰·索布萨·梅汤（Afonso Busa Metan）、菲通·弗伊克（Fitun Fuik）。

（三）艺术

东帝汶音乐反映着东帝汶葡属和印度尼西亚占领的历史，植入了葡萄牙传统民谣法朵和印度尼西亚甘美兰两种音乐形式。最普遍的民间音乐形式是里库莱舞乐（the likurai dance），由女性敲打一面小鼓迎接打仗后回家的战士，有时还拿着敌人的头颅。在现代，其含义早已脱去战争的意义，而是向男子示爱的信号。

近代东帝汶音乐和独立运动历史密切联系。例如，帝力全明星乐队发布一首歌，成为 2000 年全民公投时颂扬东帝汶人团结起来，参加公投的一首赞歌，联合国特派团把这首歌叫作"Hakotu Ba"。

德奥·巴蒂斯特·西蒙尼斯（Teo Batiste Ximenes）是东帝汶著名的音乐家。西蒙尼斯在澳大利亚长大，其音乐糅合澳大利亚音乐和东帝汶民间音乐因素于其中。

现代东帝汶流行文化主要受印度尼西亚影响。据报道，2005 年和 2008 年，印度尼西亚歌手两次到东帝汶首都帝力举行演唱会，从体育馆到机场的路上都是排队等候的东帝汶人。[①] 在印度尼西亚流行文化的影响下，东帝汶本土音乐和电视开始起步发展，2005 年，第一部肥皂剧《罗萨》（*Roza*）

---

① 安妮·斯洛曼：《印度尼西亚流行音乐和电视在东帝汶仍具有绝对影响》，参见《深度印度尼西亚》，http://www.insideindonesia.org/feature-editions/a-hybrid-popular-culture。

上幕。东帝汶本土乐队银河乐队还发布了专辑《皮瑞库》（*Perecua*）。

岩石艺术。西方考古学家于 20 世纪 60、70 年代就在东帝汶东海岸发现岩石绘画艺术遗址。经过 2000 年和 2001 年两次考察，又在东帝汶东北部沿海新发现九处岩石绘画遗址①。

四 传统习俗与节庆

（一）传统与风俗

东帝汶传统风俗植根于东帝汶万物有灵信仰，万物有灵信仰认为，人死后存在灵魂，而且灵魂应该是被敬仰的，而不是恐惧的对象。东帝汶人称灵魂为璐力克斯（Luliks），认为灵魂是真实存在的实物，可以是水井，可以是河流，可以是动物。

东帝汶的传统服饰是泰斯（Tais），泰斯传递着东帝汶传统和审美观念，其在舞蹈、宗教和特别仪式上具有特殊地位，孩子出生、婚礼和葬礼当中都有出现，也是生活用品的重要材料。不同地区的泰斯服饰，风格略有不同。如欧库西地区的泰斯具有明显的葡萄牙风格，多为黑色、橙色和黄色；帝力地区的泰斯多为鲜艳颜色，且有方格；埃尔梅拉地区的泰斯黑白间隔样式更常见，象征着对上层的忠诚；还有些地区的泰斯编上动物图形，如蜥蜴、猪等。泰斯服饰反映了东帝汶娴熟的纺织工艺。

以泰斯为代表的编织艺术和岩石绘画艺术是东帝汶文化中别具特色的两个方面，两者从不同侧面反映出东帝汶文化的精彩片段，但却以不同的形式共同说明了东帝汶绘画艺术，因为编织艺术本身有很多绘画内容，而岩石艺术不是岩石本身，而是岩石上的绘画艺术。

剪发习俗是东帝汶文化中非常有趣的文化现象。按照东帝汶传统，所有成人女性（15 岁以上）都需要除去头发以外的全身毛发，这种习俗可以称为东帝汶女性的"成人礼"。

（二）节日与节俗

2005 年，东帝汶颁布《公共节日和官方纪念日法》。东帝汶的节日分

---

① Sue O'Connor, "Nine New Painted Rocked Art Sites form East Timor in the Context of the Western Pacific Region", *Asian Perspectives*, Vol. 42, No. 1, 2003.

为公共节日（Public Holidays）和官方纪念日（Official Commemorative Dates）两大类。

公共节日（Public Holidays）：固定或不固定每年在某一天，官方指定的公共节日有：

（1）新年，每年1月1日。

（2）劳动节，每年5月1日。

（3）恢复独立日，每年5月20日。纪念2002年5月20日联合国向东帝汶移交政权，东帝汶正式独立建国。

（4）独立公投日，每年8月30日。1999年8月30日，在联合国驻东帝汶特派团主持东帝汶全民公决。约有45万东帝汶人登记为选民，44万人参加投票，其中78.5%赞成独立，印度尼西亚总统哈比比当日接受投票结果，标志着东帝汶向独立迈进了重要一步，为此纪念日。

（5）万圣节，每年11月1日，天主教节日。

（6）万灵节，每年11月2日，天主教节日。

（7）国家青年节，每年11月12日。

（8）宣布独立日，每年11月28日。纪念1975年11月28日东帝汶单方面宣布独立。

（9）国家英雄日，每年12月7日。

（10）东帝汶圣母无染原罪瞻礼（或圣母无原罪始胎节、圣母无原罪日），每年12月8日。

（11）圣诞节，每年12月25日，天主教节日。

还有四个公共节日，不固定在每年的某一天：

（1）耶稣受难节，为天主教复活节的内容。

（2）开斋节，纪念穆斯林斋月的结束。

（3）上帝升天节（Feast of the Body of God），天主教节日。

（4）古尔邦节，即穆斯林宰牲节。

此外，地方政府还可以根据各自具体情况设立当地节日（Loacal Holidays）。

官方纪念日（Official Commemorative Dates）：官方指定的纪念日有些固定在每年的一天，如：

（1）6月1日，国际儿童节。

（2）8月20日，东帝汶全国解放武装力量日（FALINTIL）。

（3）11 月 3 日，国家妇女节。

（4）12 月 10 日，国际人权日。

还有三个官方纪念日节日，不固定在每年的某一天：

（1）圣灰星期三，天主教节日。

（2）濯足节（good thursday），天主教复活节内容。

（3）基督耶稣升天日。

可以看出，宗教节日是东帝汶官方确定的节日的主要内容，宗教节日真实地反映了东帝汶的宗教状况。同时，宗教节日又以基督教节日多，然后是伊斯兰教节日，这也和东帝汶的宗教状况相符。

五 教育、通信

（一）教育

东帝汶教育长期为殖民统治服务。葡属时期，葡萄牙殖民者建立殖民教育体系；印度尼西亚占领时期，教育发生了巨大变化，教学语言和课程设置进行了巨大变化；独立后，东帝汶人民当家做主，教育发展开始完全自主，教育建设服务于国家认同和民族认同。

1. 殖民统治时期

殖民时期，当局把宗教和教育结合起来，天主教在教育中扮演着主要的角色，宗教教育是当地精神进入政治领域的主要工具；教育是少数人的特权，而且发展极其缓慢，殖民统治 400 年后的 1937 年，东帝汶在校学生只有 2979 人，1952 年，开办了第一所中学。葡属时期末期，东帝汶识字率只有 10%[①]。日本占领时期，葡萄牙殖民教育体系被废除，日语引入教育领域。但由于日占短暂，许多方面尚未完全建立便结束。

2. 印度尼西亚统治时期

印度尼西亚占领时期，推行同化政策，教育是同化政策实施的重要领域。通过大力发展教育，东帝汶在识字率方面取得了巨大进步。但是其代价是巨大的，通过向年青一代进行意识灌输，让年青一代对从小就培养亲

[①] Susan Nicolai, *Learning Independence Education in Emergency and Transition in Timor-Leste since* 1999, International Insititute of for Education Planning, p. 42.

印度尼西亚，这对东帝汶的未来发展影响很大。如今的东帝汶人口比较年轻，他们中的很多人是在印度尼西亚推行的教育体系中成长起来的，这意味着印度尼西亚文化对在印度尼西亚占领时期成长下的东帝汶人影响很大。

1985 年，几乎每一个村庄都建立了一个小学，基础教育得到了较大发展，但是没有从小学到大学的一套完整的教育体系，因此大部分人接受教育仅仅 6 年。

到 1990 年，在印度尼西亚当局治理下成长的 15—19 岁的青少年，男性和女性均不到一半的人完成小学教育或继续升学；完成高中教育的男性不超过总人口的 23%，女生比例不超过 9%。

与此同时，印度尼西亚还在教育体系全力推行印度尼西亚语言教学。为了笼络人心，维持长期占领状态，甚至军人也参与到印度尼西亚语教学当中，废除以前教科书中东帝汶历史与文化的内容，以此来推行印度尼西亚语言及其国家意识形态。

印度尼西亚推行不得人心的教育同化政策，实际效果却不如所料，东帝汶人民的心没有被笼络，要求独立的呼声继续存在和加强。

20 世纪 90 年代，学生的反抗和抵制运动成为一个严重的社会问题。1989 年 10 月，教皇约翰·保罗二世访问帝力，引起学生的示威，40 名参与示威的学生被逮捕。1991 年 12 月 12 日，印度尼西亚军队对东帝汶青年示威人群开枪，制造了骇人听闻的圣·克鲁斯屠杀事件惨案（即帝力事件），造成 271 人死亡，382 人受伤。

社会形势的发展让当局不安，并采取了更加极端的政策。德顿语被禁止在课堂使用，大量印度尼西亚语借词进入德顿语；葡萄牙语被禁止在公开场合使用，学校也禁止使用。

3. 独立后的教育

独立后的东帝汶百废待兴，许多领域由于长期的社会动荡而处于衰败的状态。目前，共有小学 700 所，初中 100 所，科技院校 10 所。帝汶国立大学于 2000 年 11 月重新开办，在校生 500 人。2004 年，15 岁以上成年文盲率 49.9%，其中农村文盲率达 80% 左右，入学率 66%。

迟至 2008 年 10 月，东帝汶才颁布教育发展蓝图——《教育体系法》，该法律较为详尽地为发展教育描画了蓝图，是未来东帝汶教育体系的总纲。

东帝汶教育分为学前教育、学校教育、校外教育和专业教育四大部分。

学前教育为 3 岁至小学之前的儿童设置。学前教育是非强制性的，包括当地的幼儿园、其他私立或合营实体、世俗或宗教组织等。校外教育包括普及识字和基本教育、普及文化和科学知识等。

学校教育由小学教育、中学教育和高等教育组成。根据不同的社会需要，学校教育还有特殊教育、艺术教育、继续教育、远程教育等特殊形式。

小学教育是免费的九年义务教育，凡满 6 岁儿童均须进入。共 3 个阶段：第一阶段 4 年，由一名老师专门负责教授，以拓展学生视野；第二阶段 2 年，由不同的老师传授某一学科；第三阶段 3 年，包括非学科性的职业教育。

中学教育为三年的非义务教育，课程包括人文领域、自然科学领域，及技术培训等，主要是为高等教育或技术培训服务。

高等教育包括大学教育和技术教育。大学教育包括学士、专业认可、硕士、博士教育①，分别是 6 个学期、2 个学期、4 个学期和 6 个学期。技术教育分为两个学期和四个学期两种，分别获得学位 I 和学位 II。

东帝汶体育发展落后，在体育运动经费、场地、设备和人才方面均缺少资金投入，体育运动很不普及。随着社会局势的逐步稳定，体育开始缓慢发展。2008 年，东帝汶派出一名运动员玛丽安娜·迪亚斯·西梅内斯参加北京奥运会女子马拉松项目，这是东帝汶继悉尼奥运会之后第二次参加全球体育盛会。

（二）通信

东帝汶通信事业处境困难，许多原已落后的通信基础设施经历社会动荡之后遭到更大破坏。通信事业的困难不仅于此，还在于软件条件的落后。一方面是人才缺乏，另一方面是工作语言的复杂形势。手机只在首都地区使用较为广泛，且资费昂贵。互联网服务不仅昂贵，而且联网范围有限。东帝汶是世界上仍没有邮政业务的少数几个国家之一。

---

①　专业认可教育是指在某一自然学科具有较高专业程度，并胜任这一领域的科研活动的教育。只有在获得学术学位后才可以获得该证书。

1. 报纸

目前东帝汶有 2 份周报，即《周末时报》和《国家周末杂志》；有 4 份日报，即《国家日志》、《帝汶邮报》、《每日日报》和《东帝汶之声》。《帝汶邮报》（*Timor Post*），2002 年 11 月 8 日创办的葡语报，日发行量约 2000 份。《东帝汶之声》（*Suara Timor Lorosae*），从 1993 年开始发行，德顿语、印度尼西亚语和葡语报，日发行量约 2000 份。东帝汶尚未成立通讯社，主要葡语新闻来源于葡萄牙卢萨社（LUSA，又名葡通社）。

语言使用反映了东帝汶出版业发展的困境。葡属殖民和印度尼西亚占领时期，当局对出版业审查严格。20 世纪 60 年代末期，天主教报纸《收获》以葡萄牙语出版，还传授德顿语，因而被关闭。

2. 电视广播

东帝汶人接触广播比接触电视台更加便捷，广播是东帝汶人获取新闻信息的重要途径。东帝汶广播电视台为国有单位，用德顿语、葡萄牙语和印度尼西亚语播出；东帝汶广播（RTL）在东帝汶拥有最多的听众，天主教背景的东帝汶科曼尼克广播拥有第二多的听众，由于缺乏经费，其现在主要播放音乐。

社区广播是东帝汶人获取新闻信息的最常见形式。在首都帝力，有 6 个社区广播站，其他地区有 13 个社区广播站，社区广播完全以土著语言播出。

电视事业发展滞后，即使是相对发达的首都地区，电视普及率还是有限的。东帝汶电视台（TVTL）节目覆盖率 30%，信号只覆盖到帝力地区，用葡语和德顿语播出；东帝汶民族解放军电台——希望之声（RA-DIO FALINTIL – VUZ DA ESPERANCA ），用德顿语和葡语广播。

东帝汶文化是由各种外来文化与受其深刻影响的本土文化融合而成。外来文化对东帝汶文化的影响不仅面广，而且深入。这种面广体现在语言、习俗、族群、宗教等；深刻体现在某些文化的深层面也受到外来文化的影响，如宗教、语言等，甚至还在于本土文化的某些方面被外来文化取代，传统文化消失。

外来文化的深度融入不是自然交往的结果，而是罪恶的殖民统治造成的。葡萄牙殖民统治的影响是深远的，它改变甚至塑造了东帝汶文化的发展趋势；印度尼西亚占领的影响也堪比葡属殖民统治的影响，原因有二：

一是印度尼西亚占领时期推行广泛的同化政策，以从心理上使东帝汶屈服；二是以伊斯兰文化为主导的印度尼西亚文化的进入，同天主教葡萄牙文化的巨大反差，造成东帝汶文化的二次扭曲，其文化震动当然巨大。

对于新近独立的东帝汶来说，百废待兴是其面临的第一挑战，如果说这只是物质层面的话，那么精神层面的构建同样是挑战巨大，即对东帝汶民族、东帝汶国家的认同。原因在于，语言的差异不仅反映着文化的差异，还说明了族群的差异，这意味着处于社会发展落后阶段的族群可能停留在群体认同阶段，对统一的东帝汶民族缺乏统一认识。

因此，东帝汶政府特别注意构筑共同的文化认同。东帝汶政府在《东帝汶国家文化政策》指出"置文化服务于帝汶民族、国家的认同"，还利用教育来加强民族、国家认同。

主要参考文献

周一良、吴于廑主编：《世界通史》（第二版），人民出版社 1972 年版。

梁英明等：《近现代东南亚》（1511—1992），北京大学出版社 1994 年版。

梁志明等：《东南亚古代史》，北京大学出版社 2013 年版。

任美锷：《东南亚地理》，中国青年出版社 1954 年版。

广西东南亚研究会：《中国东盟年鉴》（2004—2011 年），线装书局 2011 年版。

赵和曼主编：《东南亚手册》，广西人民出版社 2000 年版。

张锡镇：《当代东南亚政治》，广西人民出版社 1995 年版。

贺圣达：《东南亚文化发展史》，云南人民出版社 1996 年版。

庞希云主编：《东南亚文学简史》，人民出版社 2011 年版。

曹云华：《变异与保持——东南亚华人的文化适应》，中国华侨出版社 2001 年版。

覃圣敏主编：《东南亚民族（越南、柬埔寨、老挝、泰国、缅甸卷）》，广西民族出版社 2006 年版。

古小松主编：《东南亚民族（马来西亚、新加坡、印度尼西亚、文莱、菲律宾卷）》，广西民族出版社 2006 年版。

［新西兰］尼古拉斯·塔林主编：《剑桥东南亚史》，贺圣达等译，云南人民出版社 2003 年版。

戴尔·布朗主编：《东南亚：重新找回的历史》（Shoutheast Asia：A Past Regained），王同宽译，华夏出版社、广西人民出版社 2002 年版。

马宁：《文莱》，广西人民出版社 1995 年版。

俞亚克等：《当代文莱》，四川人民出版社 1994 年版。

马金案、黄斗：《文莱国情与中国—文莱关系》，世界知识出版社 2008 年版。

许肇琳等：《柬埔寨》，广西人民出版社 1995 年版。

谭实等：《柬埔寨》，广西人民出版社 1985 年版。

王士录：《当代柬埔寨》，四川人民出版社 1994 年版。

汪慕恒：《当代印度尼西亚》，四川人民出版社 1997 年版。

孙福生等编著：《印度尼西亚》，广西人民出版社 1997 年版。

孔远志：《印度尼西亚马来亚文化探析》，南岛出版社 2000 年版。

梁敏和、孔远志编著：《印度尼西亚文化与社会》，北京大学出版社 2002
　年版。

张玉安等：《印度的罗摩故事与东南亚文学》，昆仑出版社 2005 年版。

温北炎：《印度尼西亚经济与社会》，暨南大学出版社 1997 年版。

［印尼］H. Max Mulyadi Supangkat（潘仲元）：《印度尼西亚瑰宝》，古华
　民、温北炎等译，暨南大学出版社 2007 年版。

乌卡·詹特拉沙斯米达：《伊斯兰教在印度尼西亚和东南亚的传入和发
　展》，雅加达玛萨贡基金会 1985 年版。

申旭、马树洪：《当代老挝》，四川人民出版社 1992 年版。

朱振明：《当代马来西亚》，四川人民出版社 1995 年版。

余定邦等：《缅甸》，广西人民出版社 1994 年版。

贺圣达：《当代缅甸》，四川人民出版社 1993 年版。

钟智翔：《缅甸研究》，军事谊文出版社 2001 年版。

贺圣达《缅甸史》，人民出版社 1992 年版。

贺圣达、李晨阳：《列国志：缅甸》，社会科学文献出版社 2010 年版。

李谋、姜永仁：《缅甸文化综论》，北京大学出版社 2002 年版。

钟智翔：《缅甸文化导论》，军事谊文出版社 2005 年版。

高伟浓：《菲律宾》，广西人民出版社 1995 年版。

胡才等：《当代菲律宾》，四川人民出版社 1994 年版。

泰凡、施纯谋：《菲律宾居民的宗教信仰》，《东南亚研究》1985 年
　第 3 期。

次卡尔班、东晖：《菲律宾的民族》，《东南亚研究》1985 年第 3 期。

汪慕恒：《当代新加坡》，四川人民出版社 1995 年版。

鲁虎：《新加坡》，中国社会科学出版社 2004 年版。

吕元礼：《新加坡为什么能——和谐社会是怎样建成的》，江西人民出版
　社 2007 年版。

朱振明:《当代泰国》,四川人民出版社 1992 年版。

王士录:《当代越南》,四川人民出版社 1992 年版。

黄国安等:《中越关系史简编》,广西人民出版社 1986 年版。

郭振铎等主编:《越南通史》,中国人民大学出版社 2001 年版。

李谷:《从恩恩怨怨到平等互利——世纪之交的中越关系研究》,(香港)红蓝出版公司 2001 年版。

古小松主编:《越南国情报告》(2007—2010 年),社会科学文献出版社 2010 年版。

古小松主编:《越南报告:2012—2013 年》,世界知识出版社 2013 年版。

[越] Nhieu Ta Gia: *Dong Nam A: Nhung Van de Van Hoa-Xa hoi*, Thang Pho HoChi Minh, Nha Xuat Ban Dai Hoc Quoc Gia TP Ho Chi MinhViet Nam. [阮俊哲等:《东南亚文化与社会问题研究》(越文),(越南)胡志明国家大学出版社 2000 年版。]

[越] Pham Duc Duong: *Ngon Ngu Va Van Hua lao Trong Boi Canh dong Nam A*, trang 368, Hanoi, nha xuat ban Chinh Tri Quoc Gia Vietnam xuat ban nam 1997 [范德阳:《东南亚背景下的老挝语言和文化》(越文),越南国家政治出版社 1997 年版]。

Tran Trong Kim: Viet Nam Su Luoc, trang 17, nha xuat ban van hoa thong tin Viet Nam xuat ban nam 2006 tai Ha Noi [陈重金:《越南史略》(越文),越南文化通信出版社 2006 年版]。

[意] 马可·波罗:《马可·波罗游记》,陈开俊等译注,福建科学技术出版社 1981 年版。

[摩] 伊本·白图泰:《伊本·白图泰游记》,马金鹏译注,宁夏人民出版 1985 年版。

Sue O'Connor, "Nine New Painted Rocked Art Sites form East Timor in the Context of the Western Pacific Region", *Asian Perspectives*, 2003, Vol. 42, No. 1.

Susan Nicolai, *Learning Independence Education in Emergency and Transition in Timor-Leste since 1999*, International Insititute of for Education Planning.

Kerry Taylor Leech, "The language situation in Timor-Leste", *Current Issues in Language Planning*, Vol. 10, No. 1, February 2009.

Timothy L. Gall and Jeneen M. Hobby, *Encyclopedia of the Nations: Asia & Oceania*, Twelfth Edition.

重印后记

　　笔者今年6月到海南热带海洋学院工作，学校安排讲一门中国东南亚文化交流史课程，一时手上找不到教材，想到以前出版的《东南亚文化》，学生要批量购买一些，但是拙作2015年出版发行两年后就几乎买不到了。

　　由此也可见一斑，中国与东南亚的交流合作不断扩大，包括政治、经济、文化等方面。2020年东盟已超越美国、欧盟，成为中国的第一大贸易伙伴。新冠肺炎疫情前的2019年中国与东南亚人员往来6500多万人次，每周往返两地间的航班约4500架次，双方互派留学生20多万人。人们渴望越来越多地了解对方，包括文化。

　　滴水之恩当涌泉相报。该课题的立项得到了当时广西社会科学院刘建军副院长和广西民族大学东南亚语言文化学院刘志强院长的大力支持；出版编辑过程中，中国社会科学出版社国际问题出版中心的冯斌主任、陈雅慧老师倾注了大量的心血；本课题各位同仁在撰写书稿时耗费了无数的精力和汗水，在此一并致以衷心的感谢！

　　本次再版，更正了若干谬误。但是，学无止境，精益求精，拙作一定还会有错漏的地方，恳请读者教正！不胜感谢！

古小松

2021年秋于三亚